马克思社会发展
合力理论研究

谢霄男　著

Research on
Marx's Theory of
Social Development Synergy

中国社会科学出版社

图书在版编目（CIP）数据

马克思社会发展合力理论研究／谢霄男著. —北京：中国社会科学出版社，
2024.9

ISBN 978-7-5227-3667-9

Ⅰ.①马… Ⅱ.①谢… Ⅲ.①马克思主义—社会发展—理论研究—中国
Ⅳ.①A811.64

中国国家版本馆 CIP 数据核字（2024）第 110731 号

出 版 人　赵剑英
责任编辑　许　琳
责任校对　苏　颖
责任印制　郝美娜

出　　　版　中国社会科学出版社
社　　　址　北京鼓楼西大街甲 158 号
邮　　　编　100720
网　　　址　http：//www.csspw.cn
发 行 部　010-84083685
门 市 部　010-84029450
经　　　销　新华书店及其他书店

印　　　刷　北京君升印刷有限公司
装　　　订　廊坊市广阳区广增装订厂
版　　　次　2024 年 9 月第 1 版
印　　　次　2024 年 9 月第 1 次印刷

开　　　本　710×1000　1/16
印　　　张　23.75
插　　　页　2
字　　　数　330 千字
定　　　价　138.00 元

序　言

　　对于社会发展合力问题，从我攻读博士学位以后，就开始关注它了。2018年，我的第一本学术专著《实现"中国梦"的合力研究》在人民出版社出版，该书正是在博士学位论文的基础上修改完成的。2022年，我在人民出版社出版了《中华优秀传统文化对构建人类命运共同体的作用与路径研究》，该专著是国家社科基金的结项成果，也与社会发展合力问题紧密相连。在学习和工作中，我深刻意识到实现社会发展合力在国家强盛、人类进步中所起的重要作用。近年来，围绕国家社会科学基金项目发表了一些论文。所有这些研究和探索，都是为了一个目的，即试图探究社会发展合力理论，解答社会主义初级阶段的社会发展合力形成问题。学术界广泛提倡要以"数十年磨一剑"的锲而不舍的科学精神从事学术研究工作，主张做学问要努力做到厚积薄发。对于这些做学问的哲理，我深以为然。研究社会发展合力，是我的学术志业。工作环境虽有变化，但我从未忘记自己的学术初心。近年来，围绕社会发展合力问题尽管取得了一些探索成果，但研究的深度、广度都还很不够，特别是对马克思主义经典作家社会发展合力理论缺少系统的梳理与深度的解析。本着弥补不足的初衷，我产生了写作《马克思社会发展合力理论研究》的想法。本书既吸收了以往较为成熟的研究成果，又提出了自己的一些浅见。尽管如此，本书所坚持的仅仅是一家之言，还有许多未尽之言。同时随着实现社会发展合力在实践层面的深入，更多的是不及之言。恳请热心的读者批评、指正。

社会发展合力理论是马克思理论大厦中一颗耀眼的明珠，蕴含着丰富且独特的智慧。本书以马克思社会发展合力理论为主题，立足于马克思的经典著作文本，梳理并廓清了相关基本概念，运用系统分析方法，深入探讨了马克思社会发展合力理论的基本构成，具体分析了马克思社会发展合力理论的形成背景、思想之源、嬗变轨迹、主要内容以及对中国社会发展的启示。本研究的总体逻辑线索如下：从哪里来（追溯马克思社会发展合力理论的形成背景、思想之源和嬗变轨迹）、是什么（解读马克思社会发展合力理论的主要内容）、怎么办（探析马克思社会发展合力理论为推进社会主义现代化所提供的现实启示）。

本书首先梳理了马克思社会发展合力理论的概念。该章一共由三部分组成：第一部分，采用"剥洋葱"的方式，对何为"合"、何为"力"以及何为"合力"逐一进行了分析。界定"合力"的概念以后，紧接着对与"合力"相关的概念"动力""发展合力""社会发展合力"等进行了辨析。第二部分，界定了"马克思社会发展合力理论""恩格斯社会发展合力理论"的概念。在对二者概念做出界定的基础上，着重从创立者、理论特性、规律、理论、理论体系等角度进一步分析了"马克思社会发展合力理论"；以恩格斯对"力"的看法，渐次展开他关于"社会发展合力"的认识以及我们该如何看待恩格斯社会发展合力理论；辨明马克思社会发展合力理论与恩格斯社会发展合力理论关系，有助于合理评价马克思与恩格斯的理论贡献。第三部分，探讨了马克思社会发展合力理论与马克思主义社会发展合力理论的关系，从广义与狭义的角度界定了马克思主义社会发展合力理论的概念，指出要按照马克思主义社会发展合力理论的本来面目也即摒弃教条主义、坚持阶级分析的方法、站稳人民立场认识马克思社会发展合力理论。分析了恢复马克思及其所创立理论体系的本来面目，走向马克思社会发展合力理论的深处，是更好地坚持马克思主义社会发展合力这一指导性理论的需要。

环境是外因，但却是理论形成的重要来源。马克思在进行理论创造的活动中，离不开自身生活的时代发展和具体的背景环境。从类型来看，马克思社会发展合力理论形成的背景环境主要包括经济环境、政治环境以及文化环境。马克思出生的年代，所处的环境具有一定的特殊性，经济转型、阶级分化、矛盾激化、社会巨变等情形无时不成为当时的社会聚焦。经济基础决定上层建筑。马克思社会发展合力理论作为一种思想理论体系，属于上层建筑的内在构成，其产生、发展取决于一定的经济基础，最终又受限于生产力的发展水平。工业革命的兴起、社会化大生产的影响、世界市场的形成与国际交往，是马克思社会发展合力理论形成的经济背景。马克思社会发展合力理论的形成离不开政治环境的影响，法国大革命的震撼、阶级关系的变化、无产阶级作为独立的政治力量登上历史舞台等，是马克思社会发展合力理论形成的政治背景。文化是思想与精神的外在表现，思想与精神同样会为文化所影响。19世纪的欧洲，受到文艺复兴的精神洗礼，可谓百花齐放、精华荟萃，人们的思想不仅得到了进一步的解放，而且思想也日益多元化。在涌现出的众多社会思潮中，自然主义与人道主义发挥了主导作用。环境的错综复杂，为马克思诸多重要思想理论的萌芽提供了有利条件，这其中，就包括社会发展合力理论。

所有伟大的事物，都只能从伟大发端。在社会发展合力理论形成的不同阶段，马克思都吸收、借鉴了以往巨人的思想精髓。马克思社会发展合力理论，从世界观和方法论的角度加以审视，德国古典哲学的精神遗产极为厚重。马克思批判性地继承了康德的启蒙理性主义哲学、黑格尔的法权——国家哲学、费尔巴哈的人本主义哲学等。囿于阶级立场或方法上的局限，康德启蒙理性主义哲学在自然与自由、社会性与非社会性、理性与非理性之间陷入了逻辑鸿沟。马克思为弥合该哲学所设定的逻辑鸿沟，贡献了智慧力量。马克思汲取了黑格尔法权——国家哲学的"合理内核"与费尔巴哈人本主义哲学的"基本内核"，但他是批判性地继承黑格尔与费尔巴哈精神遗产的。他将黑格尔"头足倒置的辩证法""思想的内涵逻辑""市民社会—官僚等级—国家"改造为"唯物辩证法""历史的内涵逻辑""市民社会—无产阶级—社会"。他吸收了费尔巴哈"类本质"思想的合理成分，但又在理解"人的类本质"的内涵、理解"人的现实本质"的内涵、理解"人的类本质与现实本质相统一"等方面克服了费尔巴哈人本主义哲学的逻辑缺陷。从马克思对康德、黑格尔、费尔巴哈哲学思想的洞悉，向前追溯康德启蒙理性主义哲学所规设的逻辑鸿沟、黑格尔法权——国家哲学所存在的逻辑错位、费尔巴哈人本主义哲学所存在的逻辑缺陷，有助于准确、清晰地厘清马克思社会发展合力理论的思想之源，并向后拓展马克思社会发展合力理论研究。

马克思社会发展合力理论的形成有一个历史过程，其大体经历了萌发、探索、形成、发展、完善五个阶段。认识马克思社会发展合力理论"破茧成蝶"的过程，必须结合其经典文本去发掘和理解。为探寻马克思社会发展合力理论形成的思想线索，本研究着重分析了马克思《德谟克利特的自然哲学和伊壁鸠鲁的自然哲学差别》《评普鲁士最近的书报检查令》《〈黑格尔法哲学批判〉导言》《1844 年经济学哲学手稿》《神圣家族》《关于费尔巴哈的提纲》《德意志意识形态》《共产党宣言》《1848 年至 1850 年的法兰西阶级斗争》《路易·波拿巴的雾月十八日》《资本论》《人类学笔记》中内含的社会发展合力理论萌芽、探索、形成、发展、完善的脉络。

在考察历史和理论的基础上，本研究逐渐走向马克思社会发展合力理论的深处，具体分析了它的主要内容：首先，具体的、感性的"现实的人"是社会发展合力赖以形成的主体性力量；其次，社会发展合力的现象呈现是似自然性；再次，实现社会发展合力的关键性环节是矛盾分析；复次，实现社会发展合力的基础性工作是利益协调；最后，实现社会发展合力的终极性旨趣在于获得真实幸福。

在马克思看来，解释世界的目的在于改造世界。时下，中国正在以中国式现代化全面推进强国建设、民族复兴伟业。面对前所未有的世界之变、时代之变和历史之变，实现社会发展合力必须坚持党的领导，这是现代化建设的根本保障；必须坚持正确方向，这是现代化建设的关键所在；必须有效化解矛盾，这是现代化建设的现实基础；必须满足人民利益，这是现代化建设的必然要求；必须坚持团结奋斗，这是现代化建设的强力支撑。这"五个必须"，是马克思社会发展合力理论为推进社会主义现代化建设所提供的现实启示。

目 录

导　　论

　　习近平总书记在党的二十大报告中，站在推进国家安全体系和能力现代化的战略高度，对完善社会治理体系、提升社会治理效能作出决策部署。推进国家安全体系和能力现代化，是多种因素交互作用的合力。在推进国家安全体系和能力现代化中存在各种因素，社会治理体系的完善、社会治理效能的提升，是多种力量综合作用的结果。影响社会发展的合力，是由怀有各种不同思想、意志、动机的行为体发出的混合力。在这一混合力中，不仅包含推动社会进步的力量，而且存在并非推进社会发展甚或破坏社会发展的力量。确保到 2035 年基本实现社会主义现代化国家，到 21 世纪中叶全面建成富强、民主、文明、和谐、美丽的社会主义现代化强国，有必要高度重视社会发展合力的生成问题。关于如何认识社会发展合力、社会发展合力生成的内在机制是什么、实现社会发展合力有哪些有效路径。凡此种种，都与国家安全体系和能力现代化的稳步推进紧密联系在一起。

　　早在一个多世纪以前，马克思就对社会发展合力问题进行了深入思考，形成了诸多极富价值的见解。国内外学术界对马克思社会发展合力理论早有探讨，并形成了不少有益的成果。但尚未有基于马克思经典文本系统化呈现这一人间普罗米修斯社会发展合力思想的学术专著。恩格斯在评价社会发展合力在马克思思想发展体系中的地位与作用时明确指出，在他所写的文章中"几乎没有一篇不是贯穿着这个理论的"①。社会发展合力在马克思思想体系大厦中，犹如一条贯穿始终的红线。习近平总书记告诫我们，要守好马克思主义魂脉。牵牢马克思社会发展合力理论这条红线，无论是对于深化学术研究还是以马克思主义社会发展合力思想为指导进一步推进国家安全体系和能力现代化建设，都具有极为重大的意义。

一 选题背景及研究意义

马克思指出："问题就是时代的口号，是它表现自己精神状态的最实际的呼声。"② 站在推进国家安全体系和能力现代化的战略高度研究社会发展合力问题，正是对"最实际的呼声"的回应。习近平总书记强调，要"把国家发展建立在更加安全、更为可靠的基础之上"。③ 国家发展、社会进步是合力作用的结果。什么样的合力之于国家发展、社会进步而言是有效、正向、安全且可靠的，马克思有关社会发展合力的思想给了我们以启迪与思考。开展马克思社会发展合力理论研究，既有助于从理论层面回应社会发展合力论题，又有助于从实践层面扎实推进国家安全体系和能力现代化建设。

（一）选题背景

国家安全体系和能力现代化建设离不开有效、正向、安全且可靠合力的推动。站在推进国家安全体系和能力现代化的战略高度探究马克思社会发展合力理论，既是国家强盛所需，也是社会治理所盼，还是人之发展所求。

---

① 《马克思恩格斯文集》第 10 卷，人民出版社 2009 年版，第 593 页。
② 《马克思恩格斯全集》第 43 卷，人民出版社 1982 年版，第 289 页。
③ 《习近平谈治国理政》第 4 卷，外文出版社 2022 年版，第 392 页。

1. 国家强盛所需

习近平总书记在十二届全国人大一次会议闭幕会上强调："实现中国梦必须凝聚中国力量。"① 这是明确了实现中国梦的主体条件。关于什么是"中国力量"，习近平总书记指出，"这就是中国各族人民大团结的力量"②。中国各族人民大团结，是国家命运、民族命运、党的命运发生历史性巨变的关键所在。习近平总书记深刻指出："党和人民取得的一切成就都是团结奋斗的结果。"在 2022 年 10 月 17 日参加党的二十大广西代表团讨论时，习近平总书记指出，全党全国各族人民要在党的旗帜下团结成"一块坚硬的钢铁"。这样的譬喻，生动展现了团结奋斗之于国家发展的重要意义。团结成"一块坚硬的钢铁"，可以从不同的角度加以认识：

从主体的角度来看，团结成"一块坚硬的钢铁"是个体性力量与集体性力量的结合。所谓"个体性力量"，指的是十四亿中国人每个人的力量，这是团结成"一块坚硬的钢铁"的基石。将个体性力量充分汇聚在一起，思想引领的作用是至关重要的。团结成"一块坚硬的钢铁"所焕发出来的力量，既体现为看得见、摸得着的物质性力量。如经济、科技力量等，还体现为看不见、摸不着但对国家发展意义重大的精神性力量。如国家形象、国家制度等。团结成"一块坚硬的钢铁"能否焕发出应有的物质性力量与精神性力量，焕发出的物质性力量与精神性力量有多强大，思想引领的作用同样是不容忽视的。"团结成一块坚硬的钢铁"，从力量的来源上来看，存在既有力量的整合与新生力量的壮大。③ "钢铁"是在萃取各种既有力量与新生力量中锻造出来的。"钢铁"的成色、韧性与强度，是先进思想指导下中国道路、中国制度、中国理论、中国文化等各方面优势的外化，是党团结人民大众而形成的物

---

① 《习近平谈治国理政》第 1 卷，外文出版社 2018 年版，第 40 页。
② 《习近平谈治国理政》第 1 卷，外文出版社 2018 年版，第 40 页。
③ 孙来斌等：《实现中华民族伟大复兴中国梦的基本问题研究》，人民出版社 2021 年版，第 277—278 页。

理效应。

中国共产党是马克思主义执政党，马克思主义是引领全党全国各族人民心往一处想、劲儿往一处使的精神旗帜。我国是社会主义国家，而正如有的论者所指出的，当代社会主义"已经到了应该而且必须有清醒的自我意识的时候了"，而"对马克思主义的深刻而正确的理解则是它获得此自我意识的一个必要前提"①。深刻而正确的理解马克思社会发展合力理论，是在党的旗帜下团结成"一块坚硬的钢铁"，在新征程上为国家争取新的更大荣光的迫切需要。

2. 社会治理所盼

习近平总书记在党的二十大报告中提道"社会稳定是国家强盛的前提"②。社会稳定有序的状态，对国家强盛至关重要。离开安全稳定的社会环境，就没有国家的强盛。如果一个国家强盛了，但社会秩序紊乱，这种强盛并不是真正意义上的强盛。春秋时期齐国政治家管仲指出："利莫大于治，害莫大于乱。"③ 在他看来，国家最大的利益在于安定，最大的危险在于动乱。国家安全与动乱，取决于社会治理的水平。治理的主体是多元的，"治理"指的是国家、社会（市场）乃至个人进行共同协商和合作，以便应对和解决复杂的社会实践问题。④ 社会治理的一大基本目标，是汇聚有效、正向、安全且可靠的合力，构建和维持有助于推进国家安全体系和能力现代化的社会秩序，使我国社会得以有序运行并协调发展。⑤ 在现时代，世界多极化、经济全球化、社会信息化、文化多样化深入发展，各种浪潮席卷社会生产和生活的各个领域，社会治理中合力生成遇到的新老问题交织、内外挑战叠加。处于转型期

---

① 杨筱刚：《马克思主义："硬核"及其剥取——当代社会主义的自我意识》，人民出版社2006年版，第1页。
② 《习近平著作选读》第1卷，人民出版社2023年版，第43页。
③ 苏育生、王若岭：《中华妙语大辞典》，陕西人民教育出版社1990年版，第505页。
④ 齐艳红、张保伟：《创造社会治理的新格局》，人民出版社2022年版，第1页。
⑤ 高峰：《社会治理秩序研究——面向当代中国社会治理实践的社会秩序理论构建》，人民出版社2020年版，第1页。

的当代中国，迫切需要多元主体共治，形成具有中国特色的、充分汇聚合力的社会治理新格局。① 而形成社会治理新格局，迫切需要科学理论的指导。马克思是伟大的思想家②。他为探寻社会发展合力的实现问题进行了深入的思考。马克思社会发展合力理论，从范畴上来讲，当归属于社会哲学的范畴。他将实现社会发展合力是否必要以及如何可能等问题，上升到哲学高度并进行深入研究。马克思指出，"哲学家们只是用不同的方式解释世界，问题在于改变世界"③。上升到哲学高度的马克思社会发展合力理论，既致力于解释世界，更在于改变世界。在"物"的普遍统治下，人们有关社会发展合力问题的认识，不乏"颠倒了的世界观"。马克思给自己提出的一大历史任务，是"把颠倒的世界观再颠倒过来，以使人们正视真实的现实世界"④。马克思社会发展合力理论，不仅应和时代脉搏、反映和表达"时代精神"，而且是塑造和引导新的时代精神的"文明的活的灵魂"⑤。深刻地理解和真切地把握马克思社会发展合力理论的精神品格、内在特质，我们就能更有力地回应社会治理中合力生成的各种挑战，沿着马克思开辟的社会哲学道路继续奋勇前行。因此，对马克思社会发展合力理论开展专题性研究，是创新社会治理新格局之所盼。

3. 人之发展所求

"人"是马克思社会发展合力理论的基本理念与核心范畴，人的问题贯穿于马克思有关社会发展合力的理论研究和实践探索之中。马克思在《1844 年经济学哲学手稿》中，对"人的发展之谜"进行了求索。在他看来，人有四重规定性，分别为人是自然存在物、类存在物、对象性存在物以及社会存在物。在马克思看来，"一个种的整体特性、种的

---

① 齐艳红、张保伟：《创造社会治理的新格局》，人民出版社 2022 年版，第 260 页。
② 高清海：《高清海哲学文存》，吉林人民出版社 1997 年版，第 294 页。
③ 《马克思恩格斯文集》第 1 卷，人民出版社 2009 年版，第 502 页。
④ 高清海、孙利天：《马克思与我们同行》，中国社会科学出版社 2003 年版，第 22 页。
⑤ 孙正聿：《为历史服务的哲学》，中央编译出版社 2018 年版，自序：第 1 页。

类特性就在于生命活动的性质，而自由的有意识的活动恰恰就是人的类特性"①。较之于动物，人而能群，彼不能群。人有形成有效、正向、安全且可靠合力的意识，这种有意识的生命活动，将人与动物相区别。不同于黑格尔对人的对象性的纯粹思辨的理解，在马克思眼中，在人的本质中，内蕴着对象性的规定。他深刻地指出，假使离开了对象，人也就失去了自身的类生活。而假若没有了对象性的活动，人也就无从确证自我的本质力量。人的对象化过程，是一个自我实现的过程。

在应然的意义上，人在自我生成的过程中，可以汇聚起有效、正向、安全且可靠的合力。然而，正是在对象化的过程中，蕴含了异化得以出现的可能性。

在实然的层面，人非但无法形成有效、正向、安全且可靠的合力，即使形成了合力，这种合力也有可能是社会发展的一种反动力。关于对象化是怎样突变为异化的，在人的生命活动中可以找到密钥。实践是人与自身生命活动的中介，这一中介在私有制条件下，最终导致有效、正向、安全、可靠的合力无法形成，纵使汇聚起了合力，也没有成为社会发展的动力。

社会是人特有的存在方式。马克思除了将人视为自然存在物、类存在物、对象性存在物以外，还将人视为社会存在物。社会存在物，是马克思关于"人究竟为何物"做出的本质规定。他明确指出，"人在其现实性上，是一切社会关系的总和"②。社会具有为人所专属的规定性。从本质上来看，人的活动不同于动物本能式的"种群"活动，人的活动是一种社会活动。人是社会存在物，但人不是一般意义上的社会存在物，而是一种特殊的社会存在物。马克思强调，"人是一个特殊的个体，并且正是他的特殊性使他成为一个个体，成为一个现实的、单个的社会存在物，同样，他也是总体，观念的总体，被思考和被感知的社会的自

---

① 《马克思恩格斯全集》第3卷，人民出版社2002年版，第273页。
② 《马克思恩格斯文集》第1卷，人民出版社2009年版，第505页。

为的主体存在，正如他在现实中既作为对社会存在的直观和现实的享受而存在，又作为人的生命表现的总体而存在一样。"① 诚如费希特所言，"人注定是过社会生活的；他应该过社会生活；如果他与世隔绝，离群索居，他就不是一个完整的、完善的人"②。人只要过社会生活，就不可避免地触及与其他从事实践活动和认识活动的个体交互作用形成主体合力，而实践活动和认识活动所指向的对象所形成的合力是客体合力，主、客体相互作用形成的合力是谓主客体合力。人是特殊的社会存在物，特就特在能够对"实现社会发展合力何以可能"进行理论思考与实践探索。马克思不仅探析了实现社会发展合力是否必要、何以可能，还剖析了实现社会发展合力的动力因子以及生成机制。对马克思社会发展合力理论展开研究，是求解人的发展之谜的现实需要。

（二）研究意义

实现社会发展合力是人自觉的有目的的实践活动，这一实践活动的展开，推动了人类文明的进步、社会形态的变迁。研究社会发展合力问题是当今时代一个重大而现实的课题。只有把握社会发展合力的动力因子，才能更深刻地理解国家安全体系和能力现代化建设的着力要点；只有把握社会发展合力的内在机制、形成规律，才能更好地看清新时代中国特色社会主义的发展方向。在新时代不了解社会发展合力的动力因子、内在机制、形成规律，便会在内外部的各种挑战中无所适从、无的放矢。因此，研究马克思社会发展合力理论具有重要意义。它可以从本体论高度确认社会发展合力在马克思思想体系中的理论地位与历史作用，丰富唯物史观的思想内涵，释放唯物史观的解释张力，推动唯物史观的创新发展，进而积极回应和批判"两个马克思

---

① 《马克思恩格斯全集》第 3 卷，人民出版社 2002 年版，第 302 页。
② ［德］费希特：《费希特著作选集》第 2 卷，梁志学主编，商务印书馆 1994 年版，第18 页。

对立"﹁马克思与恩格斯对立"﹁马克思与马克思主义对立"等谬论；它可以从实践论高度彰显马克思社会发展合力理论指导实践和引领实践的理论魅力，推进马克思主义中国化的历史进程；它可以从价值论高度诠释马克思社会发展合力理论的重大意义。马克思剖析了人在社会发展合力生成中"剧中人"与"剧作者"合为一体的主体地位与作用，对不利于社会发展合力生成的各种因素进行了深刻反思，借助"人体解剖"与"猴体解剖"，阐明了实现社会发展合力的必要性与可能性。马克思社会发展合力理论作为马克思主义的重要内容，是马克思主义社会发展理论的重要支撑，也是深化新时代社会发展合力实践的思想指南。基于此，加强马克思社会发展合力理论的系统研究，不仅是历史发展的必然要求，也是深化社会发展合力实践的思想指引，具有重要的理论意义与实践意义。

理论意义："理论"指的是基于认识论维度对有关命题的知识范围与适用领域所开展的研究及其所形成的结论。[①] 马克思社会发展合力理论研究的理论意义旨在阐明对同类命题研究提出了什么新观点、补充了哪些新内容，对马克思主义社会发展理论有什么影响等。本研究的理论意义取决于社会发展合力在唯物史观乃至在整个马克思主义学说中的地位与作用。从马克思实践唯物主义和历史唯物主义的立场、观点和方法出发，对马克思社会发展合力理论进行系统梳理，把社会发展合力与社会发展动力置于同等重要的地位。在马克思社会发展合力逻辑之中，嵌入社会发展动力逻辑，在奠定唯物史观理论根基的同时，不断丰富、发展与完善马克思唯物史观的理论大厦。马克思社会发展合力与社会发展动力具有逻辑上的同构性，任何重视马克思社会发展合力理论而轻视马克思社会发展动力思想或者重视马克思社会发展动力思想而轻视马克思社会发展合力理论的倾向与行为，对于探析社会发展合力的动力因子以及动力作用机制都是极为有害的。北京大学王东教授在马克思主义哲学

---

① 李维意：《马克思世界交往理论研究》，人民出版社 2021 年版，第 2 页。

史怎样推向新阶段上提出了几个主要的突破口与生长点：其中一个是源头也即对马克思哲学及其文本做出深入系统开掘，另一个是潮头特别是新潮头，也即重点研究马克思主义中国化成果特别是马克思主义中国化最新成果。① 牵住"两头"（马克思哲学及其文本的源头、马克思主义中国化成果的潮头）深入研究、系统阐释马克思社会发展合力理论，有助于促进马克思主义理论科学发展，有利于推动思想政治教育理论发展创新，能够为深化社会治理研究提供理论支撑。

　　加强马克思社会发展合力理论研究有助于促进马克思主义理论科学发展。社会发展合力赖以形成的动力因子是什么，其对社会发展起什么样的作用，是马克思主义理论科学发表需要直面的问题。在马克思主义发展史上，有人将马克思视为经济决定论者，也即强调经济因素是社会发展合力赖以形成的动力因子，且这种动力因子对社会发展具有决定性影响。存在主义创始人萨特提出"人学空场论"，认为马克思主义存在着"非人主义"的缺陷，指出其患了"贫血症"，试图用存在主义给马克思主义"输血"。萨特在《存在主义是一种人道主义》中，将实践唯物主义误释为唯物质主义，认为存在主义是"唯一不使人成为物的理论"②。言下之意是指斥包括马克思主义在内的其他主义，存在使人成为物的倾向。在《辩证理性批判》中，萨特批判当代马克思主义"完全失去了人的含义"，强调要"在马克思主义内部重新恢复人"，否则辩证唯物主义就会变成"一副骨架"。③ 萨特主张以人学辩证法取代唯物辩证法、用历史人学取代历史唯物主义。

　　其他现代人本主义者对马克思进行指责与批判也大体遵循了同样的价值理路。《1844 年经济学哲学手稿》尘封 88 年后，1932 年全文首次

---

① 王东：《马克思主义哲学综合创新论——王东哲学创新论集》，武汉大学出版社 2010 年版，第 7 页。

② ［法］让-保罗·萨特：《存在主义是一种人道主义》，周煦良、汤永宽译，上海译文出版社 1988 年版，第 21 页。

③ ［法］让-保罗·萨特：《辩证理性批判》（上），林骧华等译，安徽文艺出版社 1998 年版，第 71 页。

发表，让人们认识到马克思对人的主体因素的能动作用高度关注。在以有力证据驳斥马克思主义存在"人学空场论"的同时，一些困惑和疑团萦绕在人们的心际，诸如"两个马克思""马克思与恩格斯对立"以及"马克思与马克思主义对立"等认识谬误不时出现。

马克思充分承认了现实生活的生产和再生产在社会历史发展中的作用。恩格斯曾郑重地指出，"历史过程中的决定性因素归根到底是现实生活的生产和再生产。无论马克思或我都从来没有肯定过比这更多的东西。"① 在《路德维希·费尔巴哈和德国古典哲学的终结》中，恩格斯又进一步解释道："上面的叙述只能是对马克思的历史观的一个概述。"② 马克思的历史观强调经济因素在社会发展中归根到底的决定性作用。那么，该如何看待人的精神因素在历史进程中的能动作用？《1844年经济学哲学手稿》德文版的最初出版者朗兹胡特和迈尔公然表示，《手稿》是马克思的中心著作，强调要根据这个《手稿》中的观点，对马克思主义作"新的解释"。持"两个马克思"论调的学者，以《手稿》的发表为界，将之区分为早期人道主义者马克思与晚期唯物主义者马克思。将《手稿》视为马克思成就的顶点，贬低马克思的晚期著作，实则是用早期的马克思否定晚期的马克思。③

恩格斯晚年为坚持和捍卫马克思主义，系统阐发了自身有关社会发展合力的见解。人的精神因素在历史进程中既然具有能动作用，恩格斯故此指出参与历史活动的每个人都会对历史结果即合力的形成"有所贡献"④。研究者围绕社会发展合力的意识形态性质、是否具有科学性以及认知功能等，进行了长时期的争论。其中最典型的是法国学者阿尔都塞，其在《保卫马克思》一书中，明确指出，"传统的资产阶级意识形

① 周卫东：《科学发展观思想体系研究》，人民出版社2006年版，第489页。
② 《马克思恩格斯全集》第28卷，人民出版社2018年版，第366页。
③ 陈先达、靳辉明：《马克思早期思想研究》，中国人民大学出版社2016年版，第5页。
④ 《马克思恩格斯全集》第21卷，人民出版社1965年版，第351页。

态的出发点恰巧是所谓个人意志的冲突"①。在他看来，马克思对这个明显的前提假设，曾做出严厉批判，指斥恩格斯为证明经济因素的最终决定作用，而视"单个人意志的冲突"为立论的出发点是退回到资产阶级启蒙思想家和经济学家的意识形态水平。在阿尔都塞看来，任何科学都有自身赖以确立的基础性、确定性的概念，以及由这些概念逻辑关联表现出来的思想内容。在他看来，马克思唯物史观具有科学性，源于其由生产力、经济基础、上层建筑以及由此衍生的相关概念所构成。恩格斯从"个人意志"和"最终结果"的"空洞"概念构筑唯物史观的内容是不具有科学性的。

阿尔都塞谴责恩格斯的社会发展合力思想具有不确定性，陷入了"认识论真空"。②他提出了两个难题："谁能够向我们证明，总的合力一定就不等于零？谁能向我们证明，总的合力一定是人们所希望的经济因素，而不是政治因素、社会因素或其他什么因素？"③帮助人们走出这些认识误区、促进马克思主义理论科学发展，我们需要科学分析马克思与马克思主义的关系，正确理解早期马克思与晚期马克思、马克思与恩格斯思想的一致性与差异性。

在理论界，有研究者以"不带成见"为幌子，在有意无意间曲解马克思、恩格斯的思想，制造马克思与马克思主义、青年马克思与老年马克思、马克思与恩格斯之间的分裂与对立。开展马克思社会发展合力理论研究，有利于我们科学分析、正确理解马克思与马克思主义、马克思与恩格斯的关系，有益于我们走近真实的马克思、洞悉马克思社会发展合力理论蕴含的深层问题，有助于促进马克思主义理论科学发展。

加强马克思社会发展合力理论研究有利于推动现代思想政治教育理论发展创新。思想政治工作根本上是做人的工作。提高人们的思想政治

---

① ［法］路易·阿尔都塞：《保卫马克思》，顾良译，商务印书馆 2010 年版，第 116 页。

② 叶泽雄、赵鹏：《再论恩格斯历史合力论思想及其当代意义》，《江汉论坛》2019 年第 9 期。

③ ［法］路易·阿尔都塞：《保卫马克思》，顾良译，商务印书馆 2010 年版，第 115 页。

素质，调动人们参与社会实践活动的积极性、主动性、创造性，是思想政治教育的基本职能。做好人的工作，是做好一切实际工作的基本前提。而做好人的工作，讲清楚道理意义重大。道理讲不清楚，人的工作就很难做到位。思政课是开展思想政治教育的主阵地、主课堂、主渠道。① 习近平总书记于 2022 年 4 月 25 日在中国人民大学考察时指出："思政课的本质是讲道理"，习近平总书记告诫我们要将"道理讲深、讲透、讲活"。

社会发展合力问题是思想政治教育研究的一个重大课题。"社会发展"始终是时代的主旋律。要实现国家强盛、民族兴旺，必须具有推动性力量，具有足以促进社会发展的合力。为中华民族伟大复兴、为社会主义现代化强国建设汇聚强大的社会发展合力，本身就是思想政治教育最重要的、最基本的职能之一。实现社会发展合力之于思想政治教育而言，并不是一个崭新的论题，而是为广大思想政治教育工作者所密切关注且经久不变的主题。思政课的本质是讲道理，其中就包括了要将实现社会发展合力的道理讲清楚。当下，一方面，社会主义现代化强国建设迫切需要汇聚起强大的社会发展合力；另一方面，社会发展合力的汇聚远未能满足社会主义现代化强国建设的需要。怎样充分发挥现代思想政治教育的优势，为社会主义现代化强国建设汇聚强劲且持久的社会发展合力，是现代思想政治教育理论突出存在而又亟须深入研究并加以解决的现实课题。

社会发展合力是思想政治教育理论的基本概念之一，社会发展合力涉及思想政治教育理论的基本概念、基本理论和基本职能，是思想政治教育的基础理论研究的重要课题。② 社会主义学校与资本主义学校的本质区别在于前者所坚持进行的是马克思主义的思想政治理论教育，培养

---

① 石云霞：《高校思想政治理论课建设史研究》，武汉大学出版社 2006 年版，前言：第1 页。

② 骆郁廷：《精神动力论》，武汉大学出版社 2003 年版，第 8 页。

的是社会主义建设者和接班人。① 在我国开展思想政治教育，所要彰显的是马克思主义的真理力量。马克思主义是我们把道理想明白、讲清楚的强大思想武器。讲深、讲透、讲活马克思有关社会发展合力的理论，有利于我们利用好马克思主义这一思想武器，推动思想政治教育理论实现创新发展。讲深、讲透、讲活马克思社会发展合力理论，要"回到马克思"，深耕马克思经典文本，从本源的意义上揭开马克思有关社会发展合力理论的原貌。就思想政治教育理论的发展创新而言，其绕不开马克思主义理论根脉的持续探索。讲深、讲透、讲活实现社会发展合力的道理，要避免空洞的宣传说教。通过对马克思社会发展合力理论的形成背景、思想之源、发展脉络、主要内容等开展研究，有助于夯实广大思想政治教育工作者讲深、讲透、讲活实现社会发展合力的看家本领，有助于深化和突破思想政治教育重要基础理论问题的研究。

　　以马克思主义为指导把实现社会发展合力的道理讲深，要求我们对马克思社会发展合力理论的认识不能浮于表面、浅尝辄止。认识马克思社会发展合力理论，要能够由浅入深、抵达根本。以马克思主义为指导，把实现社会发展合力的道理讲透，要求我们在讲道理时不能含混不清、模棱两可，而是要旗帜鲜明、通透明了，积极回应人们有关实现社会发展合力的思想困惑与现实关切，使人们可以正确辨识各种错误观点、纠正各种偏颇思想。讲好社会发展合力的道理，应具有明确的现实指向。社会发展合力的生成绝不是空洞抽象的，而是具体可行的。

　　实现社会发展合力，覆盖的领域范围广、涉及的工作内容多，但并非没有规律可循。一切反映事物规律性的认识都是科学的道理。道理有大小之分、有一般与特殊之别。对实现社会发展合力带有最普遍规律的道理是"大道理"，反映具体领域、具体工作合力生成的道理相对而言是"小道理"。加强马克思社会发展合力理论研究，旨在将道理讲清

---

① 石云霞：《高校思想政治理论课建设史研究》，武汉大学出版社 2006 年版，前言：第1 页。

楚。这里所讲的道理，尽管也涉及特殊、具体工作合力生成的"小道理"，但更重要的是讲清楚带有普遍性、一般性、根本性的社会发展合力赖以实现的大道理。

"现实的人"是实现社会发展合力的主体性力量，人的需要和利益是社会主体开展实践活动的内在动因，社会意识是社会主体开展实践活动的精神动力，社会发展合力赖以实现的根本动力是发展生产力、基本动力是社会基本矛盾。凡此种种，都是实现社会发展合力中最普遍、最一般、最根本的大道理。"现实的人"具体的利益诉求是不同的，现实需求也是有差别的，满足不同领域群体范围的具体利益诉求，还要结合其差异化的需求，有针对性地加以满足并形成规律性认识。对实现社会发展合力带有普遍性、一般性、根本性的大道理统领具体领域、具体工作合力生成的"小道理"。具体领域、具体工作合力生成的"小道理"，丰富具有普遍性、一般性、根本性的社会发展合力赖以实现的大道理。加强马克思社会发展合力理论研究，将普遍性与特殊性相统一的道理讲清楚，有利于推动马克思主义的现代思想政治教育基础理论不断实现发展、创新。

加强马克思社会发展合力理论研究能够为深化社会治理研究提供理论支撑。我国是一个幅员辽阔、人口众多、历史悠久、经济和社会发展尚不平衡仍不充分的国家。怎样在这样独特的国情下，实现科学而有效的社会治理，是一个必须解答的艰难考题。① "治理"在马克思经典著作中，是一个高频词。据统计，在《马克思恩格斯全集》中文第二版与《马克思恩格斯文集》中，马克思使用"治理"多达41次。"治理"亦是近年来国内外理论界探讨的热点。从运行的角度来讲，所谓"社会治理"，指的是"治理社会"，也就是治理主体怎样对社会这一治理客体施加影响。人是社会治理的主体性力量。社会治理的终结价值指向，在于寻求人的满足与幸福。党的十八大报告提出的我国社会治理总体格

---

① 张文显：《中国式国家治理新形态》，《治理研究》2023 年第 1 期。

局是"党委领导、政府负责、社会协同、公众参与、法治保障"①。我国社会治理是在中国共产党领导下，政府组织主导，同时尽可能吸纳社会组织等多方治理主体参与，对社会公共事务进行的治理活动。该治理方式是一元主导、多方参与、各司其职的合作共同治理。②在社会治理总体格局中，党委领导被摆在合作共同治理的首位。习近平总书记在庆祝中国共产党成立100周年大会上明确指出："中国共产党为什么能，中国特色社会主义为什么好，归根到底看是因为马克思主义行！"③在党的二十大报告中，习近平总书记又强调："中国共产党为什么能，中国特色社会主义为什么好，归根到底是马克思主义行，是中国化时代化的马克思主义行。"④中国共产党作为马克思主义执政党能，归根到底是因为马克思主义行，是因为中国化时代化的马克思主义行。从狭义的角度来理解第一行，指的是由马克思创立的马克思主义行。从源头上来看，如果由马克思创立的马克思主义不行，也就谈不上中国化时代化的马克思主义行。由马克思创立的马克思主义行，内在地包括了马克思创立的社会发展合力理论行。开展马克思社会发展合力理论研究，有助于解锁中国之治的密码。

在我国社会治理总体格局中，紧跟在"党委领导"之后的两个部分，分别是"政府负责"和"社会协同"。政府和社会，在社会治理中是两个重要主体。在现代社会治理中，单纯的政府或者单纯的社会都不能解决复杂的治理问题。特别是在我国这样一个有着独特国情的国家，政府与社会必须相互协调与互动，如此才能实现对社会的有效治理。对政府而言，与社会关系的断裂往往导致政府能力的缺乏而非强大；对社

---

① 《十八大以来重要文献选编》上，中央文献出版社2014年版，第27页。

② 王浦劬：《国家治理、政府治理和社会治理的含义及其相互关系》，《国家行政学院学报》2014年第3期。

③ 习近平：《在庆祝中国共产党成立100周年大会上的讲话》，人民出版社2021年版，第13页。

④ 习近平：《高举中国特色社会主义伟大旗帜　为全面建设社会主义现代化国家而团结奋斗》，人民出版社2022年版，第16页。

会自治而言，同样需要依靠政府的作用以弥补公民治理能力的不足。①
马克思早在 1843 年 3 月至 9 月期间，就以《法哲学原理》第 303 节为
基础，对黑格尔的法哲学与国家学说进行了批判。自此以后，马克思聚
焦于市民社会与政治国家，详细阐述了二者的关系。② 加强马克思社会
发展合力理论研究，有助于为深化社会治理中社会与国家（政府）的
关系提供必要的理论支撑。

有效的社会治理，公众的广泛参与至关重要。站在公众参与的角度
推动社会治理，就会形成一方面执政党和国家推动，另一方面公众选
择、参与、认可相结合的"自上而下"与"自下而上"双向互动机制。
马克思明确指出，"历史上的活动和思想都是'群众'的思想和活
动"③，"历史活动是群众的事业"④。他对群众的构成、群众的地位与
作用以及对待群众的态度等问题，均发表了重要见解。马克思社会发展
合力理论中有关对待群众的看法与观点，为深化社会治理研究提供了重
要的理论基础。有效、正向、安全且可靠的社会发展合力是在什么样的
条件下生成的，关涉社会发展合力生成的环境问题。马克思指出："法
律应该以社会为基础。法律应该是社会共同的，由一定的物质生产方式
所产生的利益需要的表现，而不是单个人的恣意横行。"⑤ 法律是社会
的产物，社会是法治的基础。社会发展合力的生成，离不开正义的社会
环境。在一种非正义的社会环境下，有效、正向、安全且可靠的社会发
展合力很难在真正意义上汇聚。法与正义是密不可分的。是否可以实现
正义，正义在多大程度上得到了实现，是法治的重要衡量标准。法治作
为一个动态的或能动的社会范畴，其较之于社会发展合力的生成而言，

---

① 汪锦军：《合作治理：政府与社会良性互动的生成机制》，商务印书馆 2023 年版，第
1 页。

② 赵玉兰：《论马克思对市民社会与政治国家关系的认识——以 MEGA^2 为基础》，《北
京大学学报》（哲学社会科学版）2015 年第 6 期。

③ 《马克思恩格斯全集》第 2 卷，人民出版社 1957 年版，第 103 页。

④ 《马克思恩格斯全集》第 2 卷，人民出版社 1957 年版，第 104 页。

⑤ 《马克思恩格斯全集》第 6 卷，人民出版社 1961 年版，第 291—292 页。

基本意义是在法律框架范围内行事。法治是包含特定价值规定性的社会生活方式，其既有别于法制，也有别于人治。"法制"，本义是一个静态的概念，是法律制度的简称。把社会关系纳入法律制度的轨道，用带有强制性的法律规范乃至严刑峻法管理社会，这种管理方式属于法制的范畴。法制社会中的法律，并不是调整社会关系最重要的规范，其往往从属于诸如习惯、道德等其他社会规范。而习惯、道德等社会规范，具有地域性特征。

人治与法治相对立。法治依据的是反映众人意志的法律，而人治依据的是统治者个人或少数人的意志。当法律与统治者意志发生冲突时，法治社会中的法律高于个人意志，而人治社会中的个人意志高于法律。较之于法治社会，法治社会的价值追求是法律至上、保障人权、程序正义、维护自由平等、促进权利、社会民主等，而法治社会与这些价值追求没有必然的联系。

法制既可以与法治相结合，也能够与人治相结合。当法制与人治相结合，法律权威只是起一种补充和辅助的作用。因此，最有利于调动人民群众汇聚社会发展合力的是法治环境。马克思指出："立法者应该把自己看作一个自然科学家。他不是在创造法律，而仅仅是在表述法律……如果这个立法者用自己的臆想来代替事物的本质，那么我们就应责备他的极端性。"① 法是事物根本理性和各种存在物之间的关系。法律总是随着社会的发展变化而变化，法治是在满足社会发展合力生成的需要，是在满足人民群众意愿中向前发展的。依法而治所形成的社会环境，也即法治社会环境是实现社会发展合力最稳定、最可靠的环境。加强马克思社会发展合力理论研究，有助于为法治社会环境的不断优化提供必要的理论支撑。

实践意义：实现社会发展合力既是一个理论问题，又是一个实践问题。开展马克思社会发展合力理论研究，理论意义重在"解释世界"，

---

① 《马克思恩格斯全集》第 1 卷，人民出版社 1995 年版，第 347 页。

实践意义重在"改变世界"。本研究的实践意义表现在运用马克思社会发展合力理论的立场、观点、方法破解马克思主义学科高质量发展，现代思想政治教育有效性，社会治理效能提升遇到的"瓶颈"与难题。马克思社会发展合力理论揭示了社会合力生成实践的本质、根源、动力、影响以及未来走向，为我们分析社会发展问题提供了世界观与方法论。从社会合力生成实践来看，马克思社会发展合力理论是正确把握当代社会发展合力生成实践的哲学理念，对于我们确立新时代条件下的社会发展图式具有最一般的概括意义。

加强马克思社会发展合力理论研究有助于推动马克思主义理论学科高质量发展。习近平总书记在党的二十大报告中指出："高质量发展是全面建设社会主义现代化国家的首要任务。"[1] 实现社会主义现代化强国伟业，离不开各领域的高质量发展，其中也含括了学科的高质量发展。学科是人类知识创造创新乃至传承发展的重要载体。[2] 关于"学科"，《辞海》中的解释为"一定科学领域或一门科学的分支"[3]。从学科建设的规律来看，任何学科的发展，均经历了从小到大、由数量到质量的演变过程。高水平理论学科可以为推动我国经济社会发展提供强有力的支撑。理论学科是理论发展的动力引擎。

马克思主义理论学科自 2005 年成为一级学科以来，在近 20 年的发展历程中始终致力于研究阐释马克思主义基本原理及其整体科学体系，极大地推动了我国马克思主义理论研究、思想政治教育、人才培养等方面的发展。我国当前马克思主义理论学科，已经进入由大向强的高质量发展阶段。高质量发展是极富内涵张力的概念。学理化支撑是学科高质量发展内涵张力得到释放的关键所在。建强马克思主义理论学科，必须

---

① 习近平：《高举中国特色社会主义伟大旗帜 为全面建设社会主义现代化国家而团结奋斗——在中国共产党第二十次全国代表大会上的报告》，人民出版社 2022 年版，第 28 页。

② 韩喜平、杨羽川：《对马克思主义理论学科高质量发展的思考》，《学术界》2023 年第 11 期。

③ 《辞海》，上海辞书出版社 1979 年版，第 2577 页。

高度重视马克思主义的学理化研究。

马克思主义在人类思想史上，是最为壮丽的"日出"。习近平总书记指出："坚持以马克思主义为指导，是当代中国哲学社会科学区别于其他哲学社会科学的根本标志，必须旗帜鲜明加以坚持。"① 这里所谈及的其他哲学社会科学，包括了西方哲学社会科学。从人类社会发展的历史来看，自近代以后，资本主义生产力的极大发展，以自由主义为基础的西方哲学社会科学推动了人类前进的步伐。然而，当今的世界，面对百年未有之大变局，人类陷入诸多发展难题，特别是社会发展合力的汇聚上面临新的挑战。比如霸权主义、强权政治等社会问题的魅影，给人类社会发展合力的实现带来重重阻碍。西方哲学社会科学从总体上来看，是以资本价值为导向、以自由主义为理论遵循的，其在解答时代之问、破解社会发展合力难题上陷入了理论思维的困境并暴露了理论创造的短板。② 解决人类社会发展合力生成的困境，需要依靠新的理论，需要马克思主义理论学科高质量发展，为回答"世界怎么了，我们怎么办"的重大问题做出贡献。马克思主义理论学科是我国哲学社会科学知识的聚集地③，该学科在我国社会发展中得以持续释放引领力，重要原因在于毫不动摇坚持并发展马克思主义。马克思主义理论学科实现高质量发展，必须不断深化马克思主义研究。

深化马克思主义研究，要协调处理好坚持马克思主义与发展马克思主义的关系。发展马克思主义的前提，是坚持马克思主义。不坚持马克思主义，也就谈不上发展的问题，更遑论推动马克思主义理论学科高质量发展。坚持以马克思主义为指导，就要坚持以马克思主义的基本立场、基本观点、根本方法看问题、办事情。坚持马克思主义的基本立

---

① 习近平：《在哲学社会科学工作座谈会上的讲话》，《人民日报》2016 年 5 月 19 日。

② 韩喜平、杨羽川：《对马克思主义理论学科高质量发展的思考》，《学术界》2023 年第 11 期。

③ 韩喜平、杨羽川：《对马克思主义理论学科高质量发展的思考》，《学术界》2023 年第 11 期。

场、基本观点、根本方法，集中体现在马克思主义基本原理。黑格尔指出："一条河也是处于不断变化的状态，思想（或理性）的历史就像这条河流。"① 思想好似一条河流，我们离它的源头越远，就越加汹涌澎湃。马克思作为 19 世纪最伟大的思想家，是马克思主义当之无愧的创始人。马克思主义以马克思的名字命名，足见马克思对马克思主义的贡献之大。马克思关于社会发展合力问题，进行了长期的理论思考与实践探索，形成了具有鲜明精神特质的马克思社会发展合力理论。坚持并发展马克思社会发展合力理论，是以马克思主义为引领，推动我国马克思主义理论学科高质量发展的题中之义。

只有发展马克思社会发展合力理论，才能更好地坚持这一理论，才能更有力地推动马克思主义理论学科实现高质量发展。马克思和我们今天所生活的时代、所面临的问题以及所要解答的时代之问有很大的不同。时代在变化，时代提出的任务、留待解决的问题均在发生变化，但是作为马克思主义世界观和方法论集中体现的马克思主义基本原理，也就是说，具有普遍真理的一部分是不变的。马克思有关实现社会发展合力的基本理论、基本观点、根本方法，在过去的时代具有适用性，在今天的时代有没有适用性、有多大的适用性，取决于理论本身能否实现与时俱进。更好地坚持马克思社会发展合力思想、马克思社会发展合力理论，确保马克思社会发展合力理论之树长青，我们就要将之与实践发展、时代特征有机结合在一起，用马克思有关社会发展合力的基本理论、基本观点、根本方法，来发现分析并解决社会发展中合力生成的新问题，把新问题解决提炼出的新鲜经验及时加以总结，反过来再丰富、验证和进一步发展马克思社会发展合力理论。坚持马克思社会发展合力理论与发展马克思社会发展合力理论，之于推动我国马克思主义理论学科高质量发展而言，是辩证统一的关系。用马克思社会发展合力理论指导现实，现实反过来丰富和发展马克思社会发展合力理论的指导。而新

---

① 《名家名篇经典阅读》，时代文艺出版社 2011 年版，第 120 页。

的丰富和发展的社会发展合力理论，又在指导社会发展合力生成的实践，形成新的社会发展合力的生动局面。因此，坚持马克思社会发展合力理论与发展马克思社会发展合力理论，二者的相互促进，有助于推动马克思主义理论学科实现高质量发展。

加强马克思社会发展合力理论研究有助于突破现代思想政治教育有效性建设"瓶颈"。思想政治教育本质上是做人的工作，是指导人如何从主客观视角去认识世界、改造世界的。① 英国学者史蒂文森指出"在现代性中，经济系统和国家系统运行已日益与社会融合问题相分离"②。思想政治教育作为一种适应并改变客观环境而致力于实现国家系统、经济系统等良好运行的教育活动，具有激发人的能动发展特性、形成"新的力量"的重要功能。恩格斯认为："许多人协作，许多力量融合为一个总的力量，用马克思的话来说，就是造成'新的力量'，这种力量和它的一个个力量的总和有本质的差别。"③

实现社会发展合力是思想政治教育的一大价值追求。如果将实现社会发展合力比喻为一只手，五个手指伸出来，各有所长、各有所短。④每一个手指，可以借指社会发展合力形成的各种影响因子，将五个手指紧紧攥在一起形成拳头，会形成推动社会发展的整体性力量。现代思想政治教育较之于传统思想政治教育，促进社会发展合力形成的条件有了深刻变化。传统思想政治教育是与自然经济、计划经济的发展状况相适应的。较之于现代思想政治教育，社会发展合力的影响因子相对单一，且呈现出分离、封闭、割裂的特点。现代思想政治教育对社会发展合力影响因子的分析，呈现出了明显的综合化特点。社会发展合力形成的各种影响因子共同构成了一个整体系统。在整体系统中，各种影响因子不

---

① 林良盛：《实践观视阈下思想政治教育有效性研究》，《广西社会科学》2016 年第 10 期。

② ［英］史蒂文森：《媒介的转型：全球化、道德和伦理》，顾宜凡等译，北京大学出版社 2006 年版，第 24 页。

③ 《马克思恩格斯全集》第 20 卷，人民出版社 1971 年版，第 139 页。

④ 刘社欣：《思想政治教育合力研究》，人民出版社 2013 年版，第 2 页。

是简单的拼凑，不是孤立地起作用，而是相互联系、相互作用的。各影响因子间具有综合的互相作用的性质。互相作用而形成的"总的力量"，对于社会发展来讲既可能是正向动力，也可能是反向动力。

各种影响因子在社会发展上同向、同力，是思想政治教育有效性建设关注的一大焦点。社会发展合力是综合性的形成过程。形成的影响因子复杂而多样，产生的问题与困惑因素又是综合的。现代思想政治教育有效性建设的"瓶颈"，在于实现社会发展合力的各影响因子在交互作用中如何形成同向、同力的"新的整体性力量"？实现社会发展"新的整体性力量"的应声怎样与呼声保持同步？

合力问题是适应社会发展时代主题的转换，开始进入马克思理论视野的。在人类社会早期，人们是基于一定的血缘关系或因共同占有一块土地的地域关系自然形成的。人的发展合力，更多的是自然形成的，而不主要是自觉构建的结果。马克思指出："我们越往前追溯历史，个人，从而也是进行生产的个人，就越表现为不独立，从属于一个较大的整体。"①

实现社会发展合力，是人自觉的有目的的实践活动。人类社会越向前发展，越需要自觉汇聚推动社会前进的"新的整体性力量"。主观合力与现实合力的关系问题，既是一个一般性的理论问题，又是一个深刻的现代性问题。在前一个维度上，思想政治教育领域内汇聚推动社会前进"新的整体性力量"的主观愿望高度一致，鲜有不认可实现社会发展合力具有重要性的声音，但在实践层面，行为体的行动并不尽然默契。有时心齐力齐，有时则不然。

自觉汇聚推动社会前进"新的整体性力量"的呼声之所以大于应声，之所以道理人人明白，但行动不尽如人意，主要原因在于理论上不具有彻底性。马克思在《〈黑格尔法哲学批判〉导言》中说："理论只要彻底，就能说服人。所谓彻底，就是抓住事物的根本，而人的根本就

---

① 《马克思恩格斯全集》第 30 卷，人民出版社 1995 年版，第 25 页。

是人本身。"① 马克思有关社会发展合力的基本原理、价值取向本身是彻底的，而当下制约现代思想政治教育有效性的症结在于研究者在把道理讲明白、讲透彻、讲鲜活上，还有不小的提升空间。

现代思想政治教育有用性提升的重要工作取向，在于讲透实现社会发展合力的大道理，说清社会发展合力汇聚的小道理，驳斥有碍于社会发展合力实现的歪道理。马克思社会发展合力理论是将实现社会发展合力的大道理讲透、将小道理讲清、将歪道理驳倒的锐利思想武器。将这一思想武器牢牢掌握在手中，极为有必要从马克思社会发展合力理论的形成背景、思想之源、嬗变轨迹、主要内容等方面，进行系统性的研究。只有拨开主体合力与现实合力在社会发展上所显露出来的矛盾对立性外衣，深入本体论、存在论、价值论层面，才能对二者关系的"实然性"与"应然性"给予科学解答；就后一个维度来看，主体合力与现实合力之间关系的困境是现代性困境所开显出来的一个方面，② 只有从现代性的本质维度上展开对二者关系的批判，才能在现代思想政治教育中，促使实现社会发展合力的各影响因子在交互作用中更大限度地形成同向、同力的"新的整体性力量"，才能更好地纠治实现社会发展"新的整体性力量"的呼声大于应声的症结。因此，加强马克思社会发展合力理论研究，有助于我们抓住实现社会发展合力的根本，将本身具有彻底性的道理搞明白、想清楚，进而讲透彻、讲鲜活，为突破现代思想政治有效性建设"瓶颈"贡献绵薄之力。

加强马克思社会发展合力理论研究有助于破解社会治理效能提升难题。党的二十大报告将"提升社会治理效能"作为"完善社会治理体系"的关键指向。我国是社会主义国家，社会主义国家的社会治理较之于资本主义国家的社会治理，在人民参与治理国家和社会事务上具有显

---

① 《马克思恩格斯全集》第 3 卷，人民出版社 2002 年版，第 207 页。
② 赵坤：《马克思"个人与共同体的关系"思想研究》，人民出版社 2022 年版，第 3 页。

著的优势①，优势的背后具有丰富的马克思主义理论依据。加强马克思社会发展合力研究，是挖掘这些理论依据的表现。社会治理在我国并不是从来就有。中华人民共和国成立以来，社会治理经历了从无到有、从有趋强，实现了从"社会管控"到"社会管理"再到"社会治理"的历史嬗递。"社会治理效能"这一命题，是2019年党的十九届四中全会正式提出的。2022年党的二十大报告立足新征程，提出"健全共建共治共享的社会治理制度，提升社会治理效能"②。效能问题是新时代社会治理实践探索需要解答的重要问题。社会治理效能的"效能"，指的是人在实践活动中所具有的有利作用或功能。从静态上讲，人的实践活动所具有的效能，本质上内蕴于特定的价值关系之中。人的实践活动的要求是实践活动效能的来源，也是其存在的依据。

社会治理效能面临的一大提升难题，是效能意识的不足。而效能意识是人在实践活动中所应然具有的一项基本意识，其理应伴随着人的实践活动范围与能力的拓展而不断增强。提升人的效能意识，对于推动社会进步的意义是显著的。人在效能意识的支配下，其实践活动获得了具有主导性意义的发展动力，而实践活动在满足人的相应需要，达成人的相应要求方面所发挥的效用，也就是人的实践活动的效能。效能意识是一个内涵极为丰富、外延也相对宽泛的概念。效能意识具有属人性，人既是类存在物，也是社会存在物。与自然属性有别的、具有社会属性的人，确证自身作为类存在物的本质属性，需要具有汇聚社会发展合力的意识以及形成社会发展合力的能力。拥有汇聚社会发展合力意识，并不意味着自然而然地获得形成社会发展合力的能力。应有的社会发展合力有没有汇聚在一起，在多大程度上汇聚在了一起，潜在的社会发展合力有没有被开掘，被开掘后的前景是怎样的。凡此种种，均涉及效能

① 曹胜亮、胡江华：《马克思社会治理思想及其当代意义》，《江西社会科学》2019年第6期。

② 习近平：《高举中国特色社会主义伟大旗帜　为全面建设社会主义现代化国家而团结奋斗——在中国共产党第二十次全国代表大会上的报告》，人民出版社2022年版，第54页。

意识。

从动态的角度来看，人的实践活动的效能并非一成不变的，而是伴随其必要条件的变化而有所起伏。结合社会发展合力的形成来看，我们不能仅仅将眼光聚焦在结果效能的感知上。有没有形成社会发展合力，社会发展合力的形成状况是怎样的，当然是我们关注的重点。但如果仅仅将社会治理效能的研究停留在结果的分析上，那么我们充其量只能标识结果，而不能有效地优化社会发展合力形成的结果、切实提升社会发展合力形成的结果。除了将目光聚焦在社会发展合力形成的结果以外，我们还应重点关注社会发展合力形成的过程，认识社会发展合力形成过程与相应结果的内在关联，探讨对于社会发展合力的相应结果而言，能够有效实现该结果的活动过程。同时，要素效能也不能忽视。原因在于社会发展合力形成过程的效能无法在脱离具体要素效能的前提下得到实现。故而分析社会发展合力形成的动力因子、探寻社会发展合力形成的动力价值，对于过程效能以及结果效能的提升显得尤为必要而紧迫。这也就是说，形成社会发展合力作为一项影响社会治理的重要实践活动，涵盖形成社会发展合力的要素效能、过程效能以及结果效能三维向度。[①] 破解社会治理效能提升难题，应从社会治理要素、社会治理过程以及社会治理结果三个维度入手。社会治理效能提升的一项重要工作是形成社会发展合力，而加强马克思社会发展合力研究，有助于破解社会治理要素、社会治理过程、社会治理结果提升的难题。

在社会治理诸要素中，"人"是最为重要的。人既是社会存在和发展的前提，也是社会治理的决定性力量。马克思致力于维护人民群众的根本利益，无论是在探讨"社会政策的制定"，还是在研究"利益关系的协调"都是以维护人民群众的根本利益为出发点的。利益关系的协调过程是一个解决不同利益主体之间利益矛盾的过程，是一个社会发展合

[①] 陈倩：《新时代思想政治教育提升社会治理效能的三维向度》，《学校党建与思想教育》2023 年第 19 期。

力得到有效汇聚的过程。人既是社会治理的主体，也是社会治理的目的。① 马克思致力于实现人的自由而全面发展，致力于实现全体人民的普遍幸福。我们之所以要提升社会治理效能，从结果上来看，就是为了实现人的自由而全面发展，为了实现人的普遍幸福。而劳动与资本、无产阶级与资产阶级等关系的紧张乃至对立，均是马克思深度思考的核心论题。社会治理作为一种上层建筑，是由一定的社会生产力发展水平决定的。当社会的物质生产资料匮乏时，各社会阶层忙于为生产生活必需品而争斗，彼此之间很难进行利益关系特别是经济关系的协调，社会发展合力非但无法充分、有效汇聚在一起，反而会出现社会陷入不稳定的状态，也就遑论社会治理的和谐有序。诚如马克思所言，"当人们还不能使自己的吃喝住穿在质和量方面得到充分保证的时候，人们就根本不能获得解放"②。这从根本上说明了实现社会治理的条件和途径是大力发展生产力，满足社会的各种需要，这是破解社会治理过程效能提升的基础。社会治理效能作为新时代加强和创新社会治理的重要议题，指向要素效能、过程效能以及结果效能。③ 加强马克思社会发展合力理论研究，为破解社会治理要素、过程、结果效能提升难题提供了发力点。

二　相关研究现状

马克思认为："研究必须充分地占有材料，分析它的各种发展形式，探寻这些形式的内在联系。只有这项工作完成以后，现实的运动才能适当地叙述出来。"④ 要深入、全面、客观地开展马克思社会发展合力理

---

① 高健、秦龙：《论马克思社会治理思想的主要特征》，《内蒙古社会科学》（汉文版）2015年第3期。
② 《马克思恩格斯文集》第1卷，人民出版社2009年版，第527页。
③ 陈倩：《新时代思想政治教育提升社会治理效能的三维向度》，《学校党建与思想教育》2023年第19期。
④ 许涤新：《简明政治经济学辞典》，人民出版社1983年版，第369页。

论研究，就有必要对该论题所涉及的相关理论研究加以梳理、总结与评价。虽然严格意义上的马克思社会发展合力理论研究成果甚少，但国内外学者对与该论题相关的问题还是进行了较多的探讨，这为本研究的开展提供了可资借鉴的成果和经验。

（一）国外研究情况

从文献的梳理结果来看，国外研究者对社会发展合力问题给予了高度关注。经过多年来孜孜不倦的研究探索，形成了大批有关社会发展合力的学术成果，这为马克思社会发展合力理论的深层次研究奠定了坚实基础。

国外研究者关于社会发展合力问题的探讨，是伴随着探寻社会主体意识与社会发展规律之间的关系而展开的。为解答这一社会历史之谜，早在18世纪，意大利法学家、历史哲学家、美学家维柯就在其代表作《新科学》中，提出了系统、严整的社会发展合力理论。他明确提出"人类史是我们自己创造的"。这在封建神学占统治地位的18世纪，是尤为可贵的。这一命题肯定并彰显了人的主体性地位。社会的历史既然不是神创的，而是人创的，那么人们推动社会发展的深层次动因是什么？维科给出的答案是人的利益、欲望、"诗性智慧"。在利益与欲望的驱使下，人们会结成各种各样的关系，从而推动人类社会的发展。维科理性地认识到，人是创造历史的主体性力量，但人并不能随心所欲地创造历史，这种思想具有历史进步性。然而，他又非理性地将人们不能随心所欲创造历史的原因，归结为"圣灵的安排"或"神的计划"。如此，维科在历史观上陷入了唯心主义。

德国思想家赫尔德在社会发展合力的问题上，也有自己独到的看法。他分析了人的崇高使命，在于创造人群以及社会。他同样认可历史不是神创的而是人创的。在他看来，历史背后的重要推动力是人而不是神。不同于维科对社会历史进行了神化，赫尔德坚决反对神学目的论。

在他看来，对历史现象进行分析，应当探寻这些现象产生的原因，而不应将之归结为某种神秘的、命定的"神的计划"或"圣灵的安排"。他认识到人们从事具体活动，是基于自身的激情以及利益。人们在此基础上，会相互联结在一起。赫尔德关于人类活动的结果，同样认为是无法预见的。他将人类社会发展归结为主体意志与行为结果背道而驰形成的链条。

德国古典哲学创始人康德在《世界公民观点下的普遍历史观念》中，认为人类社会中出现的诸多现象，均是在不同主体意志支配下而形成的。在他看来，现象的出现看似偶然，实则却因循一定的规律，也即服从总体上的必然性。不同的人在从事具体的社会活动时，常常基于自己的本能，而不是头脑中既定的计划。不同的人有着不同的既定目标。在不同目标的驱动下，人与人之间的行动在本然意义上会存在冲突。然而，从实际上来看，不同主体意志相互冲突，均需要服从所谓的"自然计划"。康德认为，"自然计划"具有确定性。在"自然计划"的支配下，不同主体的行为会具有秩序性与规律性。赫尔德认识到人类社会发展规律具有似自然性。康德不仅认识到了这一点，还指出人类社会发展具有合目的性的一面。

继维柯、赫尔德之后，经过康德关于"人类社会发展是合目的性与合规律性相统一"的分析，到德国古典哲学的集大成者黑格尔那里，有关社会发展合力的基本思想通过唯心主义的思辨方式被明确地表达了出来。黑格尔在柏林大学任教期间，从1822年开始讲授历史哲学。他在历史哲学当中，系统、全面、深刻地阐释了他对社会发展合力的诸多看法。黑格尔在《历史哲学讲演录》中谈到人们相互联结在一起的原因，是基于彼此之间的兴趣、个性、热情、需要等。他将这些因素，视为人们从事社会历史活动的基础性动因。从表象上来看，人类社会的发展仿佛是由人的兴趣、个性、热情、需要等非理性因素支配的。可从本质上来看，促使人们形成这些动机的背后，还有深层次的、更为根本性的东西。在黑格尔眼中，这种更深层次且更具根本性的东西是"绝对理念""世界精神"。

黑格尔从他的思辨唯心主义出发，将"绝对理念"视为推动人类社会发展的经纬线。"绝对理念"在世界领域，成为"世界精神"，而到了一个具体的国家、具体的民族，就成为"民族精神"。在他看来，是"民族精神"在推动着特定的国家与民族在向前发展。黑格尔指出："'观念'真是各民族和世界的领袖；而'精神'就是那位指导者的理性的和必要的意志，无论过去和现在都是世界历史各大事变的推动者。要认识在这方面的领导推动的'精神'，就是我们这番研究的目的。"黑格尔在此所谈到的"观念"，也就是世界精神、民族精神。世界精神通过民族精神实现出来，二者从实质上来看是一个东西，都是"观念"，黑格尔将之视为制约人类社会进步的主宰和灵魂。黑格尔的历史哲学是在研究精神的运动，也就是人的精神怎么推动历史发展的。在他看来，一部人类社会发展的历史就是精神的变迁史和发展史。黑格尔的这一思想尽管高扬了人的主体性，特别是肯定了人的精神的能动作用。但在黑格尔的历史哲学视域中，他仅仅将人作为手段、工具，而没有将人本身作为目的。对此，黑格尔用三段论进行了分析。他指出，"活动是他的中间名词，它的一段是普遍的东西，就是'观念'，它休息在'精神'的内部中；另一端，就是一般的'外在性'，就是客观的物质。活动的中心，普遍的、内在的东西从而过渡到'客观性'的领域。"黑格尔历史哲学的理论前提是精神、理念推动社会历史的发展，而精神、理念是内在的东西，它必须通过人的活动来推动社会历史的发展。没有人的活动，精神、理念是不可能推动社会历史发展的。他将人的活动作为中间项。通过人的活动，形成历史的客观结果。

黑格尔将人视为工具、当作手段，以此实现自己的目的。他认为人类意志"作为最广义的人类活动"，其发生皆处于他们的非理性因素。他强调"个别兴趣和自私欲望的满足的目的却是一切行动的最有势力的泉源"。在黑格尔眼中，历史从来不是神圣道德和"良善精神"的高地，当我们向历史投下最初一瞥时，其所映入我们眼帘的是一幅最为可怖的图景：战乱的频仍、暴虐的横行、王朝的更替、帝国的消亡、人生的痛苦、人性的贪婪等，这一切不禁使人悲从中来，从而陷入最深切最无望的"哀伤情绪"之中。为了逃避这种悲哀的心境，人们只好退回到个人生活的自私境界，仿佛从那平静的海岸线上，安闲地远眺海上那"纵横的破帆断墙"。

黑格尔将人从事社会活动的原动力归结为利己性。正是因为人存在利己性，因而在从事社会活动时具有热情。然而，人的行为如果均为热情所主导，则难以实现既定的目标。他指出，由人的热情所主导的行为，尽管无法使主体达到料想的结果，但却实现了支配世界历史的观念。这种从个体活动的动机出发，揭示人类社会发展客观必然性的表现，从实质上来看，不过是一种新的"神正论"。黑格尔以一种实体化的逻辑，将人的意志预定在人类社会发展规律形成以前，是一种历史宿命论。马克思自称黑格尔的学生，他看到了老师思想中的可贵之处，也即人的主体活动可以超越自身的主观动机，这为其阐发社会发展合力问题提供了思想源泉。

在 19 世纪后半期，伴随着历史唯物主义的传播，在欧洲出现了对这一学说的误释与诘难。比如资产阶级知识分子保尔·巴尔特就将马克思主义有关经济基础决定上层建筑的理论，歪曲为简单的经济决定论，抨击其只强调经济因素的决定性作用，认为世界历史的发展只是经济发展的自然结果，认为经济是社会发展过程中唯一起作用的因素，其他政治、法律、地理等因素都可以忽略不计。此外，保尔·巴尔特等人还故意歪曲马克思与恩格斯前后统一的一贯主张，故意歪曲说马克思与恩格斯的思想是不同的，甚至是对立的。以此为研究马克思主义、传播马克思主义者制造思想上的混乱，削弱马克思主义在社会上的影响力。为了拨乱反正，恩格斯就社会发展合力问题发表了有价值的思想。他于

1890 年借助给约瑟夫·布洛赫回信的契机，厘析了个人在社会发展中的地位与作用，回击了对于经济基础与上层建筑的曲解。

恩格斯对社会发展合力问题的阐发，引起了广泛的讨论。然而，由于学者在政治立场以及在运用研究方法等方面存在差异，因此存在一些认识不到位的问题。归纳起来，主要有以下三类：

一是阐明社会发展合力理论与唯物史观的真实关系。法国和国际工人运动活动家，马克思主义理论宣传家拉法格在早期坚持马克思和恩格斯的"一致论"思想，认为一切思想、观念无论怎样表现，最终都可以还原为经济因素。对于恩格斯阐发的社会发展合力问题，他认为尽管恩格斯在阐发该思想过程中不时探讨人的意志、愿望、目的等精神因素的作用，但在性质上仍可将之归属于经济决定论，或者说是对经济决定论的一种补充。考茨基认可这种观点，他也认为恩格斯提出的历史合力论从属于马克思的唯物史观。与所谓的"经济决定论"具有高度的一致性。① 德国社会民主党的修正主义者爱德华·伯恩施坦明确指出，恩格斯关于社会发展合力问题的见解，实质上是对唯物史观的修正。他强调恩格斯将精神因素作为社会发展的动力因子，进而把承认意识的能动作用与承认历史必然性相对立，这不仅是恩格斯对本人从前思想的修正，还是对唯物主义历史观的修正。伯恩施坦的此番言论，为后来一些西方学者制造马克思与恩格斯思想之间的分裂与对立埋下了伏笔。

为阐明社会发展合力理论与唯物史观的真实关系，还有研究者从"因素论"与一元论唯物史观的角度进行探究，最具代表性的人物是普列汉诺夫。他指出"因素论"与唯物史观存在区别，但这种区别不在于"因素论"同等程度地看待各种因素而唯物史观强调"经济因素"的首要作用，而在于方法论上的根本分歧。他在《论一元论历史观的发展问

---

① 郑元凯：《历史合力论：逻辑与澄明》，《中共福建省委党校（福建行政学院）学报》2020 年第 5 期。

题》一书中，从"人是制造工具的动物，同时也是社会的动物"①出发，把社会历史理解为统一的立体结构，从而将人的理性引向社会深处，去具体而切实地研究社会发展的客观规律。他肯定了因素论的分析在历史理论中是必要的，但在历史哲学中是不中用的，而一元论唯物史观的深远透视力却存在于历史的长河之中。②普列汉诺夫是站在坚持而非修正马克思主义的立场上，阐明社会发展合力理论与唯物史观关系的。

二是批判恩格斯社会发展合力理论具有非马克思主义的性质，是对马克思唯物史观的倒退。对恩格斯社会发展合力理论最尖锐的诘难者，当数阿尔都塞。与其他带有政治色彩的诘难不同的是，阿尔都塞的诘难具有相当的理论深度。他在代表作《保卫马克思》第三部分"矛盾与多元决定"（研究笔记）的附录中，专门针对恩格斯探讨的社会发展合力问题提出了质疑。"为什么在恩格斯身上，人们除了看到天才的理论直观以外，还能看到这种后退（即退回到低于马克思主义对一切哲学意识形态的批判的水平）的例子？"③在他看来，恩格斯有关社会发展合力问题的探讨，并没有对经济唯物主义的挑战给出真正解答，也不符合马克思主义的观点。他从论证的前提、论证的内容以及论证的结果三个方面给出了自己的理由：

从论证的前提来看，恩格斯的社会发展合力理论具有资产阶级意识形态的性质。这是由于个人意志之间的冲突是恩格斯立论的前提或根据。他指出："恩格斯的全部论证就取决于单个意志这个十分特殊的对象。"④这与以往资产阶级的意识形态及其政治经济学的论证，恰恰就是以个人意志的冲突为出发点的，这从霍布斯、洛克、卢梭、爱尔维修、

---

① 《普列汉诺夫文集》第 2 卷，商务印书馆 2021 年版，第 135 页。

② 张光明、俞风：《一元论唯物史观还是"因素论"？》，《哲学研究》2016 年第 12 期。

③ [法] 路易·阿尔都塞：《保卫马克思》，顾良译，商务印书馆 2010 年，第 119—120 页。

④ [法] 路易·阿尔都塞：《保卫马克思》，顾良译，商务印书馆 2010 年，第 115 页。

霍尔巴赫等思想家的著作可见一斑；

从论证的内容来看，恩格斯社会发展合力理论具有非科学性。在阿尔都塞看来，任何一门科学，都是由一定的基础概念及其逻辑关联而形成的专门理论体系。唯物史观因之具有社会存在、社会意识、经济基础等一系列清晰而具体的概念，因而具有科学性。可是，恩格斯社会发展合力理论只有"个人意志""最终结果"等不明确的称谓，因而其在论证内容上不具有科学性；

从论证的结果来看，恩格斯社会发展合力理论具有非科学的认知性质。阿尔都塞强调，对于"最终的合力"，会有"无穷无尽不确定的解释"。人们没有办法证明，由不同意志所构成的合力一定不等于零，也没有办法证明社会发展合力必然是经济因素，而不是政治因素、社会因素或者其他什么因素。①

阿尔都塞的批判尽管具有一定的理论深度，但从根本上歪曲了恩格斯社会发展合力理论的本然意义。恩格斯所形容的"个人"，绝非游离于一定社会关系之外的孤立的个体，其意志唯有融入一定的社会整体中，才能实际地发挥作用。恩格斯社会发展合力理论阐明了人类社会发展具体过程的复杂情形。可是，这并不意味着社会发展合力的形成毫无规律可循。它恰恰说明，人类社会发展的必然性，终究是以经济运动作为主线而通过无数偶然事件的交互作用表现出来的。

三是故意制造马克思与恩格斯思想之间的分裂甚至对立。从学术发展史的角度来看，开启西方"马克思与恩格斯"思想比较研究之先河的是伯恩施坦。此后，西方学术界围绕"马克思与恩格斯"思想是否具有一致性出现了"同质论""一致论""修正论""差异论""对立论"等不同的见解，在马克思与恩格斯思想之间制造分裂甚至对立。从动机上来看，均是人的主观故意。只是这种主观故意的侧重点有所不同而已。

---

① ［法］路易·阿尔都塞：《保卫马克思》，顾良译，商务印书馆 2010 年，第 115 页。

就主观故意的侧重点来看，有的研究者在分析马克思与恩格斯思想存在分离甚至对立的问题上，存在明显的"重马轻恩"色彩。比如特雷尔·卡弗认为："尽管关于恩格斯的研究著作不断增长，但总的说来他仍被看作是当然的和没有充分审查的。对恩格斯著作的研究仅仅被当作是第二位，从属于或者被包括在对马克思著作的研究中。"① 再比如说，戴维·麦克莱伦指出："恩格斯在两个不同方面发展了马克思的思想，这两个方面显然都与马克思原来的思想很不相同。"②

有一些研究者有意捏造马克思与恩格斯思想的对立。比如说，美国新左派学者诺曼·莱文于1975年出版了名为《可悲的骗局：马克思反对恩格斯》的论著，阐发了马克思和恩格斯思想非但不具有内在一致性，反而两相对立。他为了指责马克思与恩格斯在思想上存在严重的意识形态差异，主观制造出一个机械的、所谓的"马克思主义"与"恩格斯主义"相对立。特瑞尔·卡弗认为，在马克思辞世后，恩格斯对逝者思想和观点的"自由发挥"，在相当程度上曲解了马克思思想的原初之意。

拉法格、考茨基、伯恩斯坦、阿尔都塞、卡弗、麦克莱伦、莱文等人对恩格斯社会发展合力理论的批驳，要么将之"社会发展合力理论"混同于"经济决定论"，要么未能科学审视和准确把握马克思与恩格斯思想之间的真实关系。但真理愈辩愈明，"社会发展合力理论"也在一次次的论战中，不断发展、成熟、壮大。

（二）国内研究情况

截至2024年1月30日，在中国知网以"合力"为主题词查询到的核心文章一共有5590篇，以"发展合力"为主题词查询到的核心文章

---

① Steger, Manfred B. and Carver, Terrell, eds., *Engels after Marx*, University Park, PA: Pennsylvania State University, 1999: 03.

② ［英］戴维·麦克莱伦：《马克思以后的马克思主义》，李智译，中国人民大学出版社2017年版，第9页。

一共有 65 篇，以"社会发展合力"为主题词查询到的核心文章一共 16 篇。以"恩格斯"并含"社会发展合力"为主题词查询到的文章一共有 12 篇，而以"马克思"并含"社会发展合力"为主题词查询到的文章仅有 9 篇。从学术专著的出版来看，涌现了黄文麟的《领导班子合力论》、刘社欣的《思想政治教育合力研究》、刘歆立的《恩格斯历史合力思想新论》等高质量的研究成果。从总体上来看，尽管"合力""发展合力""社会发展合力""恩格斯社会发展合力"已经引起了国内学者的关注并取得了斐然的研究成果，但对"马克思社会发展合力"问题的探讨仍有不小的提升空间。国内研究者现已取得的研究成果，集中体现在以下几个方面：

关于社会发展合力的概念解析研究。学者从广义与狭义的角度界定了"社会发展合力"概念。具有代表性的论点有如下几种：

一是认为，恩格斯提出的社会发展合力这一概念，严格说来，存在广义与狭义之分。比如有学者指出，从广义的角度来看，它指的是建立在经济基础之上的上层建筑诸因素，（如政治、文化、思想道德等）交互作用形成合力，其是关于人类总体历史进程原因（特别是始发原因）的理论。从狭义的角度来看，它指的是不同的单个意志相互冲突、相互影响形成的精神动力要素的综合，是关于具体历史结果的理论。① 有论者认为狭义的合力，指的是人们的"意志合力"，广义的合力是指包含"意志合力"在内的"总合力"。②

二是认为，恩格斯提出的"社会发展合力"这一概念，与"协同力""合作力""系统力"存在联系与区别。有论者将"合力"界定为一群人的力量。"一群人"之间是有利益关系或利益上的交汇点的，"一群人"之间所发生的利益上的联系是一种相互依存、相互制约、相

---

① 苏咏喜：《历史合力论的方法论原则和现实价值》，《中南民族大学学报》（人文社会科学版）2017 年第 3 期。

② 侯衍社：《关于恩格斯社会发展的合力思想及其启示》，《烟台大学学报》（哲学社会科学版）2001 年第 1 期。

互转化的关系。合力其实就是一种相互作用或相互制约的力。鉴于社会发展合力有着丰富的内涵，甚至还包括集体力、协作力、生产力。① 针对这种分析，有学者也提出了反对意见，认为国内许多"合力"思想研究者与使用者，对恩格斯所使用的"合力"这一概念的物理力学性质认识不够，将之与"协同力""合作力""系统力"等混用，是望文生义。②

三是认为，恩格斯提出的"社会发展合力"这一概念，与"动力"紧密联结在一起。比如，有研究者分析在汉语中，"合"字既有聚合、汇合、扣合、闭合之义，也有整体与全部之义。而"力"字则"像人筋之形"。汉语的"合力"概念本身就既包含汇聚而合成的各种分别的力，又包含具有统合作用的核心之力（如同人筋）。这是一个统一性与多样性相互扣合的概念。出于具体语境的需要，恩格斯所强调的，是"合力"的聚合性与汇合性。马克思和恩格斯均高度重视历史的物理合力，但他们从来不忘记提醒人们去探究"那些隐藏在——自觉地或不自觉地，而且往往是不自觉地——历史人物的动机背后并且构成历史的真正的最后动力的动力"。

谈到动力，在马克思和恩格斯笔下无非有两条：一条是阶级斗争，另一条是所有制关系。③ 有学者针对恩格斯晚年提出的社会发展合力，指出学界多将此"合力"理解为与唯物史观"最后动力""直接动力"等概念相类、推动历史发展的一种动力。而实际上，恩格斯所理解的"合力"，指的是怀有相互冲突、交错的思想意志的不同人发出的力混合而成的一种力。这一"合力"之中，不但包含着一些并非推动历史进步的某些力，且有的力更是"反动力"，因此笼统地将"合力"称为推进历史发展的动力是不妥当的。亦有论者提出，恩格斯所阐述的经济

---

① 张荣洁、邱耕田：《历史合力论视阈中的社会发展》，《上海师范大学学报》（哲学社会科学版）2017年第2期。

② 刘歆立：《恩格斯"合力"思想被误解误用例析》，《现代哲学》2021年第5期。

③ 李红岩：《历史合力论再检视》，《史学理论研究》2018年第2期。

基础与上层建筑的有机结合和矛盾运动，是第一种合力，政治与人们的思想意志为第二种合力。这样的解读未能准确把握甚至脱离了恩格斯关于社会发展合力之论述的现实语境及具体问题，而进行了随意的阐发。① 社会发展合力有广义与狭义之分，有第一种与第二种之别。恩格斯所探讨的社会发展合力，具有聚合性与汇合性，其所指称的"合力"并不能将之笼统地概括为推进社会发展的动力，原因在于动力有正、反之分，与社会发展方向相反的动力，也即反动力，同样是不同要素交互作用而汇聚的整体性力量。学者围绕"社会发展合力"概念而进行的解析，有助于深化人们对这一概念的理解。

关于社会发展合力的构成要素研究。社会发展是社会要素"合力"推动的结果。关于社会发展合力是由哪些要素构成的，学者围绕这一问题各抒己见。有研究者指出，社会发展合力理论是马克思恩格斯社会发展理论的重要组成部分，是马克思恩格斯社会发展合力理论的基本观点，经济因素是社会发展的根本动力，其他动力与其一起构成一个总的"合力"推动社会发展。② 这是说，经济要素在社会发展合力的诸多构成要素中具有根本性。在人类社会发展中，除了具有根本性的经济要素，还有许多社会的要素参与其中，最后形成一个总的合力。例如，一个社会的生产要素、经济关系、技术装备、市场体制、政治法律制度、教育状况和社会管理、道德风尚、文学艺术、哲学和宗教、生态环境、国际关系等，都会作为一个社会构成要素参与社会发展合力之中，从而形成一个由诸多要素耦合互动而形成的既相互矛盾、相互冲突又相互依存、相互渗透的社会有机体。③ 有论者分析，经济因素、政治因素、文化因素是社会发展中的动力因素。这些动力因素不是

① 李学智：《"合力"非动力论：恩格斯"合力"说再认识》，《清华大学学报》（哲学社会科学版）2022 年第 4 期。
② 陈华森、鄢英：《解决"三农问题"对我国和谐社会构建的意义——基于马克思恩格斯社会发展"合力"思想的理论分析》，《农业考古》2010 年第 3 期。
③ 左亚文、李栋：《论恩格斯晚年历史合力论的根本问题》，《马克思主义理论学科研究》2022 年第 4 期。

孤立地、单独地对社会发展发挥作用，而是融合为一个"总合力"，从而推动社会发展。①

有研究者认为，恩格斯提出的"力的平行四边形理论"是巧妙运用的隐喻。从构成要素的维度来看，它包括主体合力、客体合力、主客体合力。历史主体，是指处在一定社会关系中从事物质生产活动的现实的人。历史客体，是指处于历史主体之外但与历史主体相联系的对历史进程产生影响的一切社会存在物。从狭义上来说，它是指社会形态的各种构成要素包括经济、政治、文化等。其中经济关系主要指生产方式，而政治和精神文化的统一是上层建筑。因此狭义的历史客体由生产力、生产关系（经济基础）、上层建筑三部分构成。历史主体和历史客体都是历史发展的动因。但无论是主体还是客体，都不能单独推动历史发展。历史发展既不是脱离主体活动的纯客体的过程，也不是不受客观条件和客观规律制约的纯主体的过程，而是主体和客体各种因素共同作用形成的总合力推动的，即"无数互相交错的力量"。这种涵盖主体和客体在内的一切因素的相互作用主要表现在人与自然、人与社会、人与人自身三种关系上。这就是恩格斯关于主客体合力的主要思想。②

关于社会发展合力的价值意蕴研究。学者普遍认为，马克思主义社会发展合力理论蕴含着极为丰富的内容，具有深刻的价值意蕴。代表性的观点主要有以下几种：

一是认为社会发展合力理论蕴含着唯物主义的价值意蕴。比如，有论者从合力论视域认识"两种决定"作用及其关系，指出"经济因素"在整个历史进程中起着决定性作用，但就具体的历史事件或事变而言，它的出现或形成往往要受到诸多偶然因素的影响和制约。历史领域的"一切因素间的相互作用"往往成为说明和解释该历史事件或事变的主

---

① 侯衍社：《关于恩格斯社会发展的合力思想及其启示》，《烟台大学学报》（哲学社会科学版）2001 年第 1 期。

② 姚单华：《隐喻的深度：对恩格斯"历史合力论"的多维审视》，《宁夏党校学报》2009 年第 4 期。

要原因或决定性因素。① 由此不难看出，社会发展合力具有唯物主义的价值意蕴。

　　有学者认为，社会发展合力理论蕴含着"如何创造历史"和"怎样创造历史"的唯物主义价值意蕴。所谓"如何创造历史"，也就是经济基础之上的各种社会因素相互作用创造着历史；所谓"怎样创造历史"，也就是同一运动规律之中许多个人的意志相互冲突融合为社会发展的"总的合力"创造着历史。社会发展合力中的"合力"，是经济基础、上层建筑以及许多个人意志等各种因素交互作用融合而成的"总的合力"，既系统地展现了人类社会"如何发展"的前提性规律，也深刻地揭示了人类社会"怎样发展"的具体性规律。② 这是说，社会发展合力蕴含着唯物主义的价值意蕴。

　　二是认为社会发展合力理论蕴含着"和谐"的价值意蕴。有研究者认为"和谐"与合力密切相关，"和谐"是各种力量在"交互作用"中形成的一种均衡、协调、平顺的状态 。和谐程度与合力的大小并无必然联系，但与合力内部包含的"张力"有必然联系。当一个系统的合力值增大且张力值减少时，该系统趋向于和谐状态。③ 也就是说，社会发展合力内在地蕴含着"和谐"的价值意蕴。

　　三是认为社会发展合力理论蕴含着"无神论"的价值意蕴。有研究者鉴于一段时期以来有神论思想在党内有所发展并开始危害党的肌体健康，指出恩格斯社会发展合力理论阐发的有关个人意志和结果何以经常不一致的问题，驱散了社会历史领域中的神秘色彩。④ 也就是说，恩格斯社会发展合力理论蕴含着无神论的价值意蕴。

---

　　① 叶泽雄、鄢然：《历史合力论视域中的"两种决定"作用及其关系问题》，《江海学刊》2022 年第 4 期。
　　② 周银珍：《"历史合力论"与"人类命运共同体"构建研究》，《广西民族研究》2020 年第 3 期。
　　③ 朱志勇：《历史合力与社会和谐》，《社会科学战线》2006 年第 5 期。
　　④ 种鹏：《恩格斯历史合力论蕴含的无神论思想》，《科学与无神论》2021 年第 2 期。

关于社会发展合力的理论论证研究。"社会发展合力"是作为马克思主义创始人的恩格斯晚年所特别注重阐发的问题，它对于深入理解作为历史的辩证运动的唯物史观有着极为重要的意义。然而，围绕恩格斯社会发展合力理论存在的误解，从来就未曾止息。探讨马克思主义社会发展合力理论的原初含义，对之从理论上进行科学论证，是国内学界取得的一大重要成果。比如有论者将社会发展合力理论视为一种更为成熟、更为完善的表述唯物史观的形式，指出唯物史观与社会发展合力理论的关系，既不是全体与部分的关系，也不是两种相互补充的独立理论，而是唯物史观本身即是一种合力论、一种系统整体观。这一观点进一步赋予了恩格斯社会发展合力理论一种"更为成熟、更为完善的表述唯物史观的形式"的意义。①

有研究者认为，用社会发展合力理论去重复地证明历史过程的客观性、非主观任意性。不仅在理论上是不必要的，而且由于误解了社会发展合力理论在整个唯物史观逻辑结构中的地位，把它由构成物质条件决定论的一个必要的环节的地位，提升为一条独立的论证线索，甚而当作唯物史观的更成熟、完善的表述形式，还必然在理论上带来意想不到的混乱。②

唯物史观理论体系具有巨大的内在张力以及深邃的逻辑体系，恩格斯社会发展合力的生成逻辑是建立在唯物史观与实践唯物主义基础之上的，它绝不是修正主义者所说的经济决定论与历史宿命论，其本质上并未脱离马克思恩格斯在过去创立的那个关于人类社会发展规律的科学理论体系，其是关于人类社会发展规律的系统、完整、科学的理论体系。故而，不能将历史合力论视为对唯物史观的修正，它不是一种在层级上高于马克思恩格斯先前所创立的唯物史观的一种高级的唯物史观，更不是对历史唯物主义和历史唯心主义的折中。社会发展合力理论是从属于

① 王南湜：《历史合力论新探》，《南开学报》1995 年第 3 期。
② 王南湜：《历史合力论新探》，《南开学报》1995 年第 3 期。

唯物史观思想体系的，或者说，它是运用更加直观的方式对唯物史观原有内容进行的补充。①

回到恩格斯提出社会发展合力理论的原初语境中，有助于澄清各种对该理论的误读。学者普遍认为，恩格斯晚年是在进一步阐述历史唯物主义的基本原理并回应"经济决定论"的疑难时，提出了社会发展合力理论的，他希望借此解释历史发展的动力因素。由于其中采用了单个意志及其合力的相关表述，人们往往从近代个人主义的角度出发去理解社会发展合力理论。这就造成了对该理论的误读。而在各种误读中，最著名的是阿尔都塞对社会发展合力理论的误读。阿尔都塞从单个意志的角度出发，认为恩格斯社会发展合力理论立足于原子式的个人，批评其为人们提供了一个关于意志的空洞的推理公式，展现出一种"认识论真空"，因而是资产阶级意识形态。有研究者解释道："恩格斯实际上是在要素与整体的关系意义上阐发单个意志及其合力的辩证关系的。社会发展合力理论紧紧地依托资产阶级社会生产的无政府状态，并不是空洞的推论公式。"②

关于社会发展合力理论的重要意义研究。开展社会发展合力理论研究，具有极为重要的意义。研究者对此从多方面展开了探讨，代表性的观点有如下几种：

一是认为社会发展合力理论具有方法论意义。比如有论者称，恩格斯提出的社会发展合力理论是对马克思主义唯物史观的进一步丰富和发展，它对于民主政治进程的解读具有重要的方法论意义。③ 还有研究者分析了恩格斯社会发展合力论紧紧围绕人与自身历史的关系这个主题，完整地阐述了历史唯物主义一元论思想。它对于我们今天进行社会主义

---

① 郑元凯：《历史合力论：逻辑与澄明》，《中共福建省委党校（福建行政学院）学报》2020 年第 5 期。

② 韩志伟、陈洁彤：《恩格斯"历史合力论"的原初语境及其批判意蕴——兼驳阿尔都塞对恩格斯"历史合力论"的误读》，《理论探讨》2023 年第 2 期。

③ 龚宏龄：《历史合力论在民主政治中的方法论价值》，《求索》2011 年第 10 期。

现代化建设仍然有重要的方法论意义。它要求我们坚持以经济建设为中心，大力发展社会生产力；要求我们走自己的路，建设有中国特色的社会主义；还要求我们在党的建设中坚持群众路线，反对搞个人崇拜①。

二是认为形成社会发展合力有助于促进社会和谐、有益于推动共同体建设。比如，有研究认为社会发展合力理论为和谐社会的建设提供了直接的理论依据。② 有论者认为，社会发展合力理论与铸牢中华民族共同体意识在实践层面有着内在的耦合性。社会发展合力理论对于筑牢人们的中华民族共同体有意识有着积极的现实意蕴。③ 还有论者认为构建人类命运共同体与国际社会的合力密切相关。构建人类命运共同体的新思想，继承和发展了社会发展合力理论，包含着深刻的时代价值和现实意蕴。④

三是将实现社会发展合力与中国共产党治国理政相结合。比如，有论者分析，当下，中国共产党治国理政实践便是社会发展合力理论焕发新生机的生动演绎。社会发展合力理论指引中国共产党带领人民取得了一系列历史性成就，发生了一系列历史性变革。⑤ 还有研究者指出，恩格斯社会发展合力理论表明，社会发展合力的形成及其性质如何，不仅取决于不同意志之间的相互冲突状况，众分力之间的力量强弱、大小对比态势，更取决于占据主导地位的那个分力是否能够审时度势、顺乎民意，以及如何把握社会发展合力的方向与规律。据此，我们必须毫不动摇地坚持中国共产党的领导地位，这对于社会主义的稳固与发展具有决定性意义。中国共产党是执政党，是国家各项事业的最高领导力量。这

---

① 宋素琴、黄静波：《恩格斯历史合力论的特征及意义》，《湘潭大学学报》（哲学社会科学版）1998年第5期。

② 朱志勇：《历史合力与社会和谐》，《社会科学战线》2006年第5期。

③ 王超：《历史合力论视阈下西藏筑牢中华民族共同体有意识的现实进路》，《西藏大学学报》（社会科学版）2023年第2期。

④ 周银珍：《"历史合力论"与"人类命运共同体"构建研究》，《广西民族研究》2020年第3期。

⑤ 田鹏颖、沈鋈星：《恩格斯历史合力论的思想精髓与当代阐释》，《思想教育研究》2023年第5期。

不是它自封的，而是中国人民与中国历史的共同选择。[①]　只有坚持党的领导地位不动摇，才能更好地汇聚社会发展合力。而一个政党越能充分汇聚社会发展合力，越能够得到人民的拥护与历史的肯定。

（三）文献简评

通过以上分析可知，社会发展合力问题作为一个突出的时代问题已经被国内外学术界自觉加以关注。社会发展合力是一个老问题，但它关系到什么是唯物史观以及怎样推动社会进步这样的大问题，因此对于中国而言具有明显的当代性。国内外学者围绕"社会发展合力"问题，已经取得了喜人的研究成果。这些研究成果，为开展更深层次的探讨提供了精神给养。

研究取得的成绩。国内外学者针对社会发展合力问题展开了深入的研究，特别是对恩格斯社会发展合力理论进行了较为深入的探讨，所取得的成绩可以归结为"三度"。即坚定政治立场，增强了对各种非马克思主义、反马克思主义思想观点的辨识度；深化学理探究，提升了社会发展合力理论研究的显示度；注重问题导向，提高了社会发展合力形成的精准度。

就第一个方面来看，从学者所秉持的价值立场来看，有些是站在坚持和捍卫马克思主义的价值立场上开展相关学术问题探讨的，而有些则站在非马克思主义甚至反马克思主义的价值立场看问题。后者在近代有保·巴尔特之流，在现代有诺曼·莱文之辈。纵观国内外有关马克思主义社会发展合力探究的历史，各种非马克思主义、反马克思主义的声音从未止息，但真理愈辩愈明。在同各种非马克思主义甚至反马克思主义思想和行为开展斗争中，人们更为深刻地认识到了马克思主义社会发展合力理论的客观真理性，更加坚定了马克思主义的政治立场，这是国内

---

①　叶泽雄、李雯：《反思与展望：走向恩格斯历史合力论思想的深处》，《湖南社会科学》2022 年第 6 期。

外学术研究取得一大重要成绩。

就第二个方面来看，国内外学者关于社会发展合力问题的探讨，可谓古已有之。但对该问题的认识，存在一个循序渐进、逐渐深化的过程。社会发展合力问题的研究越是走向深入，越有助于人们认识汇聚社会发展合力的可能性、必要性以及现实性。国内外研究者围绕社会发展合力而形成的理论成果，有助于彰显社会发展合力理论的显示度。

就第三个方面来看，实现社会发展合力既是一个重大的理论问题，更是一个迫切的现实问题。关于汇聚合力有助于促进社会发展，人们不难在认识上达成共识。形成社会发展合力的难点在于实践。理论是行动的先导，思想是行动的指南。以形成社会发展合力为问题导向，阐明社会发展合力理论与唯物史观的真实关系，认识社会发展合力理论的马克思主义性质，理性看待马克思与恩格斯在社会发展合力问题认识上的相同点与不同点，解析社会发展合力的基本概念、构成要素、价值意蕴、理论论证以及重要意义，有助于在实践层面更好地汇聚社会发展合力，提升合力汇聚的精准度。

研究存在的不足。国内外学界围绕社会发展合力问题，尽管已经取得了丰硕的研究成果，但仍存在一定的不足。集中表现在以下三个方面：

一是概念使用上尚存在不够规范、不够严谨的地方。关于合力与发展合力、合力与社会发展合力、合力与动力、合力与活力、马克思社会合力、马克思社会发展合力等概念，在使用上尚存在边界模糊甚至使用不当的地方，在合力与协作力、集体力、系统力等概念的使用上，仍存在相互混淆、并用甚至滥用的问题。

二是国内外学界对恩格斯社会发展合力理论论述的研究成果多，而对马克思社会发展合力理论专门开展研究的成果少。国内外学术界现目前尚没有一部专门以"马克思社会发展合力"为直接研究对象的学术专著。马克思是马克思主义的创始人，是马克思主义社会发展合力理论的最直接贡献者。相关研究工作的缺位，是一个不小的遗憾。

三是结合数字化时代的新发展、新变化、新特征，对马克思社会发展合力理论的引领作用，缺乏具有思想高度、理论深度与实践厚度的研究成果。在当下，无孔不入的数字化信息已经渗透到人们生活的方方面面。信息技术在为社会发展合力的形成带来有利条件的同时，也为社会发展合力的汇聚构成了巨大的威胁。比如生成式人工智能的发展，倒逼着人们思考如何处理自身与机器的关系等问题。数字化生存背景下社会发展合力的契机在哪里、汇聚难题有哪些、形成路径是什么。凡此种种，是人类面向未来不容回避的课题。而从现目前的研究成果来看，有关社会发展合力问题，有关数字社会、数字劳动、数字化生存、数字资本、数字劳工等问题探讨的多，而将人的数字化生存与社会发展合力相结合的研究成果少。

研究努力的方向。通过总结现有国内外研究成果的成绩与不足，未来有关马克思社会发展合力的研究，应从以下三个方面着力：

一是进一步辨明作为历史辩证运动的唯物史观与社会发展合力理论之间的真实关系。具体可沿着如下思路展开，探究唯物史观的物质条件决定论与马克思恩格斯社会发展合力理论是不是两条互相独立的逻辑线索，申明马克思恩格斯社会发展合力理论是不是物质条件决定论的成熟与完善，探析马克思恩格斯社会发展合力理论是对物质条件决定论哪一个环节的展开等。

二是进一步揭示马克思社会发展合力理论与恩格斯社会发展合力理论的同一性与差异性。马克思与恩格斯作为马克思主义的创始人，为马克思主义社会发展合力理论的创立都做出了不可磨灭的贡献，但二者由于出生环境、家庭背景、求学经历、生活阅力等方面的不同，在对社会发展合力问题的认识上，并不全然具有一致性。辨明二者在社会发展合力问题认识上的异中之同与同中之异，有助于我们走进真实的马克思，更好地坚持并发展马克思主义社会发展合力理论。

三是全面、系统、深入地探究马克思社会发展合力理论并将之与现实问题相结合。马克思社会发展合力理论是马克思理论大厦中一颗耀眼的明珠，对该理论的形成背景、思想之源、嬗变轨迹、主要内容，应有相当程度的把握。认识世界的目的在于改造世界。只有更好地认识世界，才能更有力地改造世界。充分认识马克思社会发展合力理论，可以为能动地改造世界提供思想武器。人类认识世界和改造世界是为了人自身的需要。人最直接的现实需要是活着、更高层次的现实需要是活得更好。在奇点已至的现时代，任由数字资本裹挟而沦为机器的奴隶，人类自身的生存将面临毁灭性的威胁。而人作为社会性的动物，要活得更好、活得更加出彩，就必须在数字化时代审视社会发展合力的形成问题。为此，将人的数字化生存与社会发展合力问题的探讨相结合，是未来开展学术研究应努力的一大方向。

三 研究思路与方法

马克思指出："不仅探讨的结果应当是合乎真理的，而且得出结论的途径也应当是合乎真理的。"[①] 研究工作的有效展开，离不开科学的研究方法。研究思路是在运用科学研究方法的基础上，将研究内容的整体逻辑框架予以展现。认识并掌握研究方法和研究思路，是本课题得以顺利展开的重要前提。

（一）研究思路

本研究立足于马克思经典文本，挖掘隐藏于经典文本之中的社会发展合力理论及其内在逻辑演变过程。沿着马克思探索社会发展合力的逻辑思路，具体分析了马克思社会发展合力理论的形成背景、思想之源、嬗变轨迹、主要内容以及现实启示。本研究重点分析了马克思社会发展

---

① 《马克思恩格斯全集》第 1 卷，人民出版社 1995 年版，第 112 页。

合力理论的主要内容。在此基础上，具体分析了社会发展合力各影响因素内部及其之间相互作用、相互影响的辩证关系。

本研究由导论和六章构成。第一部分是导论，从实现社会发展合力是马克思一生不变的价值诉求引出问题，重点介绍本研究的选题背景和研究意义、研究现状、研究思路、研究方法、研究重难点以及创新之处。第一章到第三章探讨了马克思社会发展合力理论的形成背景、思想之源、发展脉络，解答了"从哪里来"的问题，是论文的出场。第四章是论文的核心章，属于基础理论部分。主要阐述了马克思社会发展合力理论的主要内容，解答了"是什么"的问题。第五章在第四章的基础上，主要研究了社会发展合力形成的动力作用机制，具体分析社会发展合力形成的动力作用机制及内部各构成要素之间相互影响、相互作用的辩证关系。第六章是论文的应用章，解答了"到哪里去"的问题。面对中国的现实问题，必须从主体的人、生产力和社会基本矛盾三方面激发、增强并协调实现社会发展合力的内在机制，从而构建"新常态"下中国社会发展的合力机制。

（二）研究方法

本研究以马克思主义作为总的指导思想，坚持辩证唯物主义和历史唯物主义的基本原理，坚持理论创新、解放思想、与时俱进的精神，用马克思主义的立场、观点和方法进行分析、思考和进行观点的形成与凝练。在写作的过程，主要采取了系统分析、理论与实际相联系、历史与逻辑相统一、抽象与具体相结合、重点研究与一般研究相结合的方法。

系统分析的方法。马克思认为，"观念的东西不外是移入人的头脑并在人的头脑中改造过的物质的东西而已"①。一个时代的思想理论，作为一种意识形态，尽管具有相对的独立性，但从根本上来看，不过是那个时代的经济基础与上层建筑的反映。研究马克思的思想理论，必须

---

① 《马克思恩格斯文集》第5卷，人民出版社2009年版，第22页。

联系当时复杂而特殊的背景环境，特别是其当时所处的经济、政治、文化环境。本研究为了避免孤立考察马克思社会发展合力理论，依据社会存在与社会意识相统一规律，将马克思社会发展合力理论的演进规律置于特定的经济、政治、文化状况与马克思的实践活动相结合的系统中进行研究。从本研究的结构来说，体现了系统研究的方法。既有历史考察，又有现实分析；既有理论分析，又有对策思考分析。从本研究的理论形成看，也体现着系统研究的方法。内容环环相扣、论理逐步推进，结构体现层次性和逻辑性，分析体现点面结合。此外，本研究在时间和空间两个向度以及理论与实践两个维度都有了系统的考量。

理论与实际相联系的方法。理论与实际相联系是马克思主义学说的一个重要特点和原则。[①] 坚持理论与实践相联系的方法，就是既要紧密联系马克思当时所处的社会历史状况，加强马克思社会发展合力的理论文献研究，又要密切结合新时代我国社会建设的实践需要，深入探索实践活动中社会发展合力形成的特点和规律。还要通过实践活动中社会发展合力的实证研究来丰富和充实社会发展合力理论研究，概括新的理论成果，促进社会发展合力理论的创新与发展。同时，要将社会发展合力的基础研究与应用研究结合起来。既要以马克思社会发展合力理论为指导，加强对社会发展合力基础理论问题的研究，又要以社会实践活动为中心、以破解社会治理效能提升难题为重点，加强社会发展合力理论的应用研究，促进社会发展合力的实际开发与应用。本研究试图跳出对马克思经典文献进行一般的考古学解释的窠臼，力图将历史的马克思当代化。

历史与逻辑相统一的方法。历史是逻辑的基础，逻辑是历史的抽象与再现。历史与逻辑相统一既是辩证逻辑的基本原则，又是辩证思维的重要方法。马克思的著作写作时间跨度长，且关于社会发展合力的探讨大多分散于其大量著作之中，因此本研究既运用逻辑分析的方法进行关

---

① 刘同舫：《马克思人类解放思想论》，人民出版社 2022 年版，第 26 页。

联性整合，又运用历史分析方法进行纵向梳理。从卷帙浩繁的马克思经
典著作中深掘其有关社会发展合力的诸多论述，力求使之理论化、系统
化。因为脱离历史方法与具体的历史条件，离开产生问题的实践基础，
非现实性地或观念性地提出的问题，常常就只能形成空洞甚至虚假的概
念。本研究坚持历史与逻辑相统一的方法，既从实践和理论的发展的历
史进程出发，探索马克思社会发展合力理论形成的历史轨迹，又按照一
定的逻辑结构依循马克思社会发展合力理论形成的历史轨迹，建构马克
思社会发展合力的思想理论体系，实现马克思社会发展合力理论探索的
历史与逻辑的有机统一。

抽象与具体相结合的方法。就是要以实践活动为基础，以马克思社
会发展合力的研究为起点，从社会发展合力形成的感性具体出发，抽象
出社会发展合力赖以形成的本质规定以及各影响因子的内在联系，进而
将理论上的综合，上升为马克思社会发展合力的理性具体。这一过程，
就是从具体到抽象再到新的具体的过程。第一个具体是感性具体，第二
个具体是理性具体。感性具体不是理性具体的简单重复，而是在更高阶
段上的理论再现，它是人类抽象思维的成果。[①] 经过科学地抽象，否定
了社会发展合力感性具体的直观方式，形成了具有丰富内涵的社会发展
合力的理性具体。这一理性具体，表现为抽象思维成果的多样性统一，
表现为马克思社会发展合力的基本概念、基本观点、基本理论及其理论
体系。从马克思社会发展合力的感性具体经过科学抽象上升为社会发展
合力的理性具体，是马克思社会发展合力研究遵循的一条基本路径和基
本方法。

重点研究与一般研究相结合的方法。就是要求在对马克思社会发展
合力的一般问题进行研究的同时，重点加强对社会发展合力形成的重要
文本和重大历史现象的研究，尤其是注重加强新时代我国社会主义现代
化建设的社会发展合力研究。新时代据以做出判定的依据在于社会主要

---

① 骆郁廷：《精神动力论》，武汉大学出版社 2003 年版，第 27 页。

矛盾发生了变化。社会主要矛盾转化为人民日益增长的美好生活需要和不平衡不充分的发展之间的矛盾，同样对社会发展合力的形成产生了影响。要因应社会主要矛盾的变化，探索新的历史条件下我国社会主义现代化建设社会发展合力的特殊的价值、特点以及规律。只有将马克思社会发展合力的一般研究与重点研究结合起来，才能既把握社会发展合力形成的一般规律和特点，又把握新的历史条件下社会发展合力形成发展的新特点和特殊规律，从而为新形势下提升社会治理效能，增强我国社会主义现代化建设的社会发展合力提供科学的理论指导。

四　研究重点、难点与创新之处

本研究拟突破的重点主要有梳理马克思社会发展合力理论的基本概念、探明马克思社会发展合力理论的嬗变轨迹、探析马克思社会发展合力理论的主要内容；本研究拟突破的难点集中表现在追溯马克思社会发展合力理论的思想之源、阐述马克思社会发展合力的动力作用机制、用马克思社会发展合力理论解析现今中国社会发展的现实问题。本研究力求在选题、视角、结构、观点以及贡献上有所创新。

（一）研究重点

本研究的重点集中体现在以下三个方面：

一是梳理马克思社会发展合力理论的基本概念。概念含混不清，后续研究工作的开展就会步履维艰。梳理并界定概念，是一项具有基础性，同时具有极端重要性的工作。本研究在第一章考证了"合力"的词义，廓清了"合力"与"动力"、"合力"与"发展合力"、"合力"与"社会发展合力"的关系。以马克思与恩格斯经典文本为依托，考察了马克思社会发展合力、恩格斯社会发展合力的内涵，界定了马克思社会发展合力与马克思主义社会发展合力的关系。基本概念的梳理，对于做好进一步研究工作是基础性的，因此其是本研究的一大重点。

二是探明马克思社会发展合力理论的嬗变轨迹。马克思是一位无论在时间距离还是在空间距离上都与我们今天所生活的时代相去甚远的伟人。他没有就社会发展合力问题给出现成的理论图谱。掌握马克思社会发展合力理论最好的途径，莫过于研读马克思经典著作。通过研读马克思经典著作，探明马克思社会发展合力理论的嬗变轨迹是本研究的一大重点。

弗·梅林在评价马克思时指出："马克思之所以无比伟大，主要是因为思想的人和实践的人在他身上是密切地结合着的，而且是相辅相成的。"① 这从一定程度上提示我们，探明马克思社会发展合力理论的嬗变轨迹，既要深耕经典文本以把握思想的马克思，又要精研历史事件以把握实践的马克思。思想的马克思与实践的马克思不是相互分离的，而是高度统一的。因此，从思想与实践相结合的角度探明马克思社会发展合力理论的嬗变轨迹，是本研究的一大重点。

三是探析马克思社会发展合力理论的主要内容。"社会发展合力"是恩格斯晚年为坚持和捍卫唯物史观提出的经典命题，他提出马克思的著作几乎无一不是由这个理论起了作用的。但马克思并没有直接就社会发展合力问题给出基本架构，恩格斯以及其后的马克思主义经典作家，也没有就马克思社会发展合力理论给出现成的逻辑架构。关于马克思有没有形成科学、严整的社会发展合力理论，从恩格斯的提示中，不难得出肯定的答案。马克思社会发展合力论作为一个思想理论体系，它的理论框架是什么，涵括的主要内容有哪些，这是本研究分析的重点所在。

（二）研究难点

本研究的难点集中体现在以下三个方面：

一是追溯马克思社会发展合力理论的思想之源。追溯马克思社会发

---

① ［德］弗·梅林：《马克思传》，樊集译，人民出版社 1972 年版，序：第 4 页。

展合力理论形成的思想之源，可以让我们更好地走近马克思，还原马克思的思想原貌。马克思是近代以来最伟大的思想家。马克思社会发展合力理论是在吸收了西方古今丰厚理论营养的基础之上绽放出来的。生长于西方传统之下的马克思，对社会发展合力问题的丰富而深刻的思考，是以对前人思想的传承与超越为基础的。马克思社会发展合力理论的直接思想资源是什么，他在何种意义上对之进行了批判性的传承与超越，是本研究的一大难点。

二是阐述马克思社会发展合力的动力作用机制。马克思社会发展合力好似一部设计精密、结构复杂的枢机，它得以转动也即实际地发挥作用，是因之具有动力因子且各因子之间呈现的是一种"啮合"关系。所谓"啮合"关系，本义是机器各零件之间的一种传动关系，在此借指各动力因子之间不是相互分离、彼此割裂的，而是环环相扣、层层递进、相互依存的关系。阐述马克思社会发展合力的动力作用机制是本研究的一大难点，其一方面难在找到社会发展合力得以形成的各动力因子，另一方面难在探明各动力因子之间的内在逻辑关联。社会发展合力动力因子的找寻以及动力作用机制的形成，针对的均是马克思。这就需要以唯物史观为指引，深入钻研马克思经典文本，而不能从主观出发、靠经验判断。这也在一定程度上加大了课题研究的难度。

三是用马克思社会发展合力理论解析现实问题。学习、掌握马克思社会发展合力理论的全部目的在于运用。就马克思社会发展合力理论自身的特性来看，它在对现实问题的回应上，所能驰骋的时空范围越广，自身发展的生命力越强。[①] 然而，现实问题本身是复杂且多变的。马克思社会发展合力理论属于经典马克思主义的范畴，这一理论在数字化时代还有没有生命力、有多大的生命力，都需要结合现实问题进行逐一分析。在数字化时代，发挥马克思社会发展合力理论对现实问题的解释力以及引领力，是本研究的一大难点。

---

① 侯少文：《学懂弄通基本理论》，中共中央党校出版社 2018 年版，第 3 页。

（三）研究创新之处

本研究的创新之处集中体现在以下几个方面：

一是选题新。在马克思主义发展史上，恩格斯社会发展合力理论是一个耳熟能详的论题，但马克思社会发展合力理论是一个全新的概念。本研究将题目拟定为《马克思社会发展合力理论研究》，意在阐明马克思与恩格斯就社会发展合力理论而言，并非如部分国内外学者所言存在着对立。恰恰相反，他们之间有着高度的内在一致性。

人类社会历史的发展，离不开强大、正向且有效合力的生成。人类社会越是向前发展，此种合力的生成以及作用机制就越应得到充分的重视。本研究选题的关键词除了"合力"以外，还有"社会"以及"发展"。社会是由人组成的，人是社会中的人。社会发展合力的汇聚，要以人为本。本研究特别申明了人的意志在社会历史发展中的作用。在马克思主义发展史上，诸如考茨基等人对于意志的理论比较机械，特别是明确排斥个人的自由意志。宣称"人与人之间也往往发生这样的冲突，但主要的不是在个别人之间，而是在整个集体与集体之间"。本研究以"社会发展合力"为题，蕴含着充分肯定马克思设想的未来社会正是以每个人的自由发展为特征的，对于个人自由意志的历史作用应予以充分肯定。此外，社会发展与社会增长，是两个既有联系又有明显不同的概念。发展代表了社会合力的生成具有可持续性与有效性。

二是视角新。从研究视角上来看，本研究具有创新性。集中体现在从"四真"①的视角开展马克思社会发展合力理论研究。马克思作为马克思主义的创始人，对待以他名字命名的社会发展合力理论，不能将之作为表面上的口号，或者肤浅地加以理解。要真正掌握马克思社会发展合力理论，从而发自内心地相信该理论的真理性，就要做到"真学"。只有"真学"，才能真正懂得马克思社会发展合力理论所揭示的基本道

---

① "四真"：也即"真学""真懂""真信""真用"。

理。为了做到"真学"，本研究对马克思社会发展合力理论的基本概念进行了梳理，对马克思社会发展合力理论的形成背景、思想之源、嬗变轨迹、主要内容进行了分析。马克思社会发展合力理论"行"，并非仅仅是理论上的"行"，更重要的是事实上的"行"。对理论的学习不能盲从。盲从与否的关键在于"理解"的情况。① 不理解马克思社会发展合力理论就相信便是盲从，理解了马克思社会发展合力理论然后才相信就不是盲从。建立在正确理解也即"真懂"上的信，就是"真信"。只有对马克思社会发展理论"真信"，才能在解析现今中国社会发展合力形成的内在机制上"真用"。基于"真学""真懂""真信""真用"的视角开展研究，是本课题在分析视角上的一大创新。

三是结构新。本文将基础研究与应用研究相结合。第一章对马克思社会发展合力理论的基本概念进行了梳理，第二章到第六章，以马克思经典文本为依托，分析了马克思社会发展合力理论的形成背景、思想之源、嬗变轨迹、主要内容，从第一章到第六章，属于马克思社会发展合力理论的基础研究。第七章是马克思社会发展合力研究的现实启示，属于应用研究。将基础研究与应用研究相结合，紧紧围绕"讲道理"而展开。将马克思社会发展合力理论为什么"行"的道理讲清楚，既要从理论上进行分析，又要通过事实说明这个道理。本研究的第一章到第六章，讲解马克思社会发展合力何以在理论层面"行"的道理，第七章用事实本身证明马克思社会发展合力缘何在实践层面"行"的道理。用理论来阐明事实，用事实来说明理论。各部分之间一环扣着一环，构成了马克思社会发展合力理论研究的结构图。围绕"讲道理"展开基础研究与应用研究，并将二者相结合，是本研究在结构上的创新之处。

四是观点新。本研究在借鉴以往研究成果的基础上，对相关问题进行深入思考，力求在具体观点上有所创新。研究在对马克思经典著作进行深耕的基础上，具体分析了社会发展合力形成的主体性力量是"现实

---

① 张晓萌:《马克思与青年》，中国人民大学出版社 2020 年版，第 8 页。

的人"，提出实现社会发展合力的出发点和落脚点在于追求人的现实幸福；厘析了社会发展合力形成的关键性环节是进行矛盾分析，提出要结合社会主要矛盾的转换认识社会发展合力的实现问题；解析了社会发展合力形成的基础方法是开展利益协调，提出结合人的需要、意志、愿望、动机，多措并举满足人民的利益诉求。以"现实的人"为实现社会发展合力的主体性力量、以矛盾分析为实现社会发展合力的关键性环节、以利益协调为实现社会发展合力的基础性工作。凡此种种，都具有创新性。

五是贡献新。马克思社会发展合力理论为构建当代中国社会发展的合力机制提供了理论支撑，并从社会发展合力的视角解读了推进社会主义现代化建设的理论依据。本研究立足于世界之变、时代之变、历史之变，从根本保障、关键所在、现实基础、必然要求、强力支撑等方面全方位探索社会主义现代化建设的合力生成机制，其有利于中国社会发展直面改革的攻坚期、勇涉改革的深水区，有助于加快中国式现代化的建设步伐。对社会主义现代化建设问题的回应赋予了马克思社会发展合力理论研究以新的学术贡献。

第一章

马克思社会发展合力理论的概念梳理

正所谓"名不正，则言不顺"。作为本书研究对象和叙述对象的马克思社会发展合力，究竟是在何种意义上使用的？其与其他概念关系是怎样的？对其研究应采取何种角度与方法？在此先做出说明与界定，这是科学研究的前提条件。本章考证了"合力"的词义，廓清了"合力"与"动力"、"合力"与"发展合力"、"合力"与"社会发展合力"的关系。以马克思与恩格斯经典文本为依托，界定了马克思社会发展合力理论、恩格斯社会发展合力理论的概念内涵，考察了马克思社会发展合力理论与马克思主义社会发展合力理论的关系。上述工作的开展，可以为马克思社会发展合力理论的研究与叙述提供方便。

一 "合力"与"社会发展合力"

何为"合力"？如何给"合力"以正确定位？不同的人可以做出不同的界定。这里"不同的人"，可以是不同时代的人、不同思想流派的人、不同地区的人、不同社会的人、不同利益群体的人。生活于数字社会的人对合力的看法，与生活于农业社会、工业社会、信息社会的人不同；神本主义者与人本主义者、人文主义者与科学主义者等对合力含义的理解也不尽相同；中国和外国、美国和英国、印度和乍得等不同地区的人，对"合力"的含义也有不同的看法；生活于资本主义社会的人与生活于封建主义社会的人、生活于资本主义社会的人与生活于社会主义社会的人，对"合力"有着不同的见解；即便是生活于同一社会形态的人，因之归属于不同的阶级，如资产者与无产者，对"合力"的理解也会存在分殊。不同时代、不同思想流派、不同地区、不同社会、不同利益群体的人，均可以从不同的角度，对"合力"的含义与性质做出自己的解读，可见"合力"所包含的内容之丰富与抽象，又表明合力研究对象、研究方法与研究结论的复杂性。

（一）对"合力"的认识

探究什么是"合力"，可以采用剥洋葱的方式，分别解析什么是"合"、什么是"力"、什么是"合力"。认识"合力"，应进一步廓清它与"动力""发展合力""社会发展合力"等概念的关系。

对"合力"内涵的解读。认识何为"合力"，首先应分别对"合"与"力"二字丰富的内涵做出解读。

关于"合"，该字最早见于甲骨文，写作 ，上半部分是向下张开的嘴巴，下半部分是向上张开的嘴巴，意谓两口相接。隶书将篆文字形上部的"口"拆写为"人""一"的组合结构。作为一个会意字，"合"有"结合""融合""整合""综合"等含义。经过时代的变迁，"合"字已经不仅仅作为一种方法被使用，还可以指称价值理念，也即人们的思想上、行动上以及思想与行动上具有一致性。从哲学的角度来看，"合"是有差别的同一，其思想前提是承认存在差异性。比如对于同一个事物，不同的人有自己的价值标准，给出不同的判断。假使人人都依据自身的价值标准行事，则很难确保行动上具有趋同性、一致性。"合"是一个与"分""散"相对的整体性概念。"分""散"描述的是事物呈现的一种客观存在状态，"合"刻画的是一种动态生成过程。

"合"至少应包括以下三方面的要素:一是"合"在一起的元素,在数量上必须是两个及两个以上。孤立的元素谈不上"合"的问题。二是不同元素"合"在一起,具有动态性。不同元素之间呈现一种静止的状态,没有交汇点,也无法"合"在一起。三是不同元素"合"在一起,具有方向性。没有共同的作用点,不同的要素处于分离的状态,彼此之间无法交互作用,也不会"合"在一起。

"合"在发展过程中,逐渐与"和"相通。《国语·郑语》记载郑桓公向史伯询问周王朝有没有存在弊端,得到的答复是"夫和实生物,同则不继。"王朝的兴盛与衰败取决于和或同。史伯指出"先王以土与金木水火杂"。"杂"有"合"的意蕴。金、木、水、火、土是五种具有差异性的元素,《尚书·洪范》将之称为"五行"。先王,指的是周文王。他善于调和"五行",因此可以实现天下治平。周幽王妄图"去和取同",过于强调无差别的同一,故而周王朝难避衰亡的命运。有差别的同一是谓"和",而无差别的同一是谓"同"。"和"可以促进事物发展。而"同"会导致事物灭绝。崇和与尚同,我国儒家将之用来区分君子与小人。《论语》记载:"君子和而不同,小人同而不和。"君子不会人云亦云,盲目附和。而小人没有自己独立的见解,尽管与他人保持一致,但并不讲求真正的和谐融通。"和同之辨"反映在理论认识上同样具有现实指导意义。区分二者的关键在于正确且深度地理解。对理论的认识仅停留于表层甚至未能形成正确的认识就盲目附和,是一种"失和"的盲从行为。理论探索必须力避盲从,而有效途径是对相关问题的认识,需要建立在正确且深度的理解之上。

关于"力",它是物理学的概念之一。《现代汉语辞海》将之解释为:"物体之间的相互作用,是使物体获得加速度和发生形变的外因。'力'有三个要素,即力的大小、方向和作用点。"[①] 从"力"的性质上来看,它至少具有以下六个方面的特性:

---

① 现代汉语辞海编委会:《现代汉语辞海》,山西教育出版社2002年版,第446页。

其一，"力"是一种矢量和，具有矢量性，也就是"力"要区分大小与方向。力的强度有大、小之分，方向有正、反之别。正向力对物体运动往往起到推动作用，反向力对物体运动常常起到阻碍作用。从系统论的角度来看，无论是正向力还是反向力，均是由若干不同方向、不同强度的力聚合而成的。正向力之所以对物体的运动发挥促进作用，很大程度上是因为不同力在交互作用中方向一致。而不同的力交互作用，方向不一、目标各异，常常会对物体的运动起到阻碍作用。

其二，"力"是物体之间的相互作用，具有物质性。也就是说，"力"不能离开具体的物体而独立存在。力体现在不同物体间的交互作用。不能脱离具体物体而抽象地谈论"力"的作用问题。

其三，"力"具有交互性，"力"存在于施力者与受力者的交互作用且这种作用具有双向性，施力者在对受力者施加影响的同时，受力者也对施力者施加影响。其四，"力"的产生与消灭具有同时性。物理学意义上的"力"，在同一个时间产生，也在同一个时间消灭。其五，"力"具有外在性。从研究对象上来看，"力"可以区分为内力与外力。但从"力"本身使物体获得加速度和发生形变的角度来看，它具有外在性。也就是说，"力"是促使物体发生变化的外部因素。内因是物体变化的根本原因，外因仅仅是使物体发生变化的条件，它是通过内因而发挥作用的。其六，"力"具有泛在性。"力"不处不有、无时不在。

根据施加对象的不同，"力"可以划分为"自然力"与"社会力"。所谓"自然力"，指的是存在于自然界中的不以人的主观意志为转移的自然现象。"自然力"的作用形式具有一定的规律性，它对人类的生产生活诸方面，均产生着极为重要的影响。"社会力"是与"自然力"相对应的一种"力"。与不以人的意志为转移且相对独立于人类社会的"自然力"不同，"社会力"的作用主体是人。"社会力"的形成，对人的意志具有高度的依赖性。人的力量是"社会力"得以形成的力量之源。有研究者认为，中国社会结构的变迁，是"社会力"推动造成的。

根据存在形态的不同，"力"可以是有形的，也可以是无形的。无形的"力"，也就是作为观念形态存在的力。

有形的"力"与无形的"力"，均既可以是自然力，也可以是社会力。比如自然界存在的风力、电力、水力，浮力、弹力、磁力、摩擦力等物理力，既可以是有形的，也可以是无形的。在社会领域，自然人非法实行的暴力，是一种有形物理力。先进模范人物发挥榜样作用的感召力、为成就事业而不达目的不罢休的意志力、"众人拾柴火焰高"而汇聚在一起的集体智慧，均是一种无形但事实上存在的整体性力量。

关于"合力"。"合力"这一概念，常被应用于自然科学与社会科学的研究范畴。在自然科学的研究范畴中，"合力"是一个专业性的术语，指的是不同分工交互作用而形成的矢量和。相互作用的各分力，可以是具有同向性的，也可以是具有反向性。不同分力交互作用得到的数值，是以计算不同方向力的比例而得到的。较之于自然科学范畴的"合力"，社会科学范畴的"合力"具有隐喻性，它更为强调不同分力交互作用的方向性、目标性。[1] 在社会交往中，它更为强调不同分力协调配合的程度。"合力"这一概念在学科领域中被广泛使用，如领导合力、思想政治教育合力、文化发展合力、经济发展合力、社会发展合力等。本研究是在社会科学范畴使用"合力"概念的，它指的是不同个体或者集体为了达成一定的目标，通过一定的协作机制或者组织方式，由诸多不同类别分支力量构成的、能达到最佳效果的力量总和。[2] 解读"合力"的内涵，应着重把握以下两个要点：

一是若干分力交互作用，是形成"合力"的基础要件。从数量上来看，形成"合力"的个体性数量，至少是两个及两个以上。"力"的合成具有交互性。独立的、不与其他分力相联系的个体性力量，是无法形成合力的。力的作用是相互的。形成合力的分力，同时兼有双重属

---

[1] 王宗军：《第三次合力效应》，华中科技大学出版社 2022 年版，第 2—3 页。
[2] 邓卓明：《新时代引领社会思潮合力研究》，中国社会科学出版社 2021 年版，第 39 页。

性，一重是施力者的属性，另一重是受力者的属性。不同分力在交互作用形成合力的过程中，既受到其他分力对自身施加作用的影响，同时又对其他分力施加影响。

从性质上来看，形成合力的各分力，既存在对社会发展起推动性作用的力量，也存在对社会发展起阻碍性作用的力量。对社会发展起推动性或阻碍性作用的力量，强度也存在差异性。既存在对社会发展影响力较强的力量，也存在对社会发展影响力较弱的力量，还存在对社会发展不再施加影响力的力量。无论各分力对社会发展影响力的强度如何、不管各分力具有怎样的性质，其彼此之间无不处于相互联系、相互制约的关系之中。特别需要注意的是，在社会科学范畴探讨合力问题，均是以人的活动为参照对象的。离开了人的意志的参与，谈论合力的方向、大小、生成方式以及运作机制是没有意义的。

二是若干分力交互作用，不是简单加和。不同分力之间交互作用形成合力，合力所形成的整体功能具有多样性，既存在整体功能大于部分之和的情况，也存在整体功能小于部分之和的情况，还存在整体功能等于部分之和的情况。合力整体功能的呈现，与不同分力之间交互作用形成合力的结构有紧密的联系。正向、有效、安全且稳定的合力，其形成与运行有可以因循的规律性。只有了解不同分力之间交互作用形成合力的结构，才能对合力形成的规律有科学的把握。不同分力之间交互作用，是同向同力还是异向殊力，结构是否具有合理性至关重要。检验合力结构是否具有合理性，关键在于衡量其是推动还是阻碍人类社会的发展。从总体上来讲，若干分力交互作用形成合力的结构不具有合理性，会阻碍社会的发展，而若干分力交互作用形成的合力具有合理性，能推动人类社会的进步。

三是若干分力交互作用，不能脱离主体意志的参与。"合力"这一概念可以在自然科学范畴被应用，也可以应用于社会科学范畴。在自然科学范畴被应用，也就是在物理学中被应用，若干分力交互作用所形成的矢量和，可以没有主体意志的参与。但在社会科学范畴被应用，若干分力交互作用，不能脱离主体意志的参与。合力的结构是否具有合理性，决定了不同分力交互作用所形成的整体性力量是促进还是阻碍社会的发展。合力结构合理还是不合理，促进还是阻碍社会的发展，对之做出判定的，是具有不同意志的主体性力量。

需要与利益是影响不同意志主体性力量对事物性质做出判定的动力要素。具有不同意志的主体性力量，可能因需要与利益上的一致性而增生交互作用所汇聚的整体性力量，也可能因需要与利益上存在差异、矛盾甚至冲突而消减交互作用所形成的整体性力量。社会科学范畴中的诸多"合力"现象，可以借助自然科学范畴，也就是物理学的概念进行描述。但在社会科学的研究范畴，存在运用物理学范畴概念无法正向阐释与反向澄明的问题。而无法正释与澄明的奥秘，在于缺少了主体意志的参与。在社会科学范畴探讨若干分力的性质、交互作用的方式以及对社会发展施加的影响，始终不能脱离主体意志的参与。也正因为有了主体意志的参与，在社会科学范畴使用"合力"概念，它的复杂性远远高于物理学意义上不同分力交互作用的情况。若干分力交互作用形成的合力具有整体性，但也具有不自主性、非自觉性。要促使若干分力交互作用形成的整体性力量与社会发展保持同向性，就应尽可能促使主体的意志与愿望不偏离社会发展的正确方向。

（二）对"合力"与"社会发展合力"相关概念的解读

"合力"与"动力""发展合力""社会发展合力"既存在着紧密的联系，也存在着一定的不同。解读"合力"的内涵，应将之与相关概念的关系做出说明。

对"合力"与"动力"关系的解读。"动力"是一个与"合力"紧密相连的概念，二者存在诸多的共同点。"动力"与"合力"一样，既可以应用于自然科学范畴，也可以应用于社会科学范畴。"动力"在自然科学范畴被应用时，指的是使机械做功的各种作用力；在社会科学范畴被应用时，指的是事物运动和发展的推动力量。"动力"依据不同的标准，可区分为不同的类型：比如，"动力"从生成维度来看，可分为内生动力与外生动力；从时间维度来看，可分为暂时动力与持久动力；从来源上来看，可分为原始动力与最后动力、直接动力与间接动力；从人数构成来看，可分为个体动力与群体动力；从管理学的角度来看，可分为物质动力、精神动力与信息动力①；从动力的作用方向来看，可分为进动力与反动力等。"动力"与"合力"存在着紧密的联系，但不能将二者混同使用。在社会科学范畴中使用"合力"概念，它不仅是一种不同分力交互作用对社会发展施加影响的进动力，还可以是不同分力交互作用对社会发展施加影响的反动力。故此，进行学术探讨，不宜混淆"合力"与"动力"的关系。

对"合力"与"发展合力"关系的解读。"发展合力"由"发展"与"合力"两个词复合而成。所谓"发展"，指的是事物不断前进的过程。"发展合力"，指的是不同分力交互作用汇聚而成的、推动事物不断前进、持续上升的整体性力量。认识什么是"发展合力"，要明确什么样的分力交互作用汇聚而成的整体性力量不是"发展合力"。

"发展合力"具有全面性。发展代表了一种全面的进步，它不是片面的增长。不同分力交互作用汇聚而成的片面增长的整体性力量，不是发展合力。

"发展合力"具有可持续性。不同分力交互作用汇聚而成的整体性力量，仅能促进短期增长而不具有可持续性，这样的整体性力量不是发展合力。"发展合力"是一种全面且持续的个体性力量的集合。

"合力"与"发展合力"既存在着联系，也存在着差别。从联系的一面来看，二者均表征了不同分力交互作用，对社会发展施加影响的状况。从区别的一面来看，不同分力交互作用汇聚而成的发展合力，是一

---

① 牟长春、郑恩江：《商业企业现代管理与升级》，吉林大学出版社1988年版，第9页。

种持续上升、不断前进的整体性力量。而不同分力交互作用汇聚而成的"合力"，它既可能是推动社会发展的整体性力量，也可能是阻碍社会发展的整体性力量。不同分力交互作用所形成的、阻碍社会发展的整体性力量，不属于"发展合力"的范畴。故此，开展学术研究，不宜将"发展合力"与"合力"相混同。

对"合力"与"社会发展合力"关系的解读。认识什么是"社会发展合力"，应对"社会"的内涵有所掌握。英国著名社会学家安东尼·吉登斯和菲利普·萨顿在合著的《社会学基本概念》中，指出"社会"这个概念可以追溯到14世纪，最初的含义是同伴/友谊或者社团，这种用法一直延续到18世纪。从"社会"的原初含义来看，"同伴"是同行的伙伴。"友谊"是来自交互关系的情感。"社团"是为了履行某种社会职能，追求和完成特定目标，依照成员公认的行为规范而构成的相对独立的社会实体。"同伴""友谊""社团"，均有着不同分力交互作用汇聚成整体性力量的意蕴。

安东尼·吉登斯和菲利普·萨顿将"社会"定义为"一个大规模人类共同体内部的结构化社会关系和制度安排，不能化约为个人的简单集合或聚集"①。关于何为"社会"，有诸多的研究者给出了自己的看法。比如，法国社会学家涂尔干将社会视为一个自成一体的独立实体，认为它会对特定疆域内的个体产生广泛而深远的影响。社会被普遍认为是特定疆域，也即民族国家内部的大型共同体。

塔尔科特·帕森斯给社会补充了另一个重要特征，即社会具有"自我持存"的能力。换言之，在没有外力协助的情况下，社会仅靠自身的构成要素也能维持再生产。② 对于社会发展合力的实现而言，其同样具有自组织性。从应然的意义上来讲，一个社会的现代化程度越高，形成

---

① ［英］安东尼·吉登斯、菲利普·萨顿：《社会学基本概念》（第三版），王修晓译，北京大学出版社2023年版，第36页。

② ［英］安东尼·吉登斯、菲利普·萨顿：《社会学基本概念》（第三版），王修晓译，北京大学出版社2023年版，第37页。

社会发展合力的自组织性应该越强。现代化代表了文明进步方向，其本身是一个不断发展变化的过程。荀子认为，"人能群，彼不能群也。"①人优于动物之处在于能结成社会群体。人类社会越进步，人结成社会群体的自觉性、主动性、自组织性应该越强。

不同人交互作用，能结成社会群体。这里涉及一种存在论事实，人的个体主体性与共同主体性是一体的，个人与社会是相互联结在一起的。安东尼·吉登斯和菲利普·萨顿特别强调了社会概念存在的一个理论问题是其相对静止、类似物的性质。在他们看来，这很容易让人产生这样的印象，即社会与个人是毫不相干之"物"。很多学者对这种二元论进行了批判。比如诺贝特·埃利亚斯就提出二元论是西方哲学的遗产，强调个人与社会的关系不是相互割裂的。

个人与社会的关系作为一个理论问题与实践问题，在现代化进程加快的今天愈加凸显。全球化作为现代化进程中不可忽视的一个重要因素，随着其影响日益加深，各种超国家的社会力量对单个国家命运的影响力越来越大。有不少研究者开始勾勒这个过程的轮廓，比如约翰·厄里就将社会看作一个有界实体，认为该实体或多或少与民族国家有关。这里暗含的假设是，各国足够强大，可以管控自己的发展，所以每个国家都走上了不同的轨道。然而，随着全球网络变得越来越强大，人口迁徙也越来越常见，国家的边界被频繁跨越，不再像以往那样被认为是难以逾越的。

还有研究者提出需要发展"社会"这一概念，使之应对全球化带来的各种挑战，比如沃尔比倡导将马克思与涂尔干提出的两种有关社会的概念相结合，也即一方面将社会看作制度（机构）的集合（涂尔干的观点），另一方面将社会看作不平等关系的总和（马克思的观点）。这意味着，我们需要把经济、政治、暴力、公民社会等制度领域，同社

---

① 《荀子·王制篇》。

会阶级、性别、种族不平等等体制联系起来考虑。① 除了从制度、体制角度诠释社会问题，还有研究者将对社会分析的目光聚焦到了利益问题上。比如德国社会学家马克斯·韦伯，就从利益平衡与利益联系的角度解读什么是"社会"。在他看来，"如果而且只要社会行为取向的基础，是理性（价值理想或目的理性）驱动的利益平衡，或者理性驱动的利益联系，这时的社会关系，就应当称为'社会'。"②

通过梳理以上研究者对"社会"的界定，在分析社会发展合力这一概念时，应着重把握如下要点：一是社会发展合力生成的存在论事实是人的主体性存在，而人的主体性存在是集个体主体性与共同主体性为一体的。二是探讨社会发展合力必须捕捉全球性社会变迁的动态。诚如安东尼·吉登斯和菲利普·萨顿所指出的，现在大型跨国公司的收入甚至超过了许多发展中国家的 GDP（Gross Domestic Product）③，它们游走于世界各地，寻找廉价劳动力来源和优惠的投资环境。各国政府必须联合起来，共同对抗跨国公司，以免陷入创造底薪就业机会的恶性竞争。④ 这样的例子告诉我们，探讨社会发展合力必须直面全球性社会变迁呈现的新状况。三是社会发展合力的实现需要高度重视利益整合，利益通常与人的主体性需求相关。社会具有"自我持存"的能力。社会依靠自身的构成要素，也能维持再生产进而满足人的主体性需要。但人的主体性需要的满足，应对理性驱动的利益平衡或利益联系有充分的考量。

---

① ［英］安东尼·吉登斯、菲利普·萨顿：《社会学基本概念》（第三版），王修晓译，北京大学出版社 2023 年版，第 39—40 页。

② ［德］马克斯·韦伯：《社会学的基本概念》，胡景北译，上海人民出版社 2020 年版，第 87 页。

③ GDP，即国内生产总值，是一个国家（或地区）所有常住单位在一定时期内生产活动的最终成果。GDP 是国民经济核算的核心指标，也是衡量一个国家或地区经济状况和发展水平的重要指标。

④ ［英］安东尼·吉登斯、菲利普·萨顿：《社会学基本概念》（第三版），王修晓译，北京大学出版社 2023 年版，第 38 页。

社会发展合力不是"社会""发展""合力"三个词的简单复合，其蕴含着极为丰富的内涵。社会不能化约为个人的简单集合或聚集。实现社会发展合力要妥善处理个体主体性与共同主体性的关系，对全球性社会变迁的动态持续追踪并不断满足人的主体性需求，人的主体性需求的满足程度与利益整合的程度呈正相关。

在社会科学范畴探讨"合力"与"社会发展合力"，二者的相同点在于均会对历史发展构成影响。不同点在于合力是一种矢量和，合力对于历史发展的影响可以是正向的，也可以是反向的；可以是短时的，也可以是长期的；可以是多场域的，也可以是单场域的；社会发展合力的实现，代表了一种历史进步，这种进步是由妥善处理个人与社会的关系、敏锐捕捉全球性变迁的动态以及通过满足人的主体性需求借以实现利益整合而形成的。社会发展合力作为诸多个体性力量的汇聚，所形成的是具有正向性、长期性、多场域的整体性力量。

二　马克思社会发展合力理论与
恩格斯社会发展合力理论

恩格斯晚年提出了社会发展合力理论，该理论是在一定的前提下展开的，具有很强的现实针对性，是为了说明非决定因素的作用。国内外学者对此展开了广泛的争鸣。关于社会发展合力理论的探索尽管取得了不少可喜的研究成果，但由于学者所持政治立场以及在运用研究方法等方面存在差异，致使误释社会发展合力理论与唯物史观的真实关系、指责社会发展合力理论具有非马克思主义的多重性质、捏造马克思与恩格斯思想之间存在分裂乃至对立。

对社会发展合力理论研究中存在的误释做出澄清，需要对马克思社会发展合力理论与恩格斯社会发展合力理论做出对比式分析，而基础是对什么是马克思社会发展合力理论、什么是恩格斯社会发展合力理论做出科学界定。无论是界定马克思社会发展合力理论还是界定恩格斯社会发展合力理论，都不是一件容易的事情。原因在于二人尽管均对社会发展合力问题进行了深入思考，并发表了诸多有价值的见解，但并未直接提出社会发展合力理论的概念。我们对马克思社会发展合力理论、恩格斯社会发展合力理论做出如下理解与界定。

（一）如何理解"马克思社会发展合力理论"

"马克思社会发展合力理论"指的是由马克思创立的，正确地揭示社会发展合力形成规律并规范人们思想和行为的概念系统。理解马克思社会发展合力理论，有几个关键词需要重点把握，分别为"创立者""理论特性""规律""正确""理论""理论体系"。

其一，从创立者的角度来看，马克思社会发展合力理论的创立者，顾名思义，是马克思。马克思创立的社会发展合力理论，之所以称得上是理论，是由于它满足理论的四个鲜明特性。其中的一个特性，即为思想的开放性。

马克思社会发展合力理论体系具有与时俱进的理论品格。该理论体系尽管是由马克思创立的，但它绝不是一个凝固的、停滞的、静态的、僵化的理论体系，而是不断随着实践的发展而发展。

此外，马克思社会发展合力理论还有三大特性，分别是向上的兼容性、时代的容含性以及逻辑的展开性。马克思社会发展合力理论满足向上的兼容性。这是说，任何一种真正的理论，都是人类文明史的总结、积淀与升华。马克思社会发展合力理论不是凭空产生的，它的形成有着深刻的社会历史与思想文化渊源，与此同时，它既源于经验、源于实践，又高于生活、高于经验。

马克思社会发展合力理论具有时代的容含性。理论是思想中的时代。任何重大的理论问题，都源于重大的现实问题。实现社会发展合力是关乎人类未来的重大现实问题与理论问题，马克思社会发展合力理论是以思想的方式把握时代。马克思社会发展合力理论具有时代的容含性，这也是该理论体系的力量之所在。

马克思社会发展合力理论具有逻辑的展开性。马克思社会发展合力理论是引领、规范人们思想和行为的概念系统。理论具有生命力与穿透性，在于它能以理服人。马克思社会发展合力理论具有巨大的逻辑力量，它以自身的概念系统构成逻辑的展开性。比如说马克思所写的《资本论》，对于实现社会发展合力就具有巨大的引领、规范作用。

其二，马克思社会发展合力理论科学揭示了社会发展合力形成的规律。马克思将阶级斗争视为社会发展的直接动力，将经济关系视为社会发展的根本动力。它在直接动力的意义上运用阶级分析方法，在根本动力的意义上贯彻唯物史观根本原则，在物理合力的意义上揭示历史全要素，从而科学揭示了实现社会发展合力的规律。

马克思在分析社会发展合力实现的问题时，尤为重视经济因素的决定作用。比如说，他于1868年7月11日在致路·库格曼的信中明确表示："任何一个民族，如果停止劳动，不用说一年，就是几个星期，也要灭亡。"①

揭示社会发展合力形成规律，有多种可能性。其中一种是正确揭示了社会发展合力形成的规律，此外还有一种可能性，是揭示了社会发展合力形成规律，但所揭示的规律不具有科学性。揭示的规律是否具有客观性与科学性，验证的关键是实践检验。实践检验为正确的、有助于指引社会发展合力形成的规律，属于马克思社会发展合力理论的范畴，而未经过实践检验，或经过实践检验为错误的有关社会发展合力形成的观点、见解、看法，则不属于马克思社会发展合力理论的范畴。因此，理解马克思社会发展合力理论的另外两个关键词是"规律"与"正确"。

其三，界定什么是"马克思社会发展合力理论"，还应对什么是"理论"以及怎样理解"理论体系"做出说明。"理论"是道理的说明，

① 《马克思恩格斯全集》第32卷，人民出版社1974年版，第541页。

"道理"是对事物发展规律的总结，"规律"揭示的是事物内在的、本质的、必然的联系。"理论"指的是正确地揭示了事物发展规律并做出了规范的论述。就社会发展合力而言，规范的对象除了人们的思想，还有人们的行为。马克思社会发展合力理论，是马克思社会发展合力理论体系的简称。界定马克思社会发展合力理论体系，还要对"理论体系"本身做出说明。并不是什么样的观点、学说汇聚在一起，都可以称得上是"理论体系"。马克思社会发展合力理论体系之所以能够成立，至少包含两个基本要素：

第一个基本要素是社会发展合力理论体系的提出者，发表了诸多原创性的观点、学说。原创性的观点、学说，指的是要有自己的思想。如果仅仅是"盗窃"别人的思想，对前人或者经典思想的反嚼，至多称得上是"读后感"。真正的思想是原创性的，是言前人所未言。[①]

第二个基本要素是原创性的思想之间不是彼此分离、相互割裂的，而是构成逻辑严谨的科学体系。马克思社会发展合力理论是由马克思创立的，正确揭示社会发展合力形成规律并规范人们思想和行为的概念系统。该概念系统内的要素具有原创性且要素之间有内在的、紧密的逻辑关联。

（二）怎样看待"恩格斯社会发展合力理论"

"恩格斯社会发展合力理论"指的是由恩格斯所创立、正确地揭示了社会发展合力形成规律并规范人们思想和行为的概念系统。认识恩格斯社会发展合力理论，有必要先了解他是怎样看待"力"的问题的，进而探讨他是在什么样的情景下，提出社会发展合力问题的。

其一，恩格斯关于"力"的看法。恩格斯在《自然辩证法》中，对作为观念形态的"力"作出了详细介绍。在他看来，存在于人们头脑中的种种图式，是从自身的肌体在与周围环境的接触中形成的。恩格

---

① 陈先达：《哲学与社会》，商务印书馆 2023 年版，自序：第 2 页。

斯认为，无论是人的体外还是体内，均会产生"力"。

从人的体外来看，人体的每一个部分的活动，均会产生"力"。比如说，人的上肢，在举抬物体的时候会产生"力"；下肢做弹跳运动的时候会产生"力"；人的肌肉做收缩运动的时候，同样会产生力。

从人的体内来看，在进食时，人的肠道在消化食物时，蠕动的过程会产生力；人的受体神经元、腺细胞在受刺激、分泌汁液时，同样会产生力。"力"是无处不在的。

理论界有一种声音，认为恩格斯将人们引入"力"的概念，是一种偷懒的做法，其目的在于不对人肌体变化的真实原因作出直接性的解释。人们将这种偷懒的做法移植到外在世界，借助虚构出的不同的力，解释世界上的各种各异现象。恩格斯为了佐证自己的观念，还引用了黑格尔关于"力"的见解。在黑格尔看来，"说磁石有灵魂，比说它有吸引力更好些；力是一种属性，它可以和物质分离开来，可以认为是一个宾词；而灵魂则是磁石的这种运动，同物质的本性是一回事。"①当我们说磁石有吸引力时，很难对它做出直观的反映。为了帮助人们更好地理解磁石的性质，可以像泰勒斯一样使用"磁石有灵魂"的说法。"力"是物质所固有的一种属性，该属性决定了其可以同物质相分离。而"灵魂"则不然，它与物质的本性是同一的。由此可见，恩格斯语境中的"力"，更多地具有隐喻与引申的意义。他借助这一概念，表达了自身对实现社会发展合力问题的深度思考。

其二，恩格斯关于"社会发展合力"的认识。恩格斯阐发关于社会发展合力的看法，源于对人们是如何创造历史问题的回答。他于1890年9月21日在伦敦给德国出版商、《社会主义月刊》编辑约瑟夫·布洛赫的信中指出：在人类社会的历史发展中，"经济状况是基础，但是对历史斗争的进程发生影响并且在许多情况下主要是决定着这一斗争的形式的，还有上层建筑的各种因素：阶级斗争的各种政治形式和这个斗争

---

① 《马克思恩格斯全集》第26卷，人民出版社2014年版，第610页。

的成果——由胜利了的阶级在获胜以后建立的宪法等等，各种法权形式以及所有这些实际斗争在参加者头脑中的反映"等等。① 恩格斯在信中，谈到了他关于社会发展合力问题的认识。比如，关于阶级斗争是阶级社会发展直接动力的观点，不仅是恩格斯也是马克思所肯定的观点。二人在《共产党宣言》中就曾明确指出，"至今的全部历史都是阶级斗争的历史"②。恩格斯在 40 年后，对这一观点进行了补充，添加了"有文字记载的全部历史"。恩格斯的补充对《共产党宣言》所阐明的基本原理没有影响，社会发展合力的实现离不开对压迫者与被压迫者关系的探讨，对正向合力与反向合力生成的历史形式与演变过程进行分析，体现了恩格斯对社会发展合力问题进行了持续且深入的思考。然而，20世纪 80 年代以后，不断有国内外学者对恩格斯给约瑟夫·布洛赫所写信中的诸多观点提出疑问，其中不乏将经典作家社会发展动力思想归结为社会发展合力理论的主张。这就为解读恩格斯社会发展动力思想与恩格斯社会发展合力理论制造了一种思想上的混乱。

其三，如何看待恩格斯社会发展合力理论？不违背恩格斯本意阐发他提出的社会发展合力理论，是开展学术研究的初衷。恩格斯在谈及社会发展合力问题时，有一个前提。脱离了前提，孤立地认识他创立的社会发展合力理论，是不妥当的。恩格斯说："根本唯物史观，历史过程中的决定性因素归根到底是现实生活的生产和再生产。"紧接着，他提到了"经济状况是基础""是决定性的"，这是"主要原理和主要原则"。对恩格斯讨论社会发展合力问题的"硬字眼"，如"决定性因素""归根到底""主要原理""主要原则"等，我们应予以特别关注。③

抓住这些"硬字眼"，我们还不能忘记，恩格斯是在什么样的具体语境下，提出社会发展合力问题的。恩格斯复信所针对的一个群体，是

① 《马克思恩格斯全集》第 37 卷，人民出版社 1971 年版，第 460—461 页。
② 《马克思恩格斯全集》第 25 卷，人民出版社 2001 年版，第 135 页。
③ 李红岩：《历史合力论再检视》，《史学理论研究》2018 年第 2 期。

"青年们"对经济因素"有时过分看重",甚至将之视为唯一决定性因素。"青年们"片面地认为,只要抓住经济这个唯一的因素,便可以掌握唯物史观的全部。将唯物史观歪曲为经济决定论,是陷入了简单化、教条化的"泥淖"。为将人们从"泥淖"中拉出来,恩格斯解释道"根据唯物史观,历史过程中的决定性因素归根到底是现实生活的生产和再生产"[①]。但是,绝不是因此而论定"经济因素是唯一决定性的因素"。"经济状况是基础""是决定性的"。但对于社会的发展而言,除了经济状况这个"主要原理"和"主要原则"以外,还有别的因素的作用。别的因素尽管不发挥决定性作用,但"也起着一定的作用"。恩格斯社会发展合力理论创立的时代语境,是为了坚持和捍卫唯物史观,说明非决定性因素在社会发展中的作用。因此,理解恩格斯社会发展合力理论,不能脱离该理论提出的具体语境,应对恩格斯提出该理论的本意有透彻的理解。

(三) 怎样认识"马克思社会发展合力理论"与"恩格斯社会发展合力理论"的关系

马克思与恩格斯同为马克思主义的创始人。怎样认识"马克思社会发展合力理论"与"恩格斯社会发展合力理论",直接关系到能否正确解读二者的理论贡献。法国学者路易·阿尔都塞在其所著的《保卫马克思》一书中,对恩格斯社会发展合力理论提出了诘难。他从社会发展合力意识形态性质的角度,发表了自己的看法。恩格斯晚年就社会发展合力问题提出了"力的平行四边形理论",其立论的出发点是"个人意志的冲突"。路易·阿尔都塞强调,"传统的资产阶级意识形态的出发点恰巧正是所谓个人意志的冲突"[②]。在他看来,马克思对这个前提假设,曾明确发表了批判性意见。恩格斯为了证明经济因素的最终决定作用,

---

① 《马克思恩格斯全集》第37卷,人民出版社1971年版,第460页。

② [法] 路易·阿尔都塞:《保卫马克思》,顾良译,商务印书馆2010年版,第116页。

倒退回了资产阶级的意识形态水平。路易·阿尔都塞的这种看法符不符合恩格斯社会发展合力理论的原貌，直接关系到如何衡量其理论贡献。

恩格斯社会发展合力理论所探讨的"个人"，并不是离群索居状态下孤立存在的、抽象的个体，而是"现实的人"。"现实的人"以一定的社会关系为纽带，均归属于某一特定利益集团且都从事具体的社会活动。从这个意义上来看，恩格斯社会发展合力理论中所指涉的"许多单个的意志的相互冲突"，并不是抽象、孤立个体之间的矛盾斗争，也绝非局限于主观范围内的意志活动，而是不同利益集团围绕各自利益而展开的较量，这样的较量是以外部冲突的形式表现出来，也即是可以经验到的，这与马克思社会发展合力理论对"现实的人"的分析，存在高度的契合性。因此，路易·阿尔都塞认为恩格斯社会发展合力理论退回到资产阶级启蒙思想家和经济学家的意识形态水平，是存在明显偏颇的。

除了质疑社会发展合力理论意识形态性质以外，还存在否定恩格斯社会发展合力理论具有科学性的声音。不管是什么样的科学，均有自身得以确立的原创性、基础性概念，以及由这些概念逻辑关联所表现出来的思想内容。马克思一生的两大贡献之一是发现了唯物史观。唯物史观之所以具有科学性，在于它是由生产力、生产关系、经济基础、上层建筑以及由此衍生的相关概念所构成，这些概念之间存在着严谨的逻辑关联。在有的研究者，比如路易·阿尔都塞眼中，恩格斯社会发展合力理论与马克思社会发展合力理论不同，前者从"个人意志"和"总的合力"等"空洞"概念出发构筑理论体系内容。这样的看法，看似是在"保卫马克思"，实则是将恩格斯社会发展合力理论与唯物史观相区隔。

恩格斯社会发展合力理论形成的理论前提，是以唯物史观为指导，从性质上来看，其绝非要服从并服务于资产阶级意识形态。无论是恩格斯在《路德维希·费尔巴哈和德国古典哲学的终结》所形成的总结，还是在《致约·布洛赫》的信中，他均公开批驳了将唯物史观歪曲为"经济决定论"的偏见。恩格斯在阐发社会发展合力问题时，无论是他提出的"个人意志"还是"总的合力"，均不可能是有利于唯物史观核心思想之外的空洞话语。凡此种种，皆是有着确切内容的指称概念。

人在社会发展合力生成中，具有多种身份。作为"个体身份"而存在时，每一个意志都"是由于许多特殊的生活条件，才成为它所成为的那样"①；作为"社会身份"存在时，独立的个体无论其有着什么样的意志、愿望、动机，都要融入既定的"群体"中才能实际地发挥作用。恩格斯社会发展合力理论所指涉的"人""人的意志""总的合力""最终结果"等，无不包含着具体而深刻的意涵。指责恩格斯社会发展合力理论具有非科学性，贬低它提出的"个人意志""总的合力"等概念空洞无物，是与客观实际严重不符的。

关于恩格斯社会发展合力理论，还有一种声音认为该理论陷入了所谓的"认识论真空"。恩格斯社会发展合力理论中的"总的合力"，具有不确定性。在有的学者看来，这种"总的合力"带有一种非认知的性质。比如阿尔都塞就宣称，根据恩格斯的提示，既然许多单个人意志之间的相互冲突可以形成无数个力的平行四边形，那么，我们如何从中确定哪一个才是最后的合力？如果想加以确定，除非"一开始就把宏观决定性因素塞进微观决定性因素中"②。假若不将经济因素强加给各个意志，就无法得出不同意志交互作用形成的总的合力与经济因素所决定的那个合力相重合、相一致。阿尔都塞由此提出两个难题，第一个难题是"谁能够向我们证明，总的合力一定就不等于零？"第二个难题是"谁能向我们证明，总的合力一定是人们所希望的经济因素，而不是政治因素、社会因素或其他什么因素？"③澄清思想误区，对于正确认识

---

① 《马克思恩格斯文集》第 10 卷，人民出版社 2009 年版，第 592 页。
② ［法］路易·阿尔都塞：《保卫马克思》，顾良译，商务印书馆 2010 年版，第 115 页。
③ ［法］路易·阿尔都塞：《保卫马克思》，顾良译，商务印书馆 2010 年版，第 115 页。

马克思主义创始人的理论贡献是尤为必要的。

就前一个问题而言，将个体性力量"平均化"的做法，会导致人们陷入历史虚无主义的泥淖。个人意志在社会发展合力生成中，绝不是无主体、无方向且没有规律可循的。不同个体性力量交互在一起以特定"社会身份"融入一定的利益集团时，其在社会发展进程中所起的作用存在差异性。具体而言，个体性力量"力"的能量越强，越可以在社会发展总体合力的生成中占得主动，从而促使社会发展进程的结果向着合乎自身意志的方向偏斜。社会发展的最终结果，是构成总体合力的诸多分力，其获益状况有不同，但不可能得出结论为不同个体意志交互作用形成的总合力为零或者为负数。

就后一个问题而言，社会发展合力理论不应与社会发展决定理论相区隔。恩格斯社会发展合力理论的立论基础是经济因素在社会发展中起决定性作用，是关于人的一切活动领域的主线。[①] 不管不同个体性力量有着怎样的意志、愿望、动机，其外部冲突采取何种表现形式，从归根到底的意义上来讲，均要受到经济因素的制约。因此，指责恩格斯所言"总的合力"不是政治因素、社会因素或其他什么因素，而一定是人们所希望的经济因素，是未能理解"归根到底"的决定性作用。通过以上分析可知，正确认识马克思社会发展合力理论与恩格斯社会发展合力理论的关系，有助于合理评价马克思与恩格斯的理论贡献，避免陷入认识误区。

三　马克思社会发展合力理论与马克思主义社会发展合力理论

马克思主义社会发展合力理论是马克思主义社会发展合力理论体系

---

① 叶泽雄、赵鹏：《再论恩格斯历史合力论思想及其当代意义》，《江汉论坛》2019年第9期。

的简称，它与马克思社会发展合力理论体系（简称马克思社会发展合力理论）一样，均满足理论体系的两大构成要素，即一方面理论的创立者提出了诸多原创性的、言前人所未言的真思想，另一方面真思想之间不是孤立的、割裂的、分离的，而是彼此联系的，共同形成了逻辑严谨的科学体系。从概念的内涵与外延来看，马克思社会发展合力理论与马克思主义社会发展合力理论有所不同，应对二者的联系与区别做出说明。

（一）马克思主义社会发展合力理论的概念界定

关于马克思主义社会发展合力理论，可以从狭义和广义两个方面做出界定：

从狭义的角度来看，马克思主义社会发展合力理论的创立者主要是马克思与恩格斯，二人作为共产主义的创始人，代表的是工人阶级和广大劳动者的利益。他们作为工人阶级和广大劳动者利益的代言人，深度分析了社会发展合力为何会形成、怎样形成以及形成以后的各种效应，发表了诸多有关形成社会发展合力的思想、观点与看法，这些观点与看法与经验常识不同。

经验常识是零散性的、不系统的。而马克思和恩格斯阐发的有关社会发展合力的思想、观点与看法是系统性的。他们围绕社会发展合力这一主题，形成了各种各样的概念系统。马克思和恩格斯社会发展合力理论，最重要的是起引导、规范作用。

关于马克思和恩格斯社会发展合力理论在规范什么？从整体上来讲，人的一生有两件事至关重要，一件事是想，另一件事是做，马克思和恩格斯社会发展合力理论能够对人们的思想和行为起到引领、规范作用。马克思和恩格斯社会发展合力理论可以引领、规范我们为实现社会发展合力，这么想而不那么想，这么做而不那么做。马克思和恩格斯社会发展合力理论引领、规范着人们实现社会发展合力的思想内容和思维方式，引领、规范着人们实现社会发展合力的行为内容和行为方式。因此，狭义的马克思主义社会发展合力理论，指的是由马克思、恩格斯创立的，正确揭示社会发展合力形成规律并规范人们思想和行为的概念系统。

从广义的角度来看，马克思主义社会发展合力理论的创立者，除了马克思与恩格斯以外，还有列宁、斯大林、毛泽东、邓小平、江泽民、胡锦涛、习近平等。马克思主义社会发展合力理论体系覆盖了马克思主义创始人和中国共产党人关于实现社会发展合力的全部观点、全部学说。从不同的角度，我们可以对马克思主义社会发展合力理论进行解读。从广义的角度来看，马克思主义社会发展合力理论既包括社会发展合力理论体系的创造者，也包括该理论体系的继承者。马克思和恩格斯是马克思主义社会发展合力理论的最初创立者，而后由不同时代、不同国家的马克思主义者，不断丰富和发展了社会发展合力的理论体系。

从阶级属性来讲，马克思主义社会发展合力理论是无产阶级争取自身解放和整个人类解放的科学理论，是关于无产阶级斗争的性质、目的和解放条件的学说。从研究对象和主要内容来看，马克思主义社会发展合力理论是无产阶级的世界观和方法论，是揭示社会发展合力得以实现的普遍规律的学说。本研究是在广义的意义上使用"马克思主义社会发展合力理论"这一概念的。

（二）按照马克思主义社会发展合力理论的本来面目认识马克思社会发展合力理论

列宁强调："马克思主义是一门非常深刻、全面的学问。因此，在那些背弃马克思主义的人提出的'理由'中，常常看到引自马克思的只言片语，特别是引证得不对头的地方，这是不足为奇的。"[①] 马克思是马克思社会发展合力理论的创立者，但"用马克思的话来歪曲马克

---

① 《列宁全集》第26卷，人民出版社1959年版，第192页。

思，制造种种神话，用各种伎俩来肢解马克思"① 的现象并不鲜见。使马克思成其为马克思社会发展合力理论创立者的马克思，要按照马克思主义社会发展合力理论的本来面目来对其加以认识。

马克思主义社会发展合力理论是开展马克思社会发展合力理论研究的指导性理论，这里涉及怎样界定并认识马克思主义社会发展合力理论的问题。

从狭义的角度来看，马克思主义社会发展合力理论的创立者是马克思和恩格斯。是不是马克思和恩格斯提出的所有关于社会发展合力的思想、观点、论断，都要按照"凡是"原则加以奉行，才称得上是坚持以马克思主义社会发展合力理论为指导？如果按照这个标准，那么列宁及中国共产党人有关社会发展合力的思想、观点、论断，就不属于马克思主义社会发展合力理论的范畴。列宁、中国共产党人围绕社会发展合力问题，在继承马克思、恩格斯社会发展合力理论的同时，结合时代之问，对之进行了创造性的超越。

马克思主义社会发展合力理论是一个不断丰富、发展且对现实具有指导作用的理论体系。马克思主义社会发展合力理论就其本性而言，永远具有当代性。按照马克思主义社会发展合力理论的本来面目认识马克思社会发展合力理论，应该摒弃"凡是马克思和恩格斯没有探讨的社会发展合力问题就不属于马克思主义社会发展合力理论范畴"的教条主义论断。马克思和恩格斯尽管没有探讨或者没有直接探讨社会发展合力问题，但为其他马克思主义经典作家、中国共产党人所关注并加以阐发的思想、观点、看法，同样属于马克思主义社会发展合力理论的范畴。

卢卡奇在1919年3月写就的《什么是正统马克思主义？》一文中提到，衡量是不是马克思主义的标准是方法。按照马克思主义社会发展合力理论本来面目认识马克思社会发展合力理论，就是要坚持阶级分析的

① 陈先达等：《被肢解的马克思》，中国人民大学出版社2016年版，第1页。

方法、坚守人民立场。阶级是马克思社会发展合力理论的核心概念之一，1847 年马克思前往伦敦参加共产主义者同盟第二次代表大会，主张"推翻资产阶级政权，建立无产阶级统治，消灭旧的以统治阶级为基础的资产阶级和建立没有阶级、没有私有制的社会"①。在马克思辞世百余年的时间里，资产主义生产方式已经实现了深刻转型，阶级结构的复杂化和流动性已然明显增强。但这些改变并不意味着马克思的阶级分析已经失去科学性。

在现时代，以马克思主义社会发展合力理论为指导研究马克思社会发展合力理论，我们应拨开重重迷雾，基于具体社会历史条件的本质，对实现社会发展合力的进动力与反动力进行分析。诚如马克思所言"如果事物的表现形式和事物的本质会直接合二为一，一切科学就都成为多余的了"②。从历史主体来看，"工人阶级"是资本主义"掘墓人"的历史角色并没有改变。③ 站在不同的阶级立场研究马克思社会发展合力理论，会形成不同的认识。

人民性是马克思主义社会发展合力理论的本质属性。按照马克思主义社会发展合力理论的本来面目认识马克思社会发展合力理论，应始终站稳人民立场。马克思早在《1844 年经济学哲学手稿》中就关注"各国人民共同的生活"。马克思在与恩格斯合著的《共产党宣言》中明确强调，"各国人民之间的民族隔绝和对立日益消失"④，提出"全世界无产者，联合起来"的伟大口号。

马克思毕其一生都在关注人，关注人的生存、关注人的价值、关注人的尊严、关注人的发展、关注人的解放、关注人的主观世界与客观世界等。由马克思创立的社会发展合力理论，贯穿了鲜明的人民情怀。以马克思主义社会发展合力理论为指导研究马克思社会发展合力理论，必

① 《马克思恩格斯全集》第 21 卷，人民出版社 1965 年版，第 251 页。
② 《马克思恩格斯全集》第 46 卷，人民出版社 2003 年版，第 925 页。
③ 顾梦婷：《马克思阶级分析理论的当代形态》，《中国社会科学报》2021 年 11 月 1 日。
④ 《马克思恩格斯文集》第 2 卷，人民出版社 2009 年版，第 50 页。

须运用科学的阶级分析方法，始终站稳人民立场，体悟贯穿其中的人民情怀。

（三）走向马克思社会发展合力理论的深处，深化马克思主义社会发展合力理论研究

中国人民大学一级教授陈先达老先生认为，"马克思以后的马克思主义，离马克思自己的时代越远，对马克思认识的分歧越大。正如行人远去，越远越难辨认一样"①。马克思去世至今已有百余年，在此期间，围绕马克思所创立理论的探讨聚讼纷纭。了解和恢复马克思及其所创立理论体系的本来面目，走向马克思社会发展合力理论的深处，是更好坚持马克思主义社会发展合力这一指导性理论的需要。

马克思与恩格斯是亲密战友，二者同为马克思主义社会发展合力理论的创始人。学界普遍认为二者思想具有高度的内在一致性。然而，有学者也提出了相左的观点。比如，美国新左派学者诺曼·莱文于1975年出版了名为《可悲的骗局：马克思反对恩格斯》的论著，阐发了马克思和恩格斯思想非但不具有内在一致性，反而两相对立。马克思与恩格斯的思想理论存在对立的争论，早在二者生前就已经出现。恩格斯1883年4月23日，即在马克思去世不久写给爱德华·伯恩施坦的信中写道："1844年以来，关于凶恶的恩格斯诱骗善良的马克思的小品文，多得不胜枚举，他们与另一类关于阿利曼—马克思把奥尔穆兹德—恩格斯诱离正路的小品文交替出现。" 对马克思与恩格斯的思想理论做对比式分析，对于深化马克思主义理论研究进而坚持以马克思主义为指导是极为必要的，而开启马克思和恩格斯思想理论比较研究先河者，是德国社会民主党内的修正主义者爱德华·伯恩施坦。② 爱德华·伯恩施坦据

---

① 陈先达等：《被肢解的马克思》，中国人民大学出版社2016年版，第1页。
② 叶泽雄、李雯：《反思与展望：走向恩格斯历史合力论思想的深处》，《湖南社会科学》2022年第6期。

以开展比较研究的着力点，正是马克思和恩格斯的社会发展合力理论。伯恩施坦误释恩格斯晚年提出的社会合力思想，将人的意志、愿望、目的等精神因素引入社会发展动力之中，意在说明历史发展的无目的性与个人意志的有目的性存在张力。在他看来，这不仅是处于老年的恩格斯，对自己此前思想的修正，还是对唯物史观的修正。① 该论调为西方别有用心者，恶意制造马克思与恩格斯的思想断裂乃至思想对立埋下了伏笔。撰写第一部涵盖马克思生活各个方面的英文版传记作者戴维·麦克莱伦提到，恩格斯有关将经济因素与其他因素相对立的说法，为日后的修正主义者挑起纷争落下口实。

认为马克思与恩格斯思想相对立者，在情感上是复杂的。其中既有非马克思主义者，也不乏相当数量的马克思主义者，如前文所提及的阿尔都塞就是一位马克思主义哲学家。第二国际时期，马克思与恩格斯思想存在对立的价值思维，主要指向一些具体的学术问题，没有太多的现实政治指向。俄国十月革命胜利以后，特别是 20 世纪中后期斯大林主义兴起之后，有学者将恩格斯的思想，指认为苏联马克思主义的直接源头。在这种状况下，将马克思和恩格斯思想对立起来，肯定马克思、抨击恩格斯，具有了鲜明的现实政治意义。

20 世纪 80 年代特别是 20 世纪 90 年代苏联解体后，有关马克思与恩格斯思想对立的论调有所衰弱，人们开始以更加理性的方式，来重新认识二者的关系。从而在认识上形成了某种程度的回归。越来越多的人认识到，马克思与恩格斯作为亲密战友，有着共同的思想基础。同时，二者在很多方面也存在差异。

马克思和恩格斯的思想理论，既存在相统一的一面，也存在差异化的一面。国内外关于马克思与恩格斯思想是否具有内在一致性的探讨乃至争论。从总体上看，这些探讨乃至争论促进了真理的发展、促进了认

① 叶泽雄、李雯：《反思与展望：走向恩格斯历史合力论思想的深处》，《湖南社会科学》2022 年第 6 期。

识的深化，对于改变长期以来存在的"重马轻恩""马恩合一"的致思取向，① 正确理解恩格斯、走近真实的马克思是有帮助的。现如今，如诺曼·莱文等人持有极端的马克思和恩格斯思想相对立的观点，已较少出现，但仍存在借马克思与恩格斯思想理论比较为由，肆意制造二者之间思想理论分裂乃至对立的思想与行为。我们对此必须保持高度警惕。不对之及时予以回应与批判，极有可能给人们带来思想上的混乱。走向马克思社会发展合力理论的深处，辨明马克思社会发展合力理论与恩格斯社会发展合力理论的真实关系，有助于进一步深化马克思主义社会发展合力理论研究，从而更好地坚持以马克思主义社会发展合力理论为指导，在新时代伟大实践中不断开辟马克思主义中国化时代化新境界。

---

① 叶泽雄、赵鹏：《再论恩格斯历史合力论思想及其当代意义》，《江汉论坛》2019 年第9 期。

第二章

马克思社会发展合力理论的形成背景

马克思是诞生于欧洲、生活在 19 世纪的伟人。他的伟大之处不仅在于是引领社会发展的思想巨人，而且是实现社会发展合力的精神领袖。马克思虽生活于 19 世纪，但对社会发展产生的影响却是经久不衰的。马克思的思想与理论博大精深，蕴含着引领不同时代的巨大能量。马克思的思想与理论涉及众多方面，有围绕自然、社会与人类等主题的内容，也有关于社会形态、社会结构、社会变革等方面的探讨，还有关于国际关系以及未来社会发展等方面的论述。① 其中，社会发展问题涉及诸多面向，而实现社会发展合力是其中的一个重要方面。

实现社会发展合力作为一种社会问题，关乎社会的前进与倒退。汇聚有效、正向、安全且可靠的社会发展合力，更容易推动社会向前发展。反之，无效、反向、危险且不可靠的个体性力量汇聚在一起，则很可能阻碍社会前进的脚步。在特定条件下，甚至不乏社会跃退的可能②。

---

① 高文苗：《马克思恩格斯德育观及其实践研究》，人民出版社 2022 年版，第 15—16 页。

② 社会跃退的典型事例是苏联解体。苏联社会主义大厦的轰然倒塌，是各种反向合力（如意识形态渗透、经济衰退、民族矛盾积累、错误的改革路线、体制僵化等）综合作用的结果。

社会发展合力问题从实质上来看，是人的发展问题。社会是人的社会，人是社会中的人，人与社会紧密相联、不可分割。人在生活于其中的社会中汇聚发展合力，实现社会发展合力涵盖了人的需要、人的利益、人的活动等方面。围绕社会发展合力问题，马克思尽管没有专门的论述，但他提出了诸多有鲜明内容的原创性思想，且具有鲜明内容的原创性思想之间有内在的逻辑关联，形成了内容丰富、逻辑严整、条理分明、思想深邃的社会发展合力理论体系。马克思社会发展合力理论的形成不是偶然的，而是在一定的历史条件下产生的，是与特定的经济、政治、文化等背景分不开的。正是基于各方面的背景性因素，马克思社会发展合力理论得以应运而生。

一 马克思社会发展合力理论形成的经济背景

每一个时代的重大理论成果，都是一种历史的产物。[①] 毛泽东同志指出："由于欧洲许多国家的社会经济情况进到了资本主义高度发展的阶段，生产力、阶级斗争和科学均发展到了历史上未有过的水平，工业无产阶级成为历史发展的最伟大的动力，因此产生了马克思主义的唯物辩证法的宇宙观。"[②] 这一科学论断不仅适用于分析马克思主义哲学的产生，对于概括马克思社会发展合力理论的形成也同样适用。经济因素是社会发展的重要动力因素，它在社会发展中的作用是决定的。[③] 马克思社会发展合力理论植根于欧洲经济社会发展的转变，工业革命的兴起、社会化大生产的影响、世界市场的形成与国际交往的开始等，是该理论形成的经济背景。

---

① 庄福龄、冯景源、顾海良：《马克思主义史》第 1 卷，人民出版社 1996 年版，第 39 页。

② 《毛泽东选集》第 1 卷，人民出版社 1991 年版，第 300 页。

③ 侯衍社：《关于恩格斯社会发展的合力思想及其启示》，《烟台大学学报》（哲学社会科学版）2001 年第 1 期。

（一）工业革命的兴起

概括马克思社会发展合力理论的形成，不能脱离对马克思所处"年代"的分析。享誉世界的近代史大师艾瑞克·霍布斯鲍姆撰写了《年代四部曲》，将 1789 年至 1991 年的世界历史划分为"革命的年代""资本的年代""帝国的年代"以及"极端的年代"。他认为马克思主要生活于"革命的年代"，也即 1789 年至 1848 年。1789 年爆发了法国大革命，1848 年世界上第一次无产阶级革命爆发，这两次革命间的时期，被界定为"革命的年代"。"革命的年代"有"革命的战车"纵横驰骋。"革命的战车"有两个"轮子"，其中一个是 1789 年的法国大革命，另一个是同时期发生的工业革命。这两大革命被艾瑞克·霍布斯鲍姆称为"二元革命"。马克思社会发展合力理论正是在"二元革命"的背景下渐趋形成的。认识马克思社会发展合力理论形成的经济背景，首先对工业革命进行分析，这场革命将资本主义推进到新阶段。

工业革命是人类的一场重要革命，其重要性在于变革了当时的生产力和生产关系。资本主义由手工业工厂阶段向大机器工业阶段过渡的大幕，是由英国率先开启的。英国推动技术革命的行业，起初发端于纺织业，特别是棉纺织业。作为英国最重要的工业部门，绵纺织业早在 15 世纪就已普遍存在于英国的广大农村。穿梭于城市与乡村之间的呢绒商人，在剩余价值规律的支配下，为了获取更多的利润，15 世纪末就开始把单独的家庭手工业联系起来。单独的家庭手工业具有分散性，将之联系在一起，一方面有助于提升生产效率，另一方面有助于压缩生产成本。在这种环境下，早期的毛织业手工工厂出现了。与此同时，来自尼德兰、法国等国家技术熟练的工匠，受宗教战争的冲击源源不断地涌入英国，这极大地推动和革新了英国的手工业技术。彼时的农民由于圈地运动，不断丧失赖以生存的土地，只能靠出卖劳动力为生。海外殖民掠夺、强盗式贸易以及对国内人民的剥削，使得自由劳动力大量存在、资本得以不断集中，于是集中的手工工场渐次发展起来。及至 18 世纪，英国手工工厂普遍扩大的结果是技术分工不断精细化，专业工作日益精巧化、熟练化。与此同时，有经验、懂技术的熟练手工工场工人在生产过程中积累的生产经验，为机器发明提供了直接推动力。此外，来自国内外的市场需求，也不断促使当时的英国手工工场进行技术变革和尝试发明满足市场需求的生产机器。① 从国际竞争来看，当时的印度棉织业对英国的棉织业的生存空间施加了相当程度的挤压。英国棉织业的处境极为艰难，为摆脱困局，增强本国棉织业的产品竞争力，进行技术革命势在必行。有鉴于此，英国工业革命在 18 世纪 60 年代，率先在棉纺织行业拉开了技术革命的大幕。

英国工业革命是一场伟大的革命，对于马克思社会发展合力理论的形成有着重要的影响。工业革命最具有决定性意义的标志是蒸汽机的发明。詹姆斯·瓦特于 1781 年设计了世界上首台可供使用的蒸汽机，并于 1785 年应用于纺织行业。马克思旅居英国之际，正是以蒸汽动力为标志的第一次工业革命取得辉煌胜利的时代。在谈到蒸汽机这一划时代发明的意义时，马克思写道："瓦特的伟大天才表现在 1784 年 4 月他所取得的专利的说明书中，他没有把自己的蒸汽机说成是一种用于特殊目的的发明，而是把它说成是大工业普遍应用的发动机。"② 棉纺织业生产方式的变革首先推动了毛织、麻织、丝织、造纸、印刷等轻工业部门机器的发明和广泛使用。接着推动了重工业、交通运输业的发展，进而导致了冶铁业、采煤业等的技术革命。③

工厂的数量越来越多、规模越来越大，人们需要更多的机器，而制造机器需要钢铁，钢铁的需求量与日俱增。为了更为便捷地运输原材料和生产出来的产品，蒸汽机车和蒸汽船也被发明了出来。蒸汽机促进了

① 郝立新、臧峰宇：《马克思主义发展史》第 1 卷，人民出版社 2018 年版，第 6—9 页。
② 《马克思恩格斯全集》第 42 卷，人民出版社 2016 年版，第 387 页。
③ 庄福龄、冯景源、顾海良：《马克思主义史》（第 1 卷），人民出版社 1996 年版，第 40 页。

大工业工厂的产生。资本主义生产方式得以由工厂手工业发展到工厂大机器生产，机器的发明起到了至关重要的作用。到 19 世纪 30 年代末，工业革命率先在英国完成。英国成为当时资本主义最为发达的国家。处于资本主义上升期的英国，为营造一种"万邦来朝、八方来仪"的气氛，于 1851 年在伦敦举行了万国博览会。借助此次博览会英国向世界展示了"日不落帝国"的力量，同时这也是对工业革命成果的一次大检阅。马克思曾亲临现场参观并在写给恩格斯的信中提到机器生产对于社会变革的巨大推动作用，同时他也敏锐地观察到大西洋彼岸的美国将成为工业生产与世界经济的中心。

19 世纪中叶，以蒸汽机为驱动的第一次工业革命在英国已基本完成，主要由电力驱动的第二次工业革命也初现端倪。1848 年至 1849 年席卷欧洲大陆许多国家的革命失败之后，马克思重新开始了流亡生活，1849 年 8 月移居英国伦敦并在此度过余生。李卜克内西在《回忆马克思》中，记下了 1850 年夏天对马克思的一次访问，以及伴之而来的感想：不久我们就谈到自然科学。马克思嘲笑欧洲胜利的反动势力幻想着他们已经扼杀了革命，而没有想到自然科学已在准备另一种新的革命。蒸汽之王在上一世纪使世界发生了翻天覆地的变化，现在它的统治行将终结，另一个更强大的革命力量将取而代之，那就是电力的火花。接着他兴奋地告诉我，最近在摄政街上陈列着一个拉着一列火车的电动机车模型。"经济的革命之后会有一个政治的革命，因为后者只是前者的表现而已。"在谈到科学与机器的这种进步时，他的世界观，尤其是那种叫作唯物史观的东西，表现得是如此清晰。……第二天早晨，那汹涌不定的思潮终于驱使我再度出门，急匆匆地奔向摄政街，要看一看那模型——那现代的特洛伊木马。资产阶级在自杀的眩惑中很高兴地把它引进了自己的伊利翁城，像从前特洛伊的男女们所做的一样。那木马会给他们带来不可避免的灾难，神圣的伊利翁城毁灭的日子必将到来。"伊利翁城"是特洛伊城的古老叫法。李卜克内西在访问马克思时提及

"伊利翁城"意在比喻资本主义制度，"木马"象征的电力则是引起社会变迁的革命因素。

用机器生产机器、以发明促进发明是工业革命进程中的一个显著特点。工业革命首先从轻工业开始，而后到重工业；从纺纱机开始，而后再到织布机；从工作机开始，而后再到发动机，可谓环环相扣、相互促进、相互推动、循环往复，形成一个机器生成的完整链条。英国于1825年解除了禁止机器出口的禁令，近代大工业生产力开始逐渐形成向世界各地传播的能力，英国成为世界各国机器的供应者，拥有了"世界工厂"的美誉。英国作为人类工业革命的发源地，它开启的工业革命浪潮不仅对本国的社会发展具有划时代的历史意义，而且对其他资本主义国家乃至整个人类社会的发展都产生了巨大的影响。① 法国在19世纪初，德国在19世纪30年代也先后进行工业革命。较之于英国，法国、德国开展工业革命的时间稍晚，但它们利用了英国工业革命的科技成果以及经验，其进展也比较迅速。

工业革命既是一场生产技术和生产力的革命，又是生产关系的一次重大变革。② 工业革命带来的生产关系的急剧变革，是以往任何时代都无法比拟的。"生产的不断变革，一切社会状况不停地动荡，永远的不安定和变动，这是资产阶级时代不同于过去一切时代的地方。一切固定的古老的关系以及与之相适应的素被尊崇的观念和见解都被消除了，一切新形成的关系等不到固定下来就陈旧了。一切等级的和固定的东西都烟消云散了。一切神圣的东西都被亵渎了。人们终于不得不用冷静的眼光来看他们的生活地位、他们的相互关系。"③ 生产关系的急剧变革，为打破形而上学观念，确立唯物主义的辩证发展观，为马克思社会发展合力的形成提供了客观依据。

---

① 郝立新、臧峰宇：《马克思主义发展史》第1卷，人民出版社2018年版，第9页。

② 庄福龄、冯景源、顾海良：《马克思主义史》第1卷，人民出版社1996年版，第40页。

③ 《马克思恩格斯文集》第2卷，人民出版社2009年版，第34—35页。

（二）社会化大生产的影响

在马克思社会发展合力理论体系中，客体因素始终占据着重要甚至是决定性的地位。恩格斯于 1890 年在给约·布洛赫的信中，以毋庸置疑的语气强调："历史过程中的决定性因素归根到底是现实生活的生产和再生产。无论马克思或我都从来没有肯定过比这更多的东西。"① 经济因素对社会发展合力的形成有着决定性的影响。马克思所生活的时代，资本主义制度已在西欧国家得以确立和巩固，随之开始迈入社会化大生产时期。

在资本主义社会化大生产的推动下，世界市场得以迅速开拓并不断发展，无论是生产还是消费，都得以突破单个国家的限制而走向世界。实现社会发展合力的环境因此而发生了显著变化。以往那种地方和民族的自给自足、闭关锁国的境况不断被消解，而不同民族、不同国家之间的交往得以实现，彼此之间的依赖性不断增强，民族的历史逐渐为世界历史所取代，成为社会历史发展的新走向。这种变动对于分析马克思社会发展合力理论是尤为重要的，它突破了单一民族、单一国家社会发展合力生成的研究模式，依托这种改变，人们得以从不同民族、不同国家社会发展合力生成的比较研究中总结、归纳出一些具有规律性的认识，也概括出实现社会发展合力的一般客观规律。

实现社会发展合力，对"社会"需要着重加以分析。在社会化大生产进程中，生产关系与社会关系均发生了显著变革，这种变革显示出任何一种社会制度都是一种历史性的范畴，仅仅是一种非永恒性的、非绝对性的存在。将资本主义制度视为一种历史性的范畴，有助于在对社会发展合力的分析中打破形而上学、唯心主义的历史观。

马克思社会发展合力理论的最大特色是强调经济状况的决定性作用。这种作用的发挥，来源于前人所创造的、既得的、制约人们的认识

---

① 《马克思恩格斯全集》第 37 卷，人民出版社 1971 年版，第 460 页。

活动和实践活动的一切创造物。在对人的认识活动和实践活动的一切创造物进行分析时，要具体分析社会化大生产与先前的生产形式的不同。先前的生产形式，是单个人使用生产资料，而社会化大生产改变了这种状况，它使生产资料被共同使用由可能转化为现实，并且将各自独立的生产过程联系起来变成一种联系紧密的社会性活动，使得生产产品不是由个体单独创造的社会成果。

社会化大生产对社会发展合力的实现产生了重要影响，这种重要性表现在它激发并恶化了资本主义社会的内在矛盾。生产资料私人占有是资本主义社会的显著特点，而社会化大生产与之形成了尖锐的冲突与对抗。实现社会发展合力，不能不直面由此而衍生的严重社会弊病乃至社会灾难，诸如工人的贫困状况不断加深、生产日益处于无政府状态、"生产过剩"的产品被资本家销毁、失业大军的规模不断扩大等。

资本主义社会爆发的周期性经济危机，从实质上来看，是生产相对过剩造成的生产力下降和经济衰退。究其根本原因，在于资本主义生产的社会化与资本主义私人占有之间存在矛盾。在资本主义制度框架范围内，这种矛盾是无法彻底加以解决的。诚如马克思以及他的战友恩格斯所共同指出的那样："资产阶级的生产关系和交换关系，资产阶级的所有制，这个曾经仿佛用法术创造了如此庞大的生产资料和交换手段的现代资产阶级社会，现在像一个魔法师一样不能再支配自己用法术呼唤出来的魔鬼了。"[①] 日益增长的生产力无法与资本主义生产关系相适应、相依存。要驱散这个"魔鬼"，就要打破资本主义的国家机器，变革生产关系以使之与生产力的发展相适应。资本主义固有矛盾的存在和激化，彰显了社会发展合力据以实现的方向和发展态势。

（三）世界市场的形成与国际交往的开始

世界市场是在资本主义社会化大生产的推动下被开辟出来并不断发

---

① 《马克思恩格斯文集》第2卷，人民出版社2009年版，第37页。

展的。民族与民族之间、国家与国家之间的联系因此而变得更加紧密。各民族、各国家之间的交往和联系的程度日益加深，这是马克思社会发展合力理论形成的重要经济背景。

15 世纪是资产阶级走向世界舞台的起点。15 世纪的西欧，封建制度达到鼎盛阶段。然而，由于资本主义萌芽的出现，封建主义的地基开始出现裂痕。西欧主要国家如西班牙、葡萄牙、法国的商人、资本家，基于资本原始积累的需要，开始了对海外的开发、殖民和掠夺。随着 1492 年哥伦布发现美洲新大陆，"整个生产运动有了巨大的发展。……所有这一切产生了历史发展的一个新阶段"①。

新航路开辟实现了东、西两半球的汇合，它直接又促进了欧洲"商业革命"和"价格革命"的爆发，推动了资本主义商品经济的长足发展。新航路开辟把世界各地联系起来。当工业革命需要日益扩大的世界市场的时候，潜在市场就变成了现实市场。由此，那些殖民实力占优势的国家迅速完成了从工场手工业向机器大工业的跨越式发展。诚如马克思所言："贸易，是资本产生的历史前提。世界贸易和世界市场在 16 世纪揭开了资本的现代生活史。"②

西欧资产阶级靠海外掠夺积累了大量财富，却导致了西欧国家金银贬值、物价飞涨，劳动阶级购买力下降并沦为雇佣劳动者，地主阶级实际收入减少，资产阶级则取得了完全的胜利。这也就是马克思所指出的："封建主和人民衰落了，资本家阶级、资产阶级则相应地上升了。"③ 新航路开辟增强了资产阶级的经济实力。但资产阶级增强自身经济实力的手段并不光彩。该阶级一方面通过乡村城市化运动实现对农民的剥夺，另一方面通过野蛮的暴力手段掠夺海外的殖民地。④

马克思辛辣地讽刺了资产阶级的两副不同嘴脸，指出："它在故乡

---

① 《马克思恩格斯文集》第 1 卷，人民出版社 2009 年版，第 562 页。
② 《马克思恩格斯文集》第 5 卷，人民出版社 2009 年版，第 171 页。
③ 《马克思恩格斯文集》第 1 卷，人民出版社 2009 年版，第 625 页。
④ 李维意：《马克思世界交往理论研究》，人民出版社 2021 年版，第 40—44 页。

还装出一副体面的样子，而在殖民地它就丝毫不加掩饰了。"① 新航路的开辟为西方资产阶级积累了大量财富，为他们夺取政治权力奠定了经济基础。地理大发现推动了商业资本的发展，成为"促使封建生产方式向资本主义生产方式过渡的一个主要因素"②。借助不断扩大范围的商业活动，资产阶级确立了自身在欧洲乃至整个世界的统治地位，日益把国内市场扩大为世界市场、日益把民族交往推向国际交往。

资本主义世界市场的形成是由机器大工业创造出来的。机器大工业与世界市场的相互作用，是资本主义时代生产与交往关系的具体体现。综观资本主义的发展历程，它表现为"工业革命和世界市场的相互作用"③。资本主义机器大工业的发展与资本主义世界市场的形成是相互促进的，二者从根本上改变了整个世界的面貌。资本主义机器大工业推动了资本主义生产方式的全球扩张。马克思认为："大工业创造了交通工具和现代的世界市场。"④ 所谓的"现代的世界市场"，也就是"资本主义世界市场"，是资产阶级在全球社会空间疯狂进行殖民扩张、开发掠夺的过程。资产阶级按照资本的本性重新创造了世界。马克思强调，不断扩大对外贸易是资本主义"生产方式的内在必然性"⑤。

资本主义机器大工业的发展，是世界市场得以形成的助推器。资本主义机器大工业的发展，极大地提高了资本主义商品生产和商品交换的能力。基于扩大产品销路的需要，驱使着资本家不断地去开拓世界市场。在马克思所处的机器大工业时代，从那些落后民族国家发生的一切事件中，都能够看到资本主义文明的影响。马克思指出："大工业建立了由美洲的发现所准备好的世界市场。世界市场使商业、航海业和陆路

---

① 《马克思恩格斯全集》第 12 卷，人民出版社 1998 年版，第 250 页。
② 《马克思恩格斯文集》第 7 卷，人民出版社 2009 年版，第 371 页。
③ 张峰：《马克思恩格斯的海权理论与海洋强国建设》，上海人民出版社 2018 年版，第 8 页。
④ 《马克思恩格斯文集》第 1 卷，人民出版社 2009 年版，第 566 页。
⑤ 《马克思恩格斯文集》第 7 卷，人民出版社 2009 年版，第 264 页。

交通得到了巨大的发展。这种发展又反过来促进了工业的发展。""大工业""世界市场""商业、航海业和陆路交通",三者分别属于不同的环节。"大工业"主要属于商品生产环节,"世界市场"主要属于商品交换环节,而"商业、航海业和陆路交通"是这两个环节的中介。因此,大工业、世界市场的建立对世界历史的形成起着特殊的决定作用①。

资本主义机器大工业的兴起推动了民族交往向国际交往的跨越。马克思社会发展合力理论的形成是时代的产物,它产生于国际交往普遍发展的新时代。研究马克思社会发展合力理论,需要回到马克思所生活的时代当中去。马克思所生活的时代,是资本主义机器大工业蓬勃发展的时代。资本主义机器大工业是理解马克思社会发展合力理论的一大关键词。离开资本主义机器大工业做依托,资产阶级就会失去开拓世界市场的能力,也就不能创造出国际交往所必需的交通运输工具和通信手段。诚如马克思所言,"只有随着生产力的这种普遍发展,人们的普遍交往才能建立起来。"②

资产阶级在资本主义机器大工业的推动下,表现出了强烈的首创精神,"它使每个文明国家以及这些国家中的每一个人的需要的满足都依赖于整个世界。"③资产阶级的国际交往消灭了各个民族、各个国家之间相互隔绝的状态,为社会发展合力的形成拓展了空间场域。

资本主义机器大工业的发展直接推动了交通运输工具和通信手段革命。"由于交通工具的惊人发展……,第一次真正地形成了世界市场。"④交通运输业的发展,促使机器大工业日益脱离本国基地而依赖国际交往。马克思强调:"由于机器和蒸汽的应用,分工的规模已使脱

---

① 费力群:《马克思世界市场理论的全球化思想及其当代价值》,《经济纵横》2010 年第7 期。

② 《马克思恩格斯文集》第 1 卷,人民出版社 2009 年版,第 538 页。

③ 《马克思恩格斯文集》第 1 卷,人民出版社 2009 年版,第 566 页。

④ 《马克思恩格斯文集》第 7 卷,人民出版社 2009 年版,第 554 页。

离了本国基地的大工业完全依赖于世界市场、国际交换和国际分工。"①
资本主义世界市场的开辟、国际交往取代民族交往，为马克思社会发展
合力理论提供了经济背景。

马克思清楚看到了资产阶级"非常革命的作用"，也即资本主义机
器大工业确证了人类力量的伟大，世界市场的形成推动了民族交往向国
际交往的跨越。然而，资本主义机器大工业和世界市场也成为资本主义
生产方式的索命"魔鬼"。世界市场的形成、国际交往的开始，是资产
阶级的本性彰显，是资本主义生产方式的内在禀赋。随着世界市场的形
成、国际交往的开始，"各国人民日益被卷入世界市场网，从而资本主
义制度日益具有国际的性质。"② 国际化成就了资产阶级，铸造了资本
主义的外壳。

马克思肯定了资产阶级开拓世界市场的历史首创精神，他们到处联
系，到处开发，到处落户，把资本文明的种子播撒到世界各地。在不到
一百年的统治中，资本主义创造了比过去所有时代创造的全部生产力的
总量还要多的生产力，世界市场和国际交往在这场前无古人的历史变革
中得以产生。③ 资产阶级开创的世界市场把各自隔离和相互隔绝的民
族、国家联结为一个相互联系、彼此依赖的人类共同体。资产阶级在开
创世界历史的过程中推动了人类文明的进步，发挥了革命的作用。可
是，世界市场的有限性无法满足资本主义生产无限扩张的趋势，周而复
始的经济危机渐次上演。世界市场仅仅是暂时为资本主义社会化大生产
找到了出路，但并没有从根本上化解资本主义社会的基本矛盾。

作为资产者剥削无产者的现实场域，世界市场是一个非常不平等的
市场，它表现为资本投向世界、利润流向西方。④ 资产者主导的世界市
场，因之具有不平等性而不可能在真正意义上汇聚起推动人类社会的发

---

① 《马克思恩格斯文集》第 1 卷，人民出版社 2009 年版，第 627 页。
② 《马克思恩格斯文集》第 5 卷，人民出版社 2009 年版，第 874 页。
③ 郝立新、臧峰宇：《马克思主义发展史》第 1 卷，人民出版社 2018 年版，第 19 页。
④ 李维意：《马克思世界交往理论研究》，人民出版社 2021 年版，第 53—54 页。

展合力。

资本对于剩余价值的贪婪追求是无限的，而世界市场是有限的。"当世界市场上的无产阶级摆脱了地域和民族的界限，相互支持以取得共同发展的时候，共产主义就具备了战胜资本主义的阶级条件。"① 资产者开创世界市场的过程把资本主义固有矛盾的危机由民族国家转移到整个世界。

资本主义固有矛盾的危机是制度性危机，在资本主义生产资料私有制的范围内是无法彻底解决的，这决定了无产者担负着取代资产者成为世界市场主导力量的历史角色。世界性总体市场的开辟和国际交往的不断发展，是马克思探讨资本主义固有矛盾危机、认识无产者历史责任的重要经济背景。把握资本主义世界市场形成与发展的历史以及民族交往到国际交往的转变史，有助于更好地认识马克思社会发展合力理论。

二 马克思社会发展合力理论形成的政治背景

马克思是一个革命家，对马克思产生革命思想具有重大影响的两个标志性事件：一个是工业革命，另外一个是法国大革命。法国大革命对马克思产生了巨大的影响，它对于马克思分析革命现象、认识革命的政治渊源、总结革命发展规律等起到了重要作用。资产阶级曾"在一切国家里、在革命派中间是最有力的组成部分"②，曾与无产阶级结成了反抗封建压迫的同盟军，在推动社会发展中起到了积极的、革命的作用。无产阶级与资产阶级在挣脱封建枷锁、推动工业文明上都贡献了巨大的力量。然而，工业文明带来的巨大社会财富只为少数资产阶级带来富足与自由，而无产阶级得到的只是贫困与痛苦。③ 无产阶级与资产阶级的

---

① 栾文莲：《交往与市场——马克思交往理论研究》，社会科学文献出版社 2000 年版，第 96 页。

② 《马克思恩格斯文集》第 2 卷，人民出版社 2009 年版，第 36 页。

③ 许庆朴等：《马克思恩格斯学说与中国现实》，人民出版社 2007 年版，第 113 页。

对抗性矛盾日益暴露出来。随着无产阶级逐渐走向成熟，由一个自在的阶级发展为一个自为的阶级，其开始作为一支独立的政治力量登上人类历史舞台。无产阶级的觉醒，将工人运动推进到政治斗争的一个崭新时期，这是马克思社会发展合力理论得以形成的重要政治背景。

（一）法国大革命的历史回响

马克思社会发展合力理论形成于 19 世纪的欧洲。当时，英国和法国是欧洲的两个经济上和政治上最先进的国家。[①] 在这两个国家，均爆发了足以载入人类史册的重大革命事件。享誉国际、备受推崇的左翼近代史大师艾瑞克·霍布斯鲍姆将马克思所生活的时代称为"革命的年代"。在他看来，"革命战车"的一个轮子正是从 18 世纪最后 30 年开始的英国工业革命，另外一个轮子是发生于 18 世纪末至 19 世纪初的法国资产阶级大革命。

法国大革命对马克思的心灵产生了强烈的冲击。这是青年时期的马克思所遭遇到的欧洲最大的一次革命，它结束了法国一千多年的封建统治，推翻了法国的君主专制政体，震撼了整个欧洲的封建秩序，它的群众性、彻底性以及深远影响是空前的。人民群众在法国大革命进程中的力量一次又一次得到生动展现，一次又一次将革命从危机中挽救回来，并每次都推动了革命向前迈进。[②] 革命期间，一系列代表进步思想的法案予以颁布并实施，诸如《人权与公民权宣言》和《拿破仑法典》等，对整个世界历史都产生了不小的影响。

法国大革命对于马克思总结资产阶级革命中的规律性现象起到了重要作用。马克思的故乡特里尔，位于普鲁士的莱茵省。莱茵省深受法国大革命的影响。如果说拿破仑帝国作为法国大革命的最后阶段，那么马克思就出生在这片深受大革命洗礼的土地上。即便是法国军队撤离了莱

---

① 朱传棨：《恩格斯哲学思想研究论稿》，人民出版社 2012 年版，第 473—474 页。
② 郝立新、臧峰宇：《马克思主义发展史》第 1 卷，人民出版社 2018 年版，第 20 页。

茵地区，但这片土地仍留下了大革命深刻的印迹。马克思将这次革命称为"沿着上升路线行进"的资产阶级革命。他指出："立宪派统治以后是吉伦特派的统治；吉伦特派统治以后是雅各宾派的统治。这些党派中的每一个党派，都是以更先进的党派为依靠。每当某一个党派把革命推进得很远，以致它既不能跟上，更不能领导的时候，这个党派就要被站在它后面的更勇敢的同盟者推开并且送上断头台。革命就是这样沿着上升的路线行进。"①

法国资产阶级在大革命爆发前，已经取代封建阶级成为法国经济上最富有的阶级。然而，法国资产阶级在政治上拥有的权力却与经济上的权力存在巨大的反差。法国资产阶级迫切需要与之经济地位相匹配的政治权力。彼时法国的阶级构成，分为统治阶级与被统治阶级。统治阶级由第一等级和第二等级组成。1789 年，法国总人口 2800 多万，位列第一等级的有天主教的教士，人口有 12 万，但占全国耕地的 10%；位列第二等级的有贵族，人口 35 万，占全国耕地的 25%。作为统治阶级的教士和贵族，在政治上享有特权，在经济上占有大量土地且不纳税。被统治阶级的成分较为复杂，农民、工匠、城市平民以及资产阶级共同被称为第三等级，其中资产阶级占全国耕地的 30%；农民占全国总人口的86%，但所占耕地的比重仅仅为全国总耕地的 35%。国家土地大部分被国王以及特权阶级中的天主教教士和贵族占据。那些无地可种的农民只能租种土地，并且租种土地收成的四分之一以上还必须作为地租和什一税上缴给封建主，这反映出严重的社会不公。

法国历史学家拉布鲁斯感叹道："法国大革命是一场不幸者的革命，而这种不幸源于税收。"② 赋税让法国农民特别是中小农民不堪其重，生活处境每况日下。法国学者亚尔培·马迪厄写道："领主的鸽子及猎获物可以任意蹂躏他们的收成。他们住在盖着茅草的土屋子里，有的连

---

① 《马克思恩格斯文集》第 2 卷，人民出版社 2009 年版，第 494 页。

② Hincker, Francois, les: *Devant l'impot sous l'Ancien Régime*, Paris: Flammarion, 1971: 11.

烟囱也没有。唯有过节时才能吃到肉，生病时才可以尝点糖。"① 农民从事农业生产活动的积极性，被封建土地所有制严重伤害，农业生产力长期停滞不前，农村难以成为法国资本主义经济发展的原材料供应地和商品的消费市场，这在很大程度上阻碍了法国资本主义的发展。炸毁压在农民头上的封建土地所有制，成为摆在法国资产阶级面前的一项紧迫任务。

阻碍法国资本主义发展的另一个沉重枷锁是封建上层建筑。彼时的法国，拥有特权的僧侣仅占全国总人口的 2%，但把持了全国宗教、军政、司法等各个要职，是法国君主专制上层建筑的主要支柱。法国特权阶级的首领是国王，王权成为法国封建上层建筑的代表。② 第三等级受到特权阶级的残酷压榨与盘剥，封建上层建筑与资本主义发展的矛盾在政治领域表现得尤为突出，封建地主阶级与资产阶级的关系渐趋呈现紧张之势。法国启蒙思想家伏尔泰对拥有特权的阶级进行了严厉鞭挞，指斥教会是迷信的"恶魔"，教皇是"两足禽兽"。维护人之为人的基本权利，反对特权，是启蒙思想家的心声。卢梭在《社会契约论》（又译《民约论》）中指出，"暴君专制制度是非法的，而民主政权的产生是必然的，必须要用暴力去消灭专制制度"。面对法国的封建专制制度，他喊出了"革命"的口号。将革命的矛盾指向封建专制制度，有多方面的原因，其中王室的腐败是主要原因。法国大革命前夕，凡尔赛宫内有一万七八千名贵族廷臣，其中四百九十九名专侍王后，二百七十四名侍奉王弟，国王的伯母有两百多名随从，连路易十六的新生女儿也有八十名贵族侍候。法国波旁王朝的巨额开销，造成了严重的财政赤字，而财政压力则被转移到了被压迫者身上。

到了 18 世纪末，随着资本主义的进一步发展，特权阶级与第三

---

① ［法］亚尔培·马迪厄：《法国革命史》，杨人楩译，商务印书馆 1973 年版，第 27—28 页。

② 郝立新、臧峰宇：《马克思主义发展史》第 1 卷，人民出版社 2018 年版，第 23 页。

等级之间的阶级矛盾越来越尖锐。一方面，特权阶级利用手中掌握的权力，竭力维护自身的特权地位；另一方面，第三等级中的资产阶级凭借手中掌握的经济权力以及拥有的政治才干、文化知识，在革命中成为领导阶级，而农民、工匠、城市平民是基本群众，则成为革命的主力军。经过多次博弈，统治阶级与作为被统治阶级的资产阶级达成了协议，对利益重新进行分配，统治阶级与被统治阶级的矛盾有所缓和。然而，统治阶级与作为被统治阶级的农民、工匠、城市平民之间的矛盾依旧无法协调。在同封建势力作斗争中，人民更加深刻地认识到，腐朽没落的封建制度是"束缚生产的桎梏。它必须被炸毁，它已经被炸毁了"①。

法国资产阶级革命走出一条"真正革命化的道路"，它打破了阻碍资本主义发展的两个沉重枷锁，促使法国实现从封建主义到资本主义的华丽转身。废除封建土地所有制，对于小生产者而言，意味着获得了解放。处于被统治地位的农民群众，走向资本和雇佣劳动的两极分化。资本主义生产的独立性得到体现与确立，资本主义生产关系逐渐渗透到农业、工业等各个生产领域。与英国工业革命在经济上推动资本主义经济发展对资本主义所产生的重大意义一样，法国大革命在政治制度层面彻底地为法国资本主义制度的确立扫清了障碍。两者共同构成了近代历史上人类现代化浪潮的两大支柱。②

法国大革命具有世界历史意义，它的影响超越了国界。这场革命对于年轻的马克思而言，是一场史无前例的政治革命。马克思尽管最初没有关注法国农民的现状，没有看到法国大革命对这个最大的社会阶级所产生的影响和变化，但是随着研究的深入，特别是受德国现实状况的触动，1843年以后，马克思中断了对法哲学的批判，退回到书房，开始冷静、理性地分析革命的政治渊源、革命本身、民众在革命中的作用等

---

① 《马克思恩格斯文集》第 2 卷，人民出版社 2009 年版，第 36 页。
② 郝立新、臧峰宇：《马克思主义发展史》第 1 卷，人民出版社 2018 年版，第 24 页。

与实现社会发展合力紧密相连的问题。法国大革命为马克思社会发展合力理论的形成提供了重要的政治背景。

（二）阶级关系的深刻变化

英国工业革命和法国大革命，一方面促进了资本主义在经济与政治上的长足发展，另一方面也使资产阶级与无产阶级之间的对抗性矛盾日益暴露出来。资产阶级与无产阶级在反对封建势力的压迫上，曾结成了同盟军。彼时的资本主义生产方式建立在手工业占统治地位的基础之上，还不具备资本和生产高度集中的条件，因而不存在大量工人聚集在一起进行生产的可能。从企业的生产规模来看，早期资本主义企业的规模比较狭小，企业之间缺少紧密的联系和依赖关系，故而将无产阶级组织成为一个独立的和自身团结的阶级也不具有现实性。较之于封建地主阶级，新兴的资产阶级是新生产力的承担者，也是一般社会进步的代表者。为维护自身的阶级利益，资产阶级能够而且必须把受封建势力压迫的民众团结在一起，建立同盟军。正是在这个意义上，资产阶级与无产阶级作为实现社会发展合力的重要分力，曾在交互作用中汇聚起了促进社会发展的整体性力量。当新兴资产阶级与地主阶级之间的矛盾为社会主要阶级矛盾时，无产阶级与资产阶级的矛盾处于次要地位，无产阶级与资产阶级的对立尚未走向尖锐化。无产阶级囿于自身的成熟程度，也尚未形成独立的政治运动，所开展的基本上还仅仅是民主主义运动。从性质上来看，这样的民主主义运动主要是从属于资产阶级的自由主义运动。诚如恩格斯在《德国状况》一文中所言："从 1815 年到 1830 年，在一切国家里，资产阶级都是革命派中间的最有力的组成部分，因而也是革命派的领袖，只要资产阶级本身还在革命，还在进步，工人阶级就不可避免地要充当资产阶级手里的工具。所以，在这种情况下，工人阶级单独的运动始终只能起到次要的作用。"[1]

---

[1]　《马克思恩格斯全集》第 2 卷，人民出版社 2005 年版，第 648—649 页。

对于资产阶级在人类社会发展中所发挥的积极的、进步的作用，恩格斯予以了充分地肯定。在评价 1815 年到 1830 年，资产阶级在革命运动中的作用时，他使用了两个重要的关键词：其中一个是"一切国家"，另一个是"最有力"。"一切国家"是就资产阶级所发挥革命作用的覆盖面而言的，"最有力"是就资产阶级在革命中所形成的影响力而言的，它在革命中所发挥的不是一般意义上的影响力，而是产生影响力最大的"领袖"。恩格斯在此还提醒人们，资产阶级作为"革命派的领袖"，并没有将无产阶级当作主体去理解。既然是"同盟军"，主体之间的身份、地位理应是平等的，不应该被差异化地加以对待。但在革命的资产阶级眼中，工人阶级只不过是其满足自身阶级利益的工具。

恩格斯在《德国的革命与反革命》中谈道："在资产阶级的各个部分，尤其是其中最进步的部分即大工业家还没有获得政权并按照他们的需要改造国家以前，工人阶级运动本身就永远不会是独立的，永远不会具有纯粹无产阶级的性质。"[①] 在资本主义的早期发展阶段，建立在手工业基础上的资本主义生产方式，从工业企业的规模上来看，相对狭小；从工业企业的空间分布来看，也相对分散，因而也就造成了雇佣工人的分散。也就是说，雇佣工人早期的斗争形势与资本主义经济发展状况以及其自身的发展程度是紧密相连的。

处于相对分散状态的工人，难以形成一个团结且独立的阶级。雇佣工人与资本家的斗争，并不是严格意义上的一个阶级反对另外一个阶级的斗争。此时雇佣工人斗争的诉求，主要集中在提高工资、缩短劳动时间、改善劳动条件等经济要求上。雇佣工人所斗争的对象，主要是个别资本家；雇佣工人反对资本家的斗争形式，主要是捣毁机器、烧毁工厂。因为在雇佣工人看来，导致他们失业、饥饿、痛苦的根源，是手工生产被机器取代，所以他们将机器视为"敌人"，把不满的情绪集中在机器上。比如，在美国，1769 年布莱克浦的哈里夫工厂的工人就捣毁

---

① 《马克思恩格斯全集》第 8 卷，人民出版社 1961 年版，第 11 页。

了新文明的纺纱机。19 世纪初风起云涌的鲁德运动，成千上万的工人成为破坏机器者鲁德的信徒，他们砸烂机器甚至烧毁工厂。在 19 世纪 20 至 30 年代的法国和德国，也出现了不同规模的破坏机器的斗争。

捣毁机器的斗争虽然给资产阶级在经济上造成了损失，但并不能阻止机器的广泛应用，也未能改善工人的工作条件和生活状况。相反，捣毁机器的斗争却带来资产阶级国家政权对工人斗争的严酷镇压。比如，英国于 1812 年颁布了对破坏者判处死刑的法律。工人阶级的斗争实践证明，无产阶级的斗争必须向新的形式发展。而以罢工形式进行的斗争，是无产阶级斗争的新发展。随着罢工斗争的不断深入，无产阶级越来越清晰地认识到，不团结起来，就无法有效维护自身的阶级利益，这是无产阶级在政治上渐趋成熟的表现。

19 世纪 30 年代，西欧资本主义国家的历史发展出现了重大转折。1830 年法国的七月革命作为欧洲封建势力复辟以来人民意志最为卓越的表现，实际上是一次全欧洲性的反封建复辟的人民革命。巴黎的无产阶级为争夺资产阶级的政治利益而投入了战斗，但革命胜利后，果实却被资产阶级窃夺、独吞，建立了维护资产阶级利益的统治王国，而工人阶级却被抛在一边。

1832 年英国选举制度的改革，同样重蹈了历史的覆辙。辉格党代表的是工商业资产阶级的利益，其推翻了代表大封建土地所有者利益的托利党的统治。在议会改革中，中小资产阶级拥有了更多的政治权力，而工人阶级的政治利益被抛在一边。雇佣工人的政治斗争被资产阶级利用。[①] 凡此种种现象表明，无产阶级与资产阶级的斗争日益代替了封建地主阶级与资产阶级的斗争。资产阶级已经由政治上要求改造封建专制状况的进步的革命阶级，蜕化为政治上要求保持资产阶级剥削与压迫的反动阶级了。诚如马克思所言，从 19 世纪 30 年代起，"阶级斗争在实

---

① 庄福龄、冯景源、顾海良：《马克思主义史》第 1 卷，人民出版社 1996 年版，第 46—49 页。

践方面和理论方面采取了日益鲜明的和带有威胁性的形式。"① 恩格斯对阶级关系的深刻变化也发表了自己的看法,他指出:"无产阶级和资产阶级的阶级斗争一方面随着大工业的发展,另一方面随着资产阶级新近取得的政治统治的发展,在欧洲最发达的国家的历史中升到了首要地位"②。随之,无产阶级开始由自在的阶级向自为的阶级发展,其反对资产阶级的斗争也渐次向广度和深度推进。

(三) 无产阶级成为独立的政治力量

资产阶级与无产阶级是资本主义社会孕育出的一对"孪生兄弟"。对这两个阶级进行分析,不能单独地从拥有财产的多少、从干哪个行当进行判断。马克思明确批判过以财富差别、行业差别认识阶级差别的思想倾向。他指出:"'粗俗的'人的理智把阶级差别变成了'钱包大小'的差别,把阶级矛盾变成了'各行业之间的争吵'。钱包的大小纯粹是数量上的差别,它可以尽情唆使同一阶级的两人互相反对。……现代的阶级差别绝不是建立在'行业'的基础上;相反,分工在同一阶级内部造成不同的工种。"③ 这是说,同一个阶级的社会成员,可能会从事不同的工作,会获得差别很大的收入,但这并不妨碍将他们归属于同一个阶级。

判断无产阶级之为无产阶级、资产阶级之为资产阶级,也即区分这一对"孪生兄弟"的根本标准,是获得收入或财富的源泉。④ 收入或财富的源泉有资本与雇佣劳动。马克思在《资本论》中指出:"单纯劳动力的所有者、资本的所有者","他们各自的收入源泉是工资、利润"⑤。

---

① 《马克思恩格斯全集》第 23 卷,人民出版社 1972 年版,第 17 页。
② 恩格斯:《社会主义从空想到科学的发展》,人民出版社 1991 年版,第 54 页。
③ 《马克思恩格斯全集》第 4 卷,人民出版社 1958 年版,第 343 页。
④ 陈培永:《什么是人民、阶级及其他:以马克思的名义》,江苏人民出版社 2018 年版,第 90 页。
⑤ 马克思:《资本论》第 3 卷,人民出版社 2004 年版,第 1001 页。

利润是资产阶级收入的源泉，其所依赖的是资本，在生产过程中资产阶级占有生产资料、支配和组织生产劳动，居于主导性地位。工资是工人阶级收入的源泉，其所依赖的是劳动。

工人阶级与资产阶级一样，同为历史的产物，是人为的产物，是现代化的产物。真正的工人阶级只存在于现代的资本主义社会之中[①]。工人阶级没有生产资料，其在生产劳动过程中处于从属地位。[②] 从哲学意义上理解资产阶级与无产阶级的关系，二者是资本与雇佣劳动的人格化。作为一个矛盾的两个方面，有资本的存在，就会伴生雇佣劳动的存在。随着资产阶级获得政治统治地位，也使资本主义社会固有的矛盾即资本与雇佣劳动的矛盾日益激化。正如恩格斯所言，"资产阶级从它产生的时候起就背负着自己的对立物：资本家没有雇佣工人就不能存在"[③]。

资产阶级与无产阶级之间的矛盾，从两个阶级产生之日起就形成了。马克思指出："资本家和雇佣工人之间的斗争是同资本关系本身一起开始的。在整个工场手工业时期，这场斗争一直如火如荼地进行着。"[④] 资产阶级与无产阶级之间的对抗，呈现出了以往阶级斗争不曾有过的新情况、新特征、新现象，这种新变化是马克思社会发展合力理论得以形成的深厚阶级基础。无产阶级作为资产阶级的"孪生子"，在同封建势力作斗争中，是重要的拥护性力量。无产阶级在这种斗争中所发挥的作用，尽管具有辅助性，但进步意义是明显的。如英国大革命时期杰拉德·温斯坦莱组织的"掘地派"运动，法国大革命时期格拉古·巴贝夫领导的"平等派"运动等。

在马克思所生活的年代，欧洲资本主义国家的历史发生了重大变

---

① 黄杜、刘灵：《〈黑格尔法哲学批判〉导言中的阶级概念》，《中国社会科学报》2023年11月6日。

② 陈培永：《什么是人民、阶级及其他：以马克思的名义》，江苏人民出版社2018年版，第91页。

③ 《马克思恩格斯文集》第3卷，人民出版社2009年版，第525页。

④ 《马克思恩格斯文集》第5卷，人民出版社2009年版，第492页。

化。在 1830 年法国的七月革命和 1832 年的英国议会改革中，资产阶级同封建地主阶级的斗争赢得了决定性胜利。资产阶级在取得了全部政权，使用金钱的势力消灭了一切封建的和贵族的特权以后，就不再具有革命性、不再具有进步性了。工人阶级在资产阶级裹足不前的那一天起，工人阶级的运动就开始领先，① 并且随着资本主义社会化大生产的发展，工人阶级的规模越来越庞大、工人阶级的运动也逐渐成为全民性的了。欧洲在 19 世纪 30 至 40 年代，爆发了三次大规模的工人运动，工人阶级开始作为一支独立的政治力量，登上了人类社会历史的舞台。

第一次工人运动是 1831 年到 1834 年，法国里昂纺织工人先后爆发了两次武装起义，占领了大城市，对反动统治形成了强有力的冲击。这两次起义尽管都以失败而告终，但显示了工人阶级的凝聚力、组织性、战斗性正在不断得到强化。这显示无产阶级通过斗争实践的锻炼，在觉悟水平和组织程度上都不断得到了提高。

第二次工人运动是 1836 年开始的英国宪章运动。工人们以争取普选权为运动的口号，为捍卫自身的政治权利而抗争。在此期间，世界上第一个工人阶级的政治组织——全国宪章协会成立。恩格斯对这一时期英国工人斗争的状况做过很好的概括。他指出，英国工人阶级力量的增长，"早在 1824 年就已显露出来，当时它迫使议会勉强地废除了禁止工人结社的法律。在改革运动中，工人是改革派的激进的一翼；当 1832 年的法案剥夺工人的选举权的时候，他们就把自己的要求写进人民宪章，并组成一个独立的政党，即宪章派，以对抗强大的资产阶级反谷物法同盟。这是近代第一个工人政党"②。英国宪章运动持续的时间长达 12 年之久，参与的民众多达上千万人，这场政治性的无产阶级革命运动，在国际共产主义运动史上写下浓墨重彩的一笔，这标志着无产阶级

---

① 庄福龄、冯景源、顾海良：《马克思主义史》第 1 卷，人民出版社 1996 年版，第 50 页。

② 《马克思恩格斯全集》第 29 卷，人民出版社 2020 年版，第 379 页。

为维护自身政治权利而进行了广泛的、群众性的斗争。

第三次工人运动是 1844 年 6 月爆发的德国西里西亚纺织工人起义，这是一次直接反对资本家残酷剥削的斗争，并把斗争矛盾指向私有制，斗争的组织性和纪律性有了进一步的加强。① 马克思对这次起义作了高度评价，指出："法国和英国的工人起义没有一次像西里西亚织工起义那样具有如此的理论性和自觉性。"② 他认为这次起义"一开始就恰到好处做到了法国和英国工人在起义结束时才做到的事，那就是意识到无产阶级的本质。"③ 工人阶级认识到自身的本质是消灭私有制，这是阶级觉悟提升的表现。工人阶级成为独立的政治力量登上世界历史舞台，成为"为争夺统治而斗争的第三个战士"④，这是马克思社会发展合力理论产生的深刻政治背景，从而也决定了该理论具有鲜明的阶级性。

三　马克思社会发展合力理论形成的文化背景

马克思社会发展合力理论是在特定的文化背景下形成的。19 世纪的欧洲文化可谓百花齐放、精华荟萃，人们的思想不仅得到了进一步的解放，而且思想也呈现了多元化的发展趋势。这种文化环境的产生，得益于 14 世纪在意大利掀起的文艺复兴运动。从时间范围上来看，这场 14 世纪兴起的文艺复兴运动直到 17 世纪才结束；从空间范围上来看，文艺复兴运动的影响席卷了欧洲。这场声势浩大的运动，给人们的精神带来了一次洗礼。

倘若用一句话来描述文艺复兴给人们在观念上所带来的变革，那就是从以神为本到以人为本，较之于中世纪的观念"我想了解神"，文艺复兴的观念是"我想了解人"。文艺复兴时期思想十分活跃，涌现出了

---

① 靳辉明：《思想巨人马克思》，中国社会科学出版社 2018 年版，第 12—14 页。
② 《马克思恩格斯全集》第 1 卷，人民出版社 1956 年版，第 483 页。
③ 《马克思恩格斯全集》第 1 卷，人民出版社 1956 年版，第 483 页。
④ 《马克思恩格斯文集》第 4 卷，人民出版社 2009 年版，第 328 页。

不同的社会思潮，但发挥主导作用的有两种，分别为自然主义与人道主义。自然主义与人道主义是一个历史范畴，是在资产阶级兴起与革命中产生出来的，它随着资本主义的发展，内容得到了丰富、作用发生了变化。这两种社会思潮，对马克思社会发展合力理论的形成产生了重要影响。

（一）欧洲文艺复兴的精神洗礼

马克思社会发展合力理论是唯物主义历史观的重要组成部分。唯物主义历史观是一种新唯物主义，它既有别于唯心主义历史观，又有别于旧唯物主义。新唯物主义的理论中心是人，人是社会发展合力得以形成的主体性力量。如何看待人的精神在社会发展中所起到的作用，是区分新唯物主义与唯心主义历史观、旧唯物主义的关键。

唯心主义历史观与旧唯物主义历史观的局限在于前者完全从精神因素出发寻找社会发展的原因，后者把人的主观意志、主观动机视为社会发展的最终动力。唯心主义历史观与旧唯物主义历史观均将纯粹的、单一的精神因素，视作推动社会发展的最终动力。[1] 唯物主义历史观与唯心主义历史观存在分歧，并不在于否认精神因素在社会发展中起着重要的作用，而在于唯物主义历史观反对将人的现实幸福寄托在虚无缥缈的宗教幻想上，而唯心主义历史观强调精神的作用并将之视为社会发展的第一位要素。是否承认精神因素，归根到底是由经济因素所决定的，或者说是否承认经济因素在社会发展中是第一位的，这是二者的根本分歧之所在。[2] 旧唯物主义的物质观是片面不承认普遍联系的、是静止不承认运动发展的，故而是形而上学的，其在历史观上是英雄史观，无视人民群众在社会发展中的推动性作用。从这个意义上讲，旧唯物主义是历

---

① 侯衍社：《关于恩格斯社会发展的合力思想及其启示》，《烟台大学学报》（哲学社会科学版）2001 年第 1 期。

② 侯衍社：《关于恩格斯社会发展的合力思想及其启示》，《烟台大学学报》（哲学社会科学版）2001 年第 1 期。

史观上的唯心主义。文艺复兴是一场反封建、反宗教神学的思想解放运动，它肯定了人在社会发展中的主体性地位、承认了人的精神因素在社会发展中的作用。这场波澜壮阔的文艺复兴和思想启蒙运动，为反对封建意识和唯心主义做出了不朽的贡献。

文艺复兴"Renaissance"是一个法语词，意思为Rebirth"重生""复活"。欧洲文艺复兴的对象是希腊、罗马的古典文化。"古典"一词的英文为"Classic"。从词源上来讲，它最初的意思指的是最高层次的纳税者。后来引申出"最好的、第一流的、经典的、楷模的"意思。希腊、罗马的古典文化之所以称为"古典文化"，一方面指称这种文化来源久远，另一方面是说这种文化是一流的，它的思维达到了相当的高度。文艺复兴运动的实质是新兴的资产阶级在封建主义文化占统治地位的条件下，通过复兴希腊、罗马古典文化中积极的、进步的因素而达到人性的再生。①

"文艺复兴"这一概念，是到19世纪也即马克思所生活的年代才流行起来的。第一位使用和定义"文艺复兴"这一概念的历史学家是法国学者儒勒·米什莱，他在所著的《法兰西史》中用"文艺复兴"来描述这段时期的以古希腊罗马文化为基础的文化运动。

反对封建主义和宗教神学，是欧洲文艺复兴运动的主题。它的核心思想是用人性反对神性，用人权反对神权和封建特权。从思想史的角度来看，文艺复兴是人性的全面复兴，是自由思想的复兴。文艺复兴是一场从观念上发生的巨变而开启的社会运动。

关于文艺复兴的起止时间，历史学家有着不同的看法，不同的国家或地区发生的时间也存在差别。很多历史学家认为，文艺复兴从14世纪就已经开始酝酿，15—16世纪达到高潮。历史学家达成高度共识的是文艺复兴对17—18世纪的资产阶级启蒙运动产生了极为重大的影响。

---

① ［德］汉斯·约阿西姆·施杜里希：《世界哲学史》（第17版），吕叔君译，广西师范大学出版社2017年版，第273页。

与从历史时期的角度理解文艺复兴不同的是，有些历史学家更倾向于将之视为一场知识和文化的运动。比如当代英国历史学家王尔德认为，将文艺复兴解释为一个历史时期，尽管对于历史学家来说很方便，但"掩盖了文艺复兴的悠久渊源"。文艺复兴运动的发源地是意大利，随后波及法国、英国、德国、荷兰、西班牙等诸多欧洲国家。文艺复兴时期涌现出的杰出人物，如英国的培根、霍布斯、洛克，法国的伏尔泰、孟德斯鸠、卢梭，德国的莱辛、沃尔夫、莱布尼茨等，他们从古典文化中汲取与自身相通的思想观念，反对中世纪神学家的人生概念和对事物现象的种种神秘理解，为正视人在社会发展中的主体性地位、正确看待人的精神因素在社会发展中的能动作用打开了新的大门。诚如1855年儒勒·米什莱所言，文艺复兴时期是中世纪的对立物，它体现了一种新的近代精神。

文艺复兴开启的启蒙运动，促使长期被宗教神学禁锢的思想迎来了解放，让人们呼吸到了清新的、思想自由的空气。启蒙运动的作用是明显的，它明确反对宗教蒙昧主义，对理性和科学予以宣扬。在启蒙思想家看来，社会停滞不前、思想愚昧落后的原因在于人的主体性地位被神剥夺、宗教神学的枷锁束缚了人的精神自由。唯有树立起理性与科学的权威，才能帮助人们挣脱这些枷锁，恢复人在社会发展中的主体性地位，迎来思想上的解放。

在社会发展中，衡量、判断事物存在合理性的尺度是人的理性。合乎人的理性的事物，就有存在的权利。反之，与人的理性相背离的事物，则没有存在的权利。虚伪的、伪善的宗教道德，应该从社会生活和人的精神疆域中退却。启蒙思想家对封建专制制度给予了猛烈的抨击，他们认为以宗教神学为精神支柱的封建专制制度对人的精神进行了摧残。他们主张变革封建专制制度，高扬"天赋人权"，倡导以新的民主的符合人的理性的制度取代旧制度。

关于谁是社会历史的主体与创造者，在文艺复兴运动席卷欧洲之前，神创论者将之系于超自然的神秘力量。在欧洲漫长的中世纪，神学占统治地位，其主要代表是基督教。基督教将《圣经》视为绝对的权威和标准，不允许存在任何与之相悖或质疑的声音。中世纪的欧洲社会，教会几乎控制了人们生活的各个领域。任何违反教义的人，都会受到审判、迫害甚至丧失生命。比如，意大利哲学家布鲁诺就因为主张日心说而被烧死在火刑柱上。经受了文艺复兴精神洗礼的人们，逐渐把眼光从虚无缥缈的天国转向了感性快乐的现实世界，对人之"应然属性"与"实然境遇"的关系进行了反思。① 享受现世幸福，获得人之为人的价值与尊严，是人之"应然属性"。而实然的境遇是人的权力被神的权力褫夺。

马克思对欧洲文艺复兴运动的评价极高，称其为"人类历史上第一次思想解放运动"。恩格斯指出："这是一次人类从来没有经历过的最伟大的、进步的变革，是一个需要巨人而且产生了巨人——在思维能力、热情和性格方面，在多才多艺和学识渊博方面的巨人的时代。"② 从他们所使用的措辞，如"第一次""从来没有经历过"等，可以看出这场运动所具有的开创性意义。欧洲文艺复兴运动呼唤了人性的觉醒，将人本应具有而未能享有的权力还给了人自身，促使人们认识到据此实现社会发展合力的价值旨归不在于神的教谕与启示，而在于增进自身的利益福祉。

马克思将宗教视为人民的精神鸦片。澳大利亚学者罗兰·玻尔指出，"鸦片是一个非常多面的隐喻——因此它成了对宗教的一个关键隐喻"③。面对反动统治的迫害，宗教具有精神慰藉的功能，但这种功能的发挥是以弱化社会力量为代价的。

人的精神因素在社会发展中的作用应该予以充分肯定，但它并不具

① 温权：《青年马克思宗教批判的社会哲学意蕴》，《世界宗教研究》2022 年第 3 期。
② 《马克思恩格斯全集》第 20 卷，人民出版社 1971 年版，第 361 页。
③ ［澳大利亚］罗兰·玻尔：《马克思、恩格斯与宗教》，李华译，《陕西师范大学学报》（哲学社会科学版）2013 年第 2 期。

有决定性意义。从归根到底的角度来看，对社会发展具有决定性意义的是经济因素。欧洲文艺复兴的历史贡献在于将人拉回到社会现实之中，将属人的世界还给人自身。马克思深入现实社会的政治经济之中，是从宗教批判开始的。[①] 然而，他并不是在一般意义上反对宗教的，也即不是为了反对宗教而反对宗教。马克思所开展的反对宗教的斗争，如他所言，是"反对以宗教为精神慰藉的那个世界的斗争"[②]。马克思所反对的，是宗教蒙昧主义大行其道的那个不自由的旧世界。他对宗教进行批判的目的在于"废除作为人民的虚幻幸福的宗教，就是要求人民的现实幸福。要求抛弃关于人民处境的幻觉，就是要求抛弃那需要幻觉的处境。"[③] 人作为社会发展的主体与创造者，不能在幻觉的处境中实现社会发展合力。只有抛弃处境的幻觉，才能在真正意义上追寻现实的幸福。

（二）作为历史范畴的自然主义

"自然主义"一词在人类思想史上出现得比较晚，但自然主义思想的形成却历史悠久。斯特劳德认为，在整个人类思想史上，与"自然""自然的"对象或关系及"自然主义"研究方式有关的观念，比其他任何观念都运用得广泛，可以说，不同的时代、不同的地方、出于不同的目的都有运用。

自然主义的观念可以追溯到古希腊早期的自然哲学。古典的自然主义阶段是自然主义的萌芽期。代表性的哲学家有泰勒斯、赫拉克利特、德谟克利特以及亚里士多德、伊壁鸠鲁、卢克莱修等。与其他民族一样，希腊人最初是以神话的世界来看待周围的世界，自然界在他们眼中往往是混乱的、变化无常的、神秘的，人在自然面前具有无力感，只能

---

① 胡键：《马克思宗教批判的逻辑演进》，《华东师范大学学报》（哲学社会科学版）2018 年第 3 期。
② 《马克思恩格斯文集》第 1 卷，人民出版社 2009 年版，第 3 页。
③ 《马克思恩格斯文集》第 1 卷，人民出版社 2009 年版，第 4 页。

任由命运的支配与摆布。古希腊哲学的一大进步在于逐步摆脱了这种神话世界观，将自然视为非人格的本原。尽管自然有时被等同于神，而不是与人同形同性的神。自然作为本原是事物运动变化的自因，事物的存在和运动具有内在的必然原因，而不受外在的神的支配。秩序和原则都借助经验观察和理性思辨被发现。自然主义者力图排除主体意志中的神启因素。这时的自然主义是一种朴素的唯物主义，反映人们透过现象探寻本质的认识倾向。

古希腊哲学家普遍相信自然界存在某种不以人的意志为转移的某种恒定的规律。在他们看来，人类社会如同自然界一样，尽管在风俗、制度、习惯等方面具有差异性，但因人类有共同的理性，故而遵循共同的自然法则。这种永恒的自然法则，被称为"自然法"。"自然法"指的是"由万物的本性派生出来的必然关系"。

最先明确提出"自然法"这一概念的是斯多葛学派。该学派秉持的基本伦理原则是"顺应自然的生活就是至善"。斯多葛学派所主张的"顺应自然"，是劝诫人们服从命运的安排，忍受生活的苦难，依循神的意志的安排。在这一法则的指引下，人们得以和睦相处、共同汇聚起推动社会发展的合力。

随着伯罗奔尼撒战争的爆发，希腊雅典的民主政治日渐式微。民主政治的衰颓，对人的思想意识构成强烈冲击，这促使人开始把对自然现象的关注逐渐转移到对社会尤其是对人的关怀上来。在认识论上，人的主体意识成为敞开了的问题域。比如普罗泰戈拉提出了"人是万物的尺度，是存在者存在的尺度，也是不存在者不存在的尺度"[1] 的经典命题。

哲学家们关注的对象逐渐由自然转移到了人本身。古希腊哲学家的这些新看法是人类思想的一大进步，为自然主义奠定了坚实的基础。

---

[1] *Comparative Costs of Higher Education for International Students* 2004, IDP Education Australia, September, 2004.

　　自然主义是在近代正式形成的，代表人物主要有斯宾诺莎、休谟、海克尔、霍布斯、洛克等。自然主义在文艺复兴时期，是资产阶级反对宗教神学世界观和封建专制主义的利器。它是作为一种反对超自然的力量而绽放利器光芒的。人的意志因素在社会发展中实际地发挥着作用，但服从于"神的权威"的意志，是受蒙蔽、被欺骗的。自然主义作为一种社会思潮，强调对人的"自然本性"的认识，力图恢复并确立人在社会发展中的主体中心地位。

　　近代自然主义的主要动力来自科学，尤其是牛顿力学和达尔文进化论的发展以及不断增长的解释力。可以说，近代自然主义是以自然科学为范式而建立起来的，如斯宾诺莎按照几何学模式建立了"伦理学"，休谟以牛顿物理学为榜样建立了"人性科学"，海克尔依据达尔文进化论建立了"一元论哲学"。

　　近代自然主义作为一种世界观，一种关于人与世界关系的总观点，因受到近代科学关于世界的机械论图式的影响，具有明显的机械论特征，有些自然主义者将人的精神归结为感官互动，并最终还原为机械运动，得出了"人是机器""心灵是物质"等结论。尽管不同哲学家的具体看法存在差异性，但他们都主张包括人在内的一切现象均可以用纯自然的术语来加以解释，而不必诉诸超自然的力量。舍费尔斯曼认为，近代自然主义者中的"每一个都想通过发现纯自然的规律来解释自然的过程和对象，以此成为他那个时代及科学的牛顿"。[①]

　　自然状态说主观地设想原始人类的生活图景、向往原始社会的"自然秩序"，在谈及"自然权利"时脱离了一定的历史条件和阶级关系，追求一种"合乎自然"的理想社会的原则。自然法学的代表人物胡果·格劳秀斯、塞缪尔·普芬道在阐述人的"自然权利"时，提出要

---

　　① 刘明海、费多益、高新民：《西方心灵哲学新发展研究》，科学出版社2024年版，第133—139页。

用社会契约来说明国家起源的问题。英国政治家、哲学家托马斯·霍布斯对人的自然状态思想做了进一步的阐释，他在代表作《利维坦》中认为人性是残暴好斗、贪婪自私的。人在自然状态下，是残暴无情的。在他看来，人天生就不擅长与周围人合作，合作的过程也总是伴随着怀疑、背叛以及欺骗。托马斯·霍布斯认为人性是贪婪、自私的。在他看来，人性的贪婪、自私永远需要绝对的自由和保障稳定的秩序，但自由和秩序始终呈现出一种不可兼得的局面。若获取绝对的自由，则没有了相对的秩序，更会造成自由中强者对弱者的压迫和剥削。若建立绝对的秩序，则没有了相对的自由，人类则永远困在洞穴之中，而不知道自己困在洞穴。为此，建立秩序与获取自由，二者之间永远是一种均衡与妥协的艺术。

人是社会历史的主体与创造者，关于人的权利来自何处，托马斯·霍布斯明确提出人的权利绝非来自上帝，教会没有理由掌握独立于国家之外，甚至于凌驾于国家之上的权力。他指陈宗教是为了向人们灌输对权力的敬畏和思想的服从才形成的制度，对于尊重个人的权利没有丝毫的帮助。

托马斯·霍布斯倡导以人权反对神权，指出不应当用神学的观点来看待人类社会，而应该用自然科学的观察方法来研究事物。从观察和经验中总结出自己的规律，建立自己的思想体系。避免因为强力的神权灌输什么观念，就遵从什么观念的丑恶现象。这样的盲目遵从，丧失了人类应有的与生俱来的权力。同托马斯·霍布斯一样，约翰·洛克也高度重视维护人的基本权利。他强调人在自然状态下，有权保存和支配属于自己的东西。他论证私有财产的永恒性，指出人拥有私有财产是永恒的自然法则。

自然神论是一种反神学的宗教哲学思想，但它具有不彻底性。自然神论的主要代表在英国有柯林斯、托兰德；在法国有伏尔泰、卢梭等等。自然神论并不否认神的存在、并不否认神创造世界。但它不同于有神论。有神论认为神创造世界又支配世界。而自然神论认为神只是创造世界，创造以后就不管世界了，世界一切就由自然规律来支配。自然神论反对神对自然界和社会生活的干预，认为神无非是一个赋予宇宙以规律的非人格的本原。这样，就限制了宗教的作用。自然神论者反对神的启示和奇迹，尖锐地批评封建教会的信条和仪式，宣传了自由思想。

在当时封建教会的世界观占统治地位的情况下，自然神论在神的外衣的掩护下，宣传了唯物主义思想，成为资产阶级革命时期反对封建正统宗教的一种理论武器，起过进步作用。马克思对自然神论的历史局限性做出过评价，他认为在早期的资产阶级思想家那里，自然神论是同封建主义的官方宗教思想斗争的妥协形式，是基督教的"资产阶级发展阶段"①。

"自然神论至少对唯物主义者来说不过是摆脱宗教的一种简便易行的方法罢了。"② 自然神论不同于无神论，自然神论承认神创造世界，它的学说中还有不少神秘主义的色彩。用普列汉诺夫的话来说，这种宗教哲学思潮仅仅是当时的资产阶级想要"限制国王的权力"。在西方国家形成的这种主张用自然原因和自然原理来解释一切现象的社会思潮，对马克思社会发展合力理论的形成产生了影响。

（三）作为历史范畴的人道主义

与自然主义思潮相对应的是人道主义思潮。人道主义、人文主义，是同等意义的概念，二者研究的对象是相同的，只是基本内涵的侧重点有所不同。重人而轻神，是二者的基本视域。人道主义的基本内涵突出体现人的生存，人文主义的基本内涵偏重人文理性与人文教化。人们常常用人道主义或人文主义指代西方的 Humanism。Humanism 一词最早形

---

① 《资本论》第 1 卷，人民出版社 2004 年版，第 115 页。
② 《马克思恩格斯全集》第 2 卷，人民出版社 2005 年版，第 165 页。

成于 19 世纪①。保罗·奥斯卡·克里斯狄勒将之定义为"从事 studia Humanitatis 的职业教师"。"studia"是学习、学术、学问,"Humanita-tis"的意思有两个,分别是仁慈和修辞。因此,Humanism 指的是一种关于仁慈与修辞的学问。

Humanism 一词的最初内涵突出了人文教化的倾向以及仁慈善良的属性。有研究者指出,Humanism 的汉语表达方式应该是人道主义。或者说,人道主义的概念所具有的内容最接近于 Humanism。② 人道主义的词根是"人道"。

人有两个基本内涵:一个是指生命存在的人,另一个是指人为。人为便是人文。人本身具有自然之人与人文之人的双重内涵。"道"最基本的内涵是"正确原理或基本方法"。"道"是事物当然之理。循理之道,有体有用。作为体的道是形而上,作为用的道是其展开。从超越之体到展开之用,是"道"的深层次内涵。"道"不是经验的原理或可见的方法,而是人的生存本身。"道"是正确的生存,而"人道"是人类正确的生存。

"人道主义"具有两个内涵:一是按照一定的观念、原理而正确的生存;二是正确的生存本身。这两个内涵,前者偏重于经验与现实,后者凸显形而上的性质。二者是统一的,最终指向都是好的生活、值得肯定的人类生活。文艺复兴时期的人道主义思潮,是一种强调人类的好生活、好好生存的观念或主义。人道主义是人类自我意识觉醒的一块重要里程碑。③ 在文艺复兴时期,处于形成中的人道主义具有如下基本特征:

一是打破了人类由来的虚假观念,对人和人的作用予以了高扬。在

---

① *The Cambridge Dictionary of Philosophy*, *second edition*, General Editor, Robert Audi, Cambridge, New York, Melbourne, Madrid, Cape Town, Singapore, So Paulo:Cambridge University Press, 1995:396–397.

② 沈顺福:《Humanism:人文主义还是人道主义》,《学术界》2018 年第 10 期。

③ 王喜珍:《历史角度:人道主义》,《青海社会科学》1995 年第 3 期。

欧洲中世纪，居于统治地位的宗教哲学，大力鼓吹人是由上帝创造出来的宗教神话。人道主义者把文艺复兴视作中世纪漫长黑暗之后的知识觉醒。中世纪的修道院保存了古希腊罗马的著作，因此被视为异教而封存。人们从修道院的图书馆中挖出古典经卷，从一个新的角度研究古典作品。他们研究的侧重点在于关注人的意志、人的尊严、人的创造、人的行动。他们并没有毫不质疑地遵循教会制订的"上帝的计划"来行事。

文艺复兴人道主义是一种"强调理性、科学研究和人类在自然界中实现自我的伦理理论和实践"。人道主义者猛烈批判了中世纪基督教神学抬高神而贬低人的宗教蒙昧主义观点，肯定并推崇人的价值和能力，呼唤以人为中心的世界取代以神为中心的世界。被称为"旧世纪最后一位诗人、新时代第一位诗人"的但丁对人作出了不加保留的赞美，他指出，"人的高贵，就其许许多多的成果而言，超过了天使的高贵。"① 莎士比亚强调：人是"宇宙的精华，万物的灵长"。人道主义者彼科重申了古希腊索福克勒斯的名言"没有一件东西比人更奇妙"。他强调，人是"万物生灵的居间调停者，是高等存在者的亲密伙伴，是低等生灵的国王。因他的理性有着探索的好奇和智能之光，他是大自然的解释者"。凡此种种，均对人在社会发展中的作用予以了承认与高扬。

二是倡导注重现实生活，反对宗教神学的禁欲主义。法国文学家弗朗索瓦·拉伯雷强调，"要服从您的意欲行事。"意大利人道主义先驱弗兰齐斯科·彼得拉克高呼："我不想变成上帝，或者居住在永恒中，或者把天地抱在怀里。属于人的那种光荣对我就够了。这是我所祈求的一切，我自己是凡人，我只求凡人的幸福。"② 人创造历史所依赖的是自身的意志、愿望、动机等精神因素。创造历史的主体性力量是人而不

---

① 《从文艺复兴到十九世纪资产阶级文学家艺术家有关人道主义人性论言论选辑》，商务印书馆 1971 年版，第 3 页。

② 《从文艺复兴到十九世纪资产阶级文学家艺术家有关人道主义人性论言论选辑》，商务印书馆 1971 年版，第 11 页。

是神，创造历史所追求的是人的幸福而不是神的肯认。人道主义者将人们对天国的无限向往，拉回到了对尘世生活的追求。

三是倡导自由与平等，追求个性解放。在人类历史上，每个意志都是社会发展的一个动力因素。受宗教神学的精神禁锢，人的意志不仅不具有自由性还具有非平等性。人道主义者认为意志自由是人与生俱来、天然平等的。比如，意大利人道主义者乔万尼·薄伽丘强调："我们人类是天生一律平等的，只有品德才是区分人的标准，那发挥大才大德的才当得起一个'贵'；否则就只能算是'贱'。"①

森严的封建等级制度，将人划分为"贵"与"贱"。这在人道主义者看来是违背历史真相的。历史的真相是人生下来没有贵贱之分，是一律平等的。区分人"贵""贱"的准绳在于品德。

人道主义者强调"积极的美德"是学习的目的，这是人道主义的基本原则，该原则始终在文艺复兴运动中发挥着显著作用。彼得罗·保罗·维杰里奥在《论绅士的举止和通识教育》中说，公正和仁慈的行动是人文教育的目的。人道主义者阿尔贝蒂中对此作了回复，指出："没有善行和公正的行为，就无法获得幸福。"Matteo Palmieri 指出："美德的真正价值在于有效的行动，如果没有必要的能力，不可能有有效的行动。一无所有的人无法慷慨。喜欢孤独的人既不会公正，也不会强大，也不可能在那些对政府和多数人的事务中具有重要意义的事情上有丰富经验。"这时的人道主义者在思想上尽管还具有一定的历史局限性，还是以复兴古希腊罗马文化中的进步的因素为自己的思想武器，但其批判的矛头所向已经十分明确，即对准封建等级制度及其赖以运转的精神支柱——宗教神学。它用人道反对神道，用人权反对特权，倡导废除不合理的封建等级制度，主张解放人的个性，这反映出人道主义在当时已经成为剑指封建腐朽制度的一把锋利匕首。

17 至 18 世纪，资本主义生产方式有了进一步的发展，资产阶级的

---

① ［意大利］薄伽丘：《十日谈》，方平、王科译，上海译文出版社1980年版，第357页。

力量更加壮大。人道主义与此相适应，在理论上更加成熟、更加完备，直接成为资产阶级反对封建主义的、具有革命性的意识形态。因应资产阶级革命实践的需要，涌现出了卢梭、伏尔泰等启蒙思想家。这些思想巨匠高举人道主义的大旗，为资产阶级革命摇旗呐喊，同封建主义、宗教神学进行了不屈的斗争。资产阶级革命时期人道主义的理论基础是自然主义和抽象人性论，其在历史观上是唯心主义的，但这并不影响资产阶级以人道主义为思想武器凝聚社会各阶层群众的力量，完成反封建剥削、反宗教压迫的民主革命任务。

马克思生活于 19 世纪的欧洲。19 世纪 40 年代初，德国正处于资产阶级革命的前夜，德国资产阶级带领人民开展反对封建专制制度和宗教神学的斗争，只能继承 18 世纪的人道主义作为自己的精神武器。然而，新的历史条件，特别是无产阶级已经作为一支独立的政治力量登上世界历史舞台，这使得先天不够强大的德国资产阶级在同封建势力做斗争时，意识到还要同另一个敌人做斗争。

德国资产阶级先天所具有的这种软弱性，在思想文化领域表现得尤为明显。德国人道主义思潮呈现出如下特点：

一是它更具有哲学的抽象性和思辨性。法国资产阶级的现实的政治和经济要求，在德国资产阶级那里变成了抽象的哲学要求。马克思曾是一个费尔巴哈主义者，他一度接受了费尔巴哈的人本主义思想，借助费尔巴哈批判黑格尔以及国民经济学家的思想。费尔巴哈的人文主义是人道主义的一种特殊形态。费尔巴哈人文主义哲学体现出的人道主义，特别突出人以及人性，尤为高扬人的意义，但他又把"人"限于纯粹哲学思辨的范围内。

二是它把理性和辩证法导入人道主义理论。康德将人界定为"有理性的从事理论活动和实践活动的自律而又自主的主体"。黑格尔将理性的能动作用推向了极端。他认为，人权不是天赋的，而是历史形成的。黑格尔提出"定在中的自由"，认为自由不能脱离现存的国家制度、自由是发展的思想等，以及费尔巴哈关于人与自然统一的观点，都极大地丰富了人道主义的理论内容。

三是它把历史过程变成思辨的产物，用"人"和"人性"异化去说明社会的矛盾和历史的演进。赫尔德认为"人道是人类天性的目的"。他指出："各个民族的全部历史，便像是一个竞赛学校，教人去夺取人道和人类尊严的最美丽的花冠。"① 费尔巴哈把人的"意志力""理性""爱"这些"绝对本质"归结为人的自然性，把宗教的本质视为人的本质的异化，把历史解释为异化以及扬弃异化的过程。它的影响具有双重性，一方面表现在增强了人道主义理论的哲理性，另一方面表现在使人道主义更加抽象化。总体上来讲，人道主义是一种态度，不是教条，不是道德理论。

人道主义的核心观念是人要为自己思考，自己做出生活选择，也要为自己的选择承担责任。苏格拉底认为"未经思考的人生不值得过"，因为那是别人选择决定的生活。宗教要人们按照教条行动和生活。在中世纪，不相信宗教的教条就是犯罪。宗教的问题是让人们不用思考，而只是服从、只要相信。而人道主义让人们自己做思考，自己去探索。

自然主义思潮、人道主义思潮，均是一个历史范畴，是在资产阶级兴起与革命中孕育而生的。随着资本主义的发展，其内容与作用也在发生新的变化。资产阶级在与封建主义作斗争时，促使更加多的民众参加革命运动，积极宣传人道主义理念。它帮助人们认识到宗教的虚伪与罪恶，觉察到封建意识形态是奴役民众的精神枷锁，在开启民智上具有历史进步意义。然而，当资产阶级战胜了封建势力，取得了统治权以后，就抛却了蒙在其上的面纱，暴露出这些思潮的虚伪本质。

自然主义与人道主义均是以唯心主义历史观为思想基础的，在自然

---

① 《从文艺复兴到十九世纪资产阶级文学家艺术家有关人道主义人性论言论选辑》，商务印书馆1971年版，第439—444页。

观上尽管带有某些唯物主义色彩，但并不具有深刻性。[①] 诚如列宁所言："无论是人本主义原理，无论是自然主义，都只是关于唯物主义的不确切的肤浅的表述。"[②] 对自然主义、人道主义等思潮，我们需要作历史的、辩证的、全面的分析，对这些思潮在理论上存在的不足需要有正确的认识。这些在历史上产生过巨大作用的社会思潮，同样影响了马克思社会发展合力理论的形成，构成了该理论得以产生的重要文化背景。

---

① 靳辉明：《思想巨人马克思》，中国社会科学出版社 2018 年版，第 12—14 页。
② 列宁：《哲学笔记》，人民出版社 1974 年版，第 78 页。

第三章

马克思社会发展合力理论的思想之源

　　高远精深的理论孕育于丰富充实的思想传统之中。马克思社会发展合力理论是在批判性地吸收西方古今丰厚理论营养的基础上绽放出来的精神瑰宝。生长于西方传统之下的马克思，其思想深处不可避免地受到古希腊罗马古典哲学思想、基督教神学思想、文艺复兴以及启蒙运动以来的理性思想的影响。海德格尔指出："所有伟大的事物，都只能从伟大发端，甚至可以说其开端总是伟大的。"马克思对社会发展合力问题深刻而极富远见的思考，是以对前人伟大思想的继承与超越为基础的。

　　德国古典哲学是马克思社会发展合力理论最直接、最主要的思想之源。① 对青年黑格尔派展开批判，是马克思清算自己从前哲学信仰的主要方式。马克思借此高高举起了新唯物主义的大旗，围绕社会发展合力问题形成了极富建树的理论成果。马克思社会发展合力理论，从世界观和方法论的角度加以审视，德国古典哲学的精神遗产极为厚重。

　　社会发展合力赖以形成的一大关键，是规范主体在世界中的位置。对马克思拨开社会发展的层层迷雾，初见社会发展合力"蓝天"起到至关重要作用的有康德、黑格尔、费尔巴哈等。就马克思社会发展合力

---

　　① 李维意：《马克思世界交往理论研究》，人民出版社 2021 年版，第 85 页。

理论的萌发而言，有必要指出康德有关"自然目的论"、黑格尔有关"主观意识批判"、费尔巴哈有关"人本主义"等哲学命题对马克思社会发展合力理论形成的重要性。康德的启蒙理性主义哲学、黑格尔的法权—国家哲学、费尔巴哈的人本主义哲学之于马克思社会发展合力萌发的重要性在于，深化了对何为"自我"或"自我意识"的认识。还原历史语境、厘清马克思对康德启蒙理性主义逻辑鸿沟的弥合、对黑格尔法权—国家哲学逻辑错位的颠倒、对费尔巴哈人为本主义哲学逻辑缺陷的克服，有助于清晰、准确地把握由其所创立的社会发展合力理论。

一　马克思对康德启蒙理性主义哲学逻辑鸿沟的弥合

马克思社会发展合力理论，滥觞于德国古典哲学的思想沃土之中。德国古典哲学的代表性人物，从时间顺序上排在第一位的当属康德。康德生活在 18 世纪，却定格在 19 世纪。[①] 关于康德在西方哲学史上的重要性，有人做过各种各样的比喻。有的人把康德和康德的哲学思想比作"一座桥"，意思是说要从古代哲学走向近代、走向现代，就必须通过康德哲学。有的人把康德和康德的哲学思想比作"一个蓄水池"，意思是说古代的哲学都流向康德和他的哲学这个池子，然后又从这个池子流向现在。还有的人把康德的哲学思想形容为"接力棒"，通过费希特、黑格尔、费尔巴哈等人之手传递到马克思那里，并且得到发扬光大。[②]

康德的启蒙理性主义哲学对于马克思社会发展合力理论的形成具有重要影响，然而囿于这一哲学所固守的二元论立场，其在社会发展的必然性与人的自由性、人的社会性与非社会性、人的理性与非理性之间始

---

① 李维意：《马克思世界交往理论研究》，人民出版社 2021 年版，第 85 页。
② 侯志水：《马克思社会交往理论的当代阐释》，博士学位论文，吉林大学，2006 年。

终存在难以克服的矛盾。马克思有力弥合了康德启蒙理性主义哲学在现象与本体、社会性与非社会性、理性与非理性之间所规设的逻辑鸿沟，为认识社会发展问题拓宽了新的致思路向。

（一）马克思弥合了康德启蒙理性主义哲学在自然与自由之间所规设的逻辑鸿沟

康德启蒙理性主义哲学围绕四个问题进行了深度思考。分别为：我能够认识什么？我应该做什么？我可以期望什么？人是什么？康德流传于世的有三大批判，分别是《纯粹理性批判》《实践理性批判》以及《判断力批判》。涉及科学知识、自然的问题，康德用纯粹理性批判来回答；涉及道德问题，康德用实践理性批判来回答；涉及宗教问题，康德用判断力批判来回答。

总体上讲，康德一生关注两大问题：第一个大问题是科学知识的问题，是自然的问题，是关于真理知识的必然性、规律性的问题；第二个大问题是伦理道德的问题，也就是自由的问题，也就是人的问题。我们可以这几个问题为线索，走近马克思社会发展合力的重要思想之源——康德启蒙理性主义哲学。

社会发展是有规律可循还是杂乱事件的堆积，是一个无法绕开的时代之问。康德站在理性主义的立场上，显然不能对后者表示认同。社会发展如果是杂乱事件的堆积，那么社会发展合力的形成规律也就无从被认识。既然社会发展合力的形成是有规律可循的，那么该如何看待人在规律形成中的作用？人的主体性自由与客观规律该怎样协调？康德对此种种问题的化解，主要是基于所谓的"自然目的论"。

社会的发展与进步具有似自然性。在阐明社会的这种特性之前，康德在1784年所发表的论文——《关于一种世界公民观点的普遍历史的理念》，首先分析了大自然的发展不可能是盲目的、没有秩序的。康德指出："一种造物的所有自然禀赋都注定有朝一日完全地并且合乎目的地展开。"① 在他看来，自然不会没有任何理由地制造出没有实际用途的东西。康德进一步解释说："如果我们放弃那个原理，那么，我们就不再有一个合乎法则的自然，而只有一个茫无目的地戏耍着的自然；而且取代理性的导线的，是令人沮丧的盖然性。"② 他在此所指称的"那个原理"，指的是合目的性。在康德看来，大自然的发展是有规律性的。没有意志作用的、茫无目的地戏耍着的自然是不可想象的。康德在此是借用自然目的论，为信仰留出余地。康德的身上，有令人折服的两面性。康德墓地的铜杯上镌刻着这位哲人的名言："有两样东西，我们愈是经常和持久地加以思考，心中就愈是充满日新月异、有加无已的赞叹和敬畏，这就是头上的星空和心中的道德法则。"康德一面朝向星空，另一面朝向心中的道德法则。③ 头顶的"璀璨星空"实则是在分析认识论问题，而心中的"道德法则"实则是在阐述伦理学问题。

康德在《纯粹理性批判》中，对传统认识论进行了批判和改造，在认识论领域进行了一场哥白尼式的哲学革命。在康德看来，传统的哲学、传统的认识论路线是存在问题的。康德认为，传统的哲学，在认识论上一直奉行认识符合对象的路线。事实上，在康德之前，尤其是经验论中的休谟对这条路线已经提出了质疑。休谟提出的质疑从理论上来讲是有力度的。人们往往认为，休谟对康德以及他的哲学思想的形成发挥了决定性的作用。康德也说过，是休谟将他从"独断论"的迷梦中唤醒。康德想通过一场革命，重建知识学和哲学。既然传统的认识论路线出现了问题，那么就要开辟新的路线。新的路线不是认识去符合对象，而是对象去符合认识。但是，按照传统的理解，诸如自然等对象是无法符合认识的。为解决这一问题，康德将对象作为区分，他将独立于意识之外，不以意志为转移的对象称为"自在之物""物自体""物自身"。

---

① 《康德著作全集》第 8 卷，李秋零主编，中国人民大学出版社 2013 年版，第 25 页。
② 《康德著作全集》第 8 卷，李秋零主编，中国人民大学出版社 2013 年版，第 25 页。
③ 韩毓海：《马克思的事业：从布鲁塞尔到北京》，中国人民大学出版社 2018 年版，第 53 页。

当这个自在之物还没有向人展开、还没有显现于人时，它是封闭的、外在于人的，所以我们无法认识。尽管这个"自在之物""物自体""物自身"还没有向人展开，还仍然是封闭的，但是它要刺激人们，给人们提供一些材料，人们会接受这些材料并且对它们进行加工、整理、组织。经过人们加工、整体、统一、综合之后，这些材料就整理成了认识论上的对象，这个对象康德将之称为现象。故此，康德所说的对象有两个含义，一个是现象，另一个是自在之物。符合认识的对象就只能是现象意义上的对象。

传统哲学的认识路线之所以出现问题，深层次的原因在于没有考察人的理性。但是理性是一种看不见、摸不着也即形而上学的东西。虽然人们不能直接考察理性，但可以通过考察理性的产品、理性的结果也就是知识入手。康德通过考察人类的知识去考察理性。康德认为单独的一个概念不是知识。要成为知识，至少得是一个判断。康德紧接着从两个角度对判断做出了分类：一个角度是从判断的起源上来看，有的判断来源于经验，经验是后天的，因此这类判断是后天判断；还有一类判断不需要经过经验，它先于经验，这样的判断叫作先天判断。先天判断与后天判断的不同在于，后者来自经验，它当然具有经验的内容。但是，正是源于它是来自经验的，所以它具有或然性、偶然性、特殊性、个别性。也就是说，它不具有普遍性、必然性。而先天判断不是来自经验，这种判断尽管缺少经验内容，但它具有普遍性、必然性。

康德在《判断力批判》中，将自然目的论视为理解社会的一条现实导线。[①] 他指出："自然那作为纯然的机械作用来看，能够以上千种别的方式来形成自己，无须恰恰就遇上按照这样一个原则的统一体，因此，人们唯有在自然的概念之外，而不是在自然的概念之中，才可以希望遇到这方面起码的先天根据。"[②] 单凭自然作为纯然的机械作用，别

---

① 李军时：《马克思对康德历史哲学三重矛盾之解决》，《教学与研究》2023 年第 11 期。
② 《康德著作全集》第 5 卷，李秋零主编，中国人民大学出版社 2013 年版，第 374 页。

说理解复杂的生物体，就连认识一株小草的构造都是极为困难乃至不可能的。因此，在自然的概念之外，设定一个先天的根据也就是康德所指出的"自然目的"，我们才能更好地理解自然。

作为启蒙理性主义哲学家，康德提出了自然目的论，旨在弥合自然与自由之间存在的逻辑鸿沟。然而，这种弥合却存在着明显的矛盾。这表现在：自然合目的性仅仅是认识论意义上知性对世界进行统一把握的导线，仅仅是人的理性的一种观念。诚如康德所言："自然按照对我们的认识能力来说的合目的性原则……它不是规定性的判断力的一个原则，而纯然是反思性的判断力的一个原则。"① 自然的运行或许是不以人的主观意志为转移的，然而我们只有将自然想象为按照某种原则运行，才能使它的那些杂乱的经验性感性成为知识。自然合目的性仅仅是人对无方向的自然赋予方向，并据此而将自然杂多性统一起来，借以获得对自然的整体性认识，康德的这种弥合并不具有本体论上的意义，自然与自由之间无从实现现实的统一。康德提出自然目的论，与其说他沟通了自然与自由，毋宁说他使自然与自由之间的逻辑更加清晰而彻底地展现了出来。根源于本体论上的康德启蒙理性主义哲学存在自然与自由之间所规设的逻辑鸿沟，弥合这一逻辑鸿沟的历史任务，是由马克思通过开展本体论革命而真正完成的。

马克思创立的唯物主义历史观，是一种新唯物主义。它克服了旧唯物主义缺乏主体能动性的弊病，对唯心主义能动的一面予以了肯定。在新唯物主义问世以前，第一个以能动性原则调和经验论和唯理论的第一人是康德。他通过物自身赋予世界以客观实在性，通过先验的范畴赋予主体以能动性，从而建构起批判的理性本体论。可是，康德的能动性仅仅是抽象的思维的能动性，这与马克思现实的感性的能动性之间仍存在着巨大的本体论鸿沟。为弥合这种鸿沟，马克思开展了一场彻底的本体

---

① 《康德著作全集》第 5 卷，李秋零主编，中国人民大学出版社 2013 年版，第 195—196 页。

论革命。马克思将现实的世界理解为人的"对象性的活动"本身，强调把存在者的存在置于感性活动的过程之中。这一本体论既非无主体性的对客观世界本体的探求，也并非无客观性地对主体认识原理的探求，而是对主体与客体辩证关系的探求。这一本体论使马克思哲学同以往一切旧哲学划清了界限，也使康德二元论体系得到彻底检视，自由与自然的对立得以消除。

劳动是马克思对旧哲学展开批判的立足点，他将之视为一种感性的实践活动。通过开展这种实践活动，自在自然不断地进入人的视野，而成为人化的、现实的自然。人确证自己能动性力量的重要途径，正是通过对自然施加影响而实现的。对象化的自然之于人的存在而言，既是对人的束缚，也是人自由的展现。实践概念的引入，促使人与自然实现了矛盾统一，而不是康德那里两者为矛盾的对立。

在马克思看来，历史不是外在于人的自然史，也不是通过人表现某种超人目的的历史，历史蕴含着人与自然的互动交错。[①] 马克思强调："环境的改变和人的活动或自我改变的一致，只能被看做是并合理地理解为革命的实践。"[②] 他强调："人创造环境，同样，环境也创造人。"[③] 这里的环境与前面的自然相比，在内涵上更为丰富，它包括了人的活动作用于自然时产生的一切成果，并成为人开始新的活动时的既有基础。

历史不仅仅是人与自然之间，也是人与自身创造成果之间的交流互动，从而形成既体现人的自由创造又体现环境对人束缚的历史动态发展过程。人类正是通过不断地开展实践活动，促使自然和自由得以达到现实的、真正的沟通，它极大地超越了康德所理解的由理性所规设的自然目的论的沟通。

---

① 李军时：《马克思对康德历史哲学三重矛盾之解决》，《教学与研究》2023 年第 11 期。

② 《马克思恩格斯文集》第 1 卷，人民出版社 2009 年版，第 500 页。

③ 《马克思恩格斯文集》第 1 卷，人民出版社 2009 年版，第 545 页。

（二）马克思弥合了康德启蒙理性主义哲学在社会性与非社会性之间所规设的逻辑鸿沟

康德设定自然目的论，从一定程度上来讲，仅仅是社会发展必然性的前提假设。他只是用自然比拟社会发展的方向性。社会发展具有似自然性，但社会发展的进程毕竟不能等同于自然的进程。关于自然目的论所预设的社会发展图式怎样在人身上实现，康德力图用人的社会性与非社会性这两种对立的倾向加以解决。

在康德看来，自然赋予了人类以区别于动物本能的理性和自由。人类依靠它们，获取了自身生存所需要一切。与此同时，人的欲望也不断地被释放。人的欲望推动着人的自然禀赋不断发展。而发展人的自然禀赋的手段，正是它们在社会中的对立，康德将之称为"非社会的社会性"。康德强调，通过非社会性体现出来的社会性造成了人与人之间的对抗，这种对抗唤起了人的本质力量。在康德看来，自然赋予人以"理性"，并不仅仅是为了人的幸福，还是为了人的道德。自然的最后目的，是道德的人创造出道德的文化。①

在康德看来，由于人的"非社会的本性"在社会中处处遇到的阻力，因此，"正是这种阻力才唤起了人类的全部能力，推动着他去克服自己的懒惰倾向……于是就出现了由野蛮进入文化的真正第一步，而文化本来就是人类的社会价值之所在；于是人类全部的才智就逐渐地发展起来了，趣味就形成了，并且由于继续不断的启蒙就开始奠定了一种思想方式，这种思想方式可以把粗糙辨别道德的自然禀赋随着时间的推移而转化为确切的实践原则。"②

文化及人的才能的发展，使人不完善的理性日臻完善，从而"把那种病态地被迫组成了社会的一致性终于转化为一个道德的整体"③。因

---

① 郑忆石：《社会发展动力论：从马克思到西方马克思主义》，重庆出版社 2012 年版，第 23 页。
② ［德］康德：《历史理性批判文集》，何兆武译，商务印书馆 2005 年版，第 7 页。
③ ［德］康德：《历史理性批判文集》，何兆武译，商务印书馆 2005 年版，第 7 页。

此，"这种趋向的自然推动力、这种非社会性的及其贯彻始终的阻力的根源——从这里面产生出来了那么多的灾难，然而它同时却又推动人们重新鼓起力量，从而也就推动了自然禀赋的更进一步发展"①。为此，康德的结论是"一切为人道增光的文化和艺术、最美好的社会秩序，就都是这种非社会性的结果"②。人在社会中，为了能够生存，必须结成各种现实的、具体的物质利益关系，而人的理性的发展，最终将促使人从这种受制性的关系转为一种"道德和谐体"。

社会发展合力的形成需要协调、解决人的社会性与非社会性的矛盾。形成社会发展合力的主体是一种社会生物而非自然生物。康德的启蒙理性主义哲学受到了英国道德利己主义哲学的影响，比如 Mandeville 指出："如果人仍然保持原始的纯真，继续享受着纯真相随的幸福。那么，他永远不可能变成现在这样的社会生物。"③ 康德对社会发展所持的态度是一种悲观中的乐观。他呼吁人类要勇敢地使用理性，理性的使用在初始阶段会产生恶，但其最终会促使社会得到道德的整体。康德一方面在伦理学的视域中大谈道德并且将之视为一种不带任何杂质的纯粹实践理性的道德，在他眼中，缺乏纯粹性道德非但不成为道德，甚至会背道而驰；另一方面他又在历史学的视域中强调道德的反面——恶劣的情欲以及由此带来的非社会性的争斗是社会发展的动力。康德始终未能为理性建立道德，然而理性又是杀伤道德的致命武器。④

康德在《道德的形而上学奠基》中，强调理性的真正使命不能是在其他意图中作为手段，而是"就自身而言就是善的意志"⑤。康德通过社会性与非社会性，力图解决并不美好的人性与所展望美好社会之间存在的矛盾。康德的初始立场是通过自然目的论过度到道德目的论，而

---

① ［德］康德：《历史理性批判文集》，何兆武译，商务印书馆 2005 年版，第 8 页。

② ［德］康德：《历史理性批判文集》，何兆武译，商务印书馆 2005 年版，第 10 页。

③ Mandeville, *The Fable of the Bees: or Private Vices*, Public Benefits, Vol. 1, Clarendon Press, 1924: 24.

④ 李军时：《马克思对康德历史哲学三重矛盾之解决》，《教学与研究》2023 年第 11 期。

⑤ 《康德著作全集》第 4 卷，李秋零主编，中国人民大学出版社 2013 年版，第 403 页。

自然最终的目的在于理性完善基础上的道德实现。然而，靠理性自由地发展大道这一境地，康德的立场是矛盾且不确定的。导致康德通过多种努力解决矛盾而结果不尽如人意的根本在于本体论。不深入本体论这层土壤，所有解决方案都很难收获令人满意的结果。

近代哲学的变革被称为本体论向认识论的转向，但这种转向不是取消本体论，而是对本体论的进一步深化。康德认为人类有限的理性是无法认识世界本体的。探讨世界的本体，不过是探讨人类面对的作为现象世界时的最高认识原理。有研究者指出，"康德在哲学中引起的革命，其根本意义之一在于，对本体论研究处在事物一般的本质这种见解，揭示其病根，从而指出本体论应为知性论，是研究理性的本性的学问。"[①] 对世界本性的探求，必须处于理性的框架范围之内。康德的理性本体论是建基于将对象区分为现象与本体这一根本原则之上的。他认为，知性无法对其先天原理和一切概念作先验的运用，而只能作经验的运用。前者与一般物或自在之物相关，后者是当它仅仅与现象或者说一个可能经验的对象相关时的运用。康德由此将知性面对的世界划分为两个世界，即现象世界和本体世界。现象世界具有可知性，而本体世界具有不可知性。

倘若我们进一步地加以追问，知性为何无法作先验运用从而导致一个不可知的本体世界。康德对此给出的答案是，知性得以发挥作用的基础是感性提供的对象，人类所有认识都来源于关于实在对象的认识，而实在性唯有通过感性直观才能获得。这里存在的逻辑缺陷在于，康德以感性保障认识的实在性，可现实中又恰是感性将主体与对象区隔开来，为人们的认识设置了不可逾越的鸿沟。

康德启蒙理性主义哲学中有一个极为重要的概念——"物自身"也即"对象自身"。该概念的提出，在使本体界的自由成为可能的同

---

① 谢暇龄：《康德对本体论的扬弃——从宇宙本体论到理性本体论的转折》，华东师范大学出版社 2014 年版，第 64 页。

时，也促使现象界与本体界具有的逻辑鸿沟进一步加深。人的活动受自由意志支配，自然现象受自然规律支配，二者之间的对立愈加清晰地显现出来。在康德看来，作为意志现象的人类活动具有似自然性，也就是如其他自然事件一样，也受到自然规律的支配。但是，人类社会的发展是理性演进的历史，"当它宏观地考察人的意志之自由的活动时，它能够揭示这种自由的一种合规则的过程"①。

康德认为历史是无数事件的集合，它是人类行动的结果，其背后的作用是自由意志。由此，从认识论的角度来看，经验性的历史能够为人们所认识，这如同自然科学的研究对象能够为人们所认识一样，它们均是通过人的认知结构的整体而建立起来的。而本体有如事物自身，它是无法被人们认识的。

马克思引入实践概念，使得社会性与非社会性、现象与本体的对立得以消除。马克思认为，人类"第一个历史活动"是物质资料的生产。他将社会发展的必然性归结于人的物质实践规律，认为历史不过是人的实践活动在时间中的展开，这就从根本上否定了康德那里属人的理性，否定了通过这种历史作为社会发展所设定的"道德""至善"等原则或目的。康德认为人们之间对立最终将"成为一种合乎法则的社会秩序的原因"，没有办法跳出"纯粹理性"框架内寻找社会发展本质的泥淖。康德没有认识到现实的物质利益及其隐含的生产力和生产关系的矛盾运动在推动社会发展中所发挥的真正作用。

马克思对康德理性主义历史观进行了彻底的批判。马克思认为，道德本质上是由经济关系决定的社会意识。道德并不是历史发展的依据，道德发展的基础是物质生产实践的水平。② 马克思明确指出，在生产落后、人们极端贫困的情况下，发生争夺生活必需品的斗争将很难

① 《康德著作全集》第 8 卷，李秋零主编，中国人民大学出版社 2013 年版，第 24 页。
② 李军时：《马克思对康德历史哲学三重矛盾之解决》，《教学与研究》2023 年第 11 期。

避免，在那时"全部陈腐污浊的东西又要死灰复燃"①。人们身上的各种恶习和道德上的堕落，是由于所处的现实物质生活环境。"如果人们被置于只适合牲口的环境，那么他们除了起来反抗或者真的沦为牲口，是没有其他道路可走的"②。道德的进步绝非理性进步的结果，它从归根到底的意义上来看，是在感性的、物质性的需求推动下，人们生产实践活动水平不断提升的展现。这样，康德启蒙理性主义哲学在社会性与非社会性之间所规设的矛盾得到了消除。

（三）马克思弥合了康德启蒙理性主义哲学在理性与非理性之间所规设的逻辑鸿沟

在康德看来，人是有理性的自然存在者。他在"三大批判"③ 中，对人的"理性"进行了全面审视。在为"理性"划定作用范围的同时，他也为"信仰"腾出了地盘。康德通过"历史理性批判"，从"合目的性与合规律性""人的欲望"等方面，对制约社会发展的理性要素与非理性要素进行了解析。④ 康德论证"理性"对社会发展所发挥的作用，是从自然目的论出发的。人类社会发展是合规律性与合目的性的统一体。之所以能形成这一认识，源于康德从"实然"与"应然"的角度审视人类社会的发展，从"实然"的角度来看，人类社会的发展具有必然性，它服从一定的客观规律；从"应然"的角度来看，人类社会的发展具有目标性，它以实现人的自由为价值指向。

康德基于自然目的论，认为人的理性是自然所赋予的，而人的理性构成了人之为人的本质所在。自然给人所规定的任务，就在于最大限度地发挥理性的作用。诚如康德所言，"这些自然禀赋的宗旨就在于使用

---

① 《马克思恩格斯文集》第 1 卷，人民出版社 2009 年版，第 538 页。
② 《马克思恩格斯文集》第 1 卷，人民出版社 2009 年版，第 442 页。
③ "三大批判"：指的是纯粹理性批判、实践理性批判、判断力批判。
④ 郑忆石：《社会发展动力论：从马克思到西方马克思主义》，重庆出版社 2012 年版，第 22 页。

人的理性，它们将在人——作为大地之上唯一有理性的被创造物——的身上充分地发展出来"①。

人区别于动物之处在于具有理性。而人的理性的发展经历了漫长的发展过程。独立个体的生命是有限度的，人类社会发展所具有的合规律性，不能仅仅依靠独立的个体，而是必须要在作为类存在物的人这个物种上得以体现。康德强调："如果大自然仅仅给他规定了一个短暂的生命期限（就正如事实上所发生的那样）那么理性就需要有一系列也许是无法估计的世代，每一个世代都得把自己的启蒙流传给后一个世代，才能使得它在我们人类身上萌芽，最后发挥到充分与它的目标相称的那种发展阶段"②。人类理性的发展具有传承性，每一个世代把自己的启蒙流传给后一个世代，构成了由理性联系起来的人类社会发展历程。世代相传的"理性联系"，是不以人的主观意志为转移的。就人类社会的发展而言，尽管人们的活动总是以偶然的、个人的动机为转移，但从中总可以发现，人们的行为受到客观规律的制约。"个别的人，甚至于整个的民族，很少想得到：当每一个人都根据自己的心意并且往往是彼此互相冲突地追求着自己的目标时，他们却不知不觉地是朝着他们自己所不认识的自然目标作为一个引导而在前进着，是为了推进它而在努力着"③。

作为个体性的人，都有自己的意志、愿望与动机，虽然这些意志、愿望、动机不尽相同甚至存在冲突，但他们都受到"自然目标"的牵引，为"自然目标"的达成而不懈努力。"自然目标"的设定并不尽然为人所知，趋向目标的行动也并不尽然具有目的性，但却是为全部参加者所共有的且其是合乎理性的。④ "根据这种自然的目标被创造出来的

---

①　[德] 康德：《历史理性批判文集》，何兆武译，商务印书馆 2005 年版，第 4 页。
②　[德] 康德：《历史理性批判文集》，何兆武译，商务印书馆 2005 年版，第 4 页。
③　[德] 康德：《历史理性批判文集》，何兆武译，商务印书馆 2005 年版，第 2 页。
④　郑忆石：《社会发展动力论：从马克思到西方马克思主义》，重庆出版社 2012 年版，第 22—23 页。

人，虽则其形成并没有自己的计划，但却可能有一部服从每种确定的自然计划的历史"①。

理解人类社会发展的出发点，需要从自然给人规定的任务出发，根据康德的提示，这一任务就是最大限度地发挥人的理性能力。

康德把人的理性能力区分为知性（Verstand）和理性（Vernunft）。他将人的认识划分为三个阶段。第一阶段是感性形式时间与空间的结合，形成知觉。第二阶段是知性形式概念与知觉结合，形成经验。前两个阶段，是在知识的范围之内。然而，人的理性能力不能就此止步，还应对全部知识加以综合，以形成第三阶段形而上学的知识。发挥这个综合的理性能力，是比知性高一个等级的，康德将之称为理性。理性所追求的是最高的综合，是把世界的全部现象置于思想的最高统一性之下，实际上也就是试图把握人类社会发展的整体面目及其本质，形成关于自在之物的知识，而从实际来看，这是不可能实现的。②

康德从自然目的论出发，证明"理性"对于社会发展具有重要作用的同时，还论证了非理性的"恶欲"在社会发展中所具有的推动性作用。在康德看来，人类社会是自由和理性发展的历史。从理性的角度来看，自然限制了人的自由，人的活动是必然性的产物。康德指出，自然既然"把理性和以理性为基础的意志自由赋予了人类，这就已经是对她所布置的目标的最明显不过的宣示了。这就是说，人类并不是由本能所引导的，或者是由天生的知识所哺育、所教诲着的；人类倒不如说是要由自己本身来创造一切的"③，"在人类事物的这一进程中，有一长串的艰辛困苦在等待着人类。可是看来，大自然却根本就不曾做任何的事情来使人类生活得安乐，反倒是要使他们努力向前奋斗，以便由于他们自身的行为而使他们自己配得上生命与福祉"④。

① ［德］康德：《历史理性批判文集》，何兆武译，商务印书馆2005年版，第3页。
② 周国平：《西方哲学史讲义》下，深圳出版社2023年版，第106页。
③ ［德］康德：《历史理性批判文集》，何兆武译，商务印书馆2005年版，第5页。
④ ［德］康德：《历史理性批判文集》，何兆武译，商务印书馆2005年版，第6页。

康德肯定了人所具有的自然本性。在人所具有的自然本性中，"恶"具有基本性，它以满足"私欲"为基本特征。人性中的"恶"在社会心理层面的表现，就是"对抗性"。在康德看来，"恶"是"大自然使人类的全部禀赋得以发展所采用的手段"。一部人类社会发展史，就是一部由恶欲编制而成的演化史。康德通过人的行为造成的客观结果，阐明了人的"恶"在社会发展中的作用。从康德对"恶"在社会发展作用的揭示中，可以看到，尽管康德将自由视为人的真正自由，但他又揭示了自由还表现为人对其行为动机的自主选择。基于感性欲望的"恶"，激发了人的竞争性。

康德从人的"私欲"中，认识到人的非理性的"欲望"对社会发展具有重要的推动性作用。[1] 在他看来，"恶"的产生具有不可避免性，但又是值得的，是作为"类"的进步不可缺少的痛苦环节，甚至是一种"收获"。康德一方面不断质疑理性，另一方面又无限抬高理性。在对理性的认识上，陷入了"二律背反"之中，[2] 这在有意无意地终结理性作为社会发展的唯一动力，为马克思社会发展合力理论的形成推开了大门。

康德启蒙理性主义哲学在理性与非理性之间所规设的逻辑鸿沟该如何弥合，"对象性活动"概念的提出，使这一难题迎刃而解。马克思强调："一个种的全部特性、种的类特性就在于生命活动的性质。"[3] 人的类特性就是自由而有意识的活动。这就是说，人的本质贯穿于人的生命活动过程，表现为这种生命活动的性质。既然判断一个物种的存在方式是看其生命活动的形式，人是在利用工具改造自然的过程中维持自身的生存和发展的，那么实践活动就成为人的立命之本，构成人类的特殊生

---

① 郑忆石：《社会发展动力论：从马克思到西方马克思主义》，重庆出版社 2012 年版，第 24—25 页。

② 郑忆石：《社会发展动力论：从马克思到西方马克思主义》，重庆出版社 2012 年版，第 22 页。

③ 《马克思恩格斯全集》第 42 卷，人民出版社 1979 年版，第 96 页。

命形式或存在方式①。在这种活动中，"理性的人"和"非理性的人"达到有机统一，人成为真正的整体的人。

关于人类社会如何发展，才能使作为自然禀赋的道德性物种的人类与作为自然物种的人类不相冲突，康德在《人类历史揣测的开端》中指出："生物的禀赋根本不是设立在文明状态上的，而仅仅是设立在作为动物物种的人类的保存上的；因此，开化状态就与后者陷入了无法避免的冲突，唯有一种完善的公民宪政才能取消这种冲突。"② 在他看来，由恶向善从根本上需要依靠外在法权的力量。

康德呼唤建立一个普遍管理法权的社会，这个社会是"一个在其中可见到外在的法律之下的自由在最大可能的程度上与不可违抗的强制力相结合的社会，也就是说，一种完全公正的公民宪政"③。康德意识到基于道德建立一个美好的社会并不现实。社会发展合力的形成，全然依靠道德同样并不实际。但脱离了道德上"善的社会"，诚如康德所言，也仅仅是"硬装的体面"。康德故此认为自然的最高任务要求一种依靠外在法权的"公民宪政"。他指出："唯有在公民联合这样一种樊笼中，同样这些偏好才随之造成最好的结果：就像一片森林中的树木一样，正是因为每棵树都力图夺取别的树的空气和阳光，它们就互相迫使到自己的上方去寻找空气和阳光，并由此长得漂亮、挺拔。"④ 以树为喻透露出了感性需求是社会发展合力得以形成的重要因子，社会文明来源于显得并不文明的物质性需求。然而，康德囿于总体上的理性主义立场，使之所认为的"公民宪政"不是在人们物质利益的冲突中自然诞生的，而是理性着眼历史的目的设计出来的。在外在法权是需要道德支撑还是道德成长需要外在法权约束指引上，康德陷入了循环论证。

---

① 李军时：《马克思对康德历史哲学三重矛盾之解决》，《教学与研究》2023 年第 11 期。
② 《康德著作全集》第 8 卷，李秋零主编，中国人民大学出版社 2013 年版，第 119—120 页。
③ 《康德著作全集》第 8 卷，李秋零主编，中国人民大学出版社 2013 年版，第 29 页。
④ 《康德著作全集》第 8 卷，李秋零主编，中国人民大学出版社 2013 年版，第 29 页。

马克思认为，"社结构和国家总是从一定的个人的生活过程中产生的"①。社会的进步不是理性设想出来的，外在法权绝不是理性在观念中制定出来的事物。在他看来，社会的发展孕育于生产力与生产关系的矛盾运动之中。在马克思眼中，康德所要建立的"公正的公民宪政"颠倒了国家与利益冲突的逻辑关系。进一步来讲，是没有看到国家的出现是利益冲突导致的结果。康德并非没有意识到"公民宪政"的虚幻。他对"公民宪政"做了修补性的扩大，指出建立完善的"公民宪政"取决于"一种合法的外部国际关系"②。在经过国与国之间的蹂躏、颠覆等悲惨消耗以后，理性会告诉人们，人类社会需要建立一个"国际联盟"。康德力图用理性的设计解决现实的利益冲突，矛盾并没有真正地得到解决。

马克思虽然不认同康德的公民宪政观念，却批判性地继承了康德有关成立"国际联盟"的思想。他认为，人们的交往随着生产力的发展不断扩大，地域性的历史将成为世界历史，国家这样的虚幻共同体将被自由人联合的真正共同体所取代。

从形式上来看，康德"国际联盟"与马克思"自由人联合体"具有相似性，但实则二者具有质的差别。比如说，康德所理解的"国际联盟"，是通过自然禀赋的充分发展，借以达到自由和谐的道德生活境界。这种自然禀赋具有先验性，来源于大自然神意的能力，这种设想并不具有现实性。马克思提出的"自由人联合体"是建立在物质生产实践水平之上的，是作为"经验的存在的"历史发展的现实。再比如，康德所理解的"国际联盟"，是哲学的"千禧年"，是一个完结的历史顶点。而马克思理解的"共产主义"，不是应当确立的理想状况，而是"消灭现存状况的现实的运动"③，它不是一种完结的社会形式，而是人的实

---

① 《马克思恩格斯文集》第1卷，人民出版社2009年版，第524页。
② 《康德著作全集》第8卷，李秋零主编，中国人民大学出版社2013年版，第31页。
③ 《马克思恩格斯全集》第3卷，人民出版社1960年版，第40页。

践活动持续发展的过程。

长期以来，在马克思主义哲学研究领域，存在着"以康解马"的传统。① 从马克思社会发展合力理论的思想之源来看，其很多观点与康德有着紧密的联系。但是从马克思将人的自由全面发展、人类社会统一为一个宏大历史进程而言，他的理论视野更加地宏大与深邃。追溯康德启蒙理性主义哲学提出的问题、展现出的矛盾，有助于更加深刻地认识到马克思基于实践的本体论革命所彰显的时代意义。诚如杨祖陶先生所提到的，马克思的实践能动性原则是"康德最先提出的同客体处于外在的对立和联系中的自我意识能动性原则之否定的否定，因而是从康德开始的德国古典哲学的主观能动性原则螺旋式向前进展的终点"②。由康德启蒙理性主义哲学展现出的自然与自由、社会性与非社会性、理性与非理性等多重矛盾，直到马克思这里才得到最终的、圆满的解决。

二 马克思对黑格尔法权——国家哲学逻辑错位的"颠倒"

海德格尔认为："没有黑格尔，马克思不可能改变世界。"③ 他这里明显过分夸大了黑格尔对马克思及其思想所产生的作用。但也在相当程度上揭示了黑格尔及其思想对马克思伟大思想的形成施加了重要影响。马克思充分汲取了黑格尔法权——国家哲学的"合理内核"。对黑格尔"合理内核"的理解，除了其辩证法，还包括一系列历史唯物主义的思想闪光④。黑格尔作为马克思的老师，对他创立社会发展合力理论所产生的影响具有首位性。但作为弟子的马克思，并没有照抄照搬黑格尔的

---

① 李军时：《马克思对康德历史哲学三重矛盾之解决》，《教学与研究》2023 年第 11 期。

② 杨祖陶：《德国古典哲学的逻辑进程》，人民出版社 2016 年版，第 308 页。

③ ［法］F. 费迪：《晚期海德格尔的三天讨论班纪要》，丁耘译，《哲学译丛》2001 年第 3 期。

④ 李维意：《马克思世界交往理论研究》，人民出版社 2021 年版，第 85 页。

思想。他指出，"我敢于以批判的态度对待我的老师（黑格尔），剥去他的辩证法的神秘外壳。"①

马克思颠倒了黑格尔的唯心辩证法，创立了唯物辩证法，使得黑格尔头足倒置的辩证法终于以脚立地了。马克思正是通过批判性地继承黑格尔的精神遗产，把黑格尔"头足倒置的辩证法"改造为唯物辩证法，把"思想的内涵逻辑"改造为"历史的内涵逻辑"，把"市民社会—官僚等级—国家"改造为"市民社会—无产阶级—社会"，从而实现了由"解释世界"到"改变世界"的跨越。

（一）把黑格尔"头足倒置的辩证法"改造为唯物辩证法

马克思唯物辩证法是无产阶级认识世界并改造世界的锐利武器。这一武器不是凭空得来的，而是孕生于德国古典哲学的优良传统之中。辩证发展的思想是德国古典哲学的可贵传统。较之于先贤们的研究，德国古典哲学的辩证发展思想呈现出如下特征：

一是他们把这种思维方式全面、广泛地运用和贯彻到一切知识领域。黑格尔作为德国古典哲学的集大成者，在自己的哲学体系中，他把整个自然、历史和精神的世界描写为一个过程，认为自然、历史和精神的世界处在不断的运动、变化和发展之中。

二是德国古典哲学的辩证发展思想力求揭示出事物的内在联系，也即事物发展的规律性。辩证发展思想在黑格尔的唯心主义体系中，达到了普遍性和具体性的高峰。② 在恩格斯看来，近代德国哲学一开始就是以辩证法精神进行活动的。他指出，"这种近代德国哲学在黑格尔的体系中完成了，在这个体系中，黑格尔第一次——这是他的伟大功绩——把整个自然的、历史的和精神的世界描写为一个过程，即把它描写为处在不断的运动、变化、转变和发展中，并企图揭示这种运动和发展的内

① 《马克思恩格斯全集》第 50 卷，人民出版社 2016 年版，第 35 页。
② 朱传棨：《恩格斯哲学思想研究论稿》，人民出版社 2012 年版，第 477—478 页。

在联系。从这个观点看来，人类的历史已经不再是乱七八糟的，统统应当被这时已经成熟了的哲学理性的法庭唾弃，并最好尽快被人遗忘的毫无意义的暴力行为，而思维的任务现在就是要透过一切迷乱现象探索这一个过程的逐步发展的阶段，并且透过一切表面的偶然性揭示这一过程的内在规律性。黑格尔没有解决这个任务。他的划时代的功绩是提出了这个任务。"① 从这段论述中，大体可以总结出如下要点：

首先，黑格尔的唯心主义辩证法是德国古典哲学的伟大成就；其次，辩证的思维方式是可贵的，对人类社会发展做唯物主义的解释，要以这种思维方式为前提；最后，马克思哲学的直接理论前提是黑格尔的辩证法及其在社会发展中的应用，这种应用是经由马克思唯物地改造过的。诚如恩格斯给出的评价"黑格尔的方法在它现有的形式上是完全不能用的。它实质上是唯心的，而这里要求发展一种比从前所有世界观都更加唯物的世界观"②。

黑格尔法权——国家哲学所采用的方法存在逻辑上的错位，它所使用的是一种头足倒置的辩证法。为促使辩证法用脚立地，马克思对之作了一番透彻的批判。

黑格尔是哲学史上第一个以唯心主义的形式，系统性、综合地叙述辩证法基本规律的哲学家，他的最大功绩是恢复了辩证法这一最高的思维形式。③ 对于黑格尔，辩证法是绝对理念运动、发展、转化的一般规律，而绝对理念的发展是通过逻辑体系展开的，是从一个概念到另一个概念的逻辑推演过程，从这个角度来讲，它是逻辑学；同时，绝对理念的发展过程又是它的自我认识的过程，因而又是认识论。如此，黑格尔就在唯心主义的基础上提出了辩证法、逻辑学和认识论三者具有同一性的思想。

---

① 《马克思恩格斯文集》第 2 卷，人民出版社 2009 年版，第 601 页。
② 《马克思恩格斯全集》第 13 卷，人民出版社 1962 年版，第 530 页。
③ 庄福龄、冯景源、顾海良：《马克思主义史》，人民出版社 1996 年版，第 58 页。

黑格尔第一次全面地叙述了辩证法的一般运动形式。他最先把质量互变作为一条普遍规律提了出来，他着重阐述了对立统一即矛盾学说，他批评了康德把矛盾只限于理性本身的思想，提出矛盾的客观性和普遍性，指出矛盾存在于一切事物之中，是一切运动和生命力的根源。他还强调具体概念都是对立的统一，概念要实现自己，必须经过一个矛盾运动的过程，也就是"否定之否定"的过程。在他看来，"否定之否定"也就是"辩证的否定"，抽象的概念通过否定自身的抽象形式而走向具体。然而，概念的本性是抽象与具体的统一。因此，否定必须再次被否定，重新回到肯定，使否定和肯定，也即具体和抽象结合起来，这就是"否定之否定"。

"否定之否定"是对原来概念的扬弃，使原有概念的内容更为丰富，获得新的发展。同时，每一次"否定之否定"也是对原有概念的说明和返回，又是新的发展的出发点。

作为黑格尔学生的马克思，从老师身上汲取的不仅有深刻的辩证法思想，还有对于黑格尔哲学中内容部分的反思，其中最重要的部分就是黑格尔法权——国家哲学思想。

马克思阅读了黑格尔所著的《法哲学原理》，并对进行了系统性的批判，从而逐渐确立起了自己的唯物主义哲学立场。他批判黑格尔市民社会从属于政治国家的观点，得出不是国家决定市民社会，而是市民社会决定国家的论断；他批判黑格尔主张君主、官僚决定国家制度的英雄史观，阐发了人民创造国家的思想；他批判黑格尔在国家发展问题上否认有质变的进化论，提出必须经过真正的社会革命建立崭新的国家。此外，黑格尔有关人类社会发展历程的思想也对马克思思想的形成产生了不容忽视的影响。黑格尔将整个人类历史比作具有内在联系的有机体，他反对把人类社会发展视为无数偶然现象的堆砌，认为人类社会发展的历程，是不同时代不同民族的相互更替和相互变迁的向前运动过程，这一过程具有合规律性，从而提出了"世界历史"的思想。黑格尔对用人的思想、意志说明人类社会发展的观点表达了自己的不满，强调历史人物的表面动机和真实动机均不是历史事变的最终原因，人类社会发展的最终原因是绝对精神，它的本质是自由，精神的一切属性都是为了获得自由，伟大的英雄人物是"绝对精神的代理人"。

黑格尔有关人类社会发展进程的分析尽管在形式上具有抽象性，但他的思想发展却总是与世界历史的进程保持一致，从黑格尔关于社会发展历程的辩证批判中，人们可以得出唯物主义的结论。①青年时期的马克思是一个青年黑格尔派，黑格尔的法权——国家哲学是马克思关注的理论焦点。绝对精神的本质是自由，精神的一切属性都是为了获得自由。这样的论断强烈震撼了青年马克思的心灵。但他对黑格尔思辨哲学那种沉闷、迂腐的气息也感到不满。

马克思的博士学位论文对伊壁鸠鲁的原子论进行了阐发，这并不是偶然的。伊壁鸠鲁对"个体自由原则"的发挥，极好地切合了青年马克思的心境。马克思指出，"伊壁鸠鲁、斯多亚派和怀疑论者，我曾专门研究过，但与其出于哲学的兴趣，不如说出于政治的兴趣"②。在马克思看来，伊壁鸠鲁提出原子偏斜运动，并不是任意胡来。伊壁鸠鲁所指称的原子，象征的是个体的自我，而自我的本质正是自由。倘若原子仅仅在必然性的直线运动中，则代表它丧失了个体性与独立性；假若自由受制于外在的整齐划一行动，自由则丧失了自己。③卢克莱修对此做出了评价，伊壁鸠鲁之所以要提出原子偏斜运动，就是为了证明自由，就是为了打破命运的束缚。自由必然摆脱必然性，自由无须理由。马克思认为实践是人的存在方式，这种活动是专属于人的自由的，它不依赖于任何外在的形而上学等其他意识形态，恰恰相反，"意识在任何时候

---

① 郝立新、臧峰宇：《马克思主义发展史》第 1 卷，人民出版社 2018 年版，第 89—90 页。
② 《马克思恩格斯全集》第 29 卷，人民出版社 1972 年版，第 527 页。
③ 王时中：《自由无须理由——再论马克思对黑格尔哲学的"颠倒"》，《天津社会科学》2017 年第 6 期。

都只能是被意识到了的存在，而人们的存在就是他们的现实生活过程"①。

马克思力图构造一门"描述人类实践活动和实际发展过程的真正的实证科学"②。也就是以一种真正的知识来终止"意识的空话"。他在《〈政治经济学批判〉序言》中在提及社会发展变迁时，区分了两种上层建筑的变革形式，"一种是生产的经济条件方面所发生的物质的、可以用自然科学的精确性指明的变革，一种是人们借以意识到这个冲突并力求把它克服的那些法律的、政治的、宗教的、艺术的或哲学的，简言之，意识形态的形式"③。然而，以自然科学的精确性来构造社会形态的方式，这种理论构造如何能与人类实践活动的自由能动性相融通。马克思援引了黑格尔的辩证法。

在马克思看来，现实的人是"可以通过经验观察到的、在一定条件下进行的发展过程中的人"④。通过一定的方式将这种"能动的生活过程"描述出来，一方面能够去除意识形态对于现实的人的遮蔽与歪曲，建立一门真正的实证科学；另一方面可以激发人们改造社会的动机，解释的目的是改变。

马克思对黑格尔的辩证法，保持了一种"欲拒还迎"的态度。拒绝的原因在于，黑格尔将观念视为现实事物的创造主，颠倒了现实事物与思维过程的关系，对人的实践所具有的基础性与根本性予以抹杀；迎接的原因在于，"辩证法在对现存事物的肯定的理解中同时包含对现存事物的否定的理解，即对现存事物的必然灭亡的理解"⑤。

辩证法可以同时保持对现存事物的"肯定的理解"与对现存事物的"否定的理解"，这两种相反的理解被同时保存在一个"辩证的"理

---

① 《马克思恩格斯文集》第 1 卷，人民出版社 2009 年版，第 525 页。
② 《马克思恩格斯文集》第 1 卷，人民出版社 2009 年版，第 526 页。
③ 《马克思恩格斯全集》第 13 卷，人民出版社 1962 年版，第 9 页。
④ 《马克思恩格斯全集》第 3 卷，人民出版社 1960 年版，第 30 页。
⑤ 《马克思恩格斯全集》第 44 卷，人民出版社 2001 年版，第 22 页。

论逻辑之中。而这种思想，正是源于黑格尔法权——国家哲学的辩证法。但黑格尔的辩证法，仅仅是在理论逻辑内部的"左右逢源"。

辩证法经过马克思的改造，直逼理论逻辑的边界，从对现实的"肯定的理解"逼向了对现实的"否定的理解"。日本马克思主义研究者柄谷行人指出，经由马克思改造的唯物辩证法"并非仅仅是对黑格尔作了唯物论的颠倒，而是意味着从黑格尔式的问题构成本身走出来，实现了非连续性的变化"①。马克思站在"实际活动的人"的角度，力图构造一门解剖资本主义社会的实证科学，以刻画出这一实际活动"在意识形态上的反射和反响的发展"②。辩证法可以在"对现存事物的肯定的理解"中包含"对现存事物的否定的理解"。故而黑格尔法权——国家哲学的辩证法能够为马克思所吸收并将之改造为既可以客观描述现实的人之不自由状态，又能够从中倒逼出"真正的共同体"得以建立的必然性。马克思唯物辩证法颠倒了黑格尔的唯心辩证法，使之不再是理论逻辑内部的"执两用中"，使得"头足倒置的辩证法"终于能够以脚立地了③。

(二) 把"思想的内涵逻辑"改造为"历史的内涵逻辑"

列宁在《哲学笔记》中写道："不钻研和不理解黑格尔的全部逻辑学，就不能完全理解马克思的《资本论》，特别是它的第 1 章。"④ 这是说，黑格尔的逻辑学之于马克思的《资本论》等著作，具有理论先导意义。有研究者在探讨该问题时，做了一个简明的概括，即黑格尔逻辑

---

① ［日］柄谷行人：《跨越性批判——康德与马克思》，赵京华译，中央编译出版社 2011 年版，第 97 页。

② 《马克思恩格斯文集》第 1 卷，人民出版社 2009 年版，第 525 页。

③ 王时中：《自由无须理由——再论马克思对黑格尔哲学的"颠倒"》，《天津社会科学》2017 年第 6 期。

④ 列宁：《哲学笔记》，林利等校译，中共中央党校出版社 1990 年版，第 200 页。

学的内涵原则为马克思所继承，但是其纯思属性则被马克思摒弃。①

在人类社会发展中存在一个不容回避的重大课题，即人的创造性何以可能。社会发展合力的形成具有显著的主体创造性痕迹。马克思揭露了黑格尔哲学的唯心主义本质，他把深一层的理论关切放在了批判地改造辩证法方面，放在了论证黑格尔被抽象肯定的作为推动原则和创造原则的否定性。

黑格尔在《精神现象学》一书中写道："理性的自我意识通过其自身的活动而实现。"②《精神现象学》不是这部著作原初的标题，更准确的标题是："科学的体系，第一部分，精神现象学。"所以，其大标题或主标题是"科学的体系"。这部著作被归入或列入这个体系。因此，理解自我意识或精神，只能从它的这种内在任务出发才能得到把握。③黑格尔的自我意识或精神，是一种能动的、自我否定的精神。黑格尔自我意识或精神的存在方式，是异化和异化的扬弃。马克思将黑格尔强调的抽象能动性改造、还原为现实的东西，从而挖掘出辩证法否定性的推动力、创造力得以形成的结构来源和得以承载的真实根基。④

黑格尔法权——国家哲学存在双重的逻辑悖谬，其中第一重在于它将异化理解为"只是纯粹的即抽象的哲学思维的异化"⑤。他错误地颠倒了思维与存在的关系。马克思针对黑格尔有关精神异化的学说，提出了自己的见解。人的本质的异化，不是思维领域中的现象，而是人的本质通过私有制和异化劳动，"以非人的方式同自身对立的对象化"⑥。

---

① 张严、孔扬：《马克思如何把"思想的内涵逻辑"改造为"历史的内涵逻辑"——论马克思对德国哲学的批判继承》，《湖湘论坛》2015 年第 3 期。

② ［德］黑格尔：《精神现象学》上卷，贺麟、王玖兴译，商务印书馆 1979 年版，第232 页。

③ ［德］马丁·海德格尔、［德］英格特劳德·古兰特：《黑格尔的精神现象学》，赵卫国译，南京大学出版社 2018 年版，第 3 页。

④ 张严、孔扬：《马克思如何把"思想的内涵逻辑"改造为"历史的内涵逻辑"——论马克思对德国哲学的批判继承》，《湖湘论坛》2015 年第 3 期。

⑤ 《马克思恩格斯全集》第 3 卷，人民出版社 2002 年版，第 318 页。

⑥ 《马克思恩格斯全集》第 3 卷，人民出版社 2002 年版，第 318 页。

黑格尔颠倒思维与存在关系的错误，决定了他的另一个错误"对于人的本质力量的占有，首先不过是那种在意识中的占有"①。马克思据此发表了自己的看法。他指出："感性意识所指的人的感性认识，而不是一种抽象的感性意识，……要想实现真正人的现实的道路，需要依靠宗教、财富等。"② 马克思找到了一条使人的本质现实化的道路。这是他将黑格尔精神异化观存在的逻辑悖谬颠倒过来以后发现的一条新道路。马克思在此基础上，提出了实践观念。不将劳动的对象化与劳动的异化相区分，这一观念是无从被提出的。

马克思认为黑格尔"把劳动看作人的本质，看作人的自我确证的本质：他只看到劳动的一个方面，即积极的方面，忽视了它消极的方面"③。马克思看到了劳动具有两面性，他将劳动积极的一面界定为"对象化"，消极的一面界定为"异化"。马克思正是通过将抽象的精神劳动改造为客观对象化活动，来充实"对象化活动"这一概念的。

马克思将黑格尔提出的绝对观念理性能动原则与唯物主义的经验证实原则相结合，指出人的"对象性的产物仅仅证实了它的对象性活动……完全的自然主义或者完全的人道主义，与唯心主义、唯物主义都有区别，却把唯心主义和唯物主义结合在一起的真理……世界历史的行动只有在自然主义这一理论下才能够得到最好的解释"④。至此，为黑格尔所隐匿的否定的辩证法的结构来源，被马克思历史性地解蔽了。它正是人的感性的、自由自觉的对象化活动。人的对象性活动，是自为主体向自在客体的运动。自在客体由于人化所带来的物质成果又回归到主体本身，达到主体客体化与客体主体化双向运动的统一。⑤黑格尔认识到了社会发展否定运动的外观，但他的否定原则缺乏感性

---

① 马克思：《1844 年经济学哲学手稿》，人民出版社 2000 年版，第 99 页。
② 马克思：《1844 年经济学哲学手稿》，人民出版社 2000 年版，第 99—100 页。
③ 马克思：《1844 年经济学哲学手稿》，人民出版社 2000 年版，第 101 页。
④ 马克思：《1844 年经济学哲学手稿》，人民出版社 2000 年版，第 105 页。
⑤ 孙铁骑：《哲学的意义追问》，《长白学刊》2014 年第 4 期。

的人这一活动的根本。马克思真正达到了否定的现实性与否定的革命性的统一。

"对象性活动"的否定之否定是辩证法否定之否定精神的结构来源。质言之，马克思以现实的人的对象性活动，代替了黑格尔抽象的概念运动而作为新中介，去阐释和统一人与社会之间的真实关系。对象性活动作为人的本质的即否定性的存在方式，构成了唯物辩证法否定之否定的结构来源。对象性活动所依托的人的生存论本体，构成了马克思辩证法理论的真实根基。①

马克思以感性活动原则对黑格尔思想的内涵逻辑进行的改造就是，他说明概念否定性的辩证运动如何可能时，所运用的是对象性活动的内在矛盾还有历史发展，而不是用概念的辩证运动去说明人类对象性活动的内在矛盾。黑格尔与马克思的不同之处在于，前者是用思维规定感性，用概念去规定非概念物，而后者是用非概念的，反而是概念之源的活动去规定概念本身。

当代新思潮的引领者哈贝马斯认为，马克思把思想的内涵逻辑改造为历史的内涵逻辑不是在逻辑学中完成的，而是在经济学中完成的。马克思最具代表性的经济学巨著，是他穷尽四十年心血写成的巨著——《资本论》。他在该著作的"货币章"中谈道："在结束这个问题之前，需要先纠正一下唯心主义的叙述方式，这种叙述方式在一定程度上会让大家歪曲对该思想的理解，大家以为该思想思考的仅仅是一些概念规定，以及这些概念的辩证法。所以，最主要的是要明白这种说法：第一步，产品（或活动）变为商品；第二步，商品变为交换价值；第三步，交换价值再成为货币。"② 马克思在此所表达的意思是说，"货币"等概念因"自身"所包含的矛盾而运动，但这种运动并不是因为作为思维规定的概念"自己"具有原动力，而是它所表达的存在规定具有原动

---

① 张严、孔扬：《马克思如何把"思想的内涵逻辑"改造为"历史的内涵逻辑"——论马克思对德国哲学的批判继承》，《湖湘论坛》2015年第3期。
② 《马克思恩格斯全集》第30卷，人民出版社1995年版，第101页。

力，概念运动只是存在之运动的能动反映。①

要搞清楚"产品成为商品"的真实意义在于人的经济活动促使"产品成为商品"，而不是作为思维范畴的"产品"自己就变成了"商品"。② 正是有了现实交换活动的发生，"产品"才得以变成"商品"。在分析社会发展问题时，也不能忽视社会发展合力得以形成的物质动因。对物质动因进行分析时，也不能仅仅停留在思维范畴来回打转。马克思在分析"只是概念辩证法"问题时，强调了观念上把"产品"作为"商品"的极端重要性。他指出："'产品'这个词掩盖了商品的本质和商品中包含的矛盾。"③ 马克思"历史内涵逻辑"的实质是以仿佛是范畴"自身"辩证运动的形式，去反映人类社会活动的内在相关性与规律性。

（三）把"市民社会—官僚等级—国家"改造为"市民社会—无产阶级—社会"

复旦大学吴晓明教授认为，认识马克思学说的黑格尔渊源，是一个关乎马克思学说之性质判断的议题。④ 判断马克思学说的性质，探明该学说的黑格尔源泉，一大着力点在于认识市民社会与政治国家的关系。

黑格尔认为市民社会有两个原则：一是个人原则，也就是特殊性原则；另外一个，任何个人要实现自己的目的，必须要为他人所接受，也就是普遍性原则。

黑格尔实则是在进一步地解答"斯密问题"。所谓"斯密问题"，也就是自利的个人如何最后达成一个社会秩序。黑格尔与亚当·斯密的

① 贾丽民：《反思达致真理：马克思〈资本论〉的思维方式意涵》，《学习与实践》2013年第4期。
② 张严、孔扬：《马克思如何把"思想的内涵逻辑"改造为"历史的内涵逻辑"——论马克思对德国哲学的批判继承》，《湖湘论坛》2015年第3期。
③ 《马克思恩格斯全集》第26卷，人民出版社1973年版，第572页。
④ 吴晓明：《黑格尔的哲学遗产》，商务印书馆2020年版，第101页。

不同之处在于。亚当·斯密推崇最小的政府，而黑格尔认为社会是独立的，但是它却并不自足。构成市民社会的经济活动过程需要接受调节。在西方，有不少经济家笃信"看不见的手"是万能的。然而，黑格尔并不认为市场这只"看不见的手"是万能的。市场具有负面的外部性。比如说，一个行为主体在市场上购买了燃油车。拥有了汽车所有权的行为主体，在汽车的驾驶上拥有绝对的自主权。可是，倘若汽车的购买者全都不考虑汽车尾气排放而造成环境污染，人的生存质量就会下降。市场是不会对购买汽车的行为主体负责任的，它在乎的只是能否将汽车销售出去、汽车销售量有多少。这就是市场所具有的负面外部性的问题。市场产生的后果有外部性，且这种外部性不是积极的、正面的。

既然市场不能对行为主体的行为负责，那就要寻找一个可以为行为体的行为负责的对象，这个对象就是社会。黑格尔诊断出了现代化的内在矛盾是政治国家普遍性与市民社会特殊性之间存在紧张关系。他的分析是富有远见的，他看到了当每个人都追求自己利益的时候，市民社会就成了"个人私利的战场，是一切人反对一切人的战场"①。一切人反对一切人的后果是造成社会分化。

为避免这种情况发生，他高度重视"看得见的手"的作用，而"看得见的手"就是国家。比如，燃油车的购买者，需要缴纳燃油税。燃油车开得越多，需要缴纳的燃油税就越多。燃油税的重要用途之一是治理环境。具有征收燃油税资质的行为体，不是市场，而是国家。诚如黑格尔所言，市民社会本身只有通过与国家这样一个更高层的组织结合起来，它才能避免被毁灭。国家在很多领域中所能发挥的作用，是市场不能发挥的。然而，国家也并不能够在每一个领域中都能获得成功。

实现社会良性发展，除了依靠市场的力量、国家的力量以外，还要依靠社会的力量。市场、国家、社会三方的力量共同发挥作用，社会才能实现健康的发展。

---

① 《马克思恩格斯全集》第3卷，人民出版社2002年版，第54页。

　　黑格尔和马克思表达了在现代性语境下解决市民社会与国家矛盾的两种不同方案，究竟是以政治国家管制市民社会，还是以社会扬弃政治国家。① 就黑格尔的方案来看，它在实践中被异化为资产阶级国家通过行政权把市民社会的结构性矛盾转化为对社会问题的治理；就马克思的方案来看，它导向了以无产阶级为领导的全面扬弃市民社会与政治国家二元对立的社会革命道路。

　　在西方近代思想史上，存在两种市民社会的概念。其中一种是"作为政治社会的市民社会"，另一种是"作为经济社会的市民社会"。前者的代表性人物有霍布斯、洛克、卢梭、康德等；后者的代表性人物有斯密、弗格森、斯图亚特等；前者强调个人自由的法权和政治意义，后者强调市民社会的经济学内涵；前者的理论基础是近代自然法和社会契约论，后者的理论基础是古典政治经济学。②

　　从总体上来看，黑格尔和马克思均是第二种市民社会概念的继承人。黑格尔将市民社会称为"需要的体系"。"作为经济社会的市民社会"的代表是亚当·斯密。他将一切人都定义为商人，将商业社会视为文明社会。这种思想为黑格尔所吸收。然而，与亚当·斯密不同的地方在于，黑格尔把市民社会纳入国家，因此而具有了某种超越性。在黑格尔看来，在现代工业生产方式的支配下，市民社会中不仅存在贫富分化和劳动异化现象，而且产生了一个只能依靠出卖劳动力为生的阶级。

　　怎样通过政治国家解决市民社会中存在的矛盾进而促进社会团结，是黑格尔尤为关心的一个话题。马克思也就市民社会与政治国家的关系问题进行了深入思考。在他看来，现代语境下的政治国家和市民社会，其建立具有同步性。政治国家和市民社会的划分，消除了私人生活的政治性，促使人在社会现实中，仅能以原子式的方式存在，公共生活成为

---

　　① 袁立国：《超越国家与市民社会的分立——黑格尔与马克思两种政治哲学方案比较》，《中南大学学报》（社会科学版）2023 年第 1 期。

　　② 韩立新：《从国家到市民社会——〈论犹太人问题〉和〈黑格尔法哲学批判导言〉研究》，《河北学刊》2016 年第 5 期。

一种想象性的存在。① 因此，超越市民社会与政治国家的分立，也是马克思极为看重的一个话题。尽管超越市民社会与政治国家的分立，成为黑格尔与马克思共同探讨的话题，但二者据此探讨的方法、解决路径以及逻辑进路等方面，有着显著的差别。

有研究者指出，黑格尔仅仅是从概念上调和了市民社会与政治国家的关系，而马克思所追求的是两者在现实层面的和解。② 这种分析是有道理的，在黑格尔那里，政治国家与市民社会尽管是在概念层面被区分开了，但在实际运作中，却通过同业工会等中介被结合在了一起。黑格尔承认市场这只"看不见的手"存在缺陷。为弥补这种缺陷，他倡导建立同业公会，主张经由确立成员的社会等级，使个人获得特定的社会地位，使个人克服其原子化的存在方式。同业公会因此而构成了政治国家基于市民社会的重要伦理根源。黑格尔认为，"在市民社会中个人在照顾自身的时候，也在为别人工作。但是这种不自觉的必然性是不够的，只有在同业公会中，这种必然性才达到了自觉的和能思考的伦理"③。这就是说，以职业共同体为存在形式的同业公会，为生活在市民社会中的个人超越纯粹的利己主义创造了条件。

在黑格尔法权——国家哲学体系中，同业公会作为市民社会中的重要机构，蕴含了更高的普遍性与目的性，其是市民社会向政治国家过渡的保障。黑格尔用"等级"这一概念，用来表述市民社会向政治国家施加影响。他指出："由于这种中介作用，王权就不至于成为孤立的极端，因而不致成为独断独行的赤裸裸的暴政；另一方面，自治团体、同业公会和个人的特殊利益也不致孤立起来，个人也不致结合成为群众和群氓，从而提出无机的见解和希求并成为一种反对有机国家的赤裸裸的

---

① 袁立国：《超越国家与市民社会的分立——黑格尔与马克思两种政治哲学方案比较》，《中南大学学报》（社会科学版）2023年第1期。

② ［德］洛维特：《从黑格尔到尼采》，李秋零译，生活·读书·新知三联书店2006年版，第19页。

③ ［德］黑格尔：《法哲学原理》，范扬、张企泰译，商务印书馆1961年版，第251页。

群众力量。"① 黑格尔将市民社会细化为三个等级，分别是实体性或直接的等级、反思的或形式的等级、以农业状态的普遍利益为其职业的等级，也即农业等级、产业等级和官僚等级。在这三个等级中，没有雇佣劳动者等级，也即产业工人的位置。② 在以色列学者阿维纳瑞看来，这种忽略并不是无意的，而是由于黑格尔看到了工人的异化问题，他未能在自己的哲学体系中找到妥善的解决之道。③

怎样促使工人摆脱异化，是"推动现代社会并使它感到苦恼的一个重要问题"④。黑格尔将等级视为市民社会在政治上获得承认的那一部分，他在强调"不属于任何等级的人是一个单纯的私人，他不处于现实的普遍性中"⑤ 的时候，工人阶级已经被排除在市民社会等级之外了。

马克思对市民社会与政治国家存在的分立高度关切，他提供了一种不同于黑格尔的解决方案。马克思申明市民等级与政治等级在现代社会中的分离。他指出："黑格尔知道市民社会和政治国家的分立，但他打算使国家的统一能表现在国家内部，而且要以这种形式实现：市民社会中各等级本身同时构成立法社会的等级要素。"⑥ 在马克思看来，黑格尔承认市民社会是私人等级，而私人等级在本质上具有同国家分立的一面。

黑格尔仅仅是调和了政治国家与市民社会的矛盾，并没有解决这种矛盾。马克思对黑格尔的法权——国家哲学展开了批判，他将现实的一切矛盾归结为市民社会内部，强调市民社会才是实在主体，而政治国家仅仅是其形式方面。

---

① ［德］黑格尔：《法哲学原理》，范扬、张企泰译，商务印书馆 1961 年版，第 321 页。
② 袁立国：《超越国家与市民社会的分立——黑格尔与马克思两种政治哲学方案比较》，《中南大学学报》（社会科学版）2023 年第 1 期。
③ ［以］阿维纳瑞：《黑格尔的现代国家理论》，朱学平、王兴赛译，知识产权出版社 2016 年版，第 137 页。
④ ［德］黑格尔：《法哲学原理》，范扬、张企泰译，商务印书馆 1961 年版，第 245 页。
⑤ ［德］黑格尔：《法哲学原理》，范扬、张企泰译，商务印书馆 1961 年版，第 216 页。
⑥ 《马克思恩格斯全集》第 3 卷，人民出版社 1998 年版，第 93 页。

马克思在《〈黑格尔法哲学批判〉导言》中，首次提出了"无产阶级"这一概念。他强调重新回归市民社会的物质生活领域，通过使市民社会内部的矛盾公开化，唤醒被压抑的无产阶级自身的社会力量和革命潜能。马克思指出："法的关系正像国家的形式一样，既不能从它们本身来理解，也不能从所谓的人类精神的一般发展去理解，相反，它们根源于物质的生活关系……对市民社会的解剖应该到政治经济学中去寻求。"① 马克思诉诸通过激发市民社会中无产阶级的主体性和物质力量的方式，把市民的存在提升到了政治存在的层面，通过社会革命扬弃了市民社会和政治国家分立的道路。

马克思批判地继承了黑格尔的法权——国家哲学，用一个"非市民社会阶级的市民阶级"取代黑格尔的官僚等级。马克思指出，这个"阶级"不属于任何等级，而只是"一个表明一切等级解体的等级"②。在超越市民社会——政治国家的框架意义下，无产阶级所主张的是"人的权利"，而不是"任何特殊的权利"。马克思认为，同业公会等中介并未真正代表市民社会的利益，黑格尔以之充当调节机构，实则是让国家对市民社会进行政治管治。由于现代国家本身具有资产阶级性质，因而作为"需要的体系"的市民社会就被改造为资产阶级的社会。只有以无产阶级为主体对现存的社会秩序进行革命，才能实现普遍解放。

普遍的、充分的解放，是人的解放；而真正的人的自由，是社会自由。"解放者的角色……直到最后由这样一个阶级担任，这个阶级在实现社会自由时，已不再以在人之外的但仍然由人类社会造成的一定条件为前提，而是从社会自由这一前提出发，创造人类存在的一切条件。"③

获得社会自由的途径是社会革命，社会革命把重组社会关系作为目标，是对人的生存方式进行变革。马克思发现了更高级的普遍性，即从

---

① 《马克思恩格斯文集》第2卷，人民出版社2009年版，第591页。
② 《马克思恩格斯文集》第1卷，人民出版社2009年版，第16—17页。
③ 《马克思恩格斯文集》第1卷，人民出版社2009年版，第16页。

官僚等级向无产阶级，从市民社会到社会，从人的伦理存在到人的社会性存在的跃迁。

马克思所探讨的"社会"不是一个描述性的概念，而是一个批判性的概念。① 它通过设定人的社会性存在或社会化的个人克服资本主义对一切关系的异化，而这又必须以无产阶级主体的确立为逻辑起点。无产阶级是"特殊等级"，它"特"就特在没有自己的特殊利益，它的权利和诉求就是社会本身的权利和诉求。无产阶级所实现的普遍性，直接就是社会的普遍性，而不是独属于自身的利益。

黑格尔关于"市民社会—官僚等级—国家"结构的设定，仅仅是在观念层面完成了对矛盾的调解，但市民社会与政治国家仍处于分立状态；马克思对"市民社会—无产阶级—社会"的推论，以内在于社会发展进程的方式指向否定性的统一关系。黑格尔的法权——国家哲学之所以在市民社会与政治国家关系的认识上存在逻辑错位，是因为对其前提——政治经济学缺少应有的批判性反思。② 而马克思认识到"对市民社会的解剖应该到政治经济学中去寻求"③。通过批判黑格尔法权——国家哲学在逻辑上的错位，马克思完成了从"市民社会——官僚等级——国家"到"市民社会——无产阶级——社会"的逻辑推论。

三　马克思对费尔巴哈人本主义哲学逻辑缺陷的克服

马克思与费尔巴哈同为青年黑格尔派的代表性人物，二者均深受黑格尔思想的影响。但二者在哲学晋级中，又均对之进行了批判性反思。

---

① 袁立国：《超越国家与市民社会的分立——黑格尔与马克思两种政治哲学方案比较》，《中南大学学报》（社会科学版）2023年第1期。

② 袁立国：《超越国家与市民社会的分立——黑格尔与马克思两种政治哲学方案比较》，《中南大学学报》（社会科学版）2023年第1期。

③ 《马克思恩格斯全集》第31卷，人民出版社1998年版，第412页。

马克思在对黑格尔唯心主义哲学展开批判时，费尔巴哈的唯物主义起到了中介作用。因而费尔巴哈哲学的"基本内核"，同黑格尔哲学的"合理内核"一样，也是马克思哲学的重要理论来源之一。马克思对费尔巴哈哲学"基本内核"的理解，除了其一般唯物主义，还包括他对待黑格尔辩证法的科学态度等①。马克思对费尔巴哈作出了积极的评价，曾一度被认为是费尔巴哈主义者。② 但马克思在不同时期由于所关注的对象、所思考问题的逻辑、所运用方法的不同，因而他对待费尔巴哈的态度也是变化的。马克思吸收了费尔巴哈"类本质"思想的合理成分，但又在理解"人的类本质"的内涵、理解"人的现实本质"的内涵、理解"人的类本质与现实本质相统一"等方面克服了费尔巴哈人本主义哲学的逻辑缺陷。费尔巴哈人本主义哲学尽管存在不足，但它对马克思所产生的影响"比黑格尔以后任何其他哲学家都大"③。正如马克思在《论蒲鲁东（给约·巴·施韦泽的信）》中所提到的，"和黑格尔相比，费尔巴哈是极其贫乏的。但是，他在黑格尔以后起了划时代的作用"④。

（一）马克思克服了费尔巴哈对"人的类本质"内涵理解的逻辑缺陷

费尔巴哈是19世纪上半叶德国唯物主义哲学家，他的主要贡献在于打破了黑格尔的唯心主义思辨哲学体系，彻底批判了宗教神学，重新恢复和发展了唯物主义原则。费尔巴哈的人本主义哲学对青年马克思哲学思想的形成，产生了重要影响，它构成了马克思从黑格尔式的唯心主义者向唯物主义者转变的中间环节。费尔巴哈同马克思一样，均深受黑

---

① 李维意：《马克思世界交往理论研究》，人民出版社2021年版，第85页。
② 焦佩锋：《"貌合"与"神离"：马克思与费尔巴哈关于人的学说的差异性》，《理论视野》2013年第6期。
③ 《马克思恩格斯全集》第21卷，人民出版社2016年版，第412页。
④ 《马克思恩格斯全集》第16卷，人民出版社2016年版，第29页。

格尔的影响。

费尔巴哈在柏林大学求学期间，聆听了黑格尔讲授的哲学，为其深邃而广博的哲学素养所触动。费尔巴哈曾将黑格尔比作思想上的"第二个父亲"，并由一个上帝的崇拜者转向为一个理性的崇拜者。[①] 然而，费尔巴哈在爱尔兰根大学获得博士学位后，开始具有了"思想弑父"的情结，这表现在哲学观点上逐渐与黑格尔渐行渐远。费尔巴哈曾这样评价自己的哲学道路："我的第一个思想是上帝，第二个是理性，第三个也是最后一个是人。"[②] 这个总结极为恰切地概括了费尔巴哈的思想路径。他建构起了人本主义哲学，对宗教神学、黑格尔的唯心主义学说进行了批判。

人本主义哲学是费尔巴哈对于德国古典哲学的一大独特贡献，该哲学体系的一大亮点是强调人的"类存在""类本质"。"类概念"是费尔巴哈人本主义哲学的重要术语。他用"类概念"来表征和把握人的本质，把人的本质理解为以类为本性的存在。[③]

费尔巴哈明确表示："类是真理之最终尺度。……跟类之本质相一致的，就是真的，跟类之本质相矛盾的，就是假的。真理就只有这样一条法则，除此之外便没有了。"[④] 他以跟类之本质是否相一致，来对事物的真假进行区分。在费尔巴哈看来，人与动物相区别的重要原因在于人有"类意识"。所谓"类意识"，也就是能自觉意识到自身的个体性存在和类存在。他强调，人只有将自身的类及其本质当做对象性的生物，才可以产生真正意义上的意识。动物无法产生真正意义上的意识，是因为它只能将自身的个体性存在而不是将自身的类存在当作对象。动物仅仅能形成关于自我的感觉，而无法产生真正意义上的意识。

---

① 郝立新、臧峰宇：《马克思主义发展史》第 1 卷，人民出版社 2018 年版，第 90 页。
② 《费尔巴哈哲学著作选集》上卷，荣震华等译，商务印书馆 1984 年版，第 247 页。
③ 张维久、江山：《论类概念的逻辑合理性——从费尔巴哈到马克思》，《吉林大学社会科学学报》1997 年第 3 期。
④ 《费尔巴哈哲学著作选集》下卷，荣震华等译，商务印书馆 1984 年版，第 194 页。

　　在费尔巴哈看来，人的生活具有双重性，其中一重是外在的生活，另一重是内在的生活。关于何谓"外在生活"，他的解释是人同外在于自身的感性事物发生联系的生活；关于何谓"内在生活"，他将之定义为"对他的类、他的本质发生关系的生活"①。"内在生活"，指的也就是人的精神生活。他认为，动物的生活具有单一性，而人的生活却是双重的。动物假若没有其他个体的存在，就无法发挥"类"的职能与作用。而人却不同，人既是自身，又是他人。也就是说，人可以将自身当作思维的对象，故而可以将自身想象为他人。费尔巴哈对人类知识和能力的无限性进行了精辟地分析。在他看来，在现实生活中，个体性力量的知识和能力都是有限的。但个体性力量的知识与能力，绝不是整个人类的界限。一种个体性力量无法认识的实物，可以为其他个体性力量所认识；一种个体性理性无法实现的事情，可以为其他个体性力量所实现；一种个体性力量在彼时无法实现的事情，并不意味着在此时以及未来的某一个时间范围内可以实现。故而，从整个人类发展的角度来看，人的知识与能力都具有无限性。这对于分析社会发展合力问题是极为重要的。在特定的时间范围、特定的群体范围内，汇聚社会发展合力是有限的。但从整个人类发展的角度来看，人就社会发展合力问题所形成的知识以及所具有的能力，都具有无限性。在费尔巴哈看来，"类是无限的，只有个体，才是有限的。"②

　　费尔巴哈人本主义哲学秉持的是"感觉对象"原则。在他看来，人作为社会发展的主体，一定会与自身所固有的本质发生本质的关系。费尔巴哈的感性——对象性原理，在指向思辨唯心主义的同时，也将德国古典哲学的"主体"颠覆了。在作出这一发现之后，费尔巴哈就不再前行了，而是满足于指出这一结果，而不是进一步探求造成结果出现的原因。他未能将所"恢复"了的"人"，理解为现实的、从事创造性

---

① 《费尔巴哈哲学著作选集》下卷，荣震华等译，商务印书馆1984年版，第27页。
② 《费尔巴哈哲学著作选集》下卷，荣震华等译，商务印书馆1984年版，第311页。

活动的人。包括费尔巴哈在内的旧唯物主义哲学的不足在于对人的能动性的理解存在缺憾。费尔巴哈仅仅是以直观的形式去把握人的对象性存在。

费尔巴哈"感性对象"原则，具有双重意义：从积极意义来看，费尔巴哈以感性原则扩大了哲学对于主体的理解，将之从一个抽象的、纯粹思维的东西变成了以全部感觉和思维去接触世界、把握世界的存在者。在感性与思维的关系上，强调前者具有第一性而后者具有第二性，这是一个积极的"翻转"。费尔巴哈发表的《基督教的本质》受到了恩格斯的高度肯定，指出该书的出版，对唯物主义产生了深刻的影响。"马克思曾经热烈地欢迎这种新观点"。费尔巴哈"感性对象"的消极意义也是明显的，这表现在他"窄化"了哲学对于主体的理解，他在反对以纯粹思辨去定义人的唯心主义错误的同时，连同唯心主义苦心探索出的人的主动性、人的创造性等研究成果也被弃之脑后了。①

费尔巴哈直观到了历史的否定运动的真实载体，却遗忘了否定性本身，也即缺乏人的能动性。费尔巴哈对人的本质的"感性对象"理解，促使行走在逻辑学改造之路上的马克思获得了新的启示——要以感性能动性为理性能动性奠基。列宁对此做过这样的评价："马克思在1844—1847年离开黑格尔走向费尔巴哈，又超过费尔巴哈走向历史唯物主义。"② 这段话表明：在马克思创立新哲学中，除了黑格尔及其哲学产生了巨大作用，费尔巴哈也发挥了重要影响。马克思在批判性地改造黑格尔哲学中，费尔巴哈哲学给予马克思较大的精神启迪。费尔巴哈人本主义哲学是马克思哲学得以产生的重要思想来源。费尔巴哈哲学的"基本内核"与黑格尔哲学的"合理内核"，对马克思及其伟大思想所产生的影响是不同的。前者是一种启迪性的催化作用，后者是一种具有指导

---

① 张严、孔扬：《马克思如何把"思想的内涵逻辑"改造为"历史的内涵逻辑"——论马克思对德国哲学的批判继承》，《湖湘论坛》2015年第3期。

② 《列宁全集》第55卷，人民出版社1990年版，第293页。

性的方法论作用。原因在于，费尔巴哈的人本主义哲学所站的唯物主义立场，是不彻底的唯物主义。

对宗教的批判，是贯穿费尔巴哈著作的一大鲜明主题。他用人的"类本质"分析宗教产生的原因与本质。在费尔巴哈看来，宗教是人类特有的现象。这种现象的出现不是偶然的，而是有着深层次的心理、主观和客观根源。

从宗教产生的心理根源来看，它产生于人的依赖感。人们知道或者相信他的生活依赖于什么东西，就把相应的东西视为"神"。

从宗教产生的主观根源来看，它产生于利己主义。没有利己主义，也就不会产生依赖感。关于什么是"利己主义"，费尔巴哈将之视为对幸福的追求。在他看来，正是人的幸福欲让人们在幻想中得到满足。宗教幻想是"观念的异化"。人们借助宗教幻想并依从人的尺度来塑造神。

从宗教产生的客观根源来看，人之所以要在想象中构筑起有关神的观念，是因为现实生活中，人在意识与能力、愿望与获得、目的与结果、有限与无限之间，认识到自身的主观意志受阻，为了冲破这种客观阻力实现人的主观愿望，于是通过幻想，塑造了神的观念。

在分析宗教的本质时，费尔巴哈强调，人性与神性是相通的。神的无限性不过是人的类本质和类特性的反映。作为一切实在性或一切完满性的总体的上帝，不是别的，而是为人们所分有的，在世界历史过程中实现的那些人类特性的总体。宗教的本质无非是人的本质的异化。费尔巴哈有关"类本质""宗教是人的本质的异化"等思想，对马克思产生了重要影响。但马克思并没有照抄照搬这些思想，而是对思想存在的逻辑缺陷进行了批判性反思。在费尔巴哈看来，人的类本质是意识。意识的主要内容有理性、意志等。他强调，只有将自身的本质和所属的类当作对象的生物，才能产生意识。人能够以类作为对象，故而具有意识。

费尔巴哈从认识论、知识论的范畴，理解"人的类本质"的内涵，但在分析人的生产与动物的生产问题上陷入了逻辑悖谬。动物也有自身的生产，为什么动物的生产会与人的生产存在根本的差异。费尔巴哈在认识论、知识论范畴不停地打转，是无法真正揭开谜底的。

为克服费尔巴哈人本主义哲学在认识"人的类本质"内涵上陷入逻辑缺陷，马克思将该问题的理解从认识论、知识论范畴转向了实践论范畴。马克思指出："通过实践创造对象世界，改造无机界，人证明自己是有意识的类存在物。"① 他还特别强调："一个种的整体特性、种的类特性就在于生命活动的性质，而自由的有意识的活动恰恰就是人的类特性。"② 人的生命活动是自由的有意识的，因此人的生命活动不同于动物的生命活动，人能够对二者做出有效的区分。人与动物尽管都进行生产，但二者所进行的生产是存在根本差异的。动物的生产具有片面性，它从事生产受到所属的种的尺度和需要的限制，而人的生产具有全面性、创造性与自由性，它超越了动物生产所具有的局限。

对人的本质的理解从费尔巴哈的认识论范畴转向实践论范畴，促使马克思在问题的分析上有了新的视角。费尔巴哈尽管也主张从虚幻的精神世界转向真实的现实世界，强调要研究人本身。但是，费尔巴哈仅仅把人的本质理解为抽象的意识，在解决"观念的异化"和实现人类社会发展的路径上，把人的类本质理解为"抽象的意识"。因此，"就形式讲，他是实在论的，他把人作为出发点；但是，关于这个人生活的世界却根本没有讲到，因而这个人始终是在宗教哲学中出现的那种抽象的人"③。马克思从费尔巴哈抽象的人转向了"现实的人"，也即从事实际活动的人，他从实践的角度来理解人，对"人的类本质"的内涵做出了科学的解读。

---

① 《马克思恩格斯全集》第 3 卷，人民出版社 2002 年版，第 273 页。
② 《马克思恩格斯全集》第 3 卷，人民出版社 2002 年版，第 273 页。
③ 《马克思恩格斯全集》第 28 卷，人民出版社 2018 年版，第 344 页。

（二）马克思克服了费尔巴哈对"人的现实本质"内涵理解的逻辑缺陷

马克思在《关于费尔巴哈的提纲》中，指出"人的本质不是单个人所固有的抽象物，在其现实性上，它是一切社会关系的总和"①。在他看来，社会关系的总和是人的现实本质。《关于费尔巴哈的提纲》从"使得在现实生活中属于不同集团、不同阶级和不同阶层的人们彼此相互区别的根本性的东西"② 这个角度得出对"特殊人的现实特殊本质"的提法。"在其现实性上"的人的本质，也就是"人的现实本质"。③ 有研究者认为，马克思将社会关系总和界定为"人的现实本质"，并不是马克思独创的。费尔巴哈早在马克思之前，就已经从社会关系的角度界定人的本质了。④ 认为马克思在"人的现实本质"的内涵理解上传承了费尔巴哈者，并不在少数。

对马克思与费尔巴哈在"人的现实本质"的认识上，要遵循"深层历史解读"原则。也就是将思想的真理性建立在再现马克思与费尔巴哈的思想历程，也即历史的真实性之上，把历史的真实性建立在对历史客观关系以及矛盾性的完整把握上。⑤ 马克思的早期著作，在一定程度上存在着思想与词句不相一致的地方。诸如用一些旧词句去表达一些新思想。这个时候，如果研究者就词句本身作简单推论，就可能出现无法把握马克思思想深层逻辑与精神实质的情况。

在对马克思"人的现实本质"内涵的解读上，透过词句本身，回到马克思思想的出发点和方法论上，尽可能挖掘旧词句背后的原创性思想，是走近真实的马克思的重要门径。

---

① 《马克思恩格斯文集》第1卷，人民出版社2009年版，第505页。
② 卢杨：《"人的类本质"与"人的现实本质"的统一——对马克思关于人的本质理论的再认识》，《华东理工大学学报》（社会科学版）2003年第3期。
③ 卢杨：《"人的类本质"与"人的现实本质"的统一——对马克思关于人的本质理论的再认识》，《华东理工大学学报》（社会科学版）2003年第3期。
④ 曾永成：《人的本质：从费尔巴哈到马克思》，《现代哲学》2004年第2期。
⑤ 侯惠勤：《努力把唯物辩证法运用于解读马克思》，《南京大学学报》2004年第3期。

遵循"深层历史解决"原则，同样适用于对费尔巴哈著作的解读上。在他的论著中，也有不少的新词句，但将思想的真理性奠基于再现他的思想历程之上，会发现其在精神实质上，是思辨逻辑和旧唯物主义的。①

马克思在《关于费尔巴哈的提纲》首条，就分析了包括费尔巴哈唯物主义在内的旧唯物主义的不足是"对对象、现实、感性，只是从客体的或者直观的形式去理解，而不是把它们当作感性的人的活动，当作实践去理解，不是从主体方面去理解。因此，和唯物主义相反，能动的方面却被唯心主义抽象地发展了。当然，唯心主义是不知道现实的、感性的活动本身的。费尔巴哈想要研究跟思想客体确实不同的感性客体，但是他没有把人的活动本身理解为对象性的活动。"②

马克思在此清楚地表明了新唯物主义与旧唯物主义的不同之处，在于立足于"实践"。费尔巴哈把人仅仅当作"对象性存在"，而马克思则不同，他以"实践"为理论基石，将人视为"对象性活动"。

人是社会发展合力赖以实现的主体性力量。对人的分析，首先应该把人看作一个客观的对象性存在物。费尔巴哈将人视为"对象性存在"，较之于青年黑格尔派的其他成员把人仅仅看成"自我意识"，是具有历史进步性的。

我们既要把人当作对象性存在物，又不能仅仅把人看成对象性存在物。按照马克思的提示，我们应该把人当作从事感性活动的人，当作实践的人，也就是从"对象性活动"来理解人。费尔巴哈仅仅将人视为对象性存在物，他将人视为"一般的人"，把对象世界看作始终如一的，将存在视为本质。费尔巴哈和从前的唯物主义者一样，仅仅是将人视作有别于思维的一种存在，费尔巴哈作为坚定的唯物主义者，为了与唯心主义区分开，往往把人作为主体的能动性忽略掉，并且将黑格尔哲

---

① 李庆钧：《人的本质：从费尔巴哈到马克思》，《学术界》2005 年第 5 期。
② 《马克思恩格斯选集》第 1 卷，人民出版社 1995 年版，第 54 页。

学的"合理内核"像倒洗澡水里的孩子一样丢掉了。

费尔巴哈眼里的"人",是抽象的"一般的人"。他在分析宗教的本质是人的本质的异化以后,还提出将人对上帝的爱转向人自身,用爱来实现整个人类的统一。这就是说,他将实现社会发展合力的精神力量,系之于理想化了的"爱"。费尔巴哈强调:"爱是能够基于类、知性之统一,只能够基于人类之本性;只有这样,它才是有根据的、在原则中受到保护的、被保证了的、自由的爱。"① 他提倡人对人的爱,这对于社会合力的形成具有促进作用,体现了对人的价值关怀和人类前途命运的思考。但他除了理想化了的爱以外,不知道"人与人之间"还有什么其他的"人的关系"。这种对人的理解,抛开了社会发展的进程,将人仅仅视为一种孤立的、抽象的人的个体。

费尔巴哈对人的理解是不科学的,仅仅是找到了人所具有的共性是"类"。费尔巴哈承认与"一般的人"相对应的是对象世界。但在他看来,对象世界是本已存在的、一成不变的、始终如一的东西,他无法理解彼时自身所处的对象世界,是社会化大生产的产物,是人们时代活动的结果。费尔巴哈将人单纯地视为对象性存在物,因而他对现实社会中的个人的真实状况不能给予辩证的理解,只能从一般的、抽象的意义上理解人。诚如马克思所言:"费尔巴哈在关于人与人之间的关系问题上的全部推论无非是要证明:人们是互相需要的,并且过去一直是互相需要的。他希望加强对这一事实的理解,也就是说,和其他的理论家一样,只是希望达到对现存事物的正确理解。"② 在他看来,存在就是本质。

费尔巴哈在《未来哲学原理》一书中指出,某物或某人的存在同时也就是某物或某人的本质。本质是本质的肯定。我的本质是怎样的,

---

① 《费尔巴哈哲学著作选集》下卷,荣震华等译,商务印书馆1984年版,第133、311页。

② 《马克思恩格斯全集》第3卷,人民出版社1960年版,第47页。

我的存在也就是怎样的。费尔巴哈在对"人的现实本质"内涵的理解上，未能把握具体生活在现实社会中的人的存在的真实状况，社会性在他的哲学视域中始终是一条抽象的原则①。由此产生的逻辑缺陷是一方面希望变革现实，但另一方面不得不承认现存的事实，无法提出变革现实的任务。

与费尔巴哈不同的是，马克思在对"人的现实本质"内涵进行解读时，反对费尔巴哈对"人的类本质"进行抽象化理解。他从构成人类的现实的个人出发，揭示了人生活于其中的社会关系，突出强调了人的社会性。

马克思指出："首先应当避免重新把'社会'当作抽象的东西同个体对立起来。个体是社会存在物。……人的个体生活和类生活不是各不相同的，……作为类意识，人确证自己的现实的社会生活，并且只是在思维中复现自己的现实存在；反之，类存在则在类意识中确证自己，并且在自己的普遍性中作为思维着的存在物自为地存在着。"②在他看来，人的生活，无论是个体生活，还是社会生活，抑或是类生活，都是内在统一的。三者作为人的生活的表现形式，分属于人的生活的不同层次。

社会生活是类生活的现实化和表现形式，类生活和社会生活具体体现在人的个体生活之中。人的类意识既是人的类存在的反映，也是人的现实社会生活的反映。马克思反对就人的本质问题做简单的抽象和概括，主张从"现实性"的角度分析人的本质。费尔巴哈人本主义哲学，为了同黑格尔的抽象理性相对抗，突出强调了人的自然属性和自然本质。在他看来，完全与动植物一样，人也是一个自然本质。人的现实本质，也即人的社会性，在他的人本主义哲学视域中，仅仅是一条抽象的

———————

① 雷勇：《费尔巴哈在何种意义肯定了人的社会性？——对费尔巴哈人本主义一个重要问题的重新审视》，《世界哲学》2012 年第 5 期。

② 《马克思恩格斯全集》第 3 卷，人民出版社 2002 年版，第 302 页。

原则被加以使用。在此特别需要加以说明的是，在费尔巴哈的人本主义哲学中，存在大量的有关人的现实本质的论述。然而，费尔巴哈由于未能揭示出人的现实本质的丰富内涵，未能对人生活于其中的社会关系进行探究，因此社会性在他的人本主义哲学视域中仅仅是一条抽象的原则。进而言之，在费尔巴哈人本主义哲学中，强调人的自然属性和自然本质是其主要方面，而分析人的社会属性是次要方面，且他对人的属性的分析仅仅视为一条抽象的原则。① 而马克思则不同，他从对象化活动视角探讨人的本质，认为人不仅是对象性存在物，还是从事感性活动的现实的社会的人。

马克思在人的现实本质的认识上，既克服了黑格尔国家——法哲学的逻辑缺陷，也克服了费尔巴哈人本主义哲学的逻辑缺陷。诚如孙伯鍨教授指出的："马克思把辩证法与唯物论结合在一起：唯物论体现在马克思吸取了费尔巴哈把人看作是感性对象的思想，辩证法体现在马克思从黑格尔那里吸取了把人当作'活动'的思想。"费尔巴哈把理论的活动看作真正的人的活动，而对于真正的实践却只能从卑污的犹太人的表现形式去理解。

马克思认为包括费尔巴哈在内的旧唯物主义，由于不了解社会实践，不坚持辩证的总体方法，因而至多只能达到对单个人和市民社会的直观。马克思和费尔巴哈在对人的理解上是不同的，费尔巴哈理解的人是"市民社会"的人，而马克思把人看成在社会发展中的具体的、现实的、包含差别在其中的"社会个人"。② 马克思正是将人视为"社会的人类或人类的社会"，从而克服了费尔巴哈一方面把人看成脱离社会具体发展的自然的、非历史的东西，另一方面又将人与人的统一作为哲学最高原则与目标的逻辑缺陷。

---

① 雷勇、陈锦宣：《论马克思对费尔巴哈"类本质"思想的扬弃》，《学术研究》2018年第7期。

② 李庆钧：《人的本质：从费尔巴哈到马克思》，《学术界》2005年第5期。

（三）马克思克服了"人的类本质与现实本质相统一"的逻辑缺陷

马克思对费尔巴哈哲学的历史贡献曾给予高度评价，他指出：德国人"对国民经济学的批判，以及整个实证的批判，全靠费尔巴哈的发现给它打下真正的基础。从费尔巴哈起才开始了实证的人道主义的和自然主义的批判。……费尔巴哈著作是继黑格尔的《现象学》和《逻辑学》之后包含着真正革命的唯一著作"①。在费尔巴哈克服旧哲学的问题上，马克思做了这样的评价。他分析称："费尔巴哈是唯一对黑格尔辩证法采取严肃的、批判的态度的人；只有他在这个领域内作出了真正的发现，总之，他真正克服了旧哲学。"②

费尔巴哈人本主义哲学对马克思社会发展合力理论的形成产生了重要影响，其中积极的、正面的影响集中表现在以下三个方面：一是费尔巴哈证明了哲学不过是变成思想的并且通过思维加以阐明的宗教，不过是人的本质异化的另一种形式和存在方式。因此，对哲学也应该进行批判性反思。费尔巴哈人本主义哲学在对"人的类本质""人的现实本质"的内涵理解上存在逻辑缺陷，是从这种批判性反思延伸开来的。

二是费尔巴哈在反对神学和唯心主义的斗争中，根本改变了唯心主义的统治地位，恢复了唯物主义的权威。他坚持认为世界是物质的，坚持唯物主义可知论，认为世界是可知的。费尔巴哈创立了真正的唯物主义、反对不可知论，对于马克思社会发展合力理论的形成产生了积极影响。在唯心主义一统天下的时代，将实现社会发展合力的主体性力量寄托在神或者绝对精神身上，是不可能形成有关人类社会发展规律的正确认识的；只有坚持可知论，才有可能对实现社会发展合力的各影响因子做进一步的分析。

三是费尔巴哈"把基于自身并且积极地以自身为根据的肯定的东西

---

① 《马克思恩格斯文集》第 1 卷，人民出版社 2009 年版，第 112 页。
② 《马克思恩格斯文集》第 1 卷，人民出版社 2009 年版，第 199 页。

自称是绝对肯定的东西的那个否定的否定对立起来"①。

马克思充分肯定了费尔巴哈的人本主义哲学思想，这从他的早期著作大量借用费尔巴哈式的术语，如"类本质""类意识""对象性""感性"等可以看得出来。然而，马克思在充分肯定费尔巴哈历史功绩的同时，也认识到了他的哲学理论体系存在不足。

费尔巴哈是坚定但不彻底的唯物主义者，他既没有摆脱一切旧唯物主义的主要缺陷，也没有真正领会极其丰富的黑格尔哲学。他尽管批判了黑格尔的唯心主义，但抛弃了他的"合理内核"——辩证法，退回到了形而上学。他在物质和意识的关系问题上是唯物主义，但在社会历史观是唯心主义的。②

费尔巴哈在思想上存在的诸多缺陷，集中反映在他对于人的本质的认识陷入逻辑缺陷。他在建构人本主义哲学体系时，对于人生活于其中的现实世界并未涉及，把人的类本质理解为抽象的意识，在解决宗教异化和实现人类发展的路径上抽象地谈论爱。马克思则从费尔巴哈抽象的人转向了现实的人，从实践的视角来理解人，从而科学揭示了人的"类本质"问题。把实践看作人的存在方式，把人类世界当作实践活动的产物。人与社会、人与自身、人与自然等关系就得到了清晰的呈现。立足于人的实践活动，人的发展与社会的进步成为可能。人的发展与社会的进步，通过实践实现了统一。

费尔巴哈在人的类本质与现实本质的统一上陷入逻辑错误，其原因除了把人的类本质理解为抽象的意识以外，还表现在将精力聚焦在理论研究，也即解释世界的框架范围内，故而对现实问题的重视程度不够。马克思则与之相反，他极为重视研究社会现实问题，除了致力于科学的解释世界，还致力于能动地改造世界。费尔巴哈认为当时德国的主要问

---

① 《马克思恩格斯文集》第 1 卷，人民出版社 2009 年版，第 200 页。

② 庄福龄、冯景源、顾海良：《马克思主义史》第 1 卷，人民出版社 1996 年版，第 59 页。

题是理论问题，加之结婚后长期居住于乡村，未能积极参加到革命的实践洪流当中去，故而对社会的发展变化知之甚少，未能及时准确把握时代的脉搏。[①] 马克思也重视理论问题的研究，但他的理论研究从一开始就表现出对社会现实问题的关切与回应。马克思立足于人的实践活动，注重研究社会现实问题，并将哲学批判上升为政治经济学批判，使之哲学思想呈现出与费尔巴哈根本不同的逻辑面向。[②] 此外，马克思与恩格斯的立足点不同，所代表的阶级利益有别，也是二者在人的类本质与现实本质的认识上存在差别的原因。

费尔巴哈立足于市民社会，马克思立足的是整个人类社会，因而马克思站得更高、看得更远；费尔巴哈所欲维护的是德国资产阶级的利益，而马克思所代表与维护的是整个无产阶级与广大劳动人民的利益。马克思在对人的本质的认识上，突破了狭隘阶级利益的眼光。在马克思生活的时代，宗教神学与封建制度相互利用、互相支持，阻碍了德国资本主义的发展。

德国最紧迫的时代任务，是批判封建专制制度，为资本主义发展扫清障碍。费尔巴哈以人本主义哲学为理论武器，对封建专制制度的精神基础，也即宗教神学展开了猛烈批判，这反映了德国资产阶级的利益诉求。面对宗教异化，费尔巴哈给出了自己的方案，也即用"爱"来扬弃宗教异化，以此实现人与人的统一。不分人的阶级成分、社会地位、财富拥有状况抽象地谈论"爱"，反映了资产阶级倡导的"自由、平等、博爱"的政治主张，但这种替代方案，使之在认识"人的本质"的问题上，不可避免地陷入了诉诸情感的逻辑误区。

不同于费尔巴哈立足于市民社会，马克思将立足点置于整个人类社会，他以实现人类解放为自身的历史使命，并将之贯彻到整个学术生命

---

① 雷勇、陈锦宣：《论马克思对费尔巴哈"类本质"思想的扬弃》，《学术研究》2018年第7期。

② 雷勇、陈锦宣：《论马克思对费尔巴哈"类本质"思想的扬弃》，《学术研究》2018年第7期。

的始终。因而马克思能够发现人类社会发展的基本规律，并以此为基础，认识到资本主义社会固有的结构性矛盾。① 立足于人类社会看问题，站在无产阶级和劳动人民利益的政治立场，使得马克思能够克服费尔巴哈在认识人的类本质、人的现实本质以及二者相统一问题上所存在的逻辑缺陷。

人的本质是"人的类本质"与"人的现实本质"的统一体。"人的类本质"与"人的现实本质"既有着内在联系，又存在显著区别。人有别于物，是因为其有着自身质的规定性。

马克思对于费尔巴哈提出的"人是一种类存在"是持肯定态度的。人是类的存在物。这不仅是说，人无论在实践上还是理论上都把类——既把自己的类，也把其他物的类——当作自己的对象；而且是说（这只是同一件事情的另一种说法），人把自己本身当作现有的、活生生的类来对待，当作普遍的因而也是自由的存在物来对待。"正是通过对象世界的改造，人才实际上确证自己是类的存在物。这种生产是他的能动的、类的生活。"从以上论述可以看出，马克思对于费尔巴哈有关"人的类本质"的分析是持肯定态度的，对其内容也做了细致的阐述：人作为类存在物，具有独特性，也即类本质，这就是人在其活动中表现出的自由自觉性，而人的实践就是这种自由自觉的活动。

实践作为人的本质规定，表现为以生产劳动为核心的人的自由自觉的生命活动。人在自由自觉的生命活动中，实现着人的本质力量的对象化。人之存在，必须以自由自觉的生命活动作为支撑，正是通过人自由自觉的生命活动，人才能达到主体性的自我确证。

从概念的实际内涵来讲，人的类本质与人的实践本性、人的劳动本性，是可以互换的术语。"人的类本质"只有在人自由自觉的活动（实践、劳动）中，才能提供现实的可能性与必然性。人也只有通过自由自

---

① 雷勇、陈锦宣：《论马克思对费尔巴哈"类本质"思想的扬弃》，《学术研究》2018年第7期。

觉的活动（实践、劳动），才能确证自己异于他物的活的规定性，才能实现其类本质。费尔巴哈人本主义哲学对马克思哲学思想的形成产生了影响是毋庸置疑的，但这种影响是积极的还是消极的。长期以来，人们围绕这一问题有不同的认识。有人认为马克思在《1844 年经济学哲学手稿》中对人的本质的理解，表明当时马克思尚没有摆脱费尔巴哈抽象人本主义的消极影响，因而是"不成熟时期的"马克思的看法，不属于马克思主义有关人的本质的理论。① 这种错误认识是不能成立的。

马克思和恩格斯尽管均有关于人的类本质的论述，但不能将二者的论述完全等同在一起。

马克思在对费尔巴哈人本主义哲学有关人的类本质的认识上，有着质的超越。费尔巴哈人本主义哲学在论及人的类本质的问题时，仅仅是从抽象的意义上或者生物学意义上考虑人的存在，他对人的类本质的认识并没有跳出旧哲学的思维窠臼。马克思对费尔巴哈有关人的类本质的论述，既有传承，更有超越。

马克思论及人的现实本质最直接的名言是，人的本质在其现实性上是一切社会关系的总和②。遵循"深层历史解读"原则，把马克思思想的真理性建立在再现其思想历程之上，才能更好地把握其思想发展的深层逻辑和精神实质。马克思在提及这一观点时，并不是着意于给"人的现实本质"下定义，而是重在批判和纠正费尔巴哈在理解"人的本质"和宗教关系时的片面地思维方式以及由此得出的唯心主义错误结论。

在费尔巴哈的人本主义哲学视域中，只存在作为一种特殊的生物类而存在的人类一般，不存在作为社会历史动物而存在的人类特殊。故而费尔巴哈不懂得人存在有别于物的"类的共同本质"，还存在将人与人相区别的"人的现实本质"。马克思正是针对费尔巴哈在人的本质的认

---

① 北京大学哲学系编：《人道主义和异化问题研究》，北京大学出版社 1985 年版，第278—299 页。

② 《马克思恩格斯文集》第 1 卷，人民出版社 2009 年版，第 501 页。

识上所存在的逻辑缺陷，才着重提出人的本质的现实性问题。在马克思看来，"人是最名副其实的政治动物"①。人的现实本质是人的社会关系总和所决定的东西。人的现实本质也就是人与人相区别的特性，它受到人的现实社会关系的影响。人的自由自觉的生命活动，也就是人的实践的类本质，要受到社会关系的制约。

作为主体性力量的人怎样形成社会发展合力，取决于当时所处时代的社会生产力和社会发展状况。把人的现实本质理解为社会关系的总和，其对于马克思社会发展合力的形成是有积极影响的。由于人的现实本质是具体的、历史的，因而在我们分析社会发展合力问题时，要具体分析某个历史时期、某个发展阶段、某个特定组织甚至某个人的现实本质的实然状况。从这一点出发，对人的本质的研究，仅仅停留在人的类本质的研究上是远远不够的，唯有考察一定的社会形态和社会结构，考察不同历史时期的人的不同经济、政治、思想关系，才能展现"人的现实本质"的原貌。因而，现实的人是一切社会关系的集中体现。

无论是费尔巴哈还是马克思，对于人的类本质与人的现实本质，都展开了深度的研究。马克思在批判性地继承费尔巴哈人本主义哲学有关人的本质的研究成果的基础上，从人作为类与动物相比较的角度认识"人的类本质"，从"使得在现实生活中属于不同集团、不同阶级和阶层的人们彼此相互区别的根本性的东西"的角度理解"人的现实本质"。

"人的类本质"是人之为人"类的活动"的特性，是人这一种类的所有成员都具有类的普遍本性，其所体现的是人与人的共性。"人的类本质"相对于"人的现实本质"而言，比较抽象。"人的现实本质"是具体的特殊的人所具有的现实规定性，其将人与人、组织与组织、阶级与阶级区别开来。"人的现实本质"体现的是人的本质的特殊性、个性。"人的现实本质"较之于"人的类本质"比较具体。

---

① 《马克思恩格斯全集》第30卷，人民出版社1995年版，第25页。

"人的类本质"与"人的现实本质"是相互联系、相互促进的。二者之间均以"现实的人"为主体，以人的社会实践活动为基础，它们之间的辩证统一关系体现在：一方面，人的类本质是人作为类存在物的根本共性，它要通过现实的、具体的人的个性，也就是通过人的现实本性，才能获得真正意义上的实现；另一方面，"人的现实本质"是在社会关系的总和中形成的，而人的社会关系从归根到底的角度上来讲，是社会实践活动的产物。人的社会实践活动本身受到人的"类本质"的支配，舍此，就无法称其为"人的活动"。

探讨社会发展合力的形成问题，既不能从人的抽象主体的角度来考虑，也不能单纯地从超越个人之上的"类"本质的角度来考虑，同时还必须关注人的现实生活过程，关注人在现实生活过程中的生存方式。在这一立足点上，人作为实现社会发展合力的主体性力量，就不再仅仅是简单地认同于"类"本质的直观对象，也不再是抽象的或理念中的人，而是社会实践所规定的"现实的个人"。

特别需要加以指出的是，人的类本质与人的现实本质相统一，并不是静止不动的，而是处于历史的发展变化之中，其理论根源就在于人类的实践活动处于永无止境的发展运动之中。① 马克思在批判性地继承费尔巴哈有关人的类本质、人的现实本质认识的基础上，把人的类本质和现实本质进行区分和理解，形成了人的类本质和人的现实本质之间矛盾对立统一的思想。

---

① 卢杨：《"人的类本质"与"人的现实本质"的统一——对马克思关于人的本质理论的再认识》，《华东理工大学学报》（社会科学版）2003 年第 3 期。

第四章
马克思社会发展合力理论的嬗变轨迹

马克思社会发展合力理论的形成不是一蹴而就的，而是经历了一个思想嬗变的过程。该理论破茧成蝶的形成过程需要结合其经典文本去挖掘与整理。此章主要完成的任务是探寻马克思社会发展合力形成的思想线索，也即马克思如何从自我意识开始逐渐扬弃自我意识的不完满进而走向科学的社会发展合力之路。着重分析《德谟克利特的自然哲学与伊壁鸠鲁的自然哲学之间的差别》《评普鲁士最近的书报检查令》《〈黑格尔法哲学批判〉导言》《1844 年经济学哲学手稿》《神圣家族》《关于费尔巴哈的提纲》《德意志意识形态》《哲学的贫困》《共产党宣言》《政治经济学批判》序言、《政治经济学批判（1861—1863 年手稿）》《资本论》中包含的社会发展合力理论萌芽、探索、形成、发展、完善的脉络。马克思社会发展合力理论的形成经历了一个从自我意识出发而指向真实的人、真实的社会的发展路程。从总体上总结马克思社会发展合力理论的图景，为下一章具体内容的展开提供思想导引。

一　马克思社会发展合力理论的萌芽

马克思最初的理论训练和学术活动，脱胎于德国古典哲学的背景之中。德国古典哲学的主导原则是"自我意识"。马克思在早期作为哲学团体"博士俱乐部"的成员,深受黑格尔自我意识思想影响。马克思博士学位论文《德谟克利特的自然哲学与伊壁鸠鲁的自然哲学之间的差别》之前的作品,现在所能见到的主要是一些作文、书信、小说、诗歌等。这些文本对于思想史,特别是个人传记的研究而言,具有重要的参考价值。然而,对于我们所考察的范围及目标来说,这些文本可以暂时只用于了解其基本的取向、兴趣及问题的转换,以便尽快地达到一个在哲学世界观上较为完整、较为稳定的出发点。①

博士学位论文是一名学者学术生命的重要开端。马克思在自己的博士论文中,对伊壁鸠鲁情有独钟,他深入探讨了原子的偏斜运动,指出了意识自由的重要性。"自我意识"成为马克思社会发展合力理论形成的基本立足点。

在《莱茵报》时期,政府的反动政策与严酷的社会现实促使马克思初步认识到物质利益的重要性。他于 1842 年发表了第一篇政论性文章《评普鲁士最近的书报检查令》,揭露了新检查令的虚伪自由主义。而后,他退回到书斋,开始进行必要的理论反思。

《〈黑格尔法哲学批判〉导言》是马克思从唯心主义哲学向唯物主义哲学转变的里程碑式作品。这篇文献标志着马克思完成了从阶级概念的借用、知性理解到阶级概念的现实把握,继而为马克思社会发展合力理论的演进、发展描绘了基本轮廓。

(一)《德谟克利特的自然哲学与伊壁鸠鲁的自然哲学之间的差别》:自我意识成为理解"真正历史的钥匙"

探寻马克思社会发展合力理论的嬗变轨迹,涉及思想从何处延伸出来的问题,而任何思想理论均脱胎于既定的文化传统之中。无论是从微观的也即马克思出生地特里尔城的文化传统出发,还是从宏观的也即西

---

① 吴晓明:《马克思早期思想的逻辑发展》,上海人民出版社 2022 年版,第 85—86 页。

方整体的文化传统出发，古希腊罗马文化均是重要母体。

马克思是一位出生于罗马古城的德国人，他从小受到了古希腊罗马文化的熏陶与感染。对古希腊罗马文化的热爱，是马克思思想的重要基因。从他自身的学术训练来看，马克思拥有十分深厚的古希腊罗马文学功底。这从马克思著作俯拾皆是的神话譬喻中不难看出。如丘比特的脑袋、丹纳士人带来的礼物、密涅瓦的猫头鹰等。

马克思在革命生涯中一度失去了国籍，但从他活动的主要空间范围来看，是在欧洲。马克思始终受到西方大的文化传统的影响。古代希腊哲学史是西方哲学开始产生和早期发展的历史。① 认识西方大的文化传统，就不能绕开作为其源头的古希腊罗马哲学。这反映在他的博士论文中，即是以古希腊哲学作为自己哲学的起点。1839 年至 1841 年，21 岁的马克思撰写了题为"德谟克利特的自然哲学与伊壁鸠鲁的自然哲学之间的差别"的博士学位论文。这篇论文的写作实属不易，诚如马克思所言"对于这篇论文的对象没有任何先前的著作可供参考"②。在没有任何先前著作可供参考的条件下，明知难为而仍要为之，背后的深层次动因值得我们思考。

马克思在写作博士学位论文时，是一位激进的青年黑格尔派分子，在哲学立场上秉持的是唯心主义。然而，处于青年时期的马克思，将德谟克利特与伊壁鸠鲁这两位唯物主义者作为自己的研究对象，在某种程度上表征了他在哲学思想上已经开始趋近于历史唯物主义。在古希腊哲学体系当中，诸如泰勒斯、阿那克希曼得、阿那克希美尼、赫拉克利特等都在探讨世界的同一性。他们用水、气、无定、火等界定世界的同一性，从本质上来看，均带有一定的泛神论色彩。他们都力图为探寻世界的本原寻找答案。因此，这些哲学家在世界本原的认识上是形而上的，

① 汪子嵩、范明生、陈村富、姚介厚：《希腊哲学史（修订本）》第 1 卷，人民出版社 2014 年版，第 1 页。

② 《马克思恩格斯全集》第 1 卷，人民出版社 1995 年版，第 10 页。

也就具有超验性。

德谟克利特与伊壁鸠鲁，同这些哲学家的不同之处在于，不同于他们从超验性的维度认识世界的本原。德谟克利特与伊壁鸠鲁不再试图在世界之外找寻世界同一性的原因。二者也没有用水、气、无定、火等去界定世界的同一性。他们找到了一种在世界之内的抽象。被马克思称为百科全书式的思想家德谟克利特，将世界的本原归结为"原子"。在此着重说明的是，德谟克利特所言说的"原子"，是哲学层面而非单纯的物理学层面的。物理学层面的"原子"，是由分子构成的物质，也就是说，它可以再分。而哲学意义上的"原子"，是不能再分的、世界的基本构成要素。这种要素蔓延在人们现实日常生活当中，它不是神，也不是神所创造的。它有着自生性、自发性，它可以自己创造自己。这种非超验性的表达世界的基本趋向，在古希腊哲学中是罕见的。

德谟克利特的哲学思想在古希腊哲学中占有一席之地，但并非居于主流。居于主流的哲学思想，是苏格拉底、柏拉图的思想。柏拉图认为理念派生出万物。这种观念论传统对西方宏观的文化传统产生了不可小视的影响。马克思将德谟克利特与伊壁鸠鲁这种并未居于西方文化传统主流的思想家纳入自己博士学位论文的探讨视域，是他试图从唯物主义入手，对世界加以解释。马克思探讨德谟克利特的自然哲学与伊壁鸠鲁的自然哲学，是一个非常重要的唯物主义的切入点。

马克思在博士学位论文的序言中指出："虽然黑格尔大体上正确地规定了上述各个体系的一般特点，但是一方面，由于他的哲学史——一般说来哲学史只能从它开始——的令人惊讶的庞大而大胆的计划，使他不能深入研究个别细节，另一方面，黑格尔对于他主要称为思辨的东西的观点，也妨碍了这位巨人般的思想家认识上述那些体系对于希腊哲学史和整个希腊精神的重大意义。这些体系是理解希腊哲学的真正的历史的钥匙。"① 在马克思看来，自己思想导师构建哲学史体系的任务极为

① 《马克思恩格斯全集》第 1 卷，人民出版社 1995 年版，第 11 页。

庞大，没有时间与精力过于关注并不居于主流地位的德谟克利特和伊壁鸠鲁。在这里，马克思存在为黑格尔辩护的思想痕迹。

黑格尔同苏格拉底、柏拉图一样，也是一名观念论者。对于强调原子论的德谟克利特和伊壁鸠鲁，也就较少提及了。而这正是马克思所要打开的思想世界。

马克思在此已经呈现出了自己思想上存在的矛盾：一方面他是黑格尔的学生，清楚地知道黑格尔的理论贡献；但另一方面此时一个满口还在跟着黑格尔喊着自由意志、自我意识的马克思，已经发现了黑格尔"思辨的观点"是存在问题的。

马克思力图在现实中透视社会问题，他将对概念的关注转向了对日常生活的关注。研究社会发展合力，不能仅仅采取思辨的方式，在概念与概念之间来回打转，而是要回到现实本身。在博士学位论文中，马克思探讨了古希腊伊壁鸠鲁派的自我意识哲学。他之所以专注于该问题，是因为"德国的现状促使马克思研究亚里士多德解体后的古希腊哲学"[①]。

关于马克思为何对伊壁鸠鲁情有独钟？美国学者维塞尔就此谈到了自己的看法，他指出：马克思之所以在博士论文中研究伊壁鸠鲁哲学，除了受到黑格尔哲学的影响与启发之外，还因为伊壁鸠鲁哲学是一种"救赎方式的哲学"[②]。马克思通过伊壁鸠鲁的生活方式和对待哲学的态度，洞悉到了哲学作为一种救赎方式能够令个体摆脱客观性的压迫和枷锁，从而逃离痛苦、死亡和无意义等经验性局限的束缚[③]。

马克思分析了伊壁鸠鲁派自我意识哲学在希腊哲学史上的地位与重要性。他指出："实体的这一观念性转化为主观精神，脱离实体本身而

---

① 陈学明：《马克思早期法哲学观及法律思想初探》，《中国社会科学》1983 年第 1 期。
② ［美］维塞尔：《马克思与浪漫派的反讽》，陈开华译，华东师范大学出版社 2008 年版，第 129 页。
③ 刘同舫、陈晓斌：《哲学的命运与无产阶级的救赎——马克思〈《黑格尔法哲学批判》导言〉释义》，《广东社会科学》2013 年第 6 期。

独立这一事实，是一个飞跃。"这种精神对于实体来说，是"一种异己的力量，这种力量的承担者就是主体"①。古希腊哲学尽管有各种学派，但总括起来，它的整个进程的特点是从实体经由主观精神再飞跃到主体。这意味着，哲学研究所关注的对象，从在人之外的具有多种物质属性的实体，进到具有主观精神的人的主体。

将理解"真正历史的钥匙"系之于人，是一个巨大的进步。诚如马克思自己在博士学位论文的序言中所指出的："我认为在这篇论文里我已经解决了一个在希腊哲学史上至今尚未解决的问题"②，这就是通过希腊哲学史上自我意识哲学的研究，揭示出了它在历史上的意义。

马克思关于"为什么不把从前的希腊哲学中整个或哪个因素放在首位……而是相反，从伊壁鸠鲁哲学追溯希腊哲学，从而让它本身表现自己的特殊地位。"③ 马克思把自我意识哲学，进而把哲学同历史的发展联系起来。他通过自我意识在希腊没落时期的消极作用，透视出自我意识对人类社会发展的积极作用。马克思在博士学位论文中也指出了伊壁鸠鲁把人与周围世界对立起来，通过摆脱世界来保持自己的消极观点的局限。

马克思突出强调了通过哲学批判改造世界的意义。他认为，自我意识作为一种意志的力量，必然要同外在世界发生关系，变成实践的力量。由此可见，马克思已经在抽象的形态上开始涉及人与外部世界的关系，从而在唯心主义的基础上对实践的观点进行了初步地论证。④

博士学位论文是一部研究古希腊哲学史的重要文献，马克思不仅勇于突破旧说，首次提出伊壁鸠鲁关于原子偏斜学说的哲学意义，还将历史与现实紧密联系起来，宣扬了无神论观点，将批判的矛盾指向封建统

① 《马克思恩格斯全集》第40卷，人民出版社1995年版，第67页。
② 《马克思恩格斯全集》第40卷，人民出版社1995年版，第189页。
③ 《马克思恩格斯全集》第40卷，人民出版社1995年版，第138页。
④ 庄福龄、冯景源、顾海良：《马克思主义史》第1卷，人民出版社1996年版，第88页。

治力量及其精神支柱——宗教神学。马克思的这些观点，使之超越了当时的其他青年黑格尔派成员，也正是这些观点，使之最终走向了彻底的唯物主义，实现了世界观的根本转变。①

（二）《评普鲁士最近的书报检查令》：一切制造分裂的法律都是反动的

《评普鲁士最近的书报检查令》是马克思进入社会后，写的第一篇政论性文章。写作的时间是 1842 年 2 月初，这时的马克思仅有 24 岁。马克思对这篇文章是尤为看重的，这从他对海尔曼·贝奈尔的叮嘱可以看出。海尔曼·贝奈尔计划于 1851 年出版《马克思全集》。马克思希望《评普鲁士最近的书报检查令》作为首篇文章。② 这时的马克思尚受到黑格尔唯心主义哲学的影响③，文中集中表达了激进的自由主义思想、普遍的理性主义观念以及抽象的人道主义精神。此时马克思的立场还是资产阶级的自由派，是一位革命性与改良性兼容的资产阶级民主主义者和激进的自由主义者。但已经萌生了社会发展合力思想，这在对"制造分裂的法律都是反动的"等相关问题的分析中体现得尤为明显。现就马克思探讨这一问题的时代语境与逻辑进路进行如下分析。

弗里德里希·威廉四世为在一定程度上缓和普鲁士民众的反对情绪，打着自由的幌子，于 1841 年 12 月 24 日颁布了新的书报检查令，其将言论出版自由的限制归咎于检查机关。

从形式上看，新书报检查令的颁布是为了通过缓和民众的反对情绪以汇聚社会发展合力。也就是说，颁布新的书报检查令是汇聚社会发展合力的手段。这一手段具有相当程度的蒙蔽性，它承诺："为了使新闻出版现在就能摆脱那些未经许可的、违背陛下旨意的限制……明确反

---

① 庄福龄：《简明马克思主义史》，人民出版社 2004 年版，第 28 页。
② Lapin，N. I.，*Der junge Marx*，Berlin：Dietz Verlag，1974：80.
③ 刘宏宇：《评普鲁士最近的书报检查令》考证研究——马克思首篇政论文的历史背景及思想观念分析》，《国际新闻界》2011 年第 9 期。

对使写作活动受到各种无理的约束"，国王承认"公正的、合乎礼貌的公众言论是重要的而且必需的。"①这就制造了一种假象，看似是在放宽管控和出版自由，实则是对言论出版自由加以进一步的限制。

马克思鞭辟入里地指出："可是，这里有一点马上就会使人们感到有点诧异，那就是上述法律的日期。该法律颁布的日期是1819年10月18日。怎么？难道这是一项由于时势所迫而废除了的法律吗？"②既然书报检查令早在22年前的1819年就已经颁布了，为什么又要有新的书报检查令？马克思分析道："在22年当中，保护公民的最高利益即他们的精神的主管机关，一直在进行非法的活动"③。他一针见血地揭穿了新书报检查令"虚伪自由主义"的反动实质。普鲁士政府通过移花接木的方式愚弄民众的伎俩，无非是为了维护特权阶级的反动统治。马克思指出，"虚伪自由主义的手法通常总是这样的；在被迫让步时，它就牺牲人这个工具，而保全事物本身，即制度。这样就会转移从表面看问题的公众的注意力。人们的注意力就从书报检查制度转移到了个别书报检查官身上"④。马克思在此直截了当地撕开了特权阶级扼杀民众言论出版自由的"虚伪自由主义"面具。

人是实现社会发展合力的主体性力量，而人的精神在社会发展中本然具有的色彩应该得到肯定。马克思不无讽刺地指出："你们赞美大自然令人赏心悦目的千姿百态和无穷无尽的丰富宝藏，你们并不要求玫瑰花散发出和紫罗兰一样的芳香，但你们为什么却要求世界上最丰富的东西——精神只能有一种存在形式呢？"

"一片灰色"就是书报检查令所许可的"唯一色彩"⑤。在马克思看来，"灰色"绝不是人的精神所应该具有的基调。人的精神太阳本然具

① 《马克思恩格斯全集》第40卷，人民出版社1995年版，第107页。
② 《马克思恩格斯全集》第1卷，人民出版社1995年版，第108页。
③ 《马克思恩格斯全集》第1卷，人民出版社1995年版，第108页。
④ 《马克思恩格斯全集》第40卷，人民出版社1995年版，第109页。
⑤ 《马克思恩格斯全集》第40卷，人民出版社1995年版，第111页。

有的色调，是绚丽多彩的。新的书报检查令实质是普鲁士封建统治者要占据社会舆论的绝对统治地位，不允许任何带有反抗性、革命性色彩的作品和思想被公众阅读和接受，来掩盖自身腐朽管理社会的缺陷，以达到压制、奴役臣民，巩固政权的目的。① 马克思指责书报检查令的强制性规定"既损害了主体的权利，又损害了客体的权利"②。法律的颁行是为了保护主客体的权利，而损害主客体权利的法律是不合理的。

马克思还进一步分析道："追求思想的法律不是国家为它的公民颁布的法律，而是一个党派用来对付另一个党派的法律。追究倾向的法律取消了公民在法律面前的平等。这是制造分裂的法律，不是促进统一的法律，而一切制造分裂的法律都是反动的；这不是法律，而是特权。"③

在马克思看来，损害主客体权利的法律只会妨碍而不会促进社会发展合力的形成。青年马克思在揭露新书报检查令背离理性之法的虚伪自由主义本质时，所表现出的激进自由主义理念，是以黑格尔哲学中普遍的理性主义为根本原则的。黑格尔关于国家观的说明不是从现实客观的历史事实联系着手，而主要是来自法律、伦理的主观概念逻辑论证。马克思认为国家应当是民众自由和理性的体现，将理性作为根本指导原则，呼吁现实社会按照理性标准进行革新改造，保障民众自由权利。此时的马克思没有从新书报检查令颁布是由封建专制统治者的利益需要所决定的这一思路展开批判，也没有认识到市民社会背后的利益争夺这一根源性的问题。

新书报检查令不仅在言论与出版自由的取向上背离自由、反理性、反人道，更重要的是在其执行实施中陷入了无限的矛盾冲突之中，整个制度始终是以一种非人道来反对、压制人道的丑恶、扭曲行径，这无疑

---

① 徐国旺、唐解云：《对马克思首篇时政论文〈评普鲁士最近的书报检查令〉的一种解读》，《思想政治教育研究》2022年第2期。
② 《马克思恩格斯全集》第40卷，人民出版社1995年版，第113页。
③ 《马克思恩格斯全集》第1卷，人民出版社1995年版，第121页。

会极大地遏制有效社会合力的形成。书报检查令"从怀疑国家出发"①，使现实国家发生异化，背离国家理性；无视道德，扼杀人的精神创造力与人性，背离人道主义。② 关于怎样才能有效汇聚社会发展合力，马克思给出的药方是废除不合理的法律与制度。

（三）《〈黑格尔法哲学批判〉导言》："无产阶级"概念首次登场

实现社会发展合力，必须解决"向何处去"以及"谁来领导"的问题。马克思在1843年写作的《〈黑格尔法哲学批判〉导言》中，首次将"无产阶级"一词引入社会发展合力理论，他将无产阶级比作趋向人的解放的"心脏"和"物质力量"。③

实现社会发展合力要落脚在人的解放上。也就是说，实现社会发展合力，要向着人的解放迈进。而要使之成为现实，就要开展彻底的革命。开展彻底革命的"实际可能性"在什么地方，马克思基于德国的现实分析称，"任何一个特殊阶级"都无力承担这一革命。德国的市民阶级甚至承担不了部分的纯政治的革命，它总是未等庆祝胜利就遭到了失败，未等表现自己的宽大本质就表现了自己的狭隘本质。在马克思看来，就当时德国的历史性而言，部分的纯政治的革命反倒是不可能的；并且从这种不可能中产生出彻底革命的可能。而彻底的、人的高度的革命要成为可能，就在于"形成一个被戴上彻底的锁链的阶级"，一个遭受普遍苦难的阶级，一个表明一切等级解体的等级，一个只有通过人的完全回复才能回复自己的等级，这就是无产阶级。④

无产阶级因之受到绝对的不公正、不合理的对待，使得"社会的一

---

① 《马克思恩格斯全集》第40卷，人民出版社1995年版，第123页。

② 徐国旺、唐解云：《对马克思首篇时政论文〈评普鲁士最近的书报检查令〉的一种解读》，《思想政治教育研究》2022年第2期。

③ 杨雨帆：《无产阶级究竟是马克思"发明"还是"发现"的？——对〈黑格尔法哲学批判导言〉无产阶级理论的辨析》，《天府新论》2023年第3期。

④ 余培源、吴晓明：《马克思主义哲学经典文本导读》上卷，高等教育出版社2005年版，第16页。

切缺陷就必定相反地集中于另一个阶级，一定的等级就必定成为引起普遍不满的等级，成为普遍障碍的体现；一种特殊的社会领域就必定被看做是整个社会中昭彰的罪恶，因此，从这个领域解放出来就表现为普遍的自我解放。"① 无产阶级在实现社会发展合力中真正成为领导者，就要"振振有辞地宣称：我没有任何地位，但我必须成为一切"②。

无产阶级实现从绝对的受难、绝对的无到完整的救赎、绝对的有，"就在于形成一个被戴上彻底的锁链的阶级，一个并非市民社会阶级的市民社会阶级，形成一个表明一切等级解体的等级，形成一个由于自己遭受普遍苦难而具有普遍性质的领域，这个领域不要求享有任何特殊的权利，因为威胁着这个领域的不是特殊的不公正，而是普遍的不公正，它不能再求助于历史的权利，而只能求助于人的权利，它不是同德国国家制度的后果处于片面的对立，而是同这种制度的前提处于全面的对立，最后，在于形成一个若不从其他一切社会领域解放出来从而解放其他一切社会领域就不能解放自己的领域，总之，形成这样一个领域，它表明人的完全丧失，并因而只有通过人的完全回复才能回复自己本身。社会解体的这个结果，就是无产阶级这个特殊等级。"③

在这段经典论述中，马克思揭示了无产阶级的实质在于"绝对的受难"。"绝对的受难"赋予了无产阶级以如下鲜明特征：

一是无产阶级被戴上了"彻底的锁链"故而是完全丧失自由的等级。西方社会鼓吹人生而自由，但事实是并非人人享有自由，自由仅是有产者的特权。自由对于无产者而言，是可望而不可及的奢侈品。无产者作为人，同样享有"人是人的最高本质"这一绝对命令的内涵，但在现实中却彻底丧失了自由。丧失自由的无产者，被排斥在市民社会之外，故而其是一个对市民社会感到绝望的阶级。

---

① 《马克思恩格斯文集》第 1 卷，人民出版社 2009 年版，第 15 页。
② 《马克思恩格斯文集》第 1 卷，人民出版社 2009 年版，第 15 页。
③ 《马克思恩格斯文集》第 1 卷，人民出版社 2009 年版，第 16 页。

二是无产阶级所遭受的苦难具有普遍性，他们所承受的不公正、不合理待遇不是集中在某一个领域，而是一般的不公正，正是因为他们没有任何地位，故而其同现存不公正、不合理秩序的对立不是片面的、相对的，而是全面的、绝对的。

三是无产阶级是最无辜的受难者，他们辛勤劳作但却完全丧失了人之为人的本性。无产阶级在现存秩序中沦为"绝望的无"。① 马克思意在阐明，无产阶级是一个特殊的阶级。它特就特在具有自我超越性与自我否定性。无产阶级作为实现社会发展合力的领导性力量，不仅要消除一切妨碍社会发展合力形成的不公平、不合理现象，还要消灭同自身相对立的那个阶级——资产阶级，通过消灭资产阶级而最终达到自我的消亡。这是其他阶级所不具备的历史品质。

美国学者维塞尔认为："由于经历了绝对的（无条件）否定，无产阶级具有绝对的清白，因此，只有通过否定人性的辩证否定，无产阶级才能成为人类的救赎者，成为否定的化身。倘若没有绝对的（神话诗学的）受难，无产阶级则不可能发挥拯救者的作用。唯有受难是欠然的；也只有神话受难有拯救的效力。神话受难不仅仅是肉体的受难，也因此是非理性的受难；受难是经验阶级作恶的结果。"② 无产阶级在绝对受难的境遇中实现彻底的救赎，其所救赎的对象，不仅是自身，还有全人类；无产阶级所要救赎的领域，不是某一个领域，而是方方面面。

马克思指出："无产阶级宣告迄今为止的世界制度的解体，只不过是揭示自己本身存在的秘密，因为它就是这个世界制度的实际解体。无产阶级要求否定私有财产，只不过是把社会已经提升为无产阶级的原则的东西，把未经无产阶级的协助就已作为社会的否定结果而体现在它身

---

① 刘同舫、陈晓斌：《哲学的命运与无产阶级的救赎——马克思〈《黑格尔法哲学批判》导言〉释义》，《广东社会科学》2013 年第 6 期。

② ［美］维塞尔：《马克思与浪漫派的反讽》，陈开华译，华东师范大学出版社 2008 年版，第 241 页。

上的东西提升为社会的原则。"① 马克思确认了无产阶级对私有财产的否定性，也确认了无产阶级作为实现社会发展合力领导阶级的身份。无产阶级是自由、财产、人的本质的完全丧失，它没有自己特殊的利益，换而言之，无产阶级的特殊利益与人类的普遍利益具有一致性。

无产阶级因之与生俱来的优势，决定了其可以担负起实现社会发展合力领导性力量的历史重任。无产阶级应该为实现社会发展合力做些什么？其又能够为实现社会发展合力做些什么？关于这些问题，马克思进行了持续不懈的探索。

特别值得注意的是，马克思最早与工人阶级见面的时间是 1843 年晚秋，也就是晚于《〈黑格尔法哲学批判〉导言》的写作时间，因此有不少研究者认为"无产阶级"这一概念，不是马克思通过亲身观察、实际接触发现的经验形象，② 他对这一阶级及其历史使命的论证没有完全摆脱费尔巴哈人本主义的影响，因此关于无产阶级的思想是"不成熟"的。比如科尔纽认为，马克思在《〈黑格尔法哲学批判〉导言》中对无产阶级的理解有点抽象，他分析称："无产阶级多少还只是一个有利于社会进步的观念上的力量。"③ 所谓的"不成熟论"与《〈黑格尔法哲学批判〉导言》的文本内容、马克思早期思想发展以及当时的社会背景严重不符。马克思在文中提出的"无产阶级"概念，是他经由延续思考和实地观察、经由无产阶级人本主义阐发的经验形象。④

《〈黑格尔法哲学批判〉导言》是马克思由唯心主义向唯物主义、由革命民主主义向共产主义转变过程中的重要著作。正确认识该著作中有关无产阶级的论述，对于认识无产阶级作为形成社会发展合力的领导

---

① 《马克思恩格斯文集》第 1 卷，人民出版社 2009 年版，第 17 页。

② 杨雨帆：《无产阶级究竟是马克思"发明"还是"发现"的？——对〈黑格尔法哲学批判导言〉无产阶级理论的辨析》，《天府新论》2023 年第 3 期。

③ ［法］奥古斯特·科尔纽：《马克思的思想起源》，王瑾译，中国人民大学出版社 1987 年版，第 71 页。

④ 杨雨帆：《无产阶级究竟是马克思"发明"还是"发现"的？——对〈黑格尔法哲学批判导言〉无产阶级理论的辨析》，《天府新论》2023 年第 3 期。

性力量、把握马克思社会发展合力理论的嬗变轨迹意义重大。

二 马克思社会发展合力理论的探索

马克思在巴黎时期，继续就社会发展合力问题进行了艰辛的理论探索，他研究了法国革命的史料以及它的前史（法国唯物主义史）和它的后史（法国社会主义史），研究了政治经济学范围广阔的原理和历史，并以此来开展、充实、拓展自己有关社会发展合力问题的看法。《1844年经济学哲学手稿》为掌握和了解马克思这一阶段的思想进程，提供了重要的材料。

1844年8月，恩格斯在归国途中，第二次与马克思会面。为同自己的"哲学良心"进行一次清算，马克思和恩格斯决定合写一部著作。这次清算采取了和《文学总汇报》论战的形式，《文学总汇报》的精神领袖是鲍威尔兄弟，他们鼓吹"精神"和"群众"的对立、"批判的批判"和"物质利益"的对立，这对于社会发展合力的形成产生了极为消极的影响。马克思与恩格斯在第一次伟大合作的成果《神圣家族》中，对思辨唯心主义及其诸多变种进行了批判，同自身过去的唯心主义观点做了最后诀别，更加准确地拓展和深化了自身有关社会发展合力问题的认识。《神圣家族》宛如新世界观的一次最初预告，① 理论准备已经完成，接踵而至的是一个更加宏伟壮丽的思想创造——以马克思的名字命名的社会发展合力理论的真正诞生。

（一）《1844年经济学哲学手稿》：人与劳动的异化

《1844年经济学哲学手稿》是马克思于1844年4月到8月，在法国首都巴黎撰写的一部手稿。这部手稿在马克思主义哲学发展史上，占有十分重要且特殊的地位。正如马克思在《1844年经济学哲学手稿》

---

① 余源培：《马克思主义哲学的理论与历史》，复旦大学出版社2000年版，第68页。

中指出，《精神现象学》是黑格尔哲学的"真正诞生地和秘密"，我们也可以说，这部手稿是马克思社会发展合力理论的"真正诞生地和秘密"。因为在这一著作中，各种思想材料开始得到大规模的组织、汇集以及融合。正如《马克思传》的作家戴维·麦克莱伦指出的那样，马克思在1844年"妻子和孩子离开期间，做了内容丰富的关于古典经济学、共产主义和黑格尔著作的笔记。这些文献以《1844年经济学哲学手稿》或《1844年手稿》为人所知"①。

我们强调这部手稿之于马克思形成社会发展合力理论的重要性，不在于它已经完整地、实际地达成了某种结论，而是从发生学的意义上而言的。② 该著作尽管新旧术语相互交杂、论述内容庞杂宏大、思想表达存在前后不连贯，它却是马克思就社会发展合力问题进行的一次巨大的综合和艰难的创造。③ 这种思想发展过程，是真正的新思想的酝酿与成长，是马克思社会发展合力理论分娩前的"阵痛"。

从题目上来看，《1844年经济学哲学手稿》，不是经济哲学，而是经济学—哲学。经济学与哲学不是外在的相加，而是内在的有机整合。经济学—哲学的双重视角，包含着一种"视差之间"。所谓"视差之间"，就是让平面的影响立体起来。当马克思将经济学与哲学有机整合在一起，处于理论平面的社会发展合力问题会呈现得更为立体。经济学与哲学内在的整合关系，主要体现在马克思终其一生都在做的有关政治经济学的批判工作，④ 而这项工作的开展，伴随了社会发展合力理论逐渐走向发展与完善。

---

① ［英］戴维·麦克莱伦：《马克思传》，王珍译，中国人民大学出版社2016年版，第98页。

② 张一兵：《青年马克思的巴黎文本群解读》，《中国社会科学报》2023年10月9日。此时马克思的思想处于一种激烈变化的状态，黑格尔哲学、费尔巴哈人本主义、政治经济学、启蒙主义历史等诸多思想来源在马克思的头脑中各自为战，想要在短时期厘清、理解，甚至扬弃这些重要思想，对于一个年仅26岁的青年人来说是困难的。

③ 余源培：《马克思主义哲学的理论与历史》，复旦大学出版社2000年版，第55页。

④ 夏莹：《青年马克思是怎样炼成的》，人民出版社2018年版，第150页。

马克思通过什么促使处于理论平面的社会发展合力问题立体起来，其中的一个重要论题是"异化劳动"。"异化劳动"是马克思理论体系的关键思想。关于"异化"，这一概念最原初使用于宗教时，意为分离、疏远、陌生化。据有学者考证，"异化"是1522年马丁·路德在翻译圣经《新约全书》时，从希腊文移植到德语中去的，用来表达疏远上帝的行为和去神化的思想倾向。① "异化"的哲学化转向一般认为肇始于启蒙思想家，诸如霍布斯、卢梭等，他们将"异化"从宗教性、法学性、经济学性等特质中解放出来，赋予其政治哲学的属性，主要用于探讨个体政治权利的哲学理念和逻辑表达。

"异化"概念的哲学化转向首先是由费希特完成的，他在其"自我的现象学说"中将"异化"概念引入德国古典哲学，尔后该概念在德国古典哲学领域得到普遍推介。② 王若水认为："我们现在使用的'异化'概念是创始于黑格尔，继承于费尔巴哈，完成于马克思。当然，还可以从黑格尔的异化概念中找到费希特和席勒的影响。"③

"异化"的真正哲学化、概念化完成于黑格尔。在黑格尔语境中"异化"的原初意义是代表与存在物相对应的对象物，表示对立性关系和关系性对立。费尔巴哈将"异化"的哲学化，在更内化层面得到了进一步的引申与充实。主体化的对象化和客体化存在，不仅疏离于主体，甚至成为与主体相对立或相对立的异化存在，更甚至发生客体主体化和主体客体化的双重对象化的过程，客体取代主体处于支配地位。④

人是实现社会发展合力的主体性力量，人的劳动异化是马克思探讨社会发展合力的主要问题域。"人""劳动"与"异化"的讨论，是打开马克思社会发展合力理论大门的一把钥匙。马克思在《1844年经济

---

① 侯才：《有关"异化"概念的几点辨析》，《哲学研究》2001年第10期。
② 张彦：《"历史之谜"解答的开启之作——〈1844年经济学哲学手稿〉新读》，红旗出版社2020年版，第42页。
③ 王若水：《"异化"这个译名》，《学术界》2000年第3期。
④ 张彦：《"历史之谜"解答的开启之作——〈1844年经济学哲学手稿〉新读》，红旗出版社2020年版，第43页。

学哲学手稿》中，对异化、外化和对象化这三个概念的运用时常是相互置换的。对象化、外化与异化是作为实践的结果而出现的。马克思写道："在实践的、现实的世界中，自我异化只有通过对他人的实践的、现实的关系才能表现出来。异化借以实现的手段本身就是实践的。"①由此可见，异化是实践的异化，是现实的异化。

对社会发展合力形成过程中出现的异化问题，需要回到实践本身、现实本身中去寻求，而不能仅仅从头脑中去寻求。作为主体的人是对象化、外化与异化得以产生和被认识的基础和决定性因素。因为"人是肉体的、有自然力的、有生命的、现实的、感性的、对象性的存在物，这就等于说，人有现实的、感性的对象作为自己本质的即自己生命表现的对象；或者说，人只有凭借现实的、感性的对象才能表现自己的生命"②。

人作为主体必须对对象加以现实化的改造，社会发展合力的形成必须充分肯定并积极发挥作为主体的人的能动性作用。在探讨异化与实践的关系、异化与作为主体的人的关系以后，还应辨明"异化"与对象化的关系。在马克思看来，劳动的对象化首先具有肯定的意义，它对于社会发展合力的形成而言始终是必要的。只是在一定的前提和条件下，劳动的对象化才会转化为劳动的异化。马克思称："劳动的产品就是固定在某个对象中、物化为对象的劳动，这就是劳动的对象化。劳动的实现就是劳动的对象化。在被国民经济学作为前提的那种状态下，劳动的这种实现表现为工人的失去现实性，对象化表现为对象的丧失和被对象奴役，占有表现为异化、外化。"③

对于马克思社会发展合力理论的形成而言，区别异化与对象化是十分重要的。从词性上来看，"异化"是作为一个带有贬义色彩的批判性

---

① 《马克思恩格斯全集》第 3 卷，人民出版社 2002 年版，第 276 页。
② 《马克思恩格斯全集》第 3 卷，人民出版社 2002 年版，第 324 页。
③ 《马克思恩格斯全集》第 42 卷，人民出版社 2017 年版，第 91 页。

概念而被马克思使用的。王贵贤、田毅松关于这一概念的界定极为精当。他们指出："主体由于自身矛盾的发展产生自己的对立面，产生客体，而这个客体又作为一种外在的、异己的力量而凌驾于主体之上，转过来束缚主体，压制主体，这就是'异化'。"① 在马克思的视域中，异化作为一种更加极端的对象和外化，是颠倒了的主客体关系在哲学意义上的表达。要形成有效的社会发展合力，就要对异化劳动展开批判、积极扬弃异化，将颠倒了的主客体关系重新颠倒过来。

世界是主体化的世界，是属于人的世界。异化必然是与类存在也即人相联系的。② 在马克思看来，主体性的人的本质在于劳动。马克思基于政治经济学的事实判断，发现了异化劳动的四个基本规定：一是"物的异化"，二是"自我异化"，三是人同自己类本质的异化，四是人与人的异化。

就第一方面而言，"物的异化"这个规定表示："工人在劳动中耗费的力量越多，他亲手创造出来反对自己的、异己的对象世界的力量就越强大，他本身、他的内部世界就越贫乏，归他所有的东西就越少。"③ 物的丰富，是劳动者过上好日子的基础。而劳动者在资本主义生产的关系下，同自己的劳动产品相异化，也就是沦为了自己劳动产品的奴隶。劳动者越是辛勤的劳动，反对自己的、异己的力量就越强大。物的丰富与劳动者内部世界的贫乏形成了畸态化的发展。

就第二个方面而言，"自我异化"也就是劳动活动本身的异化。在马克思看来，劳动作为人的内在本质，是积极地肯定自己的东西。可是，在私有制下，劳动本身对劳动者却成了某种外在的和异己的力量。"他在自己的劳动中不是肯定自己而是否定自己，不是感到幸福，而是

---

① 王贵贤、田毅松：《〈1844年经济学哲学手稿〉导读》，中国民主法治出版社2012年版，第63页。

② 张彦：《"历史之谜"解答的开启之作——〈1844年经济学哲学手稿〉新读》，红旗出版社2020年版，第48—49页。

③ 《马克思恩格斯全集》第42卷，人民出版社2017年版，第91页。

感到不幸，不是自由地发挥自己的体力和智力，而是使自己的肉体受折磨、精神遭摧残。"① 马克思认为，"自我异化的扬弃同自我异化走的是一条道路"②。人的自我异化在现存社会中首先，并且特别地表现在私有财产。如果说人的自我异化，从根本上接触到经济必然性中的内在矛盾，那么自我异化的扬弃就从开端上与这种经济必然性相联系，进而言之，是与劳动与资本之发展为矛盾的对立相联系。

私有财产与其说是人的本质的普遍颠倒，还不如说它同时是在异化范围内人的本质的显现与表露。私有财产的发展，是人的本质普遍颠倒得以消除的前提条件。故此，私有财产的运动在直接完成人的关系的非人化的同时，也在为这种非人化关系的否定积累着准备因素。从这个意义上来看，异化的扬弃绝不代表简单排除私有财产，而是在消灭这种力量之异化形式的同时，使之重新成为社会的力量并为人们所占有。因此，人们交互作用形成社会发展合力，要积极消除私有财产的异化形式，确证人的本质性力量。

就第三个方面而言，人的类本质的异化关涉到劳动对人的本质的关系。马克思认为，人是类的存在物。只是由于作为类的存在物，人才确证自己是人。人从事劳动的第一目的在于获得生存的自由，故而自由是人的本性的旨归。类生活是类存在的价值。非异化状态下类生活与个人生活是统一的，类生活就是个人生活。然而，资本主义生产使人将类生活变成维持个人动物生存的手段，人的类的、社会的本质成为与人的当下存在相脱离的东西。工具性劳动使人的类生活被剥夺、使类本质被剥夺。

就第四个方面而言，人与人之间相互关系的异化，这是前三个方面异化的必然结果，也是其集中体现③。人脱离自己的本质，从自己本身

① 《马克思恩格斯全集》第 42 卷，人民出版社 2017 年版，第 93 页。
② 《马克思恩格斯全集》第 42 卷，人民出版社 2017 年版，第 98 页。
③ 张彦：《"历史之谜"解答的开启之作——〈1844 年经济学哲学手稿〉新读》，红旗出版社 2020 年版，第 52 页。

中异化出去，故而也就与其他人分离出来，同他们格格不入，并与他们作为异己者相对立，就像他们也同他对立一样。① 这是因为"人的异化，一般地说人同自身的任何关系，只有通过人同其他人的关系才得到实现和表现。"②

正是通过异化劳动的这些基本规定，马克思初步分析和批判了社会现实的基本方面——私有财产。私有财产是劳动异化的结果，同时私有制也不断地巩固和再生产出异化劳动的前提和结果。

马克思关于人与劳动的异化的认识，深入涉及世俗基础本身的分裂③，其对于形成社会发展合力理论迈出了具有决定性意义的一大步。马克思写作《1844 年经济学哲学手稿》，尽管仍然使用大量的费尔巴哈术语，但他将私有财产也即劳动的异化理解为国家、法、意识形态等异化的现实基础，显示其较之于费尔巴哈更为深入地思考了世俗基础本身的矛盾。

世俗基础本身存在的分裂与矛盾，是社会发展合力难以充分汇聚的根由。为化解世俗基础本身存在的分裂与矛盾，国民经济学试图以劳动为出发点给出自己的化解方案，但实际上"没有给劳动提供任何东西，而是给私有财产提供了一切"④。国民经济学以之作为前提的劳动，是以私有财产作为基础的，但私有财产不是什么"最自然"的东西，这种劳动毋宁说是抽象的、片面的、颠倒的，也即是"反自然"的东西。

以私有财产为基础的国民经济学，具有"敌视人的性质"，它在承认劳动、承认人的假象下对劳动和人进行了彻底的否定。⑤ 人是实现社会发展合力的主体性力量，社会发展合力的形成是人的劳动实践在具体历史情境下的展开。对人本身以及人的劳动的彻底否定，汇聚有效、正

---

① 余源培：《马克思主义哲学的理论与历史》，复旦大学出版社 2000 年版，第 58 页。
② 《马克思恩格斯全集》第 42 卷，人民出版社 2017 年版，第 98 页。
③ 余源培：《马克思主义哲学的理论与历史》，复旦大学出版社 2000 年版，第 59 页。
④ 《马克思恩格斯全集》第 3 卷，人民出版社 2002 年版，第 277 页。
⑤ 余培源、吴晓明：《马克思主义哲学经典文本导读》上卷，高等教育出版社 2005 年版，第 33—34 页。

向、充分的社会发展合力只能停留在抽象的哲学思辨中。马克思社会发展合力理论建立在对资本主义社会私有制前提本身的批判，因而在眼界上大大超过了国民经济学。

(二)《神圣家族》：有实践力量的人是最广大的人民群众

《神圣家族》可以看作《1844 年经济学哲学手稿》① 同一时期的重要思想成果，这是一部马克思和恩格斯同自己过去的理论进行清算的著作。该著作出版于 1845 年 2 月，全称是《神圣家族，或对批判的批判所做的批判。驳布鲁诺·鲍威尔及其伙伴》。从这部著作的副标题可以看出，它是一部论战性的著作。论战的对象是青年黑格尔派的鲍威尔兄弟及其追随者。"批判的批判"指的是他们的思辨唯心主义哲学体系。

"神圣家族"一书的书名，本来是意大利著名画家安得列阿·曼泰尼雅一幅名画的题目，画中人物有圣母马利亚、圣婴耶稣、马利亚的丈夫圣约瑟、圣以利沙伯、圣约翰、圣亚拿以及一些天使和神甫。马克思和恩格斯借用这个题名来讽喻以布鲁诺·鲍威尔为首的一伙人。他们将布鲁诺·鲍威尔比作天父的独生子耶稣，把其他几个伙伴比作他的门徒。这些人妄自尊大，自以为超乎群众之上，以为他们的话就是天经地义、不容争辩，正像耶稣在人间传道一样。

马克思和恩格斯曾经都是青年黑格尔派的成员。青年黑格尔运动在 19 世纪 30 年代末，代表了先进思潮，对德国资产阶级革命产生了一定积极影响。然而，由于内部成员思想观点和政治倾向的分裂以及外部普鲁士王国的高度镇压，青年黑格尔运动逐渐由先进蜕化走向保守乃至反动。

因与青年黑格尔派学术观点、政治见解不同甚至相反，马克思与其决裂，并明确指出："我要求他们：少发些不着边际的空论，少唱些高

---

① 《1844 年经济学哲学手稿》曾由时任苏联莫斯科马克思恩格斯研究院院长梁赞诺夫于 1927 年整理出版，出版时的名称为：《〈神圣家族〉预备手稿》。

调，少来些自我欣赏，多说些明确的意见，多注意一些具体的事实，多提供一些实际的知识。"①

《神圣家族》写作的直接原因，在著作序言部分有明确说明："我们的阐述主要涉及布鲁诺·鲍威尔的《文学总汇报》（我们手边有该杂志的前八期），因为在该报中布鲁诺的批判，从而整个德国思辨的胡说达到了顶点。批判的批判（《文学报》的批判）越是把哲学对现实的颠倒变成最明显的滑稽剧，那就越有教益。"②

《文学总汇报》出版于 1843 年底，其精神领袖是鲍威尔兄弟。这个刊物是青年黑格尔运动后期的机关刊物，虽然只刊发了十期，但总汇了后期青年黑格尔派的各种荒谬有害的观点。该刊中，布鲁诺·鲍威尔等人脱离实际陷入抽象思辨的旋涡，以自我意识为基础大肆鼓吹主观唯心主义。

按照《文学总汇报》的论调，"精神"现在已经知道它真正地对头在哪里了：正是由于"群众"的自我批判和软弱无力，所以一切伟大的运动都必然会堕落，必然会落到悲惨的结局。因此，《文学总汇报》对当代的一切群众运动，对社会主义、法国革命等抱着否定的态度。

鲍威尔及其信徒把群众和粗暴的物质等同起来，把"自我意识"提升为"一和一切"，而他们自己就是绝对精神的化身。根据这样的观点，鲍威尔兄弟把他们自己想象的世界看作真实的世界，把现实的社会关系看作"批判的批判"可以任意玩弄的抽象范畴。③

1844 年 8 月底，马克思在《文学总汇报》第 8 期上，看到了布鲁诺·鲍威尔所写的《1842 年以来德国激进主义的兴衰》一文和《目前什么是批判的对象？》两篇文章。布鲁诺·鲍威尔在《1842 年以来德国激进主义的兴衰》中嘲讽、批判群众，将普鲁士政府的反动政治行为归

---

① 《马克思恩格斯全集》第 47 卷，人民出版社 2004 年版，第 42 页。
② 《马克思恩格斯文集》第 1 卷，人民出版社 2009 年版，第 253 页。
③ 余源培：《马克思主义哲学的理论与历史》，复旦大学出版社 2000 年版，第 65 页。

咎于群众的冷漠，指斥群众这种"社会祸害"是精神的崇高意向和创举失败的缘由。

《目前什么是批判的对象?》对无产阶级和共产主义进行了猛烈批判，鼓吹"批判的批判""是历史上唯一的积极的因素"，污蔑"群众只是作为精神的对立物才有意义"①。这两篇文章直接促使马克思下定决心对"批判的批判"展开批判。

《文学总汇报》暴露了青年黑格尔派的意图，在于促使无产阶级进入思辨的抽象中，放弃同资产阶级的现实斗争。这样的观点既是错误的，也是极为有害的。马克思指出："在德国，对真正的人道主义说来，没有比唯灵论即思辨唯心主义更危险的敌人了。"② 在同青年黑格尔派思想决裂的基础上，马克思采取了和《文学总汇报》论战一样的形式，从思想理论上彻底清算这股错误思潮。

《神圣家族》中对布鲁诺·鲍威尔批判的内容，主要分布在第六章和第七章，马克思负责了几乎全部的批判，恩格斯只负责其中一小部分（对哲学的谴责以及"软心肠的"和"求救的"群众）。在这两章中，马克思主要批判了布鲁诺·鲍威尔有关"精神"和"群众"对立等错误论调。实现社会发展的主体性力量是最广大的人民群众。然而，在布鲁诺·鲍威尔眼中，群众是抽象不变的，他将群众规定为"精神"的"对立物"，也即"思想懒惰""表面性"和"自满"，但他没有研究精神对立物所表现出来的"内容"产生的来源，而是将这些品质强硬地安置在群众的头上，并以此来贬低和侮辱他们。

马克思分析称，布鲁诺·鲍威尔有关"精神"和"群众"相对立的历史观，错误地认为人和历史存在的唯一原因在于使真理达到自我意识，它认为真理与历史都是脱离人民群众的，并在主观上将历史和真理演变为形而上学的主体，而将现实的、行动着的人类（群体）个体变

---

① 《马克思恩格斯全集》第 10 卷，人民出版社 2009 年版，第 15 页。
② 《马克思恩格斯全集》第 2 卷，人民出版社 1957 年版，第 7 页。

成形而上学的主体的单纯体现者。马克思强调，实际上群众决定了社会发展的"任务"和"业务"，人类社会发展的活动和思想表现的就是人民群众的活动和思想，也就是说，人类社会发展是由最广大的人民群众推动的。人民群众既然是社会发展的推动者，也必然是社会发展合力得以形成的主体性力量。布鲁诺·鲍威尔将"精神""进步"和"群众"视为固定不变的概念，并将其相互对立起来。如此，群众就失去了现实性或者实际存在性，而只是变成了为"批判"为生的抽象概念。这是黑格尔思辨历史观的具体表现。①

马克思指出，"黑格尔历史观的前提是抽象的或绝对的精神，这种精神正在以下面这种方式发展着：人类仅仅是这种精神的有意识或无意识的承担者，即群众。因此，思辨的、奥秘的历史在经验的、明显的历史中的发生是黑格尔一手促成的。人类的历史变成了抽象的东西的历史，因而对现实的人说来，也就是变成了人类的彼岸世界的历史"②。

马克思分析黑格尔思辨历史观存在双重不彻底性："（1）他宣布哲学是绝对精神的定在，同时又不肯宣布现实的哲学家就是绝对精神；（2）他仅仅在表面上把作为绝对精神的绝对精神变成历史的创造者。既然绝对精神只是 post festum（事后）才通过哲学家意识到自身这个具有创造力的世界精神，所以它的捏造历史的行动也只是发生在哲学家的意识中、见解中、观念中，只是发生在思辨的想象中。"③ 因循这一逻辑理路，布鲁诺·鲍威尔及其伙伴将自身视为历史中绝对者、无限者的积极因素，而最广大的人民群众则变成了有限的、粗野的、鲁莽的、僵死的、无机的消极历史因素，这就造成了推动社会发展的事业被归结为批判的大脑活动的局面，而真实的历史事实是人民群众创造了全部社会事业。

---

① 郑敬斌：《论战中新世界观的萌发——〈神圣家族〉新读》，红旗出版社 2022 年版，第 34 页。

② 《马克思恩格斯全集》第 2 卷，人民出版社 1957 年版，第 108 页。

③ 《马克思恩格斯全集》第 2 卷，人民出版社 1957 年版，第 109 页。

形成社会发展合力，必须充分肯定人民群众历史创造者的社会角色。在《神圣家族》中，马克思首次正面论述了群众在社会发展中的主体地位，以"有实践力量的人"论断揭示了现实生活中人民群众的地位与作用，阐明了人民群众是使思想成为现实的主要推动力量，完成了唯物史观的重要理论建树。

马克思从物质生产决定社会发展的立场出发，探讨了人民群众的社会角色，论证了人民群众在社会发展中扮演的主体角色。以布鲁诺·鲍威尔为代表的青年黑格尔派企图用"精神"取代"群众"，把历史视为群众和精神对立的历史，宣扬思辨唯心主义的历史观。马克思据此提出人类社会发展并不是以纯粹抽象的理论为归宿，而是以人民群众的社会生活实践为依归。① 布鲁诺·鲍威尔公然宣称"工人什么都没有创造"。面对此种谬论，马克思反驳道，工人创造一切，批判的批判什么都没有创造，甚至就以他们的精神创造来说，也会使整个批判感到羞愧。

针对布鲁诺·鲍威尔说"历史上的一切伟大的活动之所以一开始就是不成功的和没有实际成效的，正是因为它们引起了群众的关怀和唤起了群众的热情"②。马克思认为真正有实践力量的人，不是少数人，而是参与社会生活、从事历史活动的最广大人民群众。诚如他所指出的那样，"思想根本不能实现什么东西。为了实现思想，就要有使用实践力量的人。"③ 马克思明确肯定了人民群众才是推动社会发展的真正主体。

社会发展合力的实现，系之于使用实践力量的人。而最广大的人民群众，正是这种使用实践力量的历史主体。"历史活动是群众的事业，

---

① 郑敬斌：《论战中新世界观的萌发——〈神圣家族〉新读》，红旗出版社 2022 年版，第 46 页。
② 《马克思恩格斯全集》第 2 卷，人民出版社 1957 年版，第 102 页。
③ 《马克思恩格斯全集》第 2 卷，人民出版社 1957 年版，第 152 页。

随着历史活动的深入，必将是群众队伍的扩大"①。在马克思看来，一切历史活动本质上都是广大人民群众所开展的活动。② 随着社会物质生产和社会改革的持续深入，人民群众合力创造社会历史的活动会随之发展。相应地，人民群众的队伍会越来越壮大，其形成社会发展合力的自觉意识也会随之增强。

针对"批判的批判"关于思想和利益、精神抽象和群众相对立的谬论。马克思一针见血地指出，思想一旦离开利益一定会使自己出丑。思想并非完全是消极的和无所作为的，它可以通过指导和影响人们的社会实践，对社会发展施加能动的影响。但思想从来并不是一种独立存在的社会力量，它只是在特定时代人类现实社会关系的综合反映。然而这种反映只能以该时代的社会关系和物质利益为基础，并不能超出这一时代的限制。

马克思对思想的作用作了唯物主义的阐释，认为思想的能动作用受到利益诉求的制约。诚如马克思所描绘的那样，在 1789 年法国大革命中，满足资产阶级的利益，是推动革命发展的重要动因。资产阶级的利益压倒了一切——它轻而易举地征服了马拉的笔、恐怖党的断头台、拿破仑的剑、教会的十字架和波旁王朝的血统。任何历史活动，只有唤起人民群众并代表人民群众的总体利益，才能获得成功。③ 对于社会发展合力的实现而言，肯定人民群众是拥有使用实践力量的人，就要尽可能关注、尊重并满足人民群众的利益诉求。在《神圣家族》中，马克思清算了自己的哲学良心，通过向旧哲学告别，有关创立社会发展合力理论各方面的准备都已经就绪，马克思社会发展合力理论的形成时期即将到来。

---

① 《马克思恩格斯全集》第 2 卷，人民出版社 1957 年版，第 104 页。
② 郑敬斌：《论战中新世界观的萌发——〈神圣家族〉新读》，红旗出版社 2022 年版，第 47 页。
③ 余源培：《马克思主义哲学的理论与历史》，复旦大学出版社 2000 年版，第 66 页。

三 马克思社会发展合力理论的形成

马克思社会发展合力理论形成时期大致是 1845 年春《关于费尔巴哈的提纲》到 1848 年的《共产党宣言》。马克思社会发展合力理论的创立是一个过程，大致可分为两个阶段，即以《关于费尔巴哈的提纲》《德意志意识形态》为代表的草创阶段和以《哲学的贫困》《共产党宣言》为代表的成熟和公开问世阶段。

马克思在《关于费尔巴哈的提纲》中，确立了科学的实践观，这是社会发展合力理论首要的基本的观点。《德意志意识形态》自始至终贯穿着《关于费尔巴哈的提纲》中的科学实践观，这两部著作可以被视为马克思社会发展合力理论形成的草创阶段。如果说，《德意志意识形态》由于外部的压力，在当时未能正式出版，那么马克思于 1847 年发表的《哲学的贫困》就成了马克思主义第一次公开阐述的重要文献。① 在这部著作中，马克思对蒲鲁东错误思想进行批判的同时，对社会发展合力问题作出了较之于《德意志意识形态》更为精确的表述。《共产党宣言》是马克思与恩格斯为世界上第一个国际性的无产阶级政党——"共产主义者同盟"起草的政治纲领，马克思和恩格斯运用唯物史观对社会发展合力问题做了系统而精辟的阐述，《共产党宣言》的发表宣告了马克思社会发展合力理论的正式形成。

（一）《关于费尔巴哈的提纲》：确立科学的实践观

在清算青年黑格尔派之后，时年 27 岁的马克思受到了法国政府的迫害，被迫从巴黎迁往比利时的首都布鲁塞尔。在租住的阁楼里于 1845 年春写出了被恩格斯誉为"包含着新世界观的天才萌芽的第一个

---

① 牛子牛：《马克思思想发展中的〈德意志意识形态〉》，《中国社会科学报》2022 年 7 月 28 日。

文件"——《关于费尔巴哈的提纲》。这个提纲是马克思记录自己思想的一个笔记。这个笔记并不打算发表，后来恩格斯读到了它，于1888年发表自己的著作《路德维希·费尔巴哈和德国古典哲学的终结》时，将之作为附录发表。《关于费尔巴哈的提纲》一共十一条，字数不过1500字。

《关于费尔巴哈的提纲》写作的字数尽管不多，但对于马克思社会发展合力理论的形成却具有里程碑式的意义，而这种意义首先体现在提出并确立了科学的实践观。列宁认为，生活的实践的观点，是辩证唯物主义认识论的首要的基本的观点。正是基于科学的实践观，马克思在《关于费尔巴哈的提纲》中，深刻地揭示了社会生活的实践本质，科学地说明了人的社会性本质，[①] 正确地阐述了社会实践是社会发展合力得以形成的动力因子。科学的实践观，为马克思社会发展合力理论提供了生长点和立足点。

《关于费尔巴哈的提纲》是围绕主体与对象的关系而展开的。马克思指出："对对象、现实、感性，只是从客体或者直观的形式去理解，而不是把它们当做感性的人的活动，当做实践去理解，不是从主体方面去理解。"从中可以看出，对对象、现实、感性，从客体或者直观的形式去理解，马克思是持反对态度的。在马克思看来，这是费尔巴哈的唯物主义和从前一切唯物主义的主要缺点。就社会发展合力问题而言，同样不能陷入仅从客体或者直观的形式进行分析的误区。

主体和对象的关系，不能混同为主体和客体的关系。倘若将主体与对象的关系，混同为主体与客体的关系，就等于只是从客体的方面去理解对象、现实、感性。马克思意在告诫我们，对对象不能单纯地理解为客体。探讨社会发展合力的形成，不能仅仅就主体与客体的关系进行认识，而应从主体与对象的关系进行审视。

《关于费尔巴哈的提纲》一共可划分为总论、分论与结论三个部

---

① 庄福龄：《简明马克思主义史》，人民出版社2004年版，第39页。

分。总论部分是第一条到第三条，主要探讨了感性活动、思维活动、实践的关系。马克思通过研究，给"革命的实践"下了一个定义，也即对象的改变与主体的自我改变的一致。这里涉及"两个改变"，其中一个是对象的改变，另一个是主体的自我改变。

就社会发展合力而言，人作为主体性力量，其在社会发展合力形成的过程中，自身的改变和对象的改变是统一的。关于对象世界的改变问题，《关于费尔巴哈的提纲》第四条到第五条着重进行了分析。关于主体的自我改变问题，《关于费尔巴哈的提纲》第六条到第十条重点作出了说明。这是说，第四条到第十条是《关于费尔巴哈的提纲》的分论，其中又可以细化为分论一和分论二。分论一是对象世界的改变，分论二是主体的自我改变。结论是最后一条，也即第十一条，问题在于"改变"。就社会发展合力问题而言，探讨对象世界的改变与主体的自我改变，其核心均在于有没有发生改变、发生了什么样的改变。

马克思之所以要针对费尔巴哈的唯物主义进行批判，是因为费尔巴哈的唯物主义与其他的唯物主义存在不同之处。费尔巴哈不是围绕物质与意识的问题展开的，而是围绕人与自然界的关系展开的。费尔巴哈的唯物主义是人本学唯物主义。在关于物质与意识何者为第一性的问题上，费尔巴哈认可物质具有第一性。但是他认为这是在物理学意义上讲物质第一性，伦理学意义上是以人为本。

费尔巴哈研究自然是为了人。也就是说，他不是为了研究自然而去研究自然，他是为了人而研究自然。正因如此，费尔巴哈要将哲学拉回到生活。费尔巴哈的人本学唯物主义，从根本上来讲是一种生活世界观。唯物史观探讨的基础性问题是思维与存在的关系问题。在费尔巴哈看来，思维与存在的关系从属于人与自然界的关系。思维属于人的精神存在，一般意义上讲人的存在，指的主要是肉体存在。按照费尔巴哈的理解，假如没有人，思维与存在是无从发生关系的。思维与存在统一于人，是人与自然界发生关系。人跟自然界发生关系，可以是精神上的，也可以是肉体上的。但脱离人的思维，是无法跟自然界发生关系的。

人是研究思维与存在关系的目标与基础，因此应该把精神存在与肉体存在统一于人。费尔巴哈不是根据物质与意识何者为第一性、何者为第二性为依据来确定的，他的唯物主义是生活的唯物主义。他强调，人作为肉体主体的存在。费尔巴哈探讨的对象、现实、感性，是人们生活所需要的吃饭、穿衣、住房等。这与马克思唯物史观是一致的。

人是形成社会发展合力的主体性力量，人要确证自身的主体性力量，首先得"活着"。然后才能谈得上汇聚社会发展合力，让自身以及他人的日子过得更好。费尔巴哈认为，物质第一性的问题是就人的肉体存在来说的，不是旧认识论里的认识对象与认识主体的关系。比如，牛吃草，草不是在于牛的眼睛看到了而存在的，草是外在于牛而存在的。老虎吃牛，牛也是不依赖于老虎的意志而存在的，牛也是外在于老虎而存在的。这样，费尔巴哈就将唯物主义推向了存在的领域。具体而言，就是对象性的存在。

没有对象，人就无法生存。现实的存在、感性的存在，这种感性不是感性认识上的感性，就是人的感受性。费尔巴哈的人本主义哲学，从内容上来看，超出了传统哲学，但从形式上来看，并没有超出传统哲学。费尔巴哈将哲学的内容拉回到现实生活，但没有注意对象、现实、感性并不等同于对象性活动。

唯心主义者研究的是理性的对象、思维的对象，费尔巴哈研究的是感性的对象、人的对象，但他没有就对象性活动做进一步的研究。这导致费尔巴哈在探讨人的活动的性质时，又重新陷入了唯心主义。他把真正的人的活动还是当成理论的活动。

费尔巴哈的长处是从生活出发，进而从群众出发，群众有自身的利益诉求，如吃饭、穿衣、住房。费尔巴哈的思想到此为止，他没有再往前迈进一步。也就是说，人们吃的粮食、穿的衣服、住的房子是从哪里来的，费尔巴哈没有进行进一步的探讨。马克思则与之不同，他认为诸如吃饭、穿衣、住房，都是人们自己生产的。马克思指出："人的思维是否具有客观的真理性，这不是一个理论问题，而是一个实践的问题。人应该在实践中证明自己思维的真理性，即自己思维的现实性和力量，自己思维的此岸性。"由这段论述可以看出，人的思维是否正确的标准，不在于思维自身，而在于思维所反映的对象，也就是实践所确证的人的思维与客观事物是否符合或相一致。

关于人的本质是什么？这也是社会发展合力得以形成的一个至关重要的问题。以往人们在探讨这一问题时，倾向于从主观世界、精神领域中寻找人的本质，不少人认为人的头脑可以产生意识。随着工业革命的到来，当生产以一种全新的方式发展时，人类的认识能力也在提升。费尔巴哈认为，不是上帝创造了人，而是人创造了宗教。在他看来，宗教的本质就是人的本质。然而，进一步追问，费尔巴哈就不彻底了。他将人从社会历史中，从生产关系中抽象提取了出来，那就只剩下情感了，剩下建立在两性差别基础上的爱了。

人是有意识的存在物，能够使用思维、理性，但这仅仅是关于人的本质的低层次思考。只有将人置身于类存在物当中，才能体现出其作为人的本质。人最重要的是他处于特定的历史环境中，是具体的、现实的人，而不是能超越现实环境的抽象的人。这个现实环境的本质是实践。人类的主要实践是进行物质资料的生产和精神资料的生产。在生产过程中，形成了一定的社会关系。无论人处在何种历史发展阶段，都是一定社会关系的承担者。人的本质是社会生活所打造的人的社会属性，在其现实性上，它是一切社会关系的总和。①

单个的人，孤立的人，不是社会当中的人，是不能作为实现社会发展合力主体性力量的。能够作为实现社会发展合力主体性力量的人，一定是处在特定历史环境当中的现实的、具体的人。马克思在《关于费尔巴哈的提纲》中指出："哲学家们只是用不同的方式解释世界，而问题

---

① 廖理：《马克思恩格斯经典名言品读》，辽宁人民出版社 2014 年版，第 9 页。

在于改变世界。"①

实现社会发展合力的道理固然需要解释清楚，"理论越彻底，越能说服人"，为此有必要促使人们知晓什么是社会发展合力以及为什么要实现社会发展合力。然而，对于社会进步而言，更需要的是"改变世界"。马克思社会发展理论不单单满足于科学的解释世界，更致力于能动地改变世界。这份包含着新世界观天才萌芽的第一个文献，确立了科学的实践观，它是马克思社会发展合力理论处于草创时期的标志性成果。

（二）《德意志意识形态》：历史唯物主义的真正出场

《德意志意识形态》是马克思与恩格斯继《神圣家族》之后合写的第二部著作，写于1845年秋至1846年5月左右。该著作的全称是《德意志意识形态。对费尔巴哈、布·鲍威尔和施蒂纳所代表的现代德国哲学以及各式各样先知所代表的德国社会主义的批判》。从副标题就可以看出，这部著作是带有论战性质的。论战的对象是黑格尔以后的德国哲学，特别是针对费尔巴哈哲学的。他们这样写道："我们这些意见正是针对着费尔巴哈的，因为只有他才多少向前迈进了几步。"②

关于为什么要写作《德意志意识形态》，马克思在1846年8月1日给卡尔·威廉·列斯凯所写的一封信中对原因做了解释。他指出："由于同德国资本家商定要出版那部著作，我就把《政治经济学》的写作工作搁下来了。因为我认为，在发表我的正面阐述以前，先发表一部反对德国哲学和那一时期发生的德国社会主义的论战性著作，是很重要的。为了使读者能够了解我的同迄今为止的德国科学根本对立的政治经济学的观点，这是必要的。"③

---

① 《马克思恩格斯文集》第1卷，人民出版社2009年版，第506页。
② 《马克思恩格斯全集》第3卷，人民出版社1960年版，第20页注1。
③ 《马克思恩格斯全集》第27卷，人民出版社1972年版，第473页。

　　马克思在写作《德意志意识形态》之前，深入地钻研了政治经济学问题，并为他正在写作中的《政治经济学批判》同出版商进行谈判。可是，这部著作的出版被出版商耽搁了。除了这种客观因素以外，马克思也认为在出版《政治经济学批判》之前，先阐明自身的哲学观点更为重要。

　　马克思与恩格斯合著《德意志意识形态》的更直接原因，是批判以施蒂纳为代表的"真正的"社会主义的反动思潮，同费尔巴哈这一假共产主义划清界限。

　　《德意志意识形态》一共由两卷组成，第一卷由三章构成，第一章批判费尔巴哈的哲学及其唯心史观，阐明唯物史观的基本原理，这是全书的重点；第二章批判布鲁诺·鲍威尔的自我意识哲学；第三章批判施蒂纳的唯一者哲学。

　　费尔巴哈、鲍威尔和施蒂纳，都是青年黑格尔派的代表性人物；第二卷由五章构成，批判当时德国流行的所谓的"真正的社会主义"思潮。"真正的社会主义"在马克思和恩格斯看来，是实实在在的假社会主义。马克思和恩格斯分析了这种假社会主义的哲学基础、社会根源、阶级本质。

　　在青年黑格尔派思想家看来，德国当时的问题主要不是现实的社会变革，而是思想观念落后的问题，因此他们停留在观念的批判上，对社会现实则不予触动。马克思认为，青年意识形态家们看似激进，实则最为保守。"真正的社会主义"同样热衷于理论上的思辨。青年黑格尔派、"真正的社会主义"的共同点是停留在意识形态内部的斗争。

　　为了推动社会的健康发展，客观上要求对这些意识形态进行批判。马克思和恩格斯都曾经参加过青年黑格尔派运动，与青年黑格尔派的成员有过不同程度的交往，也在相当程度上受到青年黑格尔派的思想影响，但随着他们的思想渐趋走向成熟，与青年黑格尔派的思想分歧也越来越大。为了阐明自身的哲学与青年黑格尔派的不同，也需要进行思想澄清。

《德意志意识形态》的内容极为丰富，在此仅探讨两个关键性的内容：第一个是"从事实际活动的人"，这是马克思哲学的出发点。马克思和恩格斯指出："德国哲学从天上降到地上；和它完全相反，这里我们是从地上升到天上。"① 这是从哲学发展路线上，对正在制定中的新唯物主义性质的一个结论性概括。历史唯物主义的出发点是从事实际活动的人，马克思和恩格斯在论述自己的哲学路线时，又特别申明了自己哲学的出发点。他们指出："我们不是从人们所说的、所想象的、所设想的东西出发，也不是从只存在于口头上所说的、思考出来的、想象出来的、设想出来的人出发，去理解真正的人。我们的出发点是从事实际活动的人。"② 他们的这一判断，是对德国古典哲学进行批判的一个总结性结论。黑格尔的思辨哲学和青年黑格尔的唯心主义，要么是从思辨所设想的观念、自我意识出发的，要么是从口头上所说、所想出来的人出发的。③ 马克思和恩格斯哲学的出发点，是从事实际活动的人。形成社会发展合力的主体性力量，是从事实际活动的、活生生的个人。

第二个关键性的内容是确定人类历史的基本前提。要全面制定和系统阐发历史唯物主义，必须要确定人类历史的基本前提，否则整个理论大厦就不可能真正建构起来。在马克思和恩格斯看来，人类历史的基本前提是"现实的个人"。他们所阐述的现实的个人不同于以往的"自我意识""类""唯一者"等抽象范畴，它具体包含三重规定性：

一是现实的个人是感性的个人。现实的个人如同其他自然物一样受制于自然规律。正是在这个意义上，马克思和恩格斯指出："第一个需要确认的事实就是这些个人的肉体组织以及由此产生的个人对其他自然

① 《马克思恩格斯全集》第 3 卷，人民出版社 1960 年版，第 30 页。
② 《马克思恩格斯全集》第 3 卷，人民出版社 1960 年版，第 30 页。
③ 庄福龄、冯景源、顾海良：《马克思主义史》第 1 卷，人民出版社 1996 年版，第 129 页。

的关系"①。

二是现实的个人是处于社会关系中的人。在《德意志意识形态》中，马克思和恩格斯指出，物质生产和再生产都包含着许多个人的共同活动，活动本身又必须有自己的社会历史条件，这就是个人彼此之间形成的社会关系和交往。因此，个人的本质也是在一切社会关系的总和中实现的。

三是现实的个人是整体意义上的个人，现实的人不再是纯粹孤立的个体也即"原子"，而是作为一个整体直接呈现出来的存在物。②

现实的个人使自己和动物相区别的"第一个历史行动"就在于他们开始生产自己所必需的生活资料，而这种生活资料的生产，同时也就是人们的物质生活本身的生产。马克思和恩格斯将这种生产生活称为"历史的现实的前提"。它包括以下三个方面的内容：

一是既然历史只能是现实的人或现实的人类的历史，那么为了创造历史，人们就必须能够生活；而为了生活，就必须要有不可或缺的生活资料；从而生产满足这些需要的资料乃成为一切历史的基本条件。

二是人们的生产生活必须不间断地持续下去，诚如马克思和恩格斯所言："已经得到满足的第一个需要本身、满足需要的活动和已经获得的为满足需要而用的工具又引起新的需要，而这种新的需要的产生是第一个历史活动。"③生产满足着需要，同时也生产着——再生产并且新生产着——需要。

三是人类自身的生产，也就是种的繁衍。通过概括以上三个方面的因素，马克思和恩格斯认为，生命的生产既是现实的个人通过劳动对自己生命的生产，又是通过生育对于他人生命的生产；但是无论哪一种生命的生产，都立即表现为双重关系，也就是"自然关系"和"社会关

---

① 《马克思恩格斯文集》第 1 卷，人民出版社 2009 年版，第 519 页。

② 郑敬斌：《历史唯物主义的真正出场与当代在场——〈德意志意识形态〉新读》，红旗出版社 2020 年版，第 14 页。

③ 《马克思恩格斯文集》第 1 卷，人民出版社 2009 年版，第 531 页。

系"。"社会关系"意指"许多个人的合作",而它作为一定的共同活动的方式,始终与一定的生产方式相联系。这里马克思和恩格斯所提及的"生产方式",也就是为社会历史所中介的生产劳动。从这个意义上,马克思和恩格斯把生产活动称为"社会活动",而这种"社会活动"就是历史的现实根据,就是人的意识或"精神"的现实基础。

人类历史的前提,既不是绝对观念,也不是作为形而上学抽象物的"神"或"人",而是一些现实的、客观的关系,是人与自然的关系以及人与人之间的关系,是它们之间的对象性活动的关系。①

新历史观的前提是现实的个人、现实的人的活动、现实的人的物质生活条件,这三者是并列提出来并加以使用的。之所以三者要并列提出来,是因为三者是统一的、不可分割的。

个人的现实性,在于现实的个人是由物质生产活动和物质生活条件来决定的。马克思指出:"我们开始要谈的并不是任意提出的,它们不是教条,而是一些只有在想象中才能加以抛开的现实的前提。这是一些现实的个人,是他们的活动和他们的物质生活条件。"② "他们是什么样的,这同他们的生产是一致的——既和他们生产什么一致,又和他们怎样生产一致。因而,个人是什么样的,这取决于他们进行生产的物质条件。"③

离开了现实的个人,也就谈不上物质生产和物质生活条件。反过来看,离开了物质生产和物质生活条件的人,也就不是现实的个人。人类历史的基本前提是现实的个人,这为马克思社会发展合力理论的形成,辟出了一个明确的方向,即要以现实的人的普遍幸福为依归汇聚社会发展合力。

就社会发展合力的形成而言,问题的关键不仅仅在于提出现实的个

---

① 庄福龄、冯景源、顾海良:《马克思主义史》第 1 卷,人民出版社 1996 年版,第 129—130 页。

② 《马克思恩格斯全集》第 3 卷,人民出版社 1960 年版,第 23 页。

③ 《马克思恩格斯全集》第 3 卷,人民出版社 1960 年版,第 24 页。

人，而在于对现实的个人如何理解与把握。在人类思想史上，并不是马克思第一次提出"现实的人"。黑格尔所讲的"现实的人"，指的是具有自我意识的人。费尔巴哈也讲"现实的人"，指的是感性肉体存在的人。施蒂纳同样讲"现实的人"。他眼中的"现实的人"是唯一者。

仅仅认识到现实的人是人类历史的前提是不够的，还要联系物质生产和物质生活条件，才能够讲清楚"现实的人"，才能够在此基础上汇聚起应有的社会发展合力。正是因为马克思高度重视联系物质生产和物质生活条件来谈"现实的人"，因而有人攻击、歪曲、误解马克思"见物不见人"。

从实质上来看，这是没有搞清楚马克思"现实的人"的本质内涵，马克思联系物质生产和物质生活条件来谈现实的人，正是为了促进人的发展，其出发点和落脚点均是人。现实的人、现实的人的物质生活条件、现实的人的活动，共同指向人的普遍幸福。而通达幸福的彼岸，靠的是实践。

实践是马克思社会发展合力理论的核心观点。旧哲学的特点是离开实践观察问题、分析问题。而马克思的新哲学确立了科学的实践观。实践的观点，是在《关于费尔巴哈的提纲》中首次提出的，而在《德意志意识形态》中得到了系统的阐述。《德意志意识形态》是历史唯物主义的诞生地，同时也是马克思社会发展合力理论形成的标志性成果。

(三)《哲学的贫困》："历史性原则"的形成

《德意志意识形态》被视为唯物史观的重要诞生地之一，但是由于书报检查制度的限制以及与出版商的意见分歧，在马克思生前并没有正式出版。《德意志意识形态》手稿是 20 世纪二三十年代才被编纂并出版的，这决定了它在相当长的一段时间内并不是唯物史观的主导性表述。此外，尽管《德意志意识形态》已经包含了唯物史观的基本内涵，但它作为唯物史观的雏形状态，并没有将之所蕴含的历史性原则贯彻到底。

唯物史观用来阐释历史的范畴，本身也是历史性的。对于这一点，《德意志意识形态》尚未充分建立起一种与之匹配的认识论和方法论。就此而言，《德意志意识形态》并没有完全摆脱其所批判的黑格尔哲学的影响，即那种从抽象范畴中推演出整个历史的冲动。这种黑格尔主义残余，是在马克思的后续著作中逐渐得到排除的。

在《哲学的贫困》中，马克思借批判蒲鲁东的庸俗黑格尔主义，提出了"每个原理都有其出现的世纪"这一原则，从而初步具备了对唯物史观本身进行历史性反思的条件。①

按照马克思著作的出版顺序，唯物史观的第一次公开问世是马克思于 1847 年发表的《哲学的贫困》。② 正如马克思所言："我们见解中有决定意义的论点，在我的 1847 年出版的为反对蒲鲁东所写的著作《哲学的贫困》中第一次作了科学的、虽然只是论战性的概述。"③《哲学的贫困》的完整题目为《哲学的贫困——答蒲鲁东先生的〈贫困的哲学〉》。

马克思与蒲鲁东是 19 世纪资本主义的同时代人。蒲鲁东主义与马克思主义几乎同时面世。蒲鲁东之所以成为马克思值得关注的对象，原因在于：蒲鲁东的实践活动以及他那套"旨在造福世界的理论"并不是毫无作为的。马克思指出："20 年以来，除了蒲鲁东的著作以外，罗曼语地区的工人就没有任何别的精神食粮。"④

关于马克思与蒲鲁东的思想关系，有不少研究者认为，蒲鲁东并不是马克思的陌路人，二人的思想交往是复杂且深刻的。在 19 世纪 40 年代早期，马克思对蒲鲁东及其理论是欣赏和肯定的。这是因为，蒲鲁东

---

① 牛子牛：《马克思思想发展中的〈德意志意识形态〉》，《中国社会科学报》2022 年 8 月 11 日。

② 牛子牛：《马克思思想发展中的〈德意志意识形态〉》，《中国社会科学报》2022 年 8 月 11 日。

③ 《马克思恩格斯文集》第 2 卷，人民出版社 2009 年版，第 593 页。

④ 《马克思恩格斯文集》第 3 卷，人民出版社 2009 年版，第 240 页。

与马克思一样，都十分关心"物质利益"问题。

蒲鲁东出生于一个穷苦家庭，始终以人民的代表自居。蒲鲁东的成名作是 1840 年出版的著作《什么是所有权》，他提出的观点"所有权就是盗窃"，向经济学中最神圣的教条发起了挑战。蒲鲁东认为，所有权和盗窃具有同一性，并指出人的主权、地位的不平等、所有权，不过是同一东西的不同方面，它们彼此可以被等同看待，并且可以相互转化。在一定意义上，蒲鲁东的这种观点在当时的资本主义社会是极为难能可贵的，这对关注"物质利益"的马克思具有影响力。

1842 年，马克思在阅读《什么是所有权》一书后，赞誉蒲鲁东是"法国优秀的社会主义者"。马克思早在 19 世纪 40 年代就充分认识到从思想和组织上团结各国社会主义者和先进工人的重要性。1845 年，在比利时首都布鲁塞尔，在马克思的领导下，第一个共产主义小组得以建立，为共产主义通讯委员会的成立打下了基础。

1846 年 1 月，比利时布鲁塞尔共产主义通讯委员会正式成立。鉴于蒲鲁东在法国社会主义者中的重要地位，马克思在法国所寻觅的最合适的"通讯人"，正是蒲鲁东。但与马克思不同，蒲鲁东是反对建立政党的。在蒲鲁东看来，任何政党不过是统治者实施暴政的工具。1846 年 5 月 17 日，蒲鲁东回信拒绝了马克思，并在回信中反对革命斗争和共产主义，显示了与马克思观点的根本对立。

蒲鲁东认为，建立工人组织的本质，其实就是强迫工人们信奉共产主义，这和马丁·路德的宗教改革别无二致。

相较于蒲鲁东的优点，蒲鲁东的缺点对马克思的影响更大。在马克思发现蒲鲁东理论的缺陷前，马克思在经济学研究中并没有走得多远。1846 年 12 月，马克思从书商那里拿到了《贫困的哲学》以后，便开始进行批判。1846 年 12 月 28 日，马克思在给安年科夫的回信中，概述了他对《贫困的哲学》的看法，并提出了原则性的批评意见。马克思指出，蒲鲁东的历史知识贫乏，他的这部著作是一本"杂乱无章而妄自尊大"的"很坏的书"，其中"应有尽有"，如"神秘""来自神的怀抱的秘密""启示"等，是对黑格尔辩证法的断章取义，必须加以批判。由于蒲鲁东是法国人，不懂德文，马克思于是用法文写成了《哲学的贫困》。①

《哲学的贫困》以蒲鲁东《贫困的哲学》为线索展开，这部著作的问世，标志着"历史性原则"的形成，也即"每个原理都有其出现的世纪"。

《哲学的贫困》第一章"科学的发展"针对《贫困的哲学》第二章"论价值"，马克思在集中批判蒲鲁东构成价值论的同时，阐述了对劳动价值论有决定性意义的论点。这个时候，马克思尽管没有完整地提出剩余价值论，但他已经找到了剩余价值的来源。剩余价值揭示了工人被资本家奴役、剥削的秘密，资本家为了最大限度地获取剩余价值，利用资本对工人进行盘剥，致使工人阶级与资产阶级之间始终存在难以调和的矛盾，二者交互作用所形成的整体性力量始终具有有限性。

马克思针对蒲鲁东为"工资平等"的社会主义所作的经济学论证，指出这种论证尚未达到李嘉图经济学理论的水准。

《哲学的贫困》第二章批判蒲鲁东经济学理论的哲学基础，在展开这一批判的同时，阐发了历史唯物主义的基本原理以及研究人类经济现象的历史科学方向。② 马克思从"现实的个人"出发，批判蒲鲁东抽象的"人类理性"。马克思在《哲学的贫困》中，认为现实的个人是社会历史的主体。同时，现实的个人对社会历史发展起着双重作用。人既是"剧中人"，也是"剧作者"。也就是说，现实的人既创造历史，又是后一个时代的人创造历史的前提。因而人是具体的、实践的、活动的人，每个人的生活和发展，总是以一定社会关系为依据的，均会受到历史条

---

① 陈婷：《马克思与蒲鲁东的思想交往史——基于反贫困理论的视角》，《理论月刊》2023 年第 10 期。

② 余培源、吴晓明：《马克思主义哲学经典文本导读》上卷，高等教育出版社 2005 年版，第 199 页。

件的制约，不存在"超历史""超阶级"的个人。然而，蒲鲁东将历史的出发点诉诸为"人类理性"，他撇开所有历史的、现实的条件，将人类社会的历史归结为意识发展的过程，认为"人类的事实"是"观念的化身"①。而这一过程是由绝对理性推动或"社会天才"发现的。

　　在"人类理性"的支配下，人类社会的历史并不是客观实在，而是一种抽象的表现形态。因此，人类的生产生活和社会交往都不是基于现实需要而发生的，其实现是因为受到一种外在力量的支配。据此，蒲鲁东认为，"理性的第一个判断以及一切正在寻求认可和依据的政治制度所必需的前提，就是必然要有一位上帝存在"②。

　　在蒲鲁东看来，人类社会发展的过程无非是一个确定上帝观念的漫长过程，其与现实的个人并无关系。为了论证这一点，蒲鲁东还用普罗米修斯的"创世纪"来形容社会的发展。他指出："最初，普罗米修斯从自然的怀抱中走出来，感到生活在一种愉快的悠闲中……于是，普罗米修斯就开始劳动，从第一天（第二次创世的第一天）起，他的产品，即他的财富，他的幸福等于十。第二天普罗米修斯实行分工，他的产品增加到一百。从第三天起，普罗米修斯每天发明机器，发现物体的新的效用，新的自然力……他的劳动活动步步进展，他的生产数字也就随着上升，这表明他的幸福也在增进。最后，因为对他来说消费就是生产，因此每天的消费只是消耗前一天的产品，它还为第二天留下剩余产品。"③

　　马克思就此评论道，"蒲鲁东先生的这个普罗米修斯真是怪物！他无论在逻辑上或政治经济学上都是软弱无力的"④。

　　马克思批判蒲鲁东"用普罗米修斯的故事来说明劳动的剩余"的

---

　　① ［法］蒲鲁东：《贫困的哲学》上卷，余叔通、王雪华译，商务印书馆 2010 年版，第167 页。

　　② ［法］蒲鲁东：《贫困的哲学》上卷，余叔通、王雪华译，商务印书馆 2010 年版，第26 页。

　　③ 《马克思恩格斯全集》第 4 卷，人民出版社 1958 年版，第 134 页。

　　④ 《马克思恩格斯全集》第 4 卷，人民出版社 1958 年版，第 134 页。

逻辑漏洞在于：对于普罗米修斯来说，消费就是生产，因此每天的消费只是消耗前一天的产品，它还为第二天留下剩余产品。但假若我们追寻到最初的第一天，这一天没有前一天的劳动剩余，没有分工、没有机器。实际上，蒲鲁东描述的普罗米修斯是建立在阶级对抗之上的社会关系，这不是个人和个人的关系，而是工人和资本家、农民和地主的关系。抹杀了这些社会发展合力得以形成的重要关系，就没有机器、工厂、分工，那就是消灭了整个社会。①

蒲鲁东既没有描述现实的历史进程，没有看到现实的个人所发挥的实际作用，也不能解释清楚观念的演进，最终只能掉进自己进行逻辑序列堆砌后产生的陷阱，以至于模糊了现实与观念之间的关系，即"各种观念在辩证运动中不能互相'区分'，那么他就一笔勾销了运动的影子和影子的运动"②。

只有把现实的个人当作历史真正的出发点，否定"与观念顺序相一致的历史"，这种虚构所形成的自相矛盾才能避免，③ 才能合理解释社会发展合力形成的历史进程。

现实的个人不断进行生产活动，促进人与人之间在交互作用中加深彼此联系，从而推动社会运动及其结构形成。只有人们的生产力及其社会关系越发展，历史才越能成为人类的历史。但是人们并不能自由选择社会形式，因为人本身的生产力"决定于人们所处的条件，决定于先前已经获得的生产力，决定于在他们以前已经存在、不是由他们创立而是由前一代人创立的社会形式"④。

蒲鲁东尽管也认识到个人与社会的存在，但由于机械地掌握了德国古典哲学的思辨方式，运用了"冒牌的黑格尔词句"，仍认为"人不过

---

① 燕连福：《批判中的新构——〈哲学的贫困〉新读》，红旗出版社 2022 年版，第 45 页。
② 《马克思恩格斯文集》第 1 卷，人民出版社 2009 年版，第 608 页。
③ 燕连福：《批判中的新构——〈哲学的贫困〉新读》，红旗出版社 2022 年版，第 77 页。
④ 《马克思恩格斯文集》第 10 卷，人民出版社 2009 年版，第 43 页。

是观念或永恒理性为了自身的发展而使用的工具"①，而个人与社会的联结便由"人类理性"所支配，是上帝意志的安排。蒲鲁东机械地照搬辩证法，把分工、机器、竞争、垄断等十个经济社会范畴划分出好和坏两个方面，形成"永恒理性的一系列经济进化"②。他简单地认为，只有将这些经济社会范畴中好的方面加以保存，同时消除坏的方面才能推动社会进步。比如，"垄断"这一现象，好的一面是构成社会财富，而坏的一面是产生掠夺和造成贫困。

为防止贫困差距扩大，缩小社会发展合力得以形成的张力，蒲鲁东提出经济社会需要国家暴力机器和捐税等手段。蒲鲁东就这样将十个经济社会范畴逐一取出，把后一个范畴作为前一个范畴的"消毒剂"，写出了两卷本的"经济矛盾体系"。马克思指出，这个"经济进化的系列"只不过是现实生产关系的一种理论表现，是一种"美妙的同义反复"③，是"历史的、暂时的产物"④。

在马克思看来，消除经济社会范畴中"坏的方面"，必须通过"社会行动"来实现。对于虚化现实的思想，马克思坚定地认为"没有对抗就没有进步。这是文明直到今天所遵循的规律"⑤。实现社会发展合力的进程中，消除其"坏的方面"，必须放弃"在自由、自治、无政府状态的名义下加以神话的唯心主义幻想"⑥。这种幻想的存在会妨碍社会发展合力的形成。无产者在同资产者的斗争中逐渐团结起来，形成一个与资产者相抗争的独立的、自为的阶级。

（四）《共产党宣言》：社会革命与自我革命相互协调、相互促进

《共产党宣言》是国际共产主义运动的第一个纲领性文献。这份文

---

① 《马克思恩格斯文集》第 10 卷，人民出版社 2009 年版，第 44 页。
② 《马克思恩格斯文集》第 10 卷，人民出版社 2009 年版，第 45 页。
③ 《马克思恩格斯文集》第 10 卷，人民出版社 2009 年版，第 50 页。
④ 《马克思恩格斯文集》第 1 卷，人民出版社 2009 年版，第 603 页。
⑤ 《马克思恩格斯全集》第 4 卷，人民出版社 1958 年版，第 104 页。
⑥ 《马克思恩格斯文集》第 1 卷，人民出版社 2009 年版，第 604 页。

献是马克思和恩格斯于 1848 年 1 月底完成的。同年 2 月，《共产党宣言》单行本正式在伦敦出版。《共产党宣言》出版之际，适逢 1848 年欧洲革命爆发。这场革命的目的是消灭封建制度，铲除封建残余，推翻异族压迫。① 也就是说，消解社会发展的反向合力。在性质上，1848 年革命欧洲革命属于资产阶级民主革命。② 但与以往的资产阶级民主革命不同，无产阶级在这场革命中已经作为一支独立的政治力量与资产阶级交互作用，形成共同反对封建统治的正向合力。但由于资产阶级具有自私自利的反动本性，无产阶级在与之交互作用形成合力的同时，它们之间的斗争也在不同程度地展开。

《共产党宣言》这部文献既是历史文件，更是时代作品。《共产党宣言》诞生于 19 世纪的欧洲，当时工业革命促使资本主义生产方式稳固确立，生产社会化和生产资料的私人占有之间的矛盾激化，工人阶级受到普遍剥削，生活每况愈下，工人阶级和资产阶级之间的斗争日益尖锐。

马克思和恩格斯在 1872 年德文版序言中指出："《宣言》是一个历史文件，我们已没有权利来加以修改。"面对一份"历史文件"，我们必须承认它的历史性，必须结合这份文献当时产生的背景来理解与评价，不能将其作为脱离时代的文本。但是我们又不能仅仅将之视为一份历史文件，还应认识到它是一份时代作品。

我们今天所处的时代，同《共产党宣言》所处的时代相比已经发生了显著而深刻的变化。无产阶级的悲惨处境、暴力革命、阶级斗争与马克思和恩格斯写作《共产党宣言》时的情形已经大有不同。但是，我们今天仍然生活在《共产党宣言》所揭示的历史时代。

《共产党宣言》致力于探讨的问题，是人类进入资本逻辑主导的历

① 顾海良：《马克思与世界》，中国人民大学出版社 2018 年版，第 57—58 页。
② 顾海良：《马克思与我们》，中国人民大学出版社 2018 年版，第 58 页。

史阶段，我们该何去何从？当今社会并没有走出资本主导的历史阶段。① 资本主义生产方式带来的社会发展合力形成困境并没有解决，妨碍社会发展合力形成的不合理的生产关系还没有理顺，"全世界无产者联合起来"依然是我们不懈追求的目标，我们今天仍处在马克思所指明的大的历史时代之中。

《共产党宣言》的发表，是马克思主义诞生的标志，同时也是马克思社会发展合力理论形成的标志性成果。《共产党宣言》之于我们认识马克思社会发展合力理论，是一座挖不完的思想宝藏。《共产党宣言》是共产主义者同盟的党纲，是共产党人公开说明自己观点、自己目的、自己意图的文献，是具有思想厚重性和理论严谨性的"宣言体"。

真正有说服力的、最优秀的政治宣言，不能只有口号没有理，不能只有激情没有理性。② 《共产党宣言》是讲理的，它讲清了社会发展合力形成的大道理；《共产党宣言》是有严密逻辑的，它讲清了社会发展合力形成进程中的大逻辑。《共产党宣言》所揭示的有关社会发展合力形成的大道理、大逻辑，给我们提供了思考时代问题的工具。

实现社会发展合力是一个历久而弥新的时代问题。面对如何充分、有效、广泛地汇聚社会发展合力，人们诉诸现实的、革命的运动。较之于无产阶级的运动，过去的一切运动在汇聚社会发展合力上具有明显的局限性。《共产党宣言》明确指出："过去一切运动都是少数人的，或者为少数人谋利益的运动。无产阶级的运动是绝大多数人的，为绝大多数人谋利益的独立的运动。"③ 只是属于少数人的，或者仅仅为少数人谋利益的运动，造福的群体范围具有有限性，故而所能汇聚起的社会发展合力并不能全然覆盖所有的对象。

---

① 陈培永：《〈共产党宣言〉的新时代阐释：重解核心关键词》，中国社会科学出版社2018年版，第7页。

② 陈培永：《〈共产党宣言〉的新时代阐释：重解核心关键词》，中国社会科学出版社2018年版，第5页。

③ 《马克思恩格斯选集》第1卷，人民出版社2012年版，第411页。

社会发展合力问题伴随着工业革命的发展而日益严峻地呈现出来。1840 年前后，英国大机器生产基本取代了传统的手工业，工业革命基本完成。工业革命带来了显著的社会变革。一方面，它使工厂制代替了手工工场，机器代替了手工劳动；从社会关系上使工业资产阶级和工业无产阶级逐渐形成和壮大起来；另一方面，工业革命大大增强了世界各地的联系，为更大范围社会发展合力的形成创造了条件。

工业革命带来了新的生产组织形式——工厂，切断了传统工场手工业与农业农村的联系，使工人彻底沦为无产阶级。整个社会日益分裂为工业资产阶级和工业无产阶级这两个对立的阶级。工业革命在促进资本主义生产力迅速发展的同时，也暴露出了一系列弊病。这一时期欧洲资本主义国家的工人工资普遍下降，社会财富分配不均越发严重，工人处于极端困苦状态，无产阶级与资产阶级的矛盾愈益尖锐。①

无产阶级运动不同于过去一切运动之处，在于这场运动是由无产阶级领导的。无产阶级自诞生之日起，就是以受苦受难的面目出现的。资本原始积累时期，资本家为攫取高额利润，百般奴役、压迫工人阶级。诚如恩格斯所描绘的那样："资产阶级的这种令人厌恶的贪婪造成了这样一大串疾病！妇女不能生育，孩子畸形发育，男人虚弱无力，四肢残缺不全，整代整代的人都毁灭了，他们疲惫而且衰弱，——而所有这些不过是为了要填满资产阶级的钱袋！"②

要有效、充分、广泛地汇聚社会发展合力，就要同资产阶级开展一场坚决而彻底的革命斗争。《共产党宣言》1883 年德文版序言指出："这个斗争现在已经达到这样一个阶段，即被剥削被压迫的阶级（无产阶级），如果不同时使整个社会永远摆脱剥削、压迫和阶级斗争，就不能再使自己从剥削它压迫它的那个阶级（资产阶级）下解放出来。"③

---

① 燕连福：《马克思主义诞生的标记——〈共产党宣言〉新读》，红旗出版社 2020 年版，第 6—7 页。

② 《马克思恩格斯全集》第 2 卷，人民出版社 2005 年版，第 453 页。

③ 《马克思恩格斯文集》第 2 卷，人民出版社 2009 年版，第 9 页。

无产阶级必须通过社会革命，才可以消灭剥削，才可以制服资产阶级这个"怪物"，从而最大限度地汇聚社会发展合力。

《共产党宣言》深刻阐述了无产阶级社会革命爆发的根源是生产力和生产关系的矛盾。生产力是社会发展合力得以形成的最活跃且最革命的力量。以蒸汽机的发明为标志的工业革命，使封建的所有制关系，不再适应已经发展的生产力。这样资产阶级就通过社会革命，汇聚起一定的社会发展合力从旧的、封建阶级的手里夺取了政权，建立了资产阶级的政治统治。在资本主义社会，由于竞争和资本对利润的疯狂追逐，使得资本主义生产方式日益成为生产力发展的障碍。资本主义社会周期性经济危机的爆发，为社会发展合力的形成笼罩了浓雾。无产阶级与资产阶级的矛盾越来越尖锐，这是无产阶级开展社会革命的导火线。无产阶级作为进步的阶级，以之为领导力量所开展的社会革命，旨在对其所处的不利于发展合力形成的社会生产关系和社会制度以及体制机制进行变革，目的是建立适应社会发展合力形成的新的生产关系、社会制度以及体制机制。

《共产党宣言》明确了无产阶级社会革命的道路和最终目的。无产阶级社会革命的道路是以夺取政权为目的的政治革命。利用政权的力量进行变革资本主义私有制为社会主义公有制的社会革命，为社会发展合力的形成扫除体制机制障碍。共产党人消灭资本主义私有制，就是要消灭资产阶级以榨取剩余劳动为目的的生产方式，彻底改变无产阶级被束缚在资本主义生产方式下被剥削、被压迫的状况，建立以自由劳动和人的自由全面发展为目的的生产方式，从而将劳动真正变成一种"扩大、丰富和提高工人的生活的一种手段"[1]，最终实现共产主义。为实现这一目的，必须汇聚起广泛、充分、有效的社会发展合力，马克思和恩格斯号召"全世界无产者，联合起来！"[2] 在马克思和恩格斯看来，随着

---

[1] 《马克思恩格斯文集》第2卷，人民出版社2009年版，第46页。
[2] 《马克思恩格斯文集》第2卷，人民出版社2009年版，第66页。

历史条件的改变，共产党人要超过当时流行其他工人阶级政党狭隘的民族国家眼光，世界无产阶级革命运动看作一个整体，走全世界无产者联合的道路。

对于共产党人而言，其远大的目标在于创造一个全新的没有剥削、没有压迫、每个人自由而全面发展的共产主义社会。马克思和恩格斯指出，"代替那存在着阶级和阶级对立的资产阶级旧社会的，将是这样一个联合体，在那里，每个人的自由发展是一切人的自由发展的条件"①。在旧社会，社会发展合力囿于私有制的羁绊、囿于阶级对立的存在而难以实现广泛、有效、充分的汇聚。而在共产主义新社会，这一远景将真正变为现实。

《共产党宣言》尽管没有直接提出无产阶级政党自我革命的概念，但在论述党的理论与实践中，已经内含了丰富的无产阶级政党的自我革命思想。比如，在思想建设方面，《共产党宣言》第三章通过揭示各种流派的阶级立场和阶级基础，帮助工人阶级认清真正的敌人和真正的朋友，这是形成正向、有效社会发展合力的重要方面。《共产党宣言》指出："看到第二章，就可以了解共产党人同已经形成的工人政党的关系，因而也就可以了解他们同英国宪章派和北美土地革命派的关系。"② 共产党可以团结其他工人政党，共同开展反对资本主义的斗争，这是共产党人对待各种反对党派的基本态度。

《共产党宣言》第四章从理论转向现实，阐明了共产党人对各种反对党派的态度。在共产党人看来，不管是新兴资产阶级开展反对封建地主阶级的革命运动，还是无产阶级反对资产阶级的革命运动，只要符合社会历史发展潮流，推动社会历史进步的革命运动，共产党人都表示支持。

共产党人在同其他党派联合时，没有忘记对其进行批判与斗争。马

---

① 《马克思恩格斯文集》第2卷，人民出版社2009年版，第53页。
② 《马克思恩格斯文集》第2卷，人民出版社2009年版，第65页。

克思和恩格斯指出："共产党人到处都努力争取全世界民主政党之间的团结和协调。"① 这既表明了共产党人对其他党派的态度，同时也声明了共产党人在革命斗争中采取的策略：在对敌人进行革命斗争时，必须团结一切可以团结的力量，利用一切可以利用的因素。但这种团结不是绝对意义上的联合，而是有批判性和斗争性的联合。

在法国，共产党人与社会民主党联合，但对社会民主党中不切实际的空谈和幻想则保持批判态度；在瑞士，共产党人支持激进党，但注意到"激进派"的党组织中，既有代表资产阶级利益的激进分子，也有代表小资产阶级利益的民主社会主义者。②

在组织建设方面，《共产党宣言》指出，随着大工业的发展，以前的小工业家、小商人、手工业者、农民等阶级将补充到无产阶级队伍中来。此外，流氓无产阶级也在一些地方被卷到无产阶级革命运动中来。这样的情况，要求无产阶级政党必须同党内的不合格分子进行斗争，以保障党在组织上的纯洁性。

《共产党宣言》阐述了先进性是无产阶级政党自我革命的本质特征。无产阶级政党之所以可以成为社会发展合力的领导性力量，是因为它所代表的是全体无产者。马克思和恩格斯指出，从性质上来看，共产党人与其他工人政党并无不同，共产党人并不是一个"特殊政党"，但共产党不仅是一个工人政党、一个无产阶级政党，更是全体无产者的党，是全体无产者利益的根本代表者。共产党人和整个无产阶级没有任何不同的利益追求，也不同其他工人政党相对立，因而能最大限度地汇聚起社会发展合力。

《共产党宣言》就无产阶级社会革命与无产阶级政党自我革命相互协调的关系进行了精辟阐述。这集中体在"两个决裂"的思想中，也

---

① 《马克思恩格斯文集》第 2 卷，人民出版社 2009 年版，第 66 页。
② 燕连福：《马克思主义诞生的标记——〈共产党宣言〉新读》，红旗出版社 2020 年版，第 76—77 页。

即"共产主义革命就是同传统的所有制关系实行最彻底的决裂；毫不奇怪，它在自己的发展进程中要同传统的观念实行彻底的决裂"①。"两个决裂"思想，鲜明体现了马克思对待传统所有制和传统观念的基本态度。

变革不利于社会发展合力形成的、传统的所有制关系（主要指的是生产资料私有制），需要开展彻底的社会革命。变革不利于社会发展合力形成的、传统的观念（主要指的是私有制观念），需要开展彻底的自我革命。无产阶级政党不同传统的所有制关系进行最彻底的决裂，就难以永葆自身的先进性、纯洁性、战斗性；无产阶级社会革命不由同传统观念实行彻底决裂的无产阶级政党领导，则无法取得成功。无产阶级社会革命与无产阶级政党自我革命在促进社会发展合力的形成上，是相互协调、相互促进、共同发展的。因此，《共产党宣言》的发表，是一部科学洞见社会发展合力形成的经典著作，是标志马克思社会发展合力理论形成的一部里程碑式经典著作。

四 马克思社会发展合力理论的发展

1847 年，导源于英国的工商业危机迅速在欧洲蔓延，大量工厂倒闭，大批工人失业以致流落街头，劳动人民的生活不断恶化，不少陷入了极端贫困的境地，而反动统治阶级的压迫却日甚一日，阶级矛盾不断被激化。1848 年意大利的起义，揭开了欧洲革命的序幕。紧接着，法国工人和革命群众协力推翻了反动政府的统治，取得了二月革命的胜利。法国革命的火花点燃了德意志的三月革命。紧接着，东南欧各被压迫民族相继起义，开展了轰轰烈烈的民族解放运动。1848 年的欧洲资产阶级革命，是世界史上一次伟大的革命群众运动。这场波澜壮阔的群众风暴，在资产阶级与封建专制统治者的联合绞杀下，最

---

① 《马克思恩格斯文集》第 2 卷，人民出版社 2009 年版，第 52 页。

终以失败而告终。

法国二月革命爆发以后，正在比利时首都布鲁塞尔的马克思立即采取积极行动声援法国工人阶级。同年3月，马克思改组了共产主义同盟中央委员会并亲自担任主席。德国革命的呼声，促使马克思来到德国的工业和文化中心科伦。① 同年6月，令反动力量颤抖的《新莱茵报》创办，披甲上阵、担任主编者正是马克思。马克思对社会发展合力问题的认识不断深化。19世纪50年代，马克思写下了《1848年至1850年的法兰西阶级斗争》《路易·波拿巴的雾月十八日》等经典著作。这些著作以惊人的洞察力剖析了欧洲革命中各种进动力与反动力，深刻总结了欧洲革命所提供的经验教训。这一历史阶段，可视为马克思社会发展合力理论的发展期。

（一）《1848年至1850年的法兰西阶级斗争》：将"不断革命"作为战斗口号

恩格斯在辞世不到5个月的1895年3月6日，于伦敦为马克思的《1848年至1850年的法兰西阶级斗争》一书撰写了导言。他在文中指出："历史表明我们也曾经错了，我们当时所持的观点只是一个幻想。历史做的还要更多，它不仅消除了我们当时的迷误，并且还完全改变了无产阶级进行斗争的条件，历史表明，我们以及所有和我们有同样想法的人，都是不对的。历史清楚地表明，当时欧洲大陆经济发展的状况还远没有成熟到可以铲除资本主义生产方式的程度②。"他对社会发展合力的形成策略进行了深刻反思，认为在当时欧洲革命形势已经发展的情况下，工人阶级要学会利用新的斗争方式去争取自己的权利，不应贸然走到街头做无谓的牺牲，要利用合法手段保存和壮大无产阶级大军的

---

① 余源培：《马克思主义哲学的理论与历史》，复旦大学出版社2000年版，第101页。
② 《马克思恩格斯全集》第22卷，人民出版社1965年版，第595页。

"突击队"，并把这支队伍保存到决战的那一天。① 恩格斯评价这篇文章是："马克思用他的唯物主义观点从一定经济状况出发来说明一段现实历史的初次尝试。

在《共产党宣言》中，这个理论曾被大体地应用于全部近代历史；在马克思和我在《新莱茵报》上发表的文章中，这个理论曾被经常用来解释当时发生的政治事件。"②

在分析社会发展合力形成的时候，资产阶级和小资产阶级理论家将注意力更多地集中在少数杰出人物的意愿和行动上，将 1848 年欧洲革命理解为由颠覆者的意志、愿望、动力、企图、激情等所引发的偶然性事件。与此不同，马克思注重揭示引发这场革命的真正的物质原因。他看到了新的社会生产力与旧的生产关系之间，存在无法调和的矛盾，这是导致革命爆发的内在逻辑。

马克思在对资产阶级革命的类型进行划分时，大体有两种不同的类型：其中一种是沿着上升的路线进行的革命，另一种则是沿着下降的路线进行的革命。前一种类型的典型代表是 1648 年的英国资产阶级革命、1789 年的法国大革命；后一种类型的典型代表是 1848 年的欧洲革命风暴。

在 1848 年欧洲革命中，人民的民主力量力图将革命引向彻底胜利，然而资产阶级却由于害怕革命超过自身利益的范围，而同封建专制力量相妥协，与之交互作用形成了强大的反向合力。在对这场革命的经验进行总结的时候，马克思看到了尽管资产阶级革命和无产阶级革命在性质、内容和目的上不尽相同，但二者是存在联系的。资产阶级革命可能转化为自身的直接对立面——无产阶级革命。

在沿着下降路线进行的资产阶级革命中，无产阶级要扮演好实现社

① 许俊达、唐莉：《马克思主义经典文本解读新编》，安徽大学出版社 2010 年版，第216—217 页。

② 《马克思恩格斯全集》第 22 卷，人民出版社 1965 年版，第 591 页。

会发展合力领导性力量的角色，其不仅要完成资产阶级革命的任务，还要将这一革命推动深入，解决资产阶级与无产阶级的冲突，促使革命转变为无产阶级革命。在革命的进程中，无产阶级必须争得劳动群众的支持，必须争取社会主义的斗争与劳动群众的反封建的斗争融汇成一股洪流。如此，社会发展合力就可以得到充分而有效的汇聚。

社会发展合力的形成，不可能一蹴而就，亦不可能一劳永逸。持续形成正向、有效、强大的社会发展合力，需要秉持"不断革命"的思想。马克思在《1848 年至 1850 年的法兰西阶级斗争》中指出："无产阶级的社会主义'就是宣布不断革命，就是无产阶级的阶级专政'。①""不断革命"作为无产阶级的战斗口号，它的目标在于实现整个社会制度的根本变革，用新的经济制度代替旧的制度；它的要求在于将资产阶级革命贯彻到底，过渡到社会主义革命。

社会主义革命的核心任务是解决生产资料归谁所有的问题。生产资料归资产者所有，作为雇佣劳动人格化的无产阶级与作为资本人格化的资产阶级，二者的矛盾并不会得到根本的调和。生产资料归社会所有，无产阶级与资产阶级的矛盾才会得到根本的解决。社会发展合力才会得到有效且持久的汇聚。

恩格斯评价马克思《1848 年至 1850 年的法兰西阶级斗争》中"具有特别重大意义"的观点正是将生产资料归社会所有。

实现社会发展合力，必须以无产阶级为革命的领导性力量。这是因为无产阶级是最具革命彻底性的阶级。马克思充分认识到无产阶级在社会发展合力形成中所具有的先进性，并分析了该阶级的社会历史本质。无产阶级担负着实现社会发展合力的崇高历史任务，该阶级不仅要推翻封建制度，还要消灭正在取代封建制度的资产阶级社会以及全部私有制关系。无产阶级能够担负起消灭私有制的历史重任，因而其可以在社会发展合力的形成中成为领导阶级。

---

① 《马克思恩格斯全集》第 10 卷，人民出版社 1998 年版，第 220 页。

马克思关于将资产阶级革命进行到底并争取向更高阶段过渡的政治纲领，并未被欧洲各国的无产阶级采纳。在欧洲革命失败以后，马克思通过具体分析得出结论：欧洲的经济发展还远没有成熟到铲除资本主义生产方式的程度，无产阶级也还没有成熟到可以夺取政权的程度。尽管如此，马克思提出的不断革命思想，对社会发展合力的形成仍然具有重要的指导意义。

1848 年欧洲革命的转折点是巴黎六月革命的失败。这次革命受挫的原因是敌我力量悬殊，接踵而至的是全面的反动。马克思在《1848年至 1850 年的法兰西阶级斗争》中总结巴黎六月起义失败的教训时称，无产阶级从中认识到一条真理：它要在资产阶级共和国范围内哪怕稍微改善一下自己的处境都只是一种空想，这种空想在一开始企图加以实现的时候就会成为罪行。于是，原先存在的那些乌托邦式的幻想，那些对资产阶级国家的天真的要求"就由一个大胆的革命战斗口号取而代之，这个口号就是：推翻资产阶级！工人阶级专政！"①

推翻资产阶级、实现无产阶级专政，是形成有效、正向且强大社会发展合力的必由之路。走好社会发展合力之路，分清敌友是至关重要的。将反动力误认为是进动力，必然会对社会发展合力的形成产生消极影响。

分析社会发展合力的动力因子中，哪些是进动力，对于走好道路意义重大。为了在一个农民占人口大多数的国家走好这条道路，马克思申明了无产阶级必须坚定不移地与农民结成同盟军，最大限度地争得革命农民的有力支持。马克思在《1848 年至 1850 年的法兰西阶级斗争》中分析了法国革命初期和 19 世纪 50 年代末的法国农民状况，认为农民像工业无产阶级一样，也受着资本的剥削，所不同的仅仅是形式而已。这就使农民可以在革命的洪流中成为无产阶级的可靠的同盟军。

在社会发展合力的诸多动力因子中，即便是进动力，也应做具体

---

① 《马克思恩格斯全集》第 10 卷，人民出版社 1998 年版，第 155 页。

的、历史的、全面的、辩证的分析。比如，农民是无产阶级的可靠的同盟军，但该阶级对待革命的态度，也并不尽然在所有的历史阶段都有正向性。

农民阶级作为小私有者，其对待革命的态度存在双重性：一方面，农民阶级想摆脱资本主义的剥削和压迫，具有革命性的倾向；另一方面，农民阶级作为小私有者，力图保存小生产者的地位，具有保守的一面。在 1848 年法国革命期间，农民的保守倾向占据了主导地位。他们尽管是社会发展合力的重要动力因子，但正是因为其存在保守性，故而导致他们从自身的利益出发支持路易·波拿巴的专制统治而站了巴黎行动的反面。然而，路易·波拿巴在总统的宝座上只坐了六天，他的内阁就在第七天下令恢复了令农民深恶痛绝的盐税。革命的进程，见证了农民狭隘、保守观念破灭的过程。① 农民阶级在革命斗争中，也逐渐清晰地认识到必须将"负有推翻资产阶级制度使命的城市无产阶级看作自己的天然同盟者和领导者"②。

无产阶级是实现社会发展合力的领导性力量，为了担负自身的历史使命，其还必须毫不迟疑、坚决果断地摧毁资产阶级的全部国家机器。在分析 1848 年欧洲革命的多次事变中，马克思尖锐地批评了资产阶级首领利用整个旧的国家机器，抨击资产阶级共和党人过分仁慈地让昔日的达官贵人依然掌握着军队、法庭、行政机构。马克思在此基础上得出结论："一切变革都是使这个机器更加完备，而不是把它摧毁。那些相继争夺统治权的政党，都是把这个庞大国家建筑物的夺得视为胜利者的主要战利品。"③

无产阶级要成为社会发展合力的领导性力量，不能直接利用凌驾于社会之上并且支配着整个社会的资产阶级国家。对于具有先进性的无产

---

① 余源培：《马克思主义哲学的理论与历史》，复旦大学出版社 2000 年版，第 102—105 页。

② 《马克思恩格斯全集》第 8 卷，人民出版社 1961 年版，第 221 页。

③ 《马克思恩格斯全集》第 11 卷，人民出版社 1995 年版，第 227 页。

阶级而言，问题不仅仅在于夺取国家政权，而且在于彻底摧毁资产阶级的国家机器。不彻底摧毁旧的资产阶级的国家机器，生产资料归社会所有就会沦为空想，工业无产阶级受奴役、被压迫的悲惨处境就不会得到根本改变，应有的社会发展合力就无法得到充分汇聚。

关于无产阶级专政是怎样的历史发展阶段，马克思在《1848 年至 1850 年的法兰西阶级斗争》中指出："这种专政是达到消灭一切阶级差别，达到消灭这些差别所由产生的一切生产关系，达到消灭和这些生产关系相适应的一切社会关系，达到改变由这些社会关系产生出来的一切观念的必然的过渡阶段。"① 无产阶级专政作为统治阶级的特殊形式，是正面、有效、充分实现社会发展合力的必要手段。

关于通过什么途径实现无产阶级专政，恩格斯在《卡·马克思〈1848 年至 1850 年的法兰西阶级斗争〉一书导言》中强调，必须改变过去那种认为普选权对于无产阶级只是"陷阱"和政府的"欺骗工具"的看法，而应当把它看作工作"解放的手段"之一。在肯定利用普选权这一斗争方式的同时，他还指出，利用普选权是设法把一种合法斗争、日常工作同实现目标、夺取政权的革命决战相结合的策略，这绝不意味着将普选权和参加议会斗争视为无产阶级在任何时候采取的主要斗争形式和唯一手段，绝不意味着要放弃无产阶级的革命权。必须懂得，革命权总是唯一的真正的历史权利。

无产阶级采取什么样的革命形式和斗争手段，应当根据当时的具体条件来决定，不管时间、地点、条件去崇尚暴力革命是非理性的。但是放弃暴力革命的权利，鼓吹所谓的和平长入社会主义，非但不会形成有效、正向、有力的社会发展合力，还会给社会主义革命与建设带来损失。《1848 年至 1850 年的法兰西阶级斗争》不仅将"不断革命"作为战斗口号，还对无产阶级采取的革命形式与斗争手段进行了深刻反思，凡此种种探索，均推动了马克思社会发展合力理论的发展。

---

① 《马克思恩格斯文集》第 2 卷，人民出版社 2009 年版，第 166 页。

(二)《路易·波拿巴的雾月十八日》：一切形势、关系和条件的合力促进历史事变的发生

1890 年 9 月 21 日，恩格斯在伦敦给德国出版商《社会主义月刊》编辑约瑟夫·布洛赫的信中，谈到了社会发展合力理论。他在信的末尾提醒布洛赫，"我请您根据原著来研究这个理论，而不要根据第二手的材料来进行研究"①。

恩格斯在回应资产阶级学者保尔·巴尔特非难时指出："在马克思所写的文章中，几乎没有一篇不是贯穿着这个理论的。特别是《路易·波拿巴的雾月十八日》，这本书是运用这个理论的十分出色的例子。"②

恩格斯为了帮助人们理解马克思本人和自己一贯坚持的社会发展合力理论及其方法论的科学性，一共开出了四本书单，其中马克思所写的政论性文章——《路易·波拿巴的雾月十八日》赫然在列。

马克思哲学思想最为核心的理论所指是革命问题。马克思在 1848 年至 1851 年，撰写了两部重要文献，一部是《1848 年至 1850 年的法兰西阶级斗争》，另一部就是《路易·波拿巴的雾月十八日》。前一部作品可视为后一部作品的准备材料。它们不仅是马克思为数不多的正视现实革命的政论性文献。更为重要的是，马克思正是在对这些文献的写作中，逐渐意识到一个不以人的主观意志为转移的客观现实：那就是，在自法国大革命以来所敞开的现代资本主义社会中，由市民社会所构筑的物质利益成为一双操控社会发展的隐蔽的看不见、摸不着但却事实上存在的手。③ 任何有关社会发展合力问题的探讨，都不能仅凭一腔热血就可以实现，它需要关注物质生活本身。脱离物质生活本身，抽象地谈论社会发展合力的形成是抽象且虚妄的。

---

① 《马克思恩格斯全集》第 37 卷，人民出版社 1971 年版，第 462 页。
② 《马克思恩格斯文集》第 10 卷，人民出版社 2009 年版，第 593 页。
③ 夏莹：《为什么出发？——马克思和他的时代》，人民出版社 2023 年版，第 258 页。

路易·波拿巴是法国皇帝拿破仑·波拿巴的侄子，他是 1848 年革命后，又一次复辟帝制的皇帝。雾月十八日，包含着一个历史典故。1799 年 11 月 9 日，在法国共和的日历上是雾月十八日。这一天，拿破仑·波拿巴通过发动政变，解散了法国元老院和国民议会，自己则成为法兰西第一帝国的皇帝。拿破仑·波拿巴发动的这场政变，被称为"雾月十八日的政变"。

1851 年 12 月 2 日，同样是在法国共和日历的雾月，拿破仑·波拿巴的侄子——路易·波拿巴，再一次发动了政变，再一次解散了立法议会，成为法兰西第二帝国的皇帝。路易·波拿巴发动的政变，阻断了法国走向共和的道路。

马克思发问道："为什么一个有 3600 万人的民族竟会被三个衣冠楚楚的骗子偷袭而毫无抵抗地做了俘虏？"[①] 在当时的法国，资产阶级已经走向成熟，为何无法左右一个国家的大势而被"衣冠楚楚的骗子偷袭"。而已经登上了历史舞台，作为一个独立政治力量活动的无产阶级为何无法将革命进行到底？马克思就此从社会发展合力的视角，进行了深入而细致的思考。他除了肯定物质生产的决定性作用之外，还将意识形态、政治斗争、历史个人等其他因素纳入归因范围。之所以将马克思发表在名为《革命》刊物的《路易·波拿巴的雾月十八日》纳入马克思社会发展合力理论发展期的经典文本，是因为他在这部精彩的政论性文献中运用自己刚刚得到的唯物史观，对路易·波拿巴复辟为何会得逞进行鞭辟入里地分析，耐心地检验着自己的社会发展合力理论，究竟哪些是经得住历史检验的，哪些地方还需要进一步发展。

在《路易·波拿巴的雾月十八日》问世以前，马克思为了以人的意识、观念说明历史的唯物主义意识形态的理论家划清界限，他在《神圣家族》《德意志意识形态》以及《共产党宣言》等经典文本中，从

---

① ［德］马克思：《路易·波拿巴的雾月十八日》，中共中央马克思恩格斯列宁斯大林著作编译局译，人民出版社 2018 年版，第 14 页。

"现实的个人"以及"他们的活动和他们的物质生活条件，包括他们已有的和由他们自己的活动创造出来的物质生活条件"出发，着重阐明物质经济关系的客观决定性作用，而对政治斗争、意识形态，作为历史主体的群众与个人等因素对历史发展的影响较少提及。

马克思在《路易·波拿巴的雾月十八日》中，分析了路易·波拿巴是怎样一步步走上复辟道路的，引导人们推导出这场政变是"先前的事变过程的必然而不可避免的结果"。马克思除了将这场"闹剧"归因于经济利益的阶级斗争以外，还从政治斗争、意识形态以及路易·波拿巴个人等因素做了多方面的考量。在他看来，这出"闹剧"的上演是一切因素的综合与交互所促成的。这篇政论性文献不仅是对马克思社会发展合力理论的验证，也是对该理论的进一步发展。

路易·波拿巴发动的政变，在当时的欧洲政坛引起了地震，不同阶级的代表人物均试图对这场政变做出解读，绝大多数人将之视为一场十分偶然的事件。马克思在 1869 年的序言中，将《路易·波拿巴的雾月十八日》与另外两部研究 1848 年革命的著作放在了一起。马克思指出："在与我这部著作差不多同时出现的、论述同一问题的著作中，值得注意的只有两部：维克多·雨果的《小拿破仑》和蒲鲁东的《政变》。维克多·雨果只是对政变的主要发动者做了一些尖刻的和机智的痛骂。事变本身在他笔下被描绘成一个晴天霹雳。他认为这个事变只是某一个人的暴力行为。他们察觉到，当他说这个人表现了世界空前强大的个人主动性时，他就不是把这个人写成小人物而是写成巨人了。"①

雨果将雾月十八日的政变归因于路易·拿破仑一个人的暴力行为，这样就扩大了个人在社会发展中的作用。而"蒲鲁东呢，他想把政变描述成以往历史发展的结果。但是，在他那里关于政变的历史构想不知不觉地变成了对政变主角所作的历史辩护。这样，他就陷入了我们的那些

---

① ［德］马克思：《路易·波拿巴的雾月十八日》，中共中央马克思恩格斯列宁斯大林著作编译局译，人民出版社 2018 年版，第 3 页。

所谓客观历史编纂学家所犯的错误。相反，我则要证明，法国阶级斗争怎样造成一种局势和条件，使得一个平庸而可笑的人物有可能扮演了英雄的角色。"①

蒲鲁东的《政变》将路易·波拿巴的复辟刻画成以往历史发展的结果，反而为其行为做了历史辩护。

不管是雨果还是蒲鲁东，他们都未能透析政变的实质，究其根本在于他们在历史观上陷入唯心主义。而马克思有了唯物史观这个思想武器，这使其能够透析雾月十八日政变发生形成的局势和条件。

恩格斯在《路易·波拿巴的雾月十八日》序言中，分析了马克思用以理解法兰西第二共和国历史的钥匙，他指出："一切历史上的斗争，无论是在政治、宗教、哲学的领域中进行的，还是在任何其他意识形态领域中进行的，实际上只是各社会阶级的斗争或多或少明显的表现，而这些阶级的存在以及它们之间的冲突，又为它们的经济状况的发展程度、生产的性质和方式以及由生产所决定的交换的性质和方式所制约。这个规律对于历史，同能量转换定律对于自然科学具有同样的意义，它在这里也是马克思用以理解法兰西第二共和国历史的钥匙。"②

恩格斯对贯穿《路易·波拿巴的雾月十八日》的历史唯物主义的方法论原理进行了总结：阶级斗争根源于经济状况以及物质资料生产的性质和方式。面对活跃在法国政坛上各色人物以及一大堆杂乱无章、扑朔迷离、波谲云诡甚至相互矛盾的历史事件，马克思正是因为有了阶级斗争这把锁匙，他拨开重重迷雾解开路易·波拿巴怎样从一个平庸可笑的人物有可能扮演了英雄的角色③。"进行阶级分析，这就是马克思从迷离混沌的阶级社会历史中找出其规律性时所把握的基本线索。他用这

---

① ［德］马克思：《路易·波拿巴的雾月十八日》，中共中央马克思恩格斯列宁斯大林著作编译局译，人民出版社 2018 年版，第 3—4 页。

② 《马克思恩格斯文集》第 2 卷，人民出版社 2009 年版，第 469 页。

③ 《马克思恩格斯文集》第 2 卷，人民出版社 2009 年版，第 466 页。

种方法来理解法兰西第二共和国的历史，许多问题就迎刃而解了"①。

马克思看到了阶级斗争产生的原因和阶级存在的根源，看到了阶级斗争走向无产阶级专政以及阶级将最终彻底消亡的前景。在马克思看来，不同阶级的斗争归根到底是受自身经济发展状况以及生产性质的制约。在路易·波拿巴昭然若揭的复辟野心面前，秩序党为何视而不见甚至退缩忍让？议会外的秩序党和工业资产阶级为何会反对议会内的秩序党？法国小农等为何会将选票投给路易·波拿巴？马克思从经济根源寻找到答案。这是因为阶级斗争背后，隐藏的是物质经济利益的实质。

当时的法国正处于严重的商业危机。议会外资产阶级将商业停滞的原因归之于议会与行政权无休止的政治斗争，因而同为秩序党，议会外的秩序党会反对议会内的秩序党。而工业资产阶级害怕失业无产阶级革命的危险，因而资产阶级迫切希望秩序和安定，产生看似反常实则不难理解的举动。之所以小农会将选票投给路易·波拿巴，无非是为了维护自身土地私有的幻想。马克思还一针见血地分析了秩序党中正统派和奥尔良派两个保皇党派的假象。这两个派别宣称他们分离的原因是保皇主义信仰不同，二者是为了不同的皇室而战斗。从政治形式的外表来看，正统派代表波旁王室，奥尔良派代表奥尔良王室。波旁王室代表大地产的利益，实际上也是资产阶级集团，只是他们"抱着高贵门第的高傲态度"不愿承认；奥尔良派代表资本的利益。

在马克思看来，这两个派别分离并不是思想与效忠王室的差异，从根本上来看，是由于各自不同的所有制形式，是资本和地产之间的竞争。判断一个阶级的代表人物，不能仅仅根据他们标榜的言辞以及他们对自己的看法为依据，而应根据他们的思想是受哪个阶级的社会生活界限的限制以及他们实际所代表的物质利益为准绳。马克思分析法国社会内部错综复杂的阶级矛盾，认识到经济关系在归根到底的意义上具有决

---

① 梅荣政：《用唯物史观生动描述和精辟分析重大历史事件的科学典范——马克思：〈路易·波拿巴的雾月十八日〉（节选）研读》，《思想理论教育导刊》2011年第3期。

定性作用。

马克思在《路易·波拿巴的雾月十八日》中，运用唯物史观分析这场政变，揭示出各种思想、观念的经济根源，进一步关注了社会意识的相对独立性，用鲜活的实例说明了思想观念、意识形态的能动性及其对社会存在所发挥的反作用。马克思描述了当时法国召唤亡灵的意识形态现状："一切已死的先辈们的传统，像梦魇一样缠绕着活人的头脑。……他们战战兢兢地请出亡灵来为自己效劳，借用它们的名字、战斗口号和衣服，以便穿着这种久受崇敬的服装，用这种借来的语言，演出世界历史的新的一幕。"①

过往历史出现的精神观念，占据了人们的头脑，支配他们现实的认知与行动。法国小农对拿破仑观念的盲目崇拜和迷信，是平庸而可笑的拿破仑有可能扮演英雄角色的重要思想根源。拿破仑观念好似一个神奇的魔咒，笼罩在法国小农们的心头，驱使他们将选票投给了波拿巴。马克思在文中精辟道出拿破仑观念是小农生产方式与阶级特征的产物。不仅小农存在拿破仑观念，当法国经济危机恣肆而至时，社会各阶级争相陷入对拿破仑皇权与强权的迷思当中，渴盼一个强有力的行政权力出现，借以维持秩序。

路易·波拿巴得以复辟成功，与当时法国社会经济条件、独特的政治形势与复杂的阶段斗争是分不开的，但也不能完全忽视他个人的品性和谋略所起到的作用。马克思肯定人在社会发展中的主体地位。在他看来，路易·波拿巴这个极平庸的人作为阴谋家是很出色的。他早就充满了政治野心，"雾月政变"是蓄谋已久的。

路易·波拿巴具有极强的政治活动能力，他本人是制造事变的重要力量。由此可见，既定社会历史条件下的特殊历史人物，在历史发展中的作用是不可忽视的。

在分析个人在社会历史发展中所发挥作用的同时，马克思也指出

---

① 《马克思恩格斯文集》第 2 卷，人民出版社 2009 年版，第 471 页。

法国人民是推动"雾月政变"发生的力量主体。法国民众对路易·波拿巴的迷信，是法国革命朝着向下发展的重要社会基础。路易·波拿巴"演出雾月十八日的可笑的模仿剧"是当时法国各种因素和条件合力发展的结果。进而言之，根源于物质经济利益对立的阶级斗争是"雾月政变"的重要局势和条件。法国小农的支持是路易·波拿巴发动政变的阶级基础和经济根源，"拿破仑观念"等各种迷信、幻想是路易·波拿巴获得权力的思想根源，路易·波拿巴个人的野心和极强的政治活动能力是政变不容忽视的主观因素，各阶级人民群众的广泛参与也是政变的重要推动力量。此外，还有政治斗争等各种其他参与相互作用的因素。

诚如有学者所言："波拿巴政变这一历史笑剧，确确实实是大资产阶级、中等阶级、小资产阶级、工业无产阶级、流氓无产阶级、小农阶级之间错综复杂的交互作用、物质动因和观念动因错综复杂的交互作用的'合力'所致。"[1] 由此可见，《路易·波拿巴的雾月十八日》表现出较为完整的历史合力思想，它不仅是马克思运用唯物史观从一定经济状况出发说明一段历史的成功尝试，验证了从物质实践和经济关系出发来解释政治、历史以及各种观念形态，还将"现实的人"的意志愿望、个人背后强大的阶级、人民群众的社会实践等纳入归因范围[2]，这有力地推动了马克思社会发展合力理论的发展。

五　马克思社会发展合力理论的完善

马克思从 19 世纪 50 年代后期，主要研究政治经济学，而英国是最适合开展此种研究的国家。马克思尤为关注资本主义的当代史。作为

---

① 刘奔：《从"活的历史"研究中掌握活的马克思主义——纪念马克思〈路易·波拿巴的雾月十八日〉发表 140 周年》，《哲学研究》1992 年第 6 期。

② 邓晶艳、代金平：《论〈路易·波拿巴的雾月十八日〉的历史合力思想》，《西南石油大学学报》（社会科学版）2019 年第 3 期。

"世界的作坊"的英国，是传统的最发达的资本主义国家，也是马克思最方便、最重要的研究对象。诚如马克思所言："英国博物馆中堆积着政治经济学史的大量资料，伦敦对于考察资产阶级社会是一个方便的地点；最后，随着加利福尼亚和澳大利亚金矿的发现，资产阶级社会似乎踏进了新的发展阶段；这一切决定我再从头开始，用批判的精神来透彻地研究新的材料。"[1]

马克思在当时藏书最丰富的英国博物馆图书馆里，接触到大量有价值的研究资料，他收集和研究了当时能够找到的几乎全部经济学著作、文献，进行了艰巨的理论创造，写下了四部经济学手稿。《资本论》就是这一研究工程的代表性成果。[2] 在这部被誉为"工人阶级的圣经"的经典著作中，马克思透析了社会发展合力形成的深层次原因，探讨了商品拜物教问题，揭示了资本剥削的秘密。

马克思的理论研究随着时代的要求和任务的推进而转换。[3] 他在晚年的理论兴趣聚焦到人类学上，在1879—1882年撰写了《人类学笔记》[4]。这些笔记不仅记录下了马克思最后的理论思考，更浓缩着其一生的理论积淀。[5] 在《人类学笔记》中，马克思在坚持经济基础决定上层建筑的同时留意到上层建筑本身具有历史惰性，这一认识完善了马克思社会发展合力理论。《资本论》与《人类学笔记》是马克思社会发展合力理论处于完善期的代表性成果。

---

① 《马克思恩格斯全集》第13卷，人民出版社1998年版，第10页。

② 靳辉明：《思想巨人马克思》，中国社会科学出版社2018年版，第450—451页。

③ 孙熙国、张莉：《马克思晚年"人类学笔记"的理论主题》，《北京大学学报》（哲学社会科学版）2017年第6期。

④ 马克思《人类学笔记》，由其晚年所作的五种人类学笔记汇编而成，这些笔记分别是《马·柯瓦列夫斯基〈公社土地占有制，其解体的原因、进程和结果〉一书摘要》《路易斯·亨·摩尔根〈古代社会〉一书摘要》《约翰·菲尔爵士〈印度和锡兰的雅利安人村社〉一书摘要》《亨利·萨姆纳·梅恩〈古代法制史讲演录〉一书摘要》《约·拉伯克〈文明的起源和人的原始状态〉一书摘要》。

⑤ 段虹：《马克思〈人类学笔记〉与唯物史观的升华》，《马克思主义研究》2021年第1期。

（一）《资本论》：以剩余价值为中心揭示现代社会的经济运动规律

恩格斯认为，社会发展合力理论是对历史唯物主义的发挥。他指出，"在马克思所写的文章中，几乎没有一篇不是贯穿着这个理论的。特别是《路易·波拿巴的雾月十八日》，这本书是运用这个理论的十分出色的例子。《资本论》中的许多提示也是这样。"①

在恩格斯看来，除了《路易·波拿巴的雾月十八日》，《资本论》也是马克思用以揭示社会发展合力问题的典范之作。《资本论》这一成果，从马克思 1843 年底在巴黎开始研究政治经济学算起，到 1883 年马克思离世，历时整整 40 年，是他留给后人最伟大的思想丰碑。

《资本论》是马克思毕生研究的成果，是他经典著作中最为重要的一部分，② 亦是研究马克思社会发展合力理论极为重要的文本依据。对于《资本论》的出版，恩格斯在 1868 年为之所写的述评中谈道："自从世界上有资本家和工人以来，没有一本书像我们面前这本书那样，对于工人具有如此重要的意义。"③

资本家阶级和工人阶级，是实现社会发展合力需要直面的两大阶级。《资本论》是一部写给工人阶级的书。马克思在《资本论》第一卷第二版跋中指出："《资本论》在德国工人阶级广大范围内迅速得到理解，是对我的劳动的最好的报酬。"④ 这句话清楚地表明，这本书的写作初衷是为工人阶级服务的。《资本论》对于工人阶级所具有的重要意义，内在地包含了指导该阶级如何更广泛地汇聚有效、正向、持久且强大的社会发展合力。

"《资本论》是工人阶级的'圣经'"，也是理解马克思社会发展合

---

① 《马克思恩格斯文集》第 10 卷，人民出版社 2009 年版，第 593 页。
② 余培源、吴晓明：《马克思主义哲学经典文本导读》上卷，高等教育出版社 2005 年版，第 303 页。
③ 《马克思恩格斯全集》第 31 卷，人民出版社 1998 年版，第 181 页。
④ 《列宁全集》第 1 卷，人民出版社 2013 年版，第 132 页。

力理论的重要门径。《资本论》是工人阶级的"圣经",这句话出自恩格斯为《资本论》第一卷英文译本所写的序言。这个序言写于 1886 年 11 月,这时离 1883 年马克思辞世已经过去三年,离 1867 年《资本论》第一卷德文第一版出版已经过去近二十年。恩格斯对《资本论》第一卷"在大陆上常常被称为'工人阶级的圣经'"的评价,是根据这一时期欧洲工人运动发展和变化的特征和趋势做出的。[①]

将《资本论》视为理解马克思社会发展合力理论的重要门径,是根据该巨著出版后,其在形成社会发展合力问题上所发挥的"剑"和"铠甲"的作用做出的。"剑"和"铠甲"都是隐喻。"剑"是进攻的武器,"铠甲"是防御的武器。[②] 同各种妨碍社会发展合力形成的反动力做斗争,《资本论》无异于所向披靡的"剑"和武装斗士的"铠甲"。《资本论》发表 150 余年来,它所阐释的有关形成社会发展合力的科学原理已经影响到人们经济、政治、社会以及日常生活等方方面面。从这个意义上来讲,《资本论》是工人阶级的"圣经",同时也是理解马克思社会发展合力理论的重要门径。

《资本论》是一部由马克思创立的崭新的历史科学——"政治经济学批判"。"政治经济学批判"亦是《资本论》一书的副标题。关于"历史科学",马克思解释道我们仅仅知道一门唯一的科学,即历史科学。历史可以从两方面来考察,一方面从自然史的角度来考察,另一方面从人类史的角度来考察。但这两方面是不可分割的。只要有人存在,自然史和人类史就彼此相互制约。历史唯物主义是一种可能的历史科学之哲学前提。《资本论》是历史科学的一种,因此,历史唯物主义是

---

① 顾海良:《马克思与世界》,中国人民大学出版社 2018 年版,第 89 页。

② 有关《资本论》发挥了"剑"和"铠甲"作用的隐喻,源自《资本论》第一卷德文第一版出版后,第一国际著名活动家、瑞士的国际德国人支部的组织者约·菲·贝克尔的评价:"《资本论》,这是我们的剑,我们的铠甲,是进攻和防御的武器。""剑"作为进攻的武器、"铠甲"作为防御的武器,其斗争对象内在地包含了有碍于社会发展合力形成的反动力。

《资本论》的前提。①

认识马克思在《资本论》中有关社会发展合力问题的提示，有必要明确历史唯物主义是他阐述社会发展合力理论之思想基础。指出这一点，可以更好地理解马克思对社会发展合力问题的思考。《资本论》是在论"资本"。"资本"是这一著作的主角。列宁在《哲学笔记》中评价称："虽说马克思没有遗留下'逻辑'（大写字母的），但他遗留下（资本论）的逻辑。"②《资本论》的逻辑，实际上就是有关资本的逻辑。《资本论》是一门以历史唯物主义为前提，旨在透析资本逻辑，属于工人阶级和广大劳动群众的历史科学。

关于《资本论》的研究对象，马克思明确指出，"我在本书研究的，是资本主义生产方式以及和它相适应的生产关系和交换关系"③。社会发展合力是在特定的历史条件下形成的。在不同的历史时期，生产力发展的程度不同，人的生产劳动采用不同的组织形式，人们结成不同的生产关系和交换关系。马克思在《资本论》中所剖析的是一个特殊的历史阶段，也即资本作为推动社会发展主导力量的阶段。在这一特殊的历史阶段，社会的生产劳动形式是怎样的、人们在生产中的关系如何以及人与人之间的交换关系是怎样的。

马克思写作《资本论》，是以当时的英国为例证的。他预感到自己祖国的读者会认为德国与英国不同。《资本论》所写的事情在德国没有发生。面对这种情况，马克思指出，工业较发达的国家向工业较不发达的国家所显示的，只是后者未来的景象。马克思针对的不仅是德国的读者，同样针对的也是其他国家的读者；针对的不仅是当时德国的读者，针对的也是当今各个国家的读者。人们当前仍然处在马克思所指明的那个时代，也即资本要素推进经济社会发展的时代。马克思认识到，资本

---

① ［日］的场昭弘：《〈资本论〉轻松读》，王琰、张琰龙、江涛译，浙江人民出版社2022年版，序一：第2—3页。

② 《列宁全集》第55卷，人民出版社2017年版，第290页。

③ 《马克思恩格斯文集》第5卷，人民出版社2009年版，第8页。

会冲突个别国家地区的界限，走向世界的每一个角落。

在当今的世界，资本已然实现了全球的空间扩张，成为世界经济社会发展的幕后推动力。资本给人类社会带来生产方式的巨大变革，将重构生产关系和交换关系。马克思将资本比喻为古希腊的蛇发女妖美杜莎。只有揭开历史的序幕，看到幕内美杜莎的头，才能更好地理解社会发展合力问题。"资本"指的是能够带来剩余价值的价值，它体现的是人与人之间的关系。马克思在《序言》中提到的"资本主义生产方式"，指的是以资本主义所有制为基础的生产资料与劳动力相结合的方式。这属于广义的生产关系，包括生产、分配、交换、消费等各方面的关系。而"和它相适应的生产关系"，指的是直接生产过程中所形成的人与人之间的关系，也就是狭义的生产关系。狭义的生产关系从属于广义的生产关系。

对于《资本论》研究的目的，马克思指出，"本书的最终目的就是揭示现代社会的经济运动规律"[①]。这里的"现代社会"，并不是专指马克思所生活的社会，它可以延伸到我们生活的社会。现代社会是资本出现并作为主导力量的社会，就是把资本作为推手来推动经济社会发展的社会。[②]"现代社会"的基本经济规律是剩余价值规律，生产剩余价值是这个生产方式的绝对规律，而剩余价值规律也是工业资产阶级对工业无产阶级的剥削规律，体现了现代社会的生产关系。

马克思提醒人们，"问题本身并不在于资本主义生产的自然规律所引起的社会对抗的发展程度的高低。问题在于这些规律本身，在于这些以铁的必然性发生作用并且正在实现的趋势"[③]。资本的逻辑，以铁的必然性发生作用。不同国家的发展程度不同，遇到的有关社会发展合力的形成问题不同，但无一不要遵循人类社会共同的发展规律。

---

① 《马克思恩格斯文集》第 5 卷，人民出版社 2009 年版，第 10 页。

② 陈培永：《资本的秘密——马克思〈资本论〉（第一卷）如是读》，广东人民出版社 2014 年版，第 14 页。

③ 《马克思恩格斯全集》第 42 卷，人民出版社 2016 年版，第 15 页。

现代社会的发展，是与资本运行同步的。探讨社会发展合力问题，不可能绕过资本，对之避而不谈。马克思用了一个比喻来提醒人们，柏修斯需要一顶隐身帽来追捕妖怪。柏修斯是古希腊的英雄，在探讨社会发展合力问题时，不能否认资本的存在，不能"用隐身帽紧紧遮住眼睛和耳朵，以便有可能否认妖怪的存在"①。我们要像柏修斯一样，为看清妖怪的真面目而去追捕妖怪。

绕过资本主导的历史阶段探讨社会发展合力问题，是不切实际的。我们只能在利用资本推动社会发展的同时，尽可能降低资本所带来的负面效应。诚如马克思所言，一个社会即便探索到了本身运动的自然规律，它还是不能跳过也不能用法令取消自然的发展阶段。但是它能缩短和减轻分娩的痛苦。在现代社会形成社会发展合力，不能不去承受分娩的痛苦，但人们所能做的是尽可能缩短分娩时间和减轻分娩的痛苦。这既是生理学上的事实，也是探讨社会发展合力问题无法回避的事实。不能在实现社会发展合力问题上，因为资本会带来痛苦，就拒绝资本，就否定资本对实现社会发展合力施加影响的事实。

马克思认为，一个国家应该而且可以向其他国家学习。按照马克思的提示，我们既要向其他国家特别是发达资本主义国家学习如何利用资本运作汇聚社会发展合力、激发社会创造活力，为市场经济的发展创造条件，又要学习如何批判性认识资本逻辑的负面效应，最大限度地降低乃至避免资本逻辑的扩张所带来的社会发展合力形成困境。

灌注马克思毕生心血的《资本论》，以剩余价值为中心贯穿全书。恩格斯曾指出："马克思的整部书都是以剩余价值为中心的。"②《资本论》第一卷是《资本的生产过程》，探讨的中心论题是剩余价值是怎样生产出来的；第二卷《资本的流通过程》，阐发的中心问题是剩余价值的实现；第三卷是《资本主义生产的总过程》，阐述的中心问题是剩余

①　《马克思恩格斯全集》第 42 卷，人民出版社 2016 年版，第 15 页。
②　《马克思恩格斯文集》第 9 卷，人民出版社 2009 年版，第 221 页。

价值如何分配；第四卷是《剩余价值理论》，分析的中心问题是剩余价值的理论史。①

马克思在《资本论》中，对现代社会经济运动规律的研究，是从分析商品开始的。他阐明了商品作为现代社会的经济细胞，包含现代社会生产关系各种矛盾的萌芽。商品具有双重属性，分别是使用价值和价值。商品的双重性根源于生产商品的劳动具有双重性，分别是具体劳动和抽象劳动。具体劳动生产使用价值，抽象劳动生产价值。价值的实体是人类抽象劳动的凝结。商品生产的矛盾，反映出现代社会中私人劳动和社会劳动的矛盾。②

劳动具有双重性，是《资本论》第一卷中"最好的地方"③和"崭新的因素"④之一，它是理解政治经学的枢纽。不同商品的使用价值，都包含着不同性质的生产活动，生产使用价值的劳动，因此就体现为具体劳动、有用劳动的形式。人的劳动作为使用价值的"创造者"，是真正的财富的源泉。商品的价值，是形态各异的商品拥有的共同的东西，而这种共同的东西还是人类劳动，只不过不是形式多样的具体劳动，而是具有同一性质的抽象劳动。生产出价值的劳动，只能是抽象的人类劳动。

人的劳动分为具体劳动与抽象劳动，并不是说有两个劳动，而是说在商品的形式中，劳动这一体有两面。只有在商品生产中，劳动才会有一体两面。抽象劳动是在商品交换过程中显示出来的劳动属性。⑤

马克思通过价值形式的分析，说明货币的起源、本质和职能，批判

---

① 崔友平：《工人阶级的圣经——〈资本论〉新读》，红旗出版社 2020 年版，第 25—27 页。

② 靳辉明：《思想巨人马克思》，中国社会科学出版社 2018 年版，第 463—464 页。

③ 《马克思恩格斯全集》第 31 卷，人民出版社 1998 年版，第 331 页。

④ 《马克思恩格斯全集》第 32 卷，人民出版社 1998 年版，第 11—12 页。

⑤ 陈培永：《资本的秘密——马克思〈资本论〉（第一卷）如是读》，广东人民出版社 2014 年版，第 37—41 页。

商品拜物教。① 人对自己劳动产品的支配，变成劳动产品对人的支配。不是人支配物，而是物支配人。在商品世界里，人手的产物，开始表现为独立存在的东西，而且与人发生关系，受人崇拜，支配着人，并让人与人之间的关系变成不受人支配的物与物之间的关系。

拜物教是同商品生产分不开的。劳动产品一旦作为商品来生产，就必然具有拜物教的性质。从本质上而言，商品的价值关系，不是物与物之间的关系，而是人与人之间的社会关系，但采取的却是物与物的虚幻形式。

马克思用"商品拜物教"，来提醒人们认识商品、社会两个最基本的颠倒。实现社会发展合力，必须把这两个最基本的颠倒重新颠倒回来。其中第一个颠倒，是人与人的社会关系，通过物与物的关系表现出来。社会关系不是人的关系，而是物化的人的关系。第二个颠倒，是人对劳动产品使用价值的需求，变成对商品价值的追逐。对物质财富真正内容的追求，变成对财富表现形式的追求。使用价值是财富的物质内容，价值仅仅是财富的形式。但商品生产带来的结果是，形式比内容更重要。人们只关注他的产品按什么样的比例交换，他的产品能换取多少别人的商品，而不再重视劳动产品的内容。② 马克思指出，货币是商品生产和交换发展的必然产物，货币的产生和使用使商品的价值和使用价值之间、具体劳动和抽象劳动之间、私人劳动和社会劳动之间的内在矛盾，转化为商品和货币的外在矛盾。作为商品流通的最后产物，货币是资本的最初表现形式。

剩余价值学说是马克思的第二个伟大发现，它透析了资本剥削的秘密。马克思认为，剩余价值生产的起点是货币转化为资本，这种转化的决定性条件是劳动力成为商品。雇佣劳动者出卖给资本家的，并不是资

---

① 靳辉明：《思想巨人马克思》，中国社会科学出版社 2018 年版，第 464 页。
② 陈培永：《资本的秘密——马克思〈资本论〉（第一卷）如是读》，广东人民出版社 2014 年版，第 50—53 页。

产阶级经济学家所说的劳动，而是劳动力。同其他商品一样，劳动力也具有价值和使用价值。劳动力的价值是由生产它所需要的劳动时间决定的。劳动的使用价值就是劳动，它是价值的源泉；雇佣劳动者在劳动中创造的价值除补偿劳动力的价值以外，还有剩余，这些剩余价值被资本家无偿占有。其他商品的使用价值在使用过程中被消费掉，而劳动力在使用过程中能创造出比他自身价值更大的价值。因此，劳动力商品的使用价值是价值和剩余价值的源泉。资本家购买雇佣工人的劳动力，正是看中了劳动力商品使用价值的特点。马克思第一次将"劳动"与"劳动力"区别开来，从而揭示了剩余价值产生的秘密。① 说明剩余价值的真正来源，为科学理解社会发展合力的形成问题奠定了基础。

马克思还首次区分了购买生产资料的不变资本和购买劳动力的可变资本，阐明它们在价值形成和价值增殖过程中发挥着完全不同的作用。不变资本只是将它原来的价值转移到商品中去，不会改变价值量。只有可变资本才不仅生产出劳动力的价值，而且生产出剩余价值。资本主义生产一方面是生产使用价值的劳动过程，另一方面是生产剩余价值的价值形成和价值增殖过程。

马克思还分析了剩余价值转化为资本的问题。他认为，资本主义生产和其他社会的生产一样，必须连续不断地进行。一个社会不能停止消费，同样，它也不能停止生产。因此，每一个社会的生产过程，从经常的联系和它不断更新来看，同时也就是再生产过程。再生产包括简单再生产和扩大再生产。资本主义生产是规模不断扩大的再生产，原因在于资本主义生产的目的不是获得使用价值，而是获得越来越多的剩余价值。而扩大再生产，就需要追加投资，需要资本积累。资本家不将雇佣劳动者创造的全部剩余价值消费掉，而是将其中的一部分剩余价值转化为资本，这就是资本积累。② 资本积累是扩大再生产的源泉。资本主义

---

① 靳辉明：《思想巨人马克思》，中国社会科学出版社 2018 年版，第 464—465 页。

② 靳辉明：《思想巨人马克思》，中国社会科学出版社 2018 年版，第 465 页。

再生产的特点是扩大再生产，资本积累越多，生产越扩大，就越能拥有更多的积累，于是商品生产的所有权规律就转变为资本主义占有规律。

在资本主义制度下，生产技术的不断发展、劳动生产率的不断提高，会使资本的有机构成不断提高。这就意味着，不变资本的比重增加，可变资本的比重减少，对劳动力的需求相对降低，在这种情况下，资本家拼命压低雇佣劳动者工资，劳动力价格更为低廉。工人大批失业，出现了所谓的相对人口过剩。

在资本主义社会，无论雇佣劳动者的报酬高低如何，雇佣劳动者的状况必然随着资本的积累而日趋恶化。在资本家阶级这一级，财富不断地增加，而在雇佣劳动者这一级，则是贫困、痛苦和劳动折磨的不断加深。[1] 在资本主义社会，资本家阶级与雇佣劳动者这种经济利益的根本对立，必然加剧资产阶级与无产阶级的阶级矛盾和阶级斗争。只要剩余价值生产和剥削继续存在，资本主义社会这两大阶级的矛盾和斗争就是不可避免的。

马克思创立了剩余价值理论，揭示了现代社会的经济运动规律，进一步论证了《共产党宣言》中提出的"两个必然"的原理。[2]《共产党宣言》提到："随着大工业的发展，资产阶级赖以生产和占有产品的基础本身也就从它的脚下被挖掉了。它首先生产的是它自己的掘墓人。资产阶级的灭亡和无产阶级的胜利是同样不可避免的。"[3] 在《资本论》中，马克思通过对资本积累和剩余价值再生产的研究，进一步揭示了资本主义生产方式灭亡的必然性。生产资料的集中和劳动的社会化，已经是两极分化的社会，达到了同它们的资本主义外壳不相容的地步。[4] 在真正意义上实现社会发展合力，就要炸毁资本主义外壳，消灭资本主义私有制。

---

① 靳辉明：《思想巨人马克思》，中国社会科学出版社 2018 年版，第 466 页。
② 靳辉明：《思想巨人马克思》，中国社会科学出版社 2018 年版，第 486—487 页。
③ 《马克思恩格斯文集》第 2 卷，人民出版社 2009 年版，第 43 页。
④ 靳辉明：《思想巨人马克思》，中国社会科学出版社 2018 年版，第 487 页。

马克思在《资本论》中，阐明了无论资本主义社会形态如何强大，因之在社会发展合力的形成上具有无法克服的矛盾，因而不可能是永恒的。它终将被更高的社会形态取代。马克思从人的依赖关系进一步地阐述了这个问题。他指出："人的依赖关系（起初完全是自然发生的），是最初的社会形式，在这种形式下，人的生产能力只是在狭小的范围内和孤立的点上发展着。

以物的依赖性为基础的人的独立性，是第二大形式。在这种形式下，才形成普遍的社会物质变换，全面的关系，多方面的需要以及全面的能力的体系。建立在个人全面发展和他们共同的、社会的生产能力成为从属于他们的社会财富这一基础上的自由个性，是第三个阶段。第二个阶段为第三个阶段创造条件。因此，家长制的、古代的（以及封建的）状态随着商业、奢侈、货币、交换价值的发展而没落下去，现代社会则随着这些东西同步发展起来。"① 马克思还将这三种社会形式表述为"直接的社会关系""物化的社会关系""自由人联合体"。实现人的自由而全面发展的"自由人联合体"，是实现社会发展合力的理想社会形式。

马克思在《资本论》中描述了理想社会形式的基本特征。《资本论》贯穿的一个中心思想是"剥夺剥夺者"，也即消灭资本主义私有制。② 消灭资本主义私有制，是实现社会发展合力的重要方法。人类社会只要存在资本主义私有制，社会发展合力的形成就会存在难以逾越的边界。建立以公有制为特征的共产主义社会，是社会发展合力得以充分、有效、正向汇聚的理想愿景。"用公共的生产资料进行劳动"，人们的劳动性质也随之发生了变化，剩余劳动不再是为资本家生产剩余价值，而是为人们的生存，特别是自由全面发展提供丰富的物质条件。③

---

① 《马克思恩格斯文集》第 8 卷，人民出版社 2009 年版，第 52 页。
② 靳辉明：《思想巨人马克思》，中国社会科学出版社 2018 年版，第 488 页。
③ 靳辉明：《思想巨人马克思》，中国社会科学出版社 2018 年版，第 488 页。

剩余劳动的一部分列入必要劳动，即形成社会准备金和社会积累基金所必要的劳动。① 在此前提下，物质生产领域的劳动将由自发变为自觉。"社会已被组织成一个自觉的、有计划的联合体。"② "社会化的人，联合起来的生产者，将合理地调节他们和自然之间的物质变换，把它置于他们的共同控制之下，而不让它作为盲目的力量来统治自己。"③

共产主义社会是有计划地调节生产的社会。由于劳动性质的改变，劳动者成为"把不同社会职业当作互相交替的活动方式的全面发展的个人"④，在人实现自由而全面发展的共产主义社会，社会发展合力形成的正向性、有效性与持续性等，均得到空前增强。《资本论》的问世，标志着唯物主义历史观已经由假说变成经过科学证明了的理论，它揭示了资本剥削的秘密，进一步论证了资本主义必然灭亡和社会主义必然胜利的规律⑤，为社会发展合力的形成提供了方法、指明了方向，它是马克思社会发展合力理论处于完善期的光辉力作。

（二）《人类学笔记》：坚持经济基础决定上层建筑的同时要留意上层建筑本身具有历史惰性

马克思社会发展合力理论不仅解析了社会发展合力形成的现象，还触及了社会发展合力形成的本质；不仅触及了社会发展合力形成的本质，还力图发现、总结社会发展合力得以形成的规律。在资本主义社会，实现社会发展合力面临诸多无法克服的难题。譬如说，生产社会化和生产资料私人占有之间的矛盾无法得到根本性的调节。

马克思在创造《资本论》的过程中，为了准确地揭示资本主义社会发展的客观规律，对前资本主义社会历史作了较为深入的考察和细致

---

① 《马克思恩格斯全集》第 23 卷，人民出版社 1972 年版，第 578 页。
② 《马克思恩格斯文集》第 7 卷，人民出版社 2009 年版，第 745 页。
③ 《马克思恩格斯文集》第 7 卷，人民出版社 2009 年版，第 928 页。
④ 《马克思恩格斯全集》第 23 卷，人民出版社 1972 年版，第 535 页。
⑤ 靳辉明：《思想巨人马克思》，中国社会科学出版社 2018 年版，第 451 页。

的描述。在《资本论》三大手稿之一的 1857—1858 年《经济学手稿》中，他专门列出一章来阐述资本主义生产以前的各种形式，即亚细亚的、古代的、日耳曼的所有制形式。紧接着他在《政治经济学批判〈序言〉》中指出，社会形态："大体说来，亚细亚的、古代的、封建的和现代资产阶级的生产方式可以看做是社会形态演进的几个时代。"①

在《资本论》中，马克思对人类史前社会的探索主要是同政治经济学的研究联系在一起的。② 他强调，"人体解剖对于猴体解剖是一把钥匙。反过来说，低等动物身上表露的高等动物的征兆，只有在高等动物本身已被认识之后才能理解。因此，资产阶级经济为古代经济等等找到了钥匙"③。马克思通过对资产阶级社会的政治经济学进行解剖，了解到资本主义社会形成和发展的全过程，由此追溯以往一切已经覆灭的社会形态的结构和经济制度。然而，提供了猴体解剖钥匙的人体解剖，并不能代替猴体解剖。这意味着要完成对前资本主义特别是史前社会的研究，需要深耕人类学的著作。

马克思从 1868 年开始阅读毛勒和哈克斯特豪森的著作。他于 1879 年至 1881 年，潜心研读了柯瓦列夫斯基、摩尔根、梅恩、菲儿、拉伯克等人的著作，并写下了重要的读书笔记。④

美国人类学家劳伦斯·克拉德认为："这些手稿材料的内容广泛涉及对人类史前史、原史和早期史的研究，以及对一些当代民族的民族学研究。"⑤ 他在编辑、整理马克思的这些晚年笔记后，冠之以《马克思的民族学笔记》加以出版。

---

① 《马克思恩格斯全集》第 31 卷，人民出版社 1998 年版，第 413 页。

② 陈玲玲：《马克思晚年的人类学转向》，《北京社会科学》1999 年第 2 期。

③ 《马克思恩格斯全集》第 46 卷上册，中共中央马克思恩格斯列宁斯大林著作编译局译，人民出版社 2003 年版，第 43 页。

④ 余源培：《马克思主义哲学的理论与历史》，复旦大学出版社 2000 年版，第 183—184 页。

⑤ ［美］劳伦斯·克拉德：《马克思的民族学笔记》，法相岩译，《马列主义研究资料》人民出版社 1985 年第 1 辑，第 191 页。

原苏联学者安德烈也夫认为，马克思在这些笔记中"集中精力探讨了世界资本主义的资产阶级以前的（基本上是公社农民的）外围地区的社会经济发展的倾向和前景"①。他倾向于以《马克思古代社会史笔记》加以命名。关于如何命名马克思晚年的这些笔记，学界至今仍存在争论，但大多数学者一般将之称为《人类学笔记》。

《人类学笔记》是马克思社会发展合力理论处于完善期的文本群，但却是马克思"极其丰富的理论遗产中被研究得最少的部分"②。研究社会发展合力问题不能仅仅停留在现象层面，而应深入本质层面并探寻社会发展合力形成的内在规律。

英国学者莫里斯·布洛克指出："马克思准备为被压迫人民重写一部人类史书，以便使他们能够明白他们所受的压迫的本质，以及这一压迫是怎样产生的。对马克思来说，这项历史工作同时也是一项政治工作，因为他相信，通过对以往历史的研究去揭示工人的处境，能够使他们更好地为改变这一处境而斗争。"③

只要世界上仍然存在剥削、压迫等不公正、不合理现象，社会发展合力就难以在本真的意义上实现。重写人类史书、研究以往历史的目的，在于揭示并改变工人的悲惨处境。从社会发展合力的本质探寻与规律揭示来看，马克思晚年的《人类学笔记》是极为丰富的理论遗产。研究马克思社会发展合力理论，对这笔理论遗产应尤为珍视。

任何真正的理论都是对时代问题的认识和解答。④ 马克思社会发展合力理论也不例外。实现社会发展合力是一个重大的时代问题。资本主

---

① ［苏］伊·列·安德烈也夫：《马克思的最后手稿：历史和现实》，杜章智译，《马列主义研究资料》人民出版社 1985 年第 1 辑，第 220 页。

② ［苏］伊·列·安德烈也夫：《马克思的最后手稿：历史和现实》，杜章智译，《马列主义研究资料》人民出版社 1985 年第 1 辑，第 229 页。

③ ［英］莫里斯·布洛克：《马克思主义与人类学》，冯利等译，华夏出版社 1988 年版，第 2 页。

④ 孙熙国、张莉：《马克思晚年"人类学笔记"的理论主题》，《北京大学学报》（哲学社会科学版）2017 年第 5 期。

义生产资料私有制使社会化的生产资料和劳动产品归资本家私人占有。社会生产服务于资本家攫取剩余价值的需要，工人阶级与资产阶级的矛盾越来越激化，难以形成本真意义上的社会发展合力。所谓的"本真意义上的社会发展合力"，指的是形成合力的各主体性力量，有共同推动社会发展的愿望与诉求，在彼此交互作用中精诚团结、思想统一、行动一致。

通过对古代社会和人类早期生活和实践状况的分析、考察和研究，人们能够更好地认识社会发展合力得以形成的本质、把握社会发展合力形成的规律。马克思对柯瓦列夫斯基、摩尔根、梅恩、菲儿、拉伯克等人的人类学论著所做的摘要和评论，主要涉及人类史前社会、古代社会和东方社会的特殊道路等问题。他在晚年倾心于人类学研究，是出于完善唯物史观的理论需要。而社会发展合力理论是唯物史观的重要组成部分。包括社会发展合力理论在内的唯物史观，不仅要解决人类社会特别是发展合力"向何处去"的问题，还要弄清人类社会特别是发展合力"从何来"的问题。从马克思进行理论探索的轨迹来看，主要经历了从哲学批判到政治经济学批判再到人类学批判这一逐步深化的过程。[1] 如果说马克思通过哲学批判和政治经济学批判基本解决了实现人类社会发展合力"向何处去"的问题，那么他还需要借助人类学来搞清楚人类社会发展合力形成的"原生形态"以及演化过程。

马克思是一位倾向于"自己弄清问题"[2] 的伟大思想家。从文本形式上来看，《人类学笔记》并不是以出版为目的的。此类特殊的文本更值得我们重视。原因在于，越是不以出版为目的的写作，比如笔记、摘录、旁批等，越能反映作者本人真实且内在的思想观点。在认识社会发展合力形成的问题上，"人体解剖"之于"猴体解剖"具有优先性，马克思认识社会发展合力问题的逻辑起点，是他置身其中的资本主义社

---

① 陈玲玲：《马克思晚年的人类学转向》，《北京社会科学》1999 年第 2 期。
② 《马克思恩格斯全集》第 13 卷，人民出版社 1962 年版，第 10 页。

会。对于资本主义社会结构的认识，有助于人们透视前资本主义社会的结构形式。

尽管"人体的解剖"较之于"猴体的解剖"具有优先性，但前者绝不能因此而代替后者。原因在于"猴体"的某些特征，遗存在"人体"中时采取了某种"十分萎缩的或者完全歪曲的形式"①，使其本来面目发生了变化。

认识社会发展合力的形成，对资本主义社会的一次性解剖并不能解决所有问题，更不能将之视作已经对前资本主义社会所做的理论研究。"猴体"解剖与"人体"解剖具有差异性的思想，推动了马克思为更好地认识社会发展合力的形成问题，在完成对资本主义社会的批判性认识后，向前资本主义社会延伸、拓展。诚如马克思所言："对人类生活形式的思索，从而对这些形式的科学分析，总是采取同实际发展相反的道路……是从事后开始的……是从发展过程的完成的结果开始的。"②

"人体"解剖与"猴体"解剖具有差异性，同时二者之间的顺序具有不可逆性。马克思认为，"只有在资产阶级社会的自我批判已经开始时，才能理解封建的、古代的和东方的经济"③。在资产阶级社会，拥有资本者可以成为有闲阶级，而雇佣劳动者即便再努力地工作，生活状况都可能没有起色。无产阶级与资产阶级存在矛盾的背后，是社会存在巨大的撕裂。而制造这种撕裂的深层次根源，在于私有制的存在。对资产阶级社会中有碍社会发展合力形成的种种因素进行批判，实则是对私有制发出猛烈抨击。

在与"猴体解剖"相互对照的语境中，可以更加深刻地解剖人体。对资本主义社会的解剖"必须成为起点又成为终点"④。认识前资本主义社会有关社会发展合力的形成问题，需要以对资本主义社会有关社会

---

① 《马克思恩格斯全集》第 30 卷，人民出版社 1995 年版，第 47 页。
② 《马克思恩格斯全集》第 44 卷，人民出版社 2001 年版，第 93 页。
③ 《马克思恩格斯全集》第 30 卷，人民出版社 1995 年版，第 47 页。
④ 《马克思恩格斯全集》第 30 卷，人民出版社 1995 年版，第 49 页。

发展合力的实现为前提。而对前资本主义社会有关实现社会发展合力的问题进行解析，又需要回到资本主义社会中，从更深层次认识社会发展合力的实现问题。

马克思重视科学方法的运用，但并不认为"方法可以决定一切"。他一生都在"充分地占有材料，分析它的各种发展形式，探寻这些形式的内在联系"①。马克思早在写作《人类学笔记》之前，就深入思考了"私有制的起源"问题。但由于相关原始文献极度缺乏，马克思尽管将私有制起源的萌芽追溯到了"家庭"的形式上，但并没有对"家长制（父权制）家庭"与"原始家庭"做出严格区分。马克思坦陈，自己受到旧有观念所造成的"判断的盲目性"的深刻束缚②。由于对文献材料的高度重视，马克思认识到，对人类社会原始文献的充分占有，有助于在探寻私有制起源的问题上寻求突破。正是在对各类文献深度耕犁的基础上，马克思愈加清晰地认识道："奴隶制、农奴制等等总是派生的形式，而决不是原始的形式，尽管它们是以共同体和以共同体中的劳动为基础的那种所有制的必然的和合乎逻辑的结果。"③ 资产阶级在人类社会发展史上，曾起过积极的、革命的作用。然而，囿于资产阶级仅仅是资本的人格化，"资本来到世间，从头到脚，每个毛孔都滴着血和肮脏的东西"④。资产阶级的阶级统治必然具有反动性。

资产阶级具有反动性的阶级统治，严重阻碍了正向、有效、持续且强大社会发展合力的形成。马克思毕生的使命均在于推翻资产阶级反动的阶级统治，为汇聚正向、有效、持续且强大的社会发展合力而奋斗不息。马克思在与他人论战时，尤为突出被他人忽视的方面，他总是"把重点放在从基本经济事实中引出政治的、法的和其他意识形态的观念以

---

① 《马克思恩格斯全集》第 23 卷，人民出版社 1972 年版，第 23 页。
② 《马克思恩格斯全集》第 43 卷，人民出版社 2016 年版，第 823 页。
③ 《马克思恩格斯全集》第 30 卷，人民出版社 1995 年版，第 489 页。
④ 《〈资本论〉大纲》第 1 卷，人民出版社 1985 年版，第 586 页。

及这些观念为中介的行动"①。

把重点放在被他人忽视的基本经济事实，对于坚持和捍卫唯物史观是有必要的。但是关于"政治的、法的和其他意识形态的观念"是由什么样的方式和方法产生的，也即上层建筑方面的问题，还有待进一步地加以探讨。马克思在《人类学笔记》中，对此展开了深入思考。但在这里需要特别加以说明的是，马克思在《人类学笔记》中所讨论的上层建筑，不能与政治上层建筑、思想上层建筑逐一进行归类，原因在于它们有的既是政治上层建筑，同时是思想上层建筑。期间的区别不仅模糊甚而完全重叠。比如，《亨利·萨姆纳·梅恩〈古代法制史讲演录〉（1875 年伦敦版）一书摘要》所提及的"布雷亨法规"，在古代西欧社会既是政治上层建筑，又是思想上层建筑。再比如原始社会的风俗习惯，按照现代人的标准，它属于社会心理的范畴，也就是既不属于政治上层建筑，也不属于思想上层建筑。可是，原始社会的风俗习惯以及一些不成体系的思想观念在古代社会中，在实然层面发挥着上层建筑所应起到的作用。

将原始社会的风俗习惯以及一些不成体系的思想观点归属于上层建筑的范畴具有合理性。思想上层建筑与政治上层建筑的功能发挥，也应做具体的、历史的分析。越是在古代，思想上层建筑越是发挥着政治上层建筑的功能。比如原始社会的宗教观念，归属于思想上层建筑的范畴。但它在社会发展合力的形成上，却实实在在地发挥着制度规约的作用。

马克思在《人类学笔记》中，以正面论述的方式升华了唯物史观中的上层建筑思想，直接促成了其社会发展合力理论走向成熟。马克思在写作《亨利·萨姆纳·梅恩〈古代法制史讲演录〉（1875 年伦敦版）一书摘要》留下了这样的批注："就这些影响（首先是经济的）以'道

---

① 《马克思恩格斯文集》第 10 卷，人民出版社 2009 年版，第 657 页。

德的'形式存在而论，它们始终是派生的，第二性的。"① 马克思一方面强调了经济基础之于上层建筑所具有的决定性作用，另一方面对上层建筑的某些因素的相对独立性进行了思考。

马克思在《路易斯·亨·摩尔根〈古代社会〉一书摘要》中，借助摩尔根的研究成果，把他的关于史前社会受制于血亲关系的看法同摩尔根的原始社会理论联结在一起。马克思认同摩尔根的基本观念，强调血缘关系是人类的第一个有组织的社会形式。在史前社会中，支配社会活动的并不是财产关系，而是血缘亲属关系。马克思认识到在史前社会，血亲关系对于合力的汇聚起着支配性的作用。血亲关系在人类社会发展中的逐渐退缩，既有人类自身生产的原因，也有经济社会发展的原因，而最后导致血亲关系这种社会组织形式瓦解的因素，还是人类的社会生产活动。②

马克思在摘录摩尔根关于亲属制度与家庭发展形式之间的不平衡关系时，发表了独到的见解。摩尔根将家庭看作一个"能动的要素"，因而是"从来不会静止不动的"。在他看来，亲属制度则与之相反，呈现出被动性。亲属制度的发展总是滞后于家庭形式的发展，故而表现出一定的相对独立性。对此，马克思评价道："同样，政治的、宗教的、法律的以至一般哲学的体系，都是如此。"③ 在马克思看来，不同时代的任何上层建筑都或多或少具有某种历史惰性，这种惰性具有某种普遍性。

正是形成了这样的认识，马克思在随后写作的《约·拉伯克〈文明的起源和人的原始状态〉（1870年伦敦版）一书摘要》时，透过约·拉伯克对原始宗教仪式的描述，发现基督教"圣餐"的前世之影。在原始社会，人们为了消灾祈福，常常会举办各种各样的宗教仪式。举办

---

① 《马克思恩格斯全集》第45卷，人民出版社1985年版，第646页。
② 陈玲玲：《马克思晚年的人类学转向》，《北京社会科学》1999年第2期。
③ 《马克思恩格斯全集》第45卷，人民出版社1985年版，第353—354页。

宗教仪式时，人们会向神灵献出祭品。等到仪式结束后，人们会将祭品分而食之，以祈求神灵的眷顾。

马克思认为，在原始社会，人们的这种原始观念受到上层建筑所具有的相对独立性的影响。这在若干年后的欧洲社会，以变化了的形式——"圣餐"，出现在基督教的宗教活动之中。在分析社会发展合力的形成时，在坚持经济基础决定上层建筑的同时，也要特别留意上层建筑本身所具有的历史惰性。[①] 这一认识，对于完善马克思社会发展合力理论发挥了重要作用。社会发展合力的形成一方面要认识到上层建筑相对于经济基础是第二性的，它是由经济基础派生出来的；另一方面要认识到上层建筑本身具有历史惰性，不能忽视上层建筑对于社会发展合力的反作用。因此，《人类学笔记》是马克思社会发展合力进入成熟期的一大标志性成果。

---

① 段虹：《马克思〈人类学笔记〉与唯物史观的升华》，《马克思主义研究》2021 年第 1 期。

第五章

马克思社会发展合力理论的主要内容

马克思社会发展合力理论是一个逻辑严密的有机整体，它回答了谁是实现社会发展合力的主体性力量、社会发展合力在什么样的场域下生成、形成社会发展合力的关键性环节是什么、实现社会发展合力的基础性方法是什么以及实现社会发展合力的终极性追求是什么。

马克思摒弃了传统哲学从思辨到现实的致思理路，以具体的、感性的"现实的人"作为实现社会发展合力的主体性力量；马克思高度关注人的生存状态，他在对资本主义生产方式的经济研究过程中，深刻批判了资本主义制度下特有的人与物关系颠倒现象，这也就形成了马克思在历史唯物主义理解中，关于社会发展合力在特定条件下形成所呈现出的似自然性现象[①]；矛盾存在于一切事物中，贯穿于一切事物发展的任何过程、任何阶段。

在现实生活中，不管我们自身的主观愿望如何，矛盾都是普遍地、客观地存在的。认识事物首先必须认识事物的矛盾，具体地分析具体事物的矛盾特殊性。认识社会发展合力问题，同样需要高度重视矛盾分析。矛盾分析是实现社会发展合力的关键性环节。利益牵动人们的神

---

① 张一兵：《马克思历史辩证法的主体向度》，武汉大学出版社 2010 年版，第 154 页。

经、左右人们的言行，是人们从事社会历史活动的内在动力。① 如何衡量异质利益，是一个公度性难题。② 利益协调是实现社会发展合力的基础性工作。幸福是人类的理想实践。在资本主义社会，虚假的幸福样态使人"都变成了商品"③。人的真实幸福被无情地抽离。马克思社会发展合力理论的终极性旨趣在于追求人的真实幸福，而这种幸福发展的理想阶段只有在共产主义社会中才能成为现实。马克思社会发展合力理论是开放的、发展的理论，它不是静态的、封闭的、停滞不前的，而是动态的、与时俱进的、随着实践的变化而发展的。

一　实现社会发展合力的主体性力量：现实的人

"现实的人"是人类社会发展的第一个前提。马克思和恩格斯在《德意志意识形态》中谈到："我们开始要谈的前提不是任意提出的，不是教条，而是一些只有在想象中才能撇开的现实前提。这是一些现实的个人，是他们的活动和他们的物质生活条件。"④

马克思针对唯物主义历史观指出，"这种考察方法不是没有前提的。它从现实的前提出发，它一刻也离不开这种前提。它的前提是人，但不是处在某种虚幻的离群索居和固定不变状态的人，而是处在现实的、可以通过经验观察到的、在一定条件下进行的发展过程的人。"⑤

马克思在批判性地考察"资本主义社会人"生活状况的基础上，将"现实的人"作为人类社会发展的前提，真实地反映了人类社会发展的本然面目。谁是实现社会发展合力的主体性力量，是研究马克思社会发展合力理论的前提性问题。"现实的人"是实现社会发展合力的主

---

① 王伟光：《利益论》，中国社会科学出版社 2010 年版，前言：第 6 页。
② 梁上上：《利益协调论》第三版，北京大学出版社 2021 年版，第二版序：第 1 页。
③ 《马克思恩格斯文集》第 1 卷，人民出版社 2009 年版，第 51 页。
④ 《马克思恩格斯文集》第 1 卷，人民出版社 2009 年版，第 516 页。
⑤ 《马克思恩格斯文集》第 1 卷，人民出版社 2009 年版，第 525 页。

体性力量。考察"现实的人"究竟是什么样的存在物，对于马克思社会发展合力理论来说，是其立论的基本前提和根据。

（一）实现社会发展合力的人直接地是自然存在物

马克思社会发展合力理论充满了人道主义关怀。他充分肯定了"现实的人"的生命尊严。在他看来，"现实的人"首先是一个有血有肉的活的存在体。在直观的形式上，现实的、感性的人，是作为个体存在的。生命、肉体组织都属于个体的人，因为只有个体的人才能作为有生命的肉体组织的主体，也只有首先作为有生命的肉体组织的主体才能是现实的感性的人。从这个意义上来讲，实现社会发展合力第一个需要满足的，是人的肉体组织的需要。

马克思指出："人们为了能够'创造历史'，必须能够生活。但是为了生活，首先就需要吃喝住穿以及其他一些东西。因此第一个历史活动就是生产满足这些需要的资料，即生产物质生活本身。"[1] 脱离人的生活，全然不顾人的吃喝住穿以及其他一些东西谈论社会发展合力的形成，只能是抽象且空洞的。

尊重人的生命存在的价值，是人创造更高的社会价值的前提条件。[2] 人自身的生命存在倘若得不到应有的重视与充分的保障，其在社会历史领域内与其他主体交互作用形成合力的自觉意图和预期目的会被降低。在人类社会发展中，每个人的意志都会对社会发展合力的形成有所贡献，也就是说，都是包含在社会发展合力里面的。每个人的意志活动对社会发展的贡献是不同的，有的贡献大、有的贡献小；有的贡献多、有的贡献少；有的贡献是正向的，也即对社会发展起推动作用，而有的发挥的则是反向作用，也即对社会发展起阻碍作用。但无论每个人对社会发展合力的形成有怎样的贡献，其前提是"活下去"。

---

[1] 《马克思恩格斯文集》第 1 卷，人民出版社 2009 年版，第 531 页。
[2] 牛小侠：《马克思实践哲学的伦理向度研究》，人民出版社 2022 年版，第 34 页。

　　实现社会发展合力内在的价值愿景是"活得好"，正是基于生活得更好的意志与愿望，不同主体才有了交互作用的动机。但"活得好"的基础是"活着"。而"活着"，就要清醒地认识到人直接地是自然存在物。作为自然存在物的人，不可避免地要同自然发生联系。自然可以脱离人而存在，但人的存在一刻也离不开自然。"现实的人"是实现社会发展合力的主体性力量。"现实的个人"作为历史主体参与社会发展合力的形成历程中，要回答怎样作为人而存在。现实的个人在作为人存在以后，还要认识到自身是一个"类存在物"。现实的人作为"类存在物"有其类特性。这种类特性是现实的人作为一个"类"、作为整体的人而区别于其他物类的特性。

　　人是物质自然界分化的产物，是从自然动物进化而来的。从人肉体的生理结构、生理机能和个体发育及生命运动来看，均服从自然的动物学原理。故此，人尽管是从自然界分化出来的，是从自然动物中提升出来的，但实现社会发展合力的历史主体，也即现实的人，仍然属于自然界的一部分，仍然是一种自然物，是一种高等动物。

　　实现社会发展合力，必须尊重人作为自然物的现实需要。马克思指出："所谓人的肉体生活和精神生活同自然界相联系，也就等于说自然界同自身相联系，因为人是自然界的一部分。"[1] 他肯定地说"人直接地是自然存在物"[2]。将人看作自然界的一部分，是人类在最初的自我认识中就已经达到的一种认识。在上古时期的神话传说中，人是由神以自然物为原料创造出来的。但将人视为神的创造物，则带有明显的历史局限性。原始人的图腾崇拜，要么是将动物，要么是将植物作为本民族的图腾加以崇拜，相信自己的民族与之有亲缘关系。[3] 这种图腾崇拜，也能在一定程度上汇聚起合力，但这种建立在虚假意识所汇聚起的合

---

[1] 《马克思恩格斯全集》第42卷，人民出版社2017年版，第95页。
[2] 《马克思恩格斯全集》第42卷，人民出版社2017年版，第167页。
[3] 夏甄陶：《人是什么》，商务印书馆2000年版，第62—64页。

力，不仅具有狭隘的地域性，也在相当程度上具有排他性。

作为唯物主义者的马克思，肯定了人作为自然存在物，必须"参加自然界的生活"，认识到人需要同动物一样必须依赖自然界才能生活。实现社会发展的人直接地是自然存在物，但不是一般的自然存在物①。人对自然界的依赖同动物对自然界的依赖相比，有着本质的不同。人能以开放的普遍性的发展，不断扩展自己赖以生活的自然界的范围，② 在尊重自然、顺应自然、保护自然、人与自然和合共生等价值理念下汇聚起社会发展合力。

（二） 实现社会发展合力的人在本质上是社会存在物

现实的人作为实现社会发展合力的主体性力量，不仅在作为自然存在物方面有自身的自然存在和自然属性，更本质的是人作为社会存在物有自身的社会存在和社会属性。人的社会的存在所含括的内容是极为丰富的，既有经济的存在，又有政治的存在，还有文化的存在。

作为实现社会发展合力主体性力量的现实的人的社会存在，正是以经济的、政治的、文化的存在为内容，而同所谓的动物社会相区别。③正如马克思所言："只有在社会中，人的自然的存在对他说来才是他的人的存在"；"只有在社会中，自然界才是人自己的人的存在的基础"④。现实的人作为社会发展合力的主体性力量，他的存在是一种社会性的存在。只有作为社会存在物的人，才能作为社会发展合力主体性力量的人而存在。作为社会存在物的人，不能离群索居。⑤ 人与人之间必须结成社会关系，形成推动社会发展的合力。

人是具有社会属性的社会存在物。这是一个形成广泛社会共识的观

---

① 夏甄陶：《人是什么》，商务印书馆 2000 年版，第 76 页。
② 夏甄陶：《人是什么》，商务印书馆 2000 年版，第 96 页。
③ 夏甄陶：《人是什么》，商务印书馆 2000 年版，第 116—117 页。
④ 《马克思恩格斯全集》第 42 卷，人民出版社 2017 年版，第 122 页。
⑤ 夏甄陶：《人是什么》，商务印书馆 2000 年版，第 130 页。

点。然而，不同的人对人作为社会存在物的认识却不尽相同。有的将人
之所以作为社会存在物，臆造为少数凌驾于社会之上的英雄人物、杰出
人物的教化；有的将人的社会生活幻想为是由神灵安排、创造的；有的
将人赖以栖身的社会视为基于人的自然本性也即理性而形成的；有的将
人赖以生存或生活的国家诉诸理念、精神。凡此种种，均无法正确解释
人的社会存在和人的社会属性的真实内容和真正本质。只有马克思实践
的唯物主义，才对人的社会存在和社会属性作出了科学的解释。

　　人作为实现社会发展合力的主体性力量，虽然是自然存在物，但他
只有作为社会的存在，人的自然的存在才是现实地人的存在。马克思在
谈到对历史的符合实际生活的考察方法时指出："这种考察方法不是没
有前提的。它从现实的前提出发，它一刻也不离开这种前提。它的前提
是人，但不是处在某种虚幻的离群索居和固定不变状态中的人，而是处
在现实的、可以通过经验观察到的、在一定条件下进行的发展过程中
的人。"①

　　现实地和本质地看，实现社会发展合力的人，只能是一种社会存在
物。假如人的存在脱离了社会，那么就只能如亚里士多德所说的那样，
"要么是野兽，要么是个神"。脱离了社会的人，是无法与其他历史主
体交互作用、形成社会发展合力的。人只有作为社会存在物的存在，他
的自然存在物的存在，才是他自己的人的存在，才能按人的方式进行活
动，才能按人的方式实现自己同自然界的统一②，才能与其他历史主体
交互作用，汇聚正向、有效、持久且强大的社会发展合力。

　　马克思指出："只有在社会中，自然界对人说来才是人与人联系的纽
带，……才是人的现实的生活要素；只有在社会中，自然界才是人自己
的人的存在的基础。只有在社会中，人的自然的存在对他说来才是他的

---

① 《马克思恩格斯文集》第1卷，人民出版社2009年版，第525页。
② 夏甄陶：《人是什么》，商务印书馆2000年版，第132页。

人的存在。"① 在社会之外的人的存在和人的活动，要与其他历史主体交互作用形成社会发展合力，是难以设想的。诚如马克思所指出的那样，人是最名副其实的政治动物，不仅是一种合群的动物，而且是只有在社会中才能独立的动物。独立的个人在社会之外进行生产……就像许多个人不在一起生活和彼此交谈而竟有语言发展一样，是不可思议的。②

现实的人是实现社会发展合力的主体性力量，人们在谈到现实的人的存在的时候，很容易只是直观地看到现实的个人。的确，人的感性直观的存在，总是表现为个体的个人。但是，现实的个人不是各自孤立自存的个人，而是在一定的社会关系中存在和活动的个人。③

社会关系作为个人的存在方式，实际上是这些个人的共同活动。④原因在于所谓"社会关系的含义在这里是指许多个人的共同活动，至于这种活动在什么条件下、用什么方式和为了什么目的而进行，则是无关紧要的。"⑤ 现实的人的存在尽管在感性直观上是作为个人存在的，但又是作为社会存物而社会地存在的。而人作为社会存在物的本质，只能是人的社会本质，也就是人的社会联系、社会关系。⑥

马克思在分析人的本质时特别强调："因为人的本质是人的真正的社会联系，所以人在积极实现自己本质的过程中创造、生产人的社会联系、社会本质"⑦；"人的本质不是单个人所固有的抽象物，在其现实性上，它是一切社会关系的总和。"⑧ 在探讨人与社会关系的时候，马克

① 《马克思恩格斯全集》第 42 卷，人民出版社 1979 年版，第 122 页。
② 《马克思恩格斯文集》第 8 卷，人民出版社 2009 年版，第 6 页。
③ 夏甄陶：《人是什么》，商务印书馆 2000 年版，第 134 页。
④ 夏甄陶：《人是什么》，商务印书馆 2000 年版，第 135 页。
⑤ 《马克思恩格斯全集》第 46 卷（下），中共中央马克思恩格斯列宁斯大林著作编译局译，人民出版社 1980 年版，第 80 页。
⑥ 夏甄陶：《人是什么》，商务印书馆 2000 年版，第 137—138 页。
⑦ 《马克思恩格斯全集》第 42 卷，人民出版社 2017 年版，第 24 页。
⑧ 《马克思恩格斯文集》第 1 卷，人民出版社 2009 年版，第 505 页。

思还解析了人与社会不可分离的道理。没有人，没有人的活动和人际间的关系，就不会有社会。

关于什么是"社会"？马克思明确指出："社会——不管其形势如何——是什么呢？是人们交互活动的产物。"① 人们在活动的交互作用中所发生的社会联系和社会关系的总和，就是社会。针对那些将个人与社会对立起来的观点，马克思提出了批评："首先应当避免重新把'社会'当作抽象的东西同个人对立起来。个人是社会存在物。因此，他的生命表现，即使不采取共同的、同其他人一起完成的生命表现这种直接形式，也是社会生活的表现和确证。人的个人生活和类生活并不是各不相同的，尽管个人生活的存在方式，必然是类生活的较为特殊的或者较为普遍的方式，而类生活必然是较为特殊的或者较为普遍的个人生活。"② 社会和个人不是对立的，个人作为人的存在是离不开社会的，社会同样也不能离开个人的存在与活动。社会不是外在于个人的存在和活动的抽象的东西。只有许多个人的存在和活动，也即其彼此之间交互作用形成合力，才能形成社会的关系，才能形成社会。③ 因此，现实的人作为实现社会发展合力的主体性力量，其在本质上是社会存在物。

（三）实现社会发展合力的人是有意识的存在物

马克思指出：人之所以区别于动物，在于"他的生命活动是有意识的"；"有意识的生命活动把人同动物的生命活动直接区别开来"；人作为社会存在物，"是有意识的存在物"④。人不是一种单纯的感性的肉体存在物，而是一种有感性肉体组织和有意识的存在物。人的有生命的肉体组织作为感性实体，还承载着一个由各种复杂的意识因素构成的内部

---

① 《马克思恩格斯文集》第 10 卷，人民出版社 2009 年版，第 42 页。
② 《马克思恩格斯全集》第 42 卷，人民出版社 2017 年版，第 122—123 页。
③ 夏甄陶：《人是什么》，商务印书馆 2000 年版，第 138 页。
④ 《马克思恩格斯全集》第 42 卷，人民出版社 2017 年版，第 96 页。

精神世界。① 人类在进入文明时代以后，随着人类意识和思维能力的发展，人们越来越自觉地通过自己的意识和思维来计划自己的活动，规定自己的行为。人有意识、能思维，有自己的内心精神世界，不同主体性力量交互作用形成社会发展合力的活动、行为同样受到人的意识、思维的指导和调控。② 现实的人是实现社会发展合力的主体性力量，而现实的人除了是自然存在物、社会存在物以外，还是有意识的存在物。肯定人是有意识、有精神的存在，才是人之为人的存在。

探讨社会发展合力的形成，有必要申明"社会发展"与"自然运动"是截然不同的。"在自然界中（如果我们把人对自然界的反作用撇开不谈）全是没有意识的、盲目的动力，这些动力彼此发生作用，而一般规律就表现在这些动力的相互作用中"③。然而，"在社会历史领域内进行活动的，是具有意识的、经过思虑或凭激情行动的、追求某种目的的人；任何事情的发生都不是没有自觉的意图，没有预期的目的的"④。

不同于自然运动全是没有意识的、盲目的动力，⑤ 形成社会发展合力的人是能思维、有需要、有欲望、有动机、有情感、有意志的。从总体上来讲，思维是人区别于其他动物所特有的一种能力。实现社会发展合力的主体性力量具有思维的能力，在于有脑作为思维器官。人脑本身具有思维的机能。但是，人脑要成为现实的思维器官并现实地发挥其思维机能，又不能离开人的社会存在和社会活动。

现实的人是实现社会发展合力的主体性力量，其所具有的思维能力，从现实性来说是社会历史的产物。人的思维作为社会历史的产物，虽然是在一定的社会环境、文化背景和历史条件下产生的，存在封闭、

---

① 夏甄陶：《人是什么》，商务印书馆 2000 年版，第 182 页。
② 夏甄陶：《人是什么》，商务印书馆 2000 年版，第 182—183 页。
③ 《马克思恩格斯文集》第 4 卷，人民出版社 2009 年版，第 301 页。
④ 《马克思恩格斯文集》第 4 卷，人民出版社 2009 年版，第 302 页。
⑤ 张荣洁、邱耕田：《历史合力论视阈中的社会发展》，《上海师范大学学报》（哲学社会科学版）2017 年第 2 期。

固结、僵化的一面，但就思维的本质来讲，它具有开放性、能动性与创造性。正是因为作为社会发展合力的主体性力量有思维能力，因而现实的人本身是一种具有开放性、能动性、创造性的存在物，可以不断地开放性、能动性地、创造性地实现社会发展合力。在现实的人的意识系统中，思维是出于主宰地位且具有主宰作用的核心因素。

现实的人是一种具有自为性和自在性的主体性力量，为了自身的生存和发展，现实的人需要他之外的对象。这种对象是人"为了充实自己、表现和确定他的本质力量所不可缺少的"①。实现社会发展合力的主体性力量本身是对象性的存在物，是有需要的存在物。需要是人之为人的一种本性，不存在没有需要的人。

实现社会发展合力，本身就是作为社会存在的人所固有的一种需要。没有实现社会发展合力需要的存在物，就不能称其为对象性的存在物，而"非对象性的存在物是非存在物"②，或者说仅仅是思想上想象出来、虚构出来的抽象的东西③。但需要对人实现社会发展合力的行为起定向作用，必须是被意识到的。通过头脑被意识到的需要，就引起追求和获取能满足需要的对象的意识，由此就产生了欲望。所谓"欲望"，是想获取某种对象或达到某种目的的内心需求活动，它总是同需要相联系的。欲望总是由需要引发的。正是因为现实的人具有实现社会发展合力的需要，因此有着希望形成社会发展合力的欲望。

从实质上来看，现实的人的欲望，是一种关于需要的意识。欲望是为了满足需要而对对象或目标的一种肯定性追求心理。为了满足实现社会发展合力的需要，而怀有社会发展合力形成的欲望。然而，欲望的肯定性总是同否定性相联系的。也就是说，现实的人之所以产生实现社会发展合力的欲望并力求实现这种欲望，是关于需要和满足需要的一种肯

---

① 《马克思恩格斯全集》第 42 卷，人民出版社 2017 年版，第 168 页。
② 《马克思恩格斯全集》第 42 卷，人民出版社 2017 年版，第 168 页。
③ 《马克思恩格斯全集》第 42 卷，人民出版社 2017 年版，第 169 页。

定性心理，而这种肯定性心理必然包含着排除、克服与需要和满足需要相抵触的因素的愿望，因而包含着否定性。同时，欲望作为关于需要的意识，作为一种对对象和目标的追求心理，既有客观根源，又有主观性。要促使实现社会发展合力的欲望得到肯定性实现，就必须否定有碍于社会发展合力形成的主观性成分。

欲望是人的需要和行为动机的中介。动机是由作为被意识到了的需要，也即欲望所产生的引发和推动个人为追求、获取一个特定对象或实现、达到一个特定目标而行动的内部动因和动力。质言之，所谓"动机"，指的是由需要所引起的达到适当目的的行动意向。现实的人的任何动机都是在需要的基础上产生的。实现社会发展合力的需要，当其与欲望、意向的形式指向一定的对象和目标，激发现实的人形成社会发展合力的行动并影响其行动的方向时，就可以成为现实的人的行动动机。在一般情况下，现实的人总是受实现社会发展合力的动机驱使而行动的。通过现实的人实现社会发展合力的行动，也可以证明现实的人是有意识的存在物。①

欲望、动机是人的意识中激发、驱动现实的人形成社会发展合力的基本动力因素。但是，在此需要指出的是，现实的人实现社会发展合力的欲望、动机不是基于片面的、直接的生命需要而产生的对社会发展消极适应性的心理反应。现实的人作为实现社会发展合力的主体性力量，是面向未来并以未来引导自身行动的。因此，现实的人实现社会发展合力的需要、动机，又表现为形成社会发展合力的理想、信念等形式。

理想是人对自身所希望、所向往、所憧憬的未来的一种心理意向。② 希望社会发展合力能够形成，是一种理想。持守这样的理想可以借此改变不利于社会发展合力形成的现实、汇聚更具正向性、有效性、持久性的社会发展合力。人是不断追求理想未来并创造理想未来的存在

---

① 夏甄陶：《人是什么》，商务印书馆 2000 年版，第 222—224 页。
② 夏甄陶：《人是什么》，商务印书馆 2000 年版，第 227 页。

物。实现社会发展合力，在任何时候、任何条件下，都不应抛掉形成强大、持久、正向且有效社会发展合力的理想。

所谓"信念"，指的是激励现实的人按照自身的理想进行活动、创造未来的心理动力。① 实现社会发展合力的信念同实现社会发展合力的理想是密切联系在一起的。实现社会发展合力的信念是对形成社会发展合力的理想和实现这一理想的信念。它可以促使社会发展合力得以形成的理想成为持久的核心的活动动机。实现社会发展合力的理想和对实现这一理想的坚定信念，是现实的人的欲望和动机的高级形式，是激励和引导现实的人形成正向、有效、持久社会发展合力的强大精神力量。

现实的人作为有意识的存在物，是有情感的。情感是现实的人的意识系统中的必然因素。情感是表征现实的人对实现社会发展合力的一种特殊反映形式或心理感受。现实的人是有意识的，其在现实的活动中，对现实的事物、事件乃至周围的人，会抱持或是积极、肯定的，或是消极的、否定的态度。现实的人所抱持的态度不同，引起的心理体验状态也就不同，从而会产生不同的情感。情感可以激励、引导现实的人去追求、趋向自身喜爱做的事情，也能促使、导致现实的人去拒绝、反对、逃避自身所不喜爱做的事情。

实现社会发展合力，不能忽视对现实的人的情感的关注。良好的心理体验，影响到现实的人对对象的追求、目的的实现、愿望和需要的满足。此外，我们还应认识到，人作为有意识的存在物，是凭激情、热情而行动的。② 马克思指出："激情、热情是人强烈追求自己的对象的本质力量。"③ 从这个意义上说，保持良好的心理体验状态，使之成为现实的人追求社会发展合力形成理想的生活目的和价值对象的激情、热情，就能作为人的本质的、巨大的精神力量对社会发展合力的形成产生

---

① 夏甄陶：《人是什么》，商务印书馆 2000 年版，第 228 页。
② 夏甄陶：《人是什么》，商务印书馆 2000 年版，第 229 页。
③ 《马克思恩格斯全集》第 42 卷，人民出版社 2017 年版，第 169 页。

强大的积极作用。

在人的意识系统中，意志的作用是不容忽视的。意志是反映在人脑中所表现的内部心理状态。一般地说，意志总是表现为现实的人追求某种对象、实现某种目的和愿望、满足某种需要的意志。实现社会发展合力的环境是复杂而多变的，存在着各种各样的因素。外部环境中各种因素的影响和刺激，往往抗拒人的作用，① 成为主体性力量实现社会发展合力的阻碍。在这种情况下，现实的人具有受动性。然而，现实的人为了达到实现社会发展合力的目的和愿望，会使自身在意识中产生一种坚定的意志，并在实现社会发展合力的行动中表现出意志的努力。

没有意志和意志的努力，现实的人在实现社会发展合力的行动中就会出现目的消失或对象转移的情况，因而就不可能将自身的本质力量和活动协同地组织起来，不能使之集中地、有指向地发挥作用。如此，实现社会发展合力的目的和愿望就会落空。意志是人的意识的一个因素。不同的人，其意志的表现具有差异性。也可以说，不同的人具有不同的意志品质。② 实现社会发展合力，需要高度重视培养人为实现社会发展合力而百折不挠、坚韧不屈的意志品质。通过以上分析可知，现实的人是实现社会发展合力的主体性力量，其是能思维、有需要、有欲望、有动机、有情感、有意志的存在物，也即其是有意识的存在物。

二　实现社会发展合力的现象呈现：似自然性

在解决了谁是实现社会发展合力的主体性力量的问题以后，还要进一步追问，实现社会发展合力以什么样的现象呈现出来。关于这一问题，马克思就社会历史似自然性现象做了特设规定。怎样理解"以往的历史总是像一种自然过程一样地进行"？资本主义生产方式是不是永恒

---

① 夏甄陶：《人是什么》，商务印书馆 2000 年版，第 230 页。
② 夏甄陶：《人是什么》，商务印书馆 2000 年版，第 230—231 页。

不变的"自然规律"？社会发展过程的似自然性能否被消除以及在什么样的条件下被消除？这些均是马克思社会发展合力理论重点讨论的问题。

（一） 以往的历史总是像一种自然过程一样地进行

马克思社会发展合力理论是对于作为历史的辩证决定论的唯物史观中主体作用的展开。[①] 在马克思看来，人类活动与动物活动的本质区别在于前者具有自主性、能动性或目的性，而后者具有非自主的自然性、本能性。关于人类活动与动物活动的这种本质区别，早已为大多数人所承认。马克思在看待这一问题上的超越性在于，认为人类活动的自主性，也即与动物相区别的本质特征不是恒定不变的，而是随着时代条件的改变而改变的，是人类社会发展进程的一个侧面，而且从本质上来看，是由人们的物质生产力发展状况所制约着的。从一般意义上讲，人与动物在本质上是相区别的。但是特殊地讲，在不同的历史发展阶段，人类与动物的区别程度是十分不同的。

劳动具有属人性。人通过劳动将自身从自然界中提升出来，但在特定的时代，所能提升的程度，是由该时代的经济状况决定的。[②] 马克思在《资本论》中提到生产劳动是"专属于人的劳动"。人通过一般意义上的生产劳动，将自身在物种关系方面从其余动物中提升出来。在生产劳动中，劳动者本人带有明显的自觉性与目的性。"专属于人的劳动"所具有的本质特征是："劳动过程结束时得到的结果在这个过程开始时就已经在劳动者的表象中存在着，即已经观念地存在着。"[③] 马克思在此是就生产劳动的内容而言的，但生产劳动并非仅仅是一个赤裸裸的内

---

① 王南湜：《追寻哲学的精神：走向实践哲学之路》，北京师范大学出版社 2006 年版，第 202 页。

② 王南湜：《追寻哲学的精神：走向实践哲学之路》，北京师范大学出版社 2006 年版，第 202 页。

③ 《马克思恩格斯全集》第 23 卷，人民出版社 1972 年版，第 202 页。

容，而是必然地具有某种特定的社会形式。① 诚如马克思所言，"劳动首先是人和自然之间的过程，是人以自身的活动来引起、调整和控制人和自然之间的物质变换的过程"②。

现实的人是实现社会发展合力的主体性力量，但现实的人在生产的社会形式方面，与其他方面相比形成强烈反差的是，其远未将自身从受偶然性支配的状况中提升出来，达到自主的水平。无论是生产力水平极其低下的自然经济时代，还是在生产力高度发达的资本主义商品经济时代，这种状况都未曾发生实质性的改变。严格意义上讲，现实的人在商品经济时代受偶然性支配，较之于自然经济时代还更为显著。资本主义生产在整个社会范围内呈现的自发性、盲目性更为突出。马克思从这个意义上将资本主义的经济规律视为一种"自然规律"③。

马克思在《资本论》一书中，引证了恩格斯分析资本主义生产规律的重要观点，指出"这是一个以当事人的盲目活动为基础的自然规律"④。马克思对此还多次给出了自己的论断，如在讲到"资本家作为资本的人格化在直接生产过程中取得的权威"与"在这种权威的执掌者中间，在不过是作为商品所有者互相对立的资本家自己中间，占统治地位的却是极端无政府状态"时，认为"在这种状态中，生产的社会联系只是表现为一种不顾个人自由意志而压倒一切的自然规律。"⑤ 这种状况之所以会出现，是由于与生产力的发展水平相关的分工和私有制所导致的"个人相互之间的竞争和斗争"所产生的活动过程及其结果的偶然性、异己性。

在分工和私有制的条件下，由于各个人之间的互相冲突所导致的人

---

① 王南湜：《追寻哲学的精神：走向实践哲学之路》，北京师范大学出版社 2006 年版，第 203 页。

② 《马克思恩格斯全集》第 23 卷，人民出版社 1972 年版，第 201—202 页。

③ 王南湜：《追寻哲学的精神：走向实践哲学之路》，北京师范大学出版社 2006 年版，第 203 页。

④ 《马克思恩格斯全集》第 1 卷，人民出版社 1956 年版，第 614 页。

⑤ 《马克思恩格斯全集》第 25 卷，人民出版社 1975 年版，第 996—997 页。

的活动受偶然性支配的状况是不可避免的。在马克思的经典著作中，"自然""自然史""自然必然性""自然规律"等概念时常出现。我们在此需要重点把握的理论质点是，马克思经常在不同语义上使用相同的范畴。假若不能在理论规定表面的同一中界划出差别性来，那么由此引发的理论混乱将无法避免。①

认识似自然性是实现社会发展合力的现象呈现，划定对象的定义域是十分必要的。马克思不是在一般意义上使用"自然""自然规律"这些概念的，而是在特定含义下，对人类社会历史发展过程中出现的一种特殊的历史现象，也即在一定的社会历史发展时期内由人类主体行为构成的社会生活表现出的一种非主体状况的批判性反思。"自然""自然规律"都是在类比和借用的意义上使用的，也即在自然运动的客观自在性和基础性的尺度上指称社会现象的相同性质，以此表明在人类社会历史发展的一定阶段，出现了类似自然界盲目运动的客观过程，这个过程的本质特征是外部客观力量非正常的奴役和支配人类主体。②

马克思在论及以往社会历史，特别是资本主义社会规律的自然性时，并不是在原本意义上使用"自然过程"这一概念，直接地确定社会存在中真的出现了自然运动，而是在比喻的意义上说"以往的历史总是像一种自然过程一样地进行"，也就是由于不同人之间的互相冲突而导致人的活动受偶然性支配，缺乏自主性，好似无意识的自然过程一样，因此也可以说是一种"似自然性"。③

（二）资本主义生产方式不是永恒不变的"自然规律"

"似自然性"是实现社会发展合力的现象呈现，这一规定是有指向

---

① 张一兵：《马克思历史辩证法的主体向度》，武汉大学出版社 2010 年版，第 177 页。

② 张一兵：《马克思历史辩证法的主体向度》，武汉大学出版社 2010 年版，第 178—179 页。

③ 王南湜：《追寻哲学的精神：走向实践哲学之路》，北京师范大学出版社 2006 年版，第 204 页。

性的，它旨在界说资本主义生产方式是在历史性中开始进行的。在古典经济学中，资产阶级学者站在资产阶级意识形态的立场上，将资本主义制度美化为永恒不变的"自然规律"。

马克思早在写作《1844年经济学哲学手稿》时，由于对经济现实的更深介入①，就已经认识到在资产阶级社会生产中，工人不仅不能拥有劳动产品，反而在劳动中丧失自身，不断"成为自己对象的奴隶"。②马克思这样分析道："工人在他的产品中的外化，不仅意味着他的劳动成为对象，成为外部的生存，而且意味着他的劳动作为一种异己的东西不依赖于他而在他之外存在，并成为同他对立的独立的力量；意味着他给予对象的生命作为敌对的和异己的东西同他相对抗。"③这样，"工人生产得越多，他能够消费得越少；他创造价值越多，他自己越没有价值；工人的产品越完美，工人自己越畸形；工人创造的对象越文明，工人自己越野蛮；劳动越有力量，工人越无力；劳动越机巧，工人越愚钝，越成为自然界的奴隶"④。马克思在此抓住了在资本主义社会，工人被自己的创造物（对象化劳动产品）奴役的非正常现象。⑤马克思用异化劳动理论直接反击了资产阶级学者将私有制假定为一种"自然的和永恒的存在条件"的观点。⑥

马克思于不同时期，在各种形式的文本资料中，对资产阶级学者将资本主义生产关系视为人类一般社会生产关系的完成形态和永恒形式进行了尖锐批判。比如，马克思批评了李嘉图、穆勒将资本主义的特殊经

---

① 张一兵：《回到马克思：经济学语境中的哲学话语》，江苏人民出版社2014年版，第230页。

② 张一兵：《回到马克思：经济学语境中的哲学话语》，江苏人民出版社2014年版，第246页。

③ 《马克思恩格斯全集》第42卷，人民出版社1979年版，第91—92页。

④ 《马克思恩格斯全集》第42卷，人民出版社1979年版，第91—92页。

⑤ 张一兵：《回到马克思：经济学语境中的哲学话语》，江苏人民出版社2014年版，第247页。

⑥ 张一兵：《马克思历史辩证法的主体向度》，武汉大学出版社2010年版，第180页。

济规律看成"不变的规律"①。在马克思看来，资本主义经济是"把私有财产在现实中所经历的物质过程，放进一般的、抽象的公式，然后又把这些公式当作规律"②。他借此想表达的理论主题非常鲜明，即资本主义生产关系不是"固定不变的、永恒的范畴"。

马克思在《哲学的贫困》中，批判了小资产阶级学者蒲鲁东在经济学中的错误。指出，在资产阶级经济学家那里，似乎只存在两种社会制度：一种是人为的封建制度，另一种则是天然（自然）的资本主义制度。马克思清醒地认识到，资产阶级"经济学家所以说现存的关系（资产阶级生产关系）是天然的，是想以此说明，这些关系正是使生产财富和发展生产力得以按照自然规律进行的那些关系。因此，这些关系不是受时间影响的自然规律。这是应当永远支配社会的永恒规律。于是，以前是有历史的，现在再也没有历史了"③。马克思在此谈到的"自然规律"，是转引资产阶级学者的理论界定，指的是一种与人为事物相对立的天然状态。

马克思在经济学研究中，对重农学派的贡献进行了辩证的分析。他一方面肯定了重农学派将原来在封建社会被视为人的主体作用的社会生产法则理解为"从生产本身的自然必然性产生，不以意志、政策等等为转移的形式"④；另一方面指出了重农学派的不足在于"把社会的一个特定历史阶段的物质规律看成是同样支配一切社会形式的抽象规律"⑤。

马克思分析导致重农学派错误的原因在于"把表现在物中的一切的社会生产关系当作这些物本身和物质自然属性"⑥。马克思指出，我们打开任何一本资产阶级的经济学教科书，都可以看到一种理论上的颠

① 《马克思恩格斯全集》第 42 卷，人民出版社 1979 年版，第 18 页。
② 《马克思恩格斯全集》第 42 卷，人民出版社 1979 年版，第 89 页。
③ 《马克思恩格斯全集》第 4 卷，人民出版社 1958 年版，第 154 页。
④ 《马克思恩格斯全集》第 33 卷，人民出版社 2004 年版，第 15 页。
⑤ 《马克思恩格斯全集》第 26 卷，人民出版社 1972 年版，第 15 页。
⑥ 《马克思恩格斯全集》第 49 卷，人民出版社 1982 年版，第 56 页。

倒，即土地、资本和劳动是生产过程的"一般要素"。这样，资产阶级经济学家把生产要素与它们的"一定历史发展阶段上所具有的特殊社会性质结合在一起"（土地所有权，雇佣劳动等）；另一方面，又加入"这种要素属于同所有一定社会形式无关的、作为人与自然之间的永恒过程的劳动过程"①。从实质上来看，是将资本对劳动过程的占有与劳动过程本身相混淆了。马克思据此强调，资产阶级经济学家所制造的"这种幻想是想证明资本主义生产方式的永恒性或者资本是人类生产本身不朽的自然要素的非常方便的方法"②。

在马克思看来"用这种方式，不仅没有能按照预定的目的证明资本的永恒的自然必然性，而且正好相反，连资本在社会生产过程的一定历史发展阶段上的必然性也被否定了"③。资本主义生产方式不是永恒不变的"自然规律"，它具有历史性和暂时性。得出这一结论，在马克思社会发展合力理论体系中具有重要意义。倘若无法证明资本主义生产方式不是永恒不变的，那么不仅看不清该生产方式在形成社会发展合力上所固有的局限性，也难以为无产阶级起来革命，进而成长为实现社会发展合力的领导性力量提供有力的理据。

（三）共产主义将完全消除社会发展过程的似自然性

马克思社会发展合力理论回应和探讨的一个重要问题域，是社会发展合力理论的形成是否永远是一个自然历史过程？实现社会发展合力呈现出的"似自然性"现象，尽管使之与原本的自然过程相类似，也即像自然过程一样活动的条件受偶然性支配，"而且实质上也是服从于同一运动规律的"④，但二者之间毕竟有所不同。

自然过程处于人的活动之外，而具有这种类自然性的历史过程却

---

① 《马克思恩格斯全集》第 49 卷，人民出版社 1982 年版，第 56 页。
② 《马克思恩格斯全集》第 49 卷，人民出版社 1982 年版，第 57 页。
③ 《马克思恩格斯全集》第 49 卷，人民出版社 1982 年版，第 57 页。
④ 《马克思恩格斯全集》第 37 卷，人民出版社 1971 年版，第 462 页。

并不外在于人类活动，其恰恰是人类活动的产物，是"各个人之间迄今存在的交往的产物"，是不同行为体之间交互作用共同活动的产物，"因为共同活动本身不是自愿地而是自然形成的，所以这种社会力量在这些个人看来就不是他们自身的联合力量而是某种异己的、在他们之外的强制力量"①。这种异己的、外在于人的强制力量超出了个人的控制能力，因而使之似乎与原来的自然过程一样，完全独立于人的目的性活动。但人类社会发展的规律，从本质上来看是历史而非自然的，故而与自然规律的永恒性不同，人类社会发展规律仅仅是一定历史阶段的规律。

以往历史的似自然性运行，仅仅是以往历史条件下不同行为体交往活动的产物。诚如马克思所言："人们在发展其生产力，即在生活时，也发展着一定的相互关系；这些关系的性质必然随着这些生产力的改变和发展而改变。"② 人类社会历史发展过程的似自然性只是一定历史发展阶段上的产物。

马克思在《资本论》第一卷序言中指出，该书的研究对象"是资本主义生产方式以及和它相适应的生产关系和交换关系"③。他针对资本主义经济过程提出了一个观点，"在这里，问题并不会在于资本主义生产的自然规律所引起的社会对抗的较充分或较不充分的发展。问题在于这些规律本身，在于这些以铁的必然性表现出来并且正在实现的趋势"④。马克思对资本主义生产中的"自然规律"及其"铁的必然性"的说明，表明了他是在客观必然性的意义上使用"自然规律"这一概念的。马克思在此并不是在一般哲学历史观的意义上界说社会历史发展的一般基础。他主要是在指称作为研究主体的资本主义运行的特殊机制。

① 马克思、恩格斯：《费尔巴哈》，人民出版社1988年版，第30页。
② 《马克思恩格斯全集》第27卷，人民出版社1972年版，第482页。
③ 《马克思恩格斯全集》第42卷，人民出版社2016年版，第14页。
④ 《马克思恩格斯全集》第43卷，人民出版社2016年版，第17页。

　　资本主义生产方式和资本主义的自然规律，都是一种具体指称。马克思从来没有打算将这里的理论规定泛化为全部社会历史的一般规律。① 在资本主义社会，囿于生产力发展水平以及与之相关的分工和私有制的限制，社会发展合力的形成具有不可控制性。而共产主义正是要否定资本主义社会中个人受偶然性摆脱的活动的自发性。

　　在共产主义社会，"它是各个人的这样一种联合（自然是以当时发达的生产力为前提的），这种联合把个人的自由发展和运动的条件置于他们的控制之下。而这些条件从前是受偶然性支配的，并且是作为某种独立的东西同单个人对立的。"② 但"共产主义所造成的状况，正是这样一种现实的基础，它使一切不依赖于个人而存在的状况不可能发生，因为这种状况只不过是各个人之间迄今存在的交往的产物"③。在共产主义社会，人们得以真正地超越出活动中受偶然性支配的状况，"才能在社会方面把人从其余的动物中提升出来，正像生产一般曾经在物种方面把人从其余的动物中提升出来一样"④。在马克思看来，在未来的共产主义社会，人类社会发展过程的似自然性是能够被消除的。

　　人类社会发展过程的似自然性并不是永恒的自然规律。在分析"以往的历史总是像一种自然过程一样进行"时，不能武断地认为全部历史都像自然过程一样进行，还应特别注意到"以往的"这一限定词。以往的历史与全部历史是不同的，原本的自然性与似自然性是相异的。马克思社会发展合力理论是对唯物史观的物质条件决定论的进一步展开，⑤ 它既强调历史客体的作用，也重视历史主体的作用，还看重历史主客体之间的相互作用，这种全面理解的物质条件决定论，是一种辩证

---

① 张一兵：《马克思历史辩证法的主体向度》，武汉大学出版社 2010 年版，第 171—172 页。

② 马克思、恩格斯：《费尔巴哈》，人民出版社 1988 年版，第 68 页。

③ 《马克思恩格斯全集》第 3 卷，人民出版社 1960 年版，第 79 页。

④ 《马克思恩格斯全集》第 26 卷，人民出版社 2014 年版，第 479 页。

⑤ 王南湜：《追寻哲学的精神：走向实践哲学之路》，北京师范大学出版社 2006 年版，第 206 页。

决定论，也即一种"历史的辩证决定论"①。

人类社会发展过程尽管具有目的性、自觉性的一面，但绝非任意的。在制约人们创造历史活动的既定条件中，有经济的、政治的、法律的、哲学的、宗教的等，但归根到底起决定性作用的是经济条件。这是从历史客体对历史主体的制约方面论证的。马克思十分关心人类主体的生存状况，特别是不同主体交互作用所产生的结果。不同主体交互作用所产生的结果对人类社会发展的影响尽管不具有决定性，但绝不意味着可以轻视乃至忽略。

按照马克思的提示，人类活动大体可划分为两个方面：其中一个方面是人类同自然的交换活动，另一个方面是人与人之间的交往活动。前一个方面可视为主客体之间的交往，后一个方面可视为主体间交往。这两个方面是互为前提、相互制约的。

共产主义将完全消除社会发展过程的似自然性，但这种消除不是自然而然的，其必须经历持续不断的努力。构成历史的辩证决定论的第一个环节是作为全部历史的基础的社会生产力。消除社会发展过程的似自然性，需要建立在社会生产力充分发展的基础之上。生产作为人与自然或主客体之间的交往，不能脱离主体间的交往而独自进行。这种交往首先在经济层面上进行，它所形成的社会结构也即生产关系。在以往的历史中，由于与生产力发展水平相适应的分工和私有制的存在所导致的诸主体之间的物质利益的差异，主体的选择无法以一种抽象的人类利益为基准。

在未来的共产主义社会，"社会化的人，联合起来的生产者，将合理地调节他们和自然之间的物质交换，把它置于他们的共同控制之下，而不让它作为盲目的力量来统治自己；靠消耗最小的力量，在最无愧于

---

① 王南湜：《追寻哲学的精神：走向实践哲学之路》，北京师范大学出版社2006年版，第206页。

和最适合于他们的人类本性的条件下来进行物质交换"①。在生产力未能达到充分发展，因而存在分工和阶级对立的历史阶段，人与人交互作用形成合力不可避免地呈现出似自然性的现象。但随着生产力的不断发展，其所界限的人与人交往活动的可能性空间会随之拓展，造成人的异己性力量存在的现实条件也将随之消除。因此，人类社会历史的发展并不是一个永恒的自然历史过程。实现社会发展合力所呈现的似自然性现象，在未来的共产主义社会，随着社会生产力的发展可以完全被消除。

三 实现社会发展合力的关键性环节：矛盾分析

社会发展合力的形成是有规律可循的。唯物辩证法认为，任何事物的内部都存在着矛盾，矛盾存在于一切事物中并贯穿一切事物发展的始终。在实现社会发展合力的历程中，不仅事事有矛盾，而且时时有矛盾。马克思批判地继承了黑格尔的辩证法，从实践思维方式和实践逻辑出发，去分析、理解属人世界中的属人矛盾，也即由人的活动所生成发展的对立面统一关系。遵循矛盾运动的规律，把社会发展合力形成的现象纳入矛盾运动中去分析，从中把握本质、掌握规律，有助于提升形成社会发展合力的能力。倘若将实现社会发展合力比喻为链条，那么做好矛盾分析可视为抓好链条的关键一环。

（一）用"矛盾"分析社会发展规律

在西方哲学史上，最早将"矛盾"上升到哲学高度加以阐释的是黑格尔。他将"矛盾"视为哲学思考的本质，认为"认识矛盾并且认识对象的这种矛盾特性就是哲学思考的本质"。在黑格尔看来，"一切

---

① 《马克思恩格斯全集》第25卷，人民出版社1974年版，第926—927页。

事物在其自身中都是矛盾的"。他认为矛盾是事物运动变化的动力和原因，指出矛盾"是一切运动和生命力的根源；事物只因为自身具有矛盾，它才会运动，才具有动力和活动。"① 然而，黑格尔仅仅是在逻辑规定中探讨矛盾，将之视作概念的自我规定。

马克思自称是黑格尔的学生。不同于黑格尔将人类社会发展视为精神演绎、绝对观念演进的结果，马克思将人类社会发展视为一种自然历史过程。马克思强调，"我的观点是把经济的社会形态的发展理解为一种自然史的过程。不管个人在主观上怎样超脱各种关系，他在社会意义上总是这些关系的产物"②。

矛盾分析是马克思认识社会发展合力问题的关键一环，而"物质资料的生产是人类生存和发展基础"的观点是马克思最为典型的唯物主义分析。马克思超越了黑格尔式的思辨辩证法，从人的活动的实践性出发构建起了真正科学的唯物辩证法。以物质资料的生产为基础的社会运动规律由此展现了出来。马克思认为，"随着新生产力的获得，人们改变自己的生产方式，随着生产方式即谋生的方式的改变，人们也就会改变自己的一切社会关系。手推磨产生的是封建主的社会，蒸汽磨产生的是工业资本家的社会"③。

马克思在黑格尔的基础上，将矛盾提升为分析人类社会一般规律和资本主义社会特殊规律的方法。在马克思看来，人类社会的历史演进表现为矛盾运动过程，"按照我们的观点，一切历史冲突都根源于生产力和交往形式之间的矛盾"④。"我们判断这样一个变革时代也不能以它的意识为根据，相反，这个意识必须从物质生活的矛盾中，从社会生产力和生产关系之间的现存冲突中去解释"⑤。在马克思看来，"人们在自己

① ［德］黑格尔：《逻辑学》下卷，杨一之译，商务印书馆 1976 年版，第 66 页。
② 《马克思恩格斯文集》第 5 卷，人民出版社 2009 年版，第 10 页。
③ 《马克思恩格斯文集》第 1 卷，人民出版社 2009 年版，第 602 页。
④ 《马克思恩格斯文集》第 1 卷，人民出版社 2009 年版，第 567—568 页。
⑤ 《列宁全集》第 26 卷，人民出版社 1988 年版，第 58 页。

生活的社会生产中发生一定的、必然的、不以他们的意志为转移的关系，即同他们的物质生产力的一定发展阶段相适合的生产关系。这些生产关系的总和构成社会的经济结构……社会的物质生产力发展到一定阶段，便同它们一直在其中运动的现存生产关系或财产关系（这只是生产关系的法律用语）发生矛盾。于是这些关系便由生产力的发展形式变成生产力的桎梏。那时社会变革的时代就到来了。"① 分析社会基本矛盾之所以在实现社会发展合力上是至关重要的一环，原因就在"基本"二字上。

分析社会基本矛盾，揭示了潜藏在社会发展合力形成表象背后而非直接体现出来的深层次动因。在马克思看来，在归根结底的意义上，所有领域的矛盾都可以还原到"生产力和交往形式之间的矛盾"，② 因为"不同阶级之间的冲突、意识的矛盾，思想斗争，政治斗争"都是"这种矛盾"的"各种附带形式"。因此，分析人类社会发展合力的形成，就要分析社会的"这种矛盾"。

马克思除了分析社会基本矛盾，还分析建立在社会基本矛盾之上的、相对更为外化的社会矛盾。马克思在对人类发展史进行解析时指出，"人类的全部历史（从土地公有的原始氏族社会解体以来）都是阶级斗争的历史，即剥削阶级和被剥削阶级之间、统治阶级和被压迫阶级之间斗争的历史。"③ 这是对社会基本矛盾外在表现的经典归纳。这一归纳，对于认识社会发展合力的形成意义重大。

在存在着阶级剥削与阶级压迫的阶级社会，形成社会发展合力不可能是一个轻而易举的过程，其实现必然伴随着各种形式的斗争，其中既包括剥削阶级、统治阶级之间的斗争，亦包括被剥削阶级、被统治阶级之间的斗争，还包括剥削阶级与被剥削阶级、统治阶级与被统治阶级之

---

① 《马克思恩格斯全集》第 31 卷，人民出版社 1998 年版，第 412 页。
② 李双套：《马克思主义如何理解"矛盾"》，《学习时报》2022 年 6 月 13 日第 2 版。
③ 《马克思恩格斯文集》第 2 卷，人民出版社 2009 年版，第 14 页。

间的斗争。不同主体之间的斗争可能采取"仇必仇到底"的方式，也可能采取"仇必和而解"的方式。将时空限定在阶级社会，在实现社会发展合力时就不能不结合具体的时代条件、环境特征，对不同阶级的意志、愿望、需求、动机等做具体的、历史的分析。阶级矛盾是社会基本矛盾的体现，但阶级矛盾本身并不是基本矛盾。① 这是说，阶级矛盾会随着社会基本矛盾的变化而变化。在阶级社会，阶级矛盾在社会发展合力的形成中会始终存在，但并不始终是主要的。

马克思立足于基本矛盾，对现实社会也即资本主义社会的主要矛盾进行了分析。他将这一主要矛盾概括为：生产社会化与资本主义私人占有形式之间的矛盾。"生产社会化"关涉的是资本主义社会生产力的发展状况，而"资本主义私人占有"关涉的是资本主义生产关系的性质或特征。这一矛盾所揭示的是资本主义社会生产力与生产关系之间存在着矛盾。进而言之，生产的社会化要求社会占有产权；而在资本主义社会，生产资料以资本家私人占有为特征，这在根本上不符合社会化生产力的发展要求，其成为阻碍社会生产力发展的桎梏。这一矛盾支配着资本主义社会发展的全过程，并决定和制约着资本主义社会的其他一切矛盾。

矛盾分析是马克思社会发展合力理论体系的重要组成部分，抓牢实现社会发展合力链条的这一关键一环，需要站在更为宏阔的、更为长远的角度，对资本主义社会的主要矛盾予以把握。马克思对资产阶级在人类社会发展历程中所发挥的积极作用曾予以高度评价，他指出："资产阶级在它的不到一百年的阶级统治中所创造的生产力，比过去一切世代创造的全部生产力还要多，还要大。"② 这说明，以产权私人占有为特征的资本主义生产关系，过去在很大程度上是适应社会生产力发展要求

---

① 孙力：《主要矛盾分析方法是中国共产党的理论创新》，《毛泽东邓小平理论研究》2017 年第 12 期。

② 张昆仑：《资本主义基本矛盾新探——基于对马克思两段论述的阐释》，《河北经贸大学学报》2012 年第 4 期。

的。对社会发展合力形成问题进行分析，不能将眼光限定在某一个历史断片。

从更为宏阔、更为长远的大历史视野来看，资本主义私人占有形式与社会化大生产之间的矛盾不仅客观存在，而且会渐趋尖锐。马克思从思维形式上把握了事物内部的矛盾运动，为从根本上牵好社会发展合力链条创造了条件、提供了可能。

(二) 社会实践是矛盾分析的根基

马克思用"矛盾"分析人类社会发展的一般规律与资本主义社会发展的特殊规律。矛盾分析究竟是以什么为根基的，这是一个具有现实意义的问题。所谓的"矛盾分析"，也就是通过分析事物的矛盾本性，掌握事物的特殊本质及其发展规律，以有效地认识和改造客观事物的方法。

从辩证法的发展历史来看，矛盾分析有两种方法：一种是以指出对方言语中逻辑矛盾以"接生"真理的苏格拉底式方法，或者是如黑格尔一样，通过分析概念中的矛盾本性构筑自身的哲学理论体系；另一种是从客观世界中发现事物的矛盾，进行"一分为二"的矛盾分析，其典型代表是赫拉克利特。马克思一方面超越了苏格拉底、黑格尔式的概念的、思辨的辩证法，另一方面超越了赫拉克利特式的朴素的、经验的辩证法。[①]

马克思的矛盾分析是奠基于实践唯物主义世界观的一种以改变世界为问题导向的方法，其所具有的现实意义在于通过科学实践观的引入，分析了传统形而上学追问以及与之相对应的社会历史分析的虚假性、不彻底性和机械性。马克思矛盾分析的根基在于社会实践，面向实践、突出实践作用而使马克思将对社会发展合力形成的认识置于全面可能性的

---

① 倪志安：《马克思主义哲学的矛盾分析方法》，《西南大学学报》（社会科学版）2008年第3期。

基础之上。①

矛盾不是不属于人的自在存在物自发的产物，而是属人世界中，人对实践存在物内在对立统一的本质和规律的反思性概念地把握的产物。自在存在的矛盾，只有以社会实践为中介，才能为人所理解和把握。人是从动物进化而来的，人身上同样具有动物所具有的自然性。自然性是人所具有的最为基础的属性。但是人之为人，绝不在于其具有自然性，而在于具有实践性。动物的活动，无论其形式怎样，都只能是一种顺应自然、适应自然的本能活动。而人的活动，诸如实现社会发展合力的活动，则是一种自为的活动。认识实现社会发展合力的这种自为的活动，不能从动物的自然性，而只能从人的活动的实践性去理解。

人的实践是求"是"的活动，它追求的是合规律性与合目的性、本然和应然、主体和客体、主观和客观等对立面的统一。② 在实现社会发展合力的过程中，要促使由实践所造成的对立面达到统一，人就需要寻找到使对立面由此达彼的途径。在实现社会发展合力的历程中，人的实践既可以造成自在世界与属人世界的对立、造成属人世界中一切存在物的对立，也可以造成自然世界与属人世界的统一、造成属人世界中一切存在物的统一。我们既不能脱离实践去理解属人世界，也即实践存在物的对立，也不能脱离实践去理解属人世界，也即实践存在物的统一。③ 实现社会发展合力的全过程和各阶段，都需要我们以实践思维方式和实践逻辑理解、把握和分析实践存在的矛盾。

矛盾分析是实现社会发展合力的关键性环节，而社会实践是矛盾分析的根基。实现社会发展合力，必须从实践存在的统一中把握对立和统一，使形成社会发展合力的思维方式合于实践存在的生成发展方式。马

---

① 彭劲松：《新时代马克思哲学研究》，人民出版社 2023 年版，第 81 页。
② 倪志安、侯继迎：《论马克思的实践唯物论》，《西南师范大学学报》（人文社会科学版）2006 年第 1 期。
③ 倪志安：《马克思主义哲学的矛盾分析方法》，《西南大学学报》（社会科学版）2008 年第 3 期。

克思于 1842 年 11 月 30 日在致阿尔诺德·卢格的信中指出："少发些不着边际的空论，少唱些高调，少来些自我欣赏，多说些明确的意见，多注意一些具体的事实，多提供一些实际的知识。"①

实现社会发展合力，不能仅仅是说着好听，发空论、唱高调、满足于自我欣赏，这些都无助于在现实层面汇聚起有效、正向、持久且强大的社会发展合力。而应诉诸社会实践，去解决社会发展合力形成中存在的这样或那样的矛盾。马克思在《哥达纲领批判》中明确指出："一步实际行动比一打纲领更重要。"② 如果用一个字形容社会发展合力的形成，可以将之归结为"干"。实现社会发展合力纵有千难万难，"实干""苦干"就不难。

（三）矛盾是一种能动的、内在的关系

矛盾分析是实现社会发展合力的关键性环节，它要求人们根据矛盾原理，根据事物的矛盾本性去揭示事物内部诸要素之间、事物与外部其他事物之间、事物发展进程中的过程与过程之间的对立统一关系。矛盾是标志事物内部或事物之间的对立和统一关系的哲学范畴。只有用矛盾的观点，才能理解社会发展合力形成过程的本质。

形成社会发展合力的分力，必须是两个及以上。形成社会发展合力的不同分力可以是这样一种关系：一方面，它们可以是相互对立的，也即不同分力之间允许有所区别。客观地讲，要分析社会发展合力的形成历程，必须承认不同分力之间所固有的差异性甚至是对立性。另一方面，不同分力交互作用之所以可以形成合力，在于其必须具有同一性。假如交互作用的不同分力没有任何同一关系，就等于说不同分力之间没有任何内在的联系，也即没有交互作用形成社会发展合力的可能性。如此，矛盾分析的实质是"从统一中把握对立，从对立中把握统一"。从

---

① 《马克思恩格斯文集》第 10 卷，人民出版社 2009 年版，第 3 页。
② 《马克思恩格斯全集》第 34 卷，人民出版社 1972 年版，第 130 页。

统一中把握对立，也即一分为二地看问题；而从对立中把握统一，也即合二为一地看问题。

实现社会发展合力，必须高度重视矛盾分析。矛盾分析是实现社会发展合力的关键性环节。我们所重视的矛盾分析，应该更多地了解马克思本人对相关问题的看法。马克思本人尽管未能为我们提供一个关于辩证矛盾的哲学定义，无法直接为我们所引用。但是，他在批判旧世界和发现新世界中却以特殊的方式，为我们提供了足以分析社会发展合力形成问题的矛盾分析方法。马克思在这方面的思想遗产不管埋藏得有多深，都值得我们下大力气深入开掘。因为这种开掘对于深刻理解马克思社会发展合力理论是极为必要的。比如说，马克思在《1844年经济学哲学手稿》"私有财产和共产主义"一节的开头有段极为重要的文字："无产和有产的对立，只要还没有把它理解为劳动和资本的对立，它还是一种无关紧要的对立，一种没有从它的能动关系上、它的内在关系上来理解的对立，还没有作为矛盾来理解的对立。"① 在此处，马克思区分了两种不同的对立：无产和有产的对立、劳动和资本的对立。这两种对立不是两个并列的类型，而是属于现象和本质两个不同的层次。

从内在本质上，无产和有产的对立可理解为劳动和资本的对立，而从现象层面来看，劳动和资本的对立表现为无产和有产的对立。马克思所表达的思想是，如果仅仅从现象层面看待无产和有产的对立，那么它仅仅是一种"无关紧要的对立"。原因在于"这种对立即使没有私有财产的前进运动也能以最初的形式表现出来，如在古罗马、土耳其等"②。从本质层面将无产和有产的对立理解为劳动和资本的对立，那么其就是"由私有财产本身所设定的对立"。马克思在此所探讨的这两种对立，是与私有财产的历史运动相关联的。

在私有财产不发达的历史时期，无产和有产的对立就已经存在，而

---

① 《马克思恩格斯全集》第3卷，人民出版社2002年版，第294页。
② 《马克思恩格斯全集》第3卷，人民出版社2002年版，第294页。

劳动和资本的对立则存在于私有财产高度发达的历史阶段。按照马克思的提示，如果将无产和有产的对立，理解为劳动和资本的对立，那就是"作为矛盾来理解的对立"。反之，假如没有将无产和有产的对立理解为劳动和资本的对立，那就是"还没有作为矛盾来理解的对立"。作为矛盾和不作为矛盾来理解的对立是有区别的。无产和资产的对立如果没有理解为劳动和资本的对立，那么它就是"一种没有从它的能动关系上、它的内在关系上来理解的对立，还没有作为矛盾来理解的对立"[①]。马克思基于能动的、内在的关系理解矛盾。"能动"和"内在"这两种规定是相互蕴含的，也就是说，能动的必然是内在的，内在的也必然是能动的。对立统一是矛盾双方的关系，其是一种内在关系。对立的两面，如肯定和否定、正面和反面等，都是一种自身性的反思结构。这种自身关系或内在关系只有走出自身内部，也即与其他主体交互作用，才能能动地为人所把握。正如马克思所言："人对自身的任何关系，只有通过人对他人的关系才得到实现和表现。"[②] 由此，社会发展合力有赖于不同主体交互作用才能实现。

四　实现社会发展合力的基础性工作：利益协调

利益问题对于社会发展合力的形成而言，是一个重大的现实问题。马克思正是由于接触了现实生活中的物质利益问题，才推动他转向现实经济关系的研究，从而创立了唯物史观。也正是从唯物史观出发，马克思科学地分析了利益的本质、特点、历史作用。马克思对利益问题的思考，促使我们认识到追求利益是社会发展合力得以形成的重要动因。最大限度地形成具有正向性、有效性、持续性的社会发展合力，需要开展好利益协调工作。

---

① 《马克思恩格斯全集》第 3 卷，人民出版社 2002 年版，第 294 页。
② 《马克思恩格斯全集》第 3 卷，人民出版社 2002 年版，第 275 页。

（一）承认利益历史作用的前提：从唯物史观视角出发看问题

利益是人类社会生活中的重要社会现象。对这一社会现象，古往今来的思想家均予以了相当程度的重视。有的人从唯心史观的角度谈论利益问题，而有的人站在唯物史观的角度对利益问题进行解析。由此可以看出，问题的关键不在于人们是否承认利益的历史作用，而在于是基于什么样的前提承认利益的历史作用。

马克思是一个伟大的唯物主义者，但他走上唯物史观的道路，经过一个发展历程。马克思早年是青年黑格尔派的成员，其基本哲学倾向是黑格尔的唯心主义。马克思大学毕业后，在《莱茵报》工作时期接触到了现实生活中的物质利益问题。马克思在 1859 年写作的《〈政治经济学批判〉序言》中指出："我学的专业本来是法律……我作为《莱茵报》的编辑，第一次遇到要对所谓物质利益发表意见的难事。"[①] 作为一名法律专业出身的马克思，之所以要转而研究经济问题，思想动因是要对"物质利益发表意见"。也正是在对物质利益问题发表意见的过程中，马克思对从前的哲学信仰产生了怀疑。

黑格尔将国家视为绝对理念的体现，而在现实中，普鲁士王国并不是绝对理性的完满体现。当面对赤裸裸的物质利益问题时，马克思认识到黑格尔唯心主义原则同社会现实之间存在着巨大的鸿沟。马克思正是在对物质利益的探索上，逐渐清算了从前的哲学观念，走上了通往唯物史观的道路，并站在唯物史观的角度对利益问题展开批判性反思。

从马克思进行利益协调所站的阶级立场上来看，他始终是为被压迫者发声的。马克思在《莱茵报》发表的第一篇文章，就看到了社会等级背后所隐藏着的物质利益问题。他指出，省议会的每一个议员代表一个等级，利益在等级背后起作用。贵族、市民等级捍卫的是私人利益，唯有农民代表捍卫的是农民群众的普遍利益，代表了被压迫者的利益和

---

① 《马克思恩格斯全集》第 31 卷，人民出版社 1998 年版，第 411 页。

愿望。①

在关于林木盗窃法的辩论中，马克思进一步将不同的社会集团同物质利益上的对立和不同联系起来，更进一步地认识到物质利益在人们社会生活中的作用。德国封建统治阶级为了维护剥削者的利益，要求将捡拾枯树枝的行为定为盗窃林木。马克思坚定地站在贫困人民的一边，对封建统治阶级发出了强烈的控诉。马克思认识到，当时的整个国家和法都是保护剥削阶级私有利益的，左右国家和法的是封建统治阶级的私利。他不无感慨地指出："这个世界之所以充满危险，是因为世界……是许许多多利益的天下。"②

实现社会发展合力，一项极为重要的基础性工作是对各方的利益进行协调。因为"利益是有远见的"③，对各方利益进行有效协调，强大的社会发展合力才能形成。

实现社会发展合力，离不开人的意志的参与。但人的意志在社会发展合力形成中的作用，是受经济的必然性支配的。马克思指出："在研究国家生活现象时，很容易走入歧途，即忽视各种关系的客观本性，而用当事人的意志来解释一切。但是存在着这样一些关系，这些关系决定私人和个别行政代表者的行动，而且就像呼吸一样地不以他们为转移。"④ 马克思遇到对"物质利益"问题发表意见而陷入理论困惑和思想苦恼，这样的困惑和苦恼促使他转向对现实经济关系的研究。后来，马克思通过对现实利益问题、现实经济问题的研究，确立了生产关系的范畴，建立了历史唯物主义理论体系，⑤ 从而正确地解析了利益的本质及其对人类社会发展合力形成的历史作用问题。

实现社会发展合力的全过程和各阶段，都离不开利益这个基本事

---

① 《马克思恩格斯全集》第 1 卷，人民出版社 1956 年版，第 35—96 页。
② 《马克思恩格斯全集》第 1 卷，人民出版社 1956 年版，第 164—165 页。
③ 《马克思恩格斯全集》第 1 卷，人民出版社 1956 年版，第 164 页。
④ 《马克思恩格斯全集》第 1 卷，人民出版社 1956 年版，第 216 页。
⑤ 王伟光：《利益论》，中国社会科学出版社 2010 年版，第 23—26 页。

实。唯物史观有助于从根本上说明利益的产生、本质、结构、实现机制、运行规律以及历史作用。唯物史观是马克思第一个伟大的历史性发现，在此之前，社会历史领域一直是唯心主义的世袭领地。历史唯心主义用人的意志、"理念""绝对精神""抽象的人性"等来解释社会发展合力的形成，其无法从根本上说明关乎社会发展合力形成的利益究竟是怎样的。

马克思首次解决了社会存在与社会意识的关系这个关乎社会发展合力形成的基本问题，找到了认识社会发展合力形成的物质基础——生产关系的总和，继而构筑起了唯物史观这座庞大、恢宏的理论大厦。[①]

借助唯物史观，马克思科学解析了社会发展合力得以形成的各种影响因子，深入分析了各阶级之间对抗与联系的原因。不从唯物史观的角度研究社会发展合力得以形成的深层次动因——物质利益，就难以避免陷入理论困惑与思想苦恼。而"旧的、还没有被排挤掉的唯心主义历史观不知道任何基于物质利益的阶级斗争，而且根本不知道任何物质利益；生产和一切经济关系，在它那里只是被当作'文化史'的从属因素顺便提一下。"[②] 利益是促使不同主体交互作用形成社会发展合力而进行的改造客观世界的、有意识活动的客观动因。利益是马克思的伟大发现——唯物史观的重要范畴。因此，承认利益在社会发展合力形成中所起作用的前提，是从唯物史观的视角出发分析、思考问题。

（二）发挥利益历史作用的基础：分析不同利益主体的现实需要

研究利益，不能忽视需要。利益协调是实现社会发展合力的基础工作。而开展好利益协调工作，必须分析不同利益主体的现实需要。需要是发挥利益历史作用的基础。

需要是马克思社会发展合力理论的重要研究对象。马克思对利益问

---

① 王伟光：《利益论》，中国社会科学出版社 2010 年版，第 27—28 页。
② 《马克思恩格斯全集》第 25 卷，人民出版社 2001 年版，第 392 页。

题的分析是与需要问题的认识紧密联系在一起的。比如他在《〈黑格尔法哲学批判〉导言》中指出："在这里，实际生活缺乏精神内容，精神生活也同实践缺乏联系，市民社会任何一个阶级，如果不是它的直接地位、物质需要、自己的锁链强迫它，它一直也不会感到普遍解放的需要和自己实现普遍解放的能力。"① 马克思是在分析德国状况时谈到这段文字的，"物质需要"是他格外关注的问题。

实现社会发展合力，一定要高度重视行为主体物质需要的满足。除了一如既往地关心行为主体的物质需要，马克思在《1844 年经济学哲学手稿》中，还提出了行为主体的社会需要、文明需要、交往需要、自然需要等。这体现出马克思对需要问题进行了更深层次的思考。而"需要"正是实现社会发展合力的重要问题域。

马克思在 19 世纪 50 年代写作的《政治经济学批判大纲》中，进一步升华了对需要问题的认识。概而述之，包括如下几个方面的内容：

一是阐发了"必要需要"的概念，将必要需要和必要劳动联系在一起。

二是解析了"社会需要"概念的内涵。他认为，在商品社会中，人们不是为了自己的直接需要而生产，而是互为对象而生产，于是形成了"普遍的社会物质交换，全面的关系，多方面的需求以及全面的能力的体系"②。

三是对"必要需要"与"奢侈需要"的关系进行了说明，指出二者既存在对立，也可以互相转化。这反映出马克思对"需要"问题的认识已经极为深刻。马克思之所以对人的需要问题尤为看重并将之视为发挥利益历史作用的基础，是因为他将需要理解为人与生俱来的"内在规定性"。

---

① 《马克思恩格斯全集》第 1 卷，人民出版社 1956 年版，第 466 页。

② 《马克思恩格斯全集》第 46 卷上，中共中央马克思恩格斯列宁斯大林著作编译局译，人民出版社 1979 年版，第 104 页。

需要是人的生命活动的表现，具有众多人的需要的人，"同时就是需要有完整的人的生命表现的人，在这样的人身上，他同自己的实现表现为内在的必然性、表现为需要"①。"具有众多人的需要的人"才成其为人。

实现社会发展合力的主体性力量，只要其具有生命活动，是现实存在的、活生生的人，就不可能没有需要。需要是人的生命活动的表现。只要是有生命活动的人，就有需要。② 实现社会发展合力的主体性力量，既需要维持自身物质活动的必需品，也需要维持自身精神活动的必需品。

人的需要不同于动物的需要，它具有鲜明的社会性。马克思认为："人的本质不是单个人所固有的抽象物，在其现实性上，它是一切社会关系的总和。"③ 这是说，需要是人的本质，而人的本质是一切社会关系的总和。马克思还明确指出，人们的社会关系是由人的需要产生的，是人的需要的现实产物。他强调："把人和社会连接起来的唯一纽带是自然的必然性，是需要和私人利益。"④

在马克思看来，真正的社会联系，是由于有了个人的需要才出现的。正因为人的需要是社会需要，因而在阶级社会其不可避免地被打上阶级的烙印。认识统治阶级的阶级本性，不能仅凭其是怎么说的，而要结合其现实需要进行分析。

马克思指出："每一个企图代替旧统治阶级地位的新阶级，就是为了达到自己的目的而不得不把自己的利益说成是社会全体成员的共同利益。"⑤ 他所想表达的观点是在阶级社会，统治阶级所标榜的共同利益，实则是特殊的阶级利益。马克思在分析这种特殊的阶级利益时，特指的

---

① 《马克思恩格斯全集》第 42 卷，人民出版社 1979 年版，第 129 页。
② 王伟光：《利益论》，中国社会科学出版社 2010 年版，第 42—43 页。
③ 《马克思恩格斯文集》第 1 卷，人民出版社 2009 年版，第 505 页。
④ 《马克思恩格斯文集》第 1 卷，人民出版社 2009 年版，第 42 页。
⑤ 《马克思恩格斯全集》第 3 卷，人民出版社 1960 年版，第 54 页。

是资产阶级的阶级利益。资产阶级作为代替旧统治阶级（也即封建地主阶级）地位的所谓新阶级，将自身的特殊利益粉饰为社会全体成员的共同利益，无非是为了满足自己掌握统治权的现实需要。

需要在社会发展合力的形成中是一个决定性因素，同时也是一个被决定性因素。"需要又取决于分工以及分工产生的人们所受教育的水平"①。在马克思看来，满足需要的不平等产生占有的不平等。只要有不平等现象存在，社会发展合力的形成就会受限。"人们的头脑和智力的差别，根本不应引起胃和肉体需要的差别"②。

马克思认为，需要是不断发展变化的，"随着需要的改变而改变它的社会制度"③。马克思指出，自人类由于分工和私有制的出现而进入阶级社会以来，在生产力发展的低级阶段，人们的发展形式只能是"一些人靠另一些人来满足自己的需要，因而一些人（少数）得到了发展的垄断权，而另一些人（多数）经常地为满足最迫切的需要而进行斗争，因而暂时（即在新的革命的生产力产生以前）失去了任何发展的可能性。"④

在生产力发展的低级阶段，少数人拥有发展的垄断权而多数人为满足最迫切的需要而进行斗争以致失去了任何发展的可能性，这样的主体性力量交互作用，纵使能形成社会发展合力，其汇聚的整体性力量也是有限的。要汇聚起强有力的社会发展合力，就要推翻不合理的资本主义旧制度，代之以更加公平、更为合理的社会主义新制度，在推动生产力向高级阶段发展的同时，打破少数人拥有发展的垄断权，将这种本应属于类存在物的权利归还给所有的劳动人民。如此，强大的社会发展合力才能在实然的层面成为现实。

---

① 《马克思恩格斯全集》第3卷，人民出版社1960年版，第637页。
② 《马克思恩格斯全集》第3卷，人民出版社1960年版，第637页。
③ 《马克思恩格斯全集》第3卷，人民出版社1960年版，第34页。
④ 《马克思恩格斯全集》第3卷，人民出版社1960年版，第507页。

（三）发挥利益历史作用的根本：建立新的利益制度

利益的实质是一定社会关系的体现和反映，是人与人之间的一种利害关系。[①] 实现社会发展合力不能不对不同主体性力量之间的利害关系加以考量。可以说，协调各种利害关系，是发挥利益历史作用的根本。马克思在《路易·波拿巴的雾月十八日》中运用唯物史观原理探析了路易·波拿巴政变"这一历史笑剧，确确实实是大资产阶级、中等阶级、小资产阶级、工业无产阶级、流氓无产阶级、小农阶级之间错综复杂的交互作用、物质动因和观念动因错综复杂的交互作用的'合力'所致"。[②] 透过路易·波拿巴政变纷繁的历史画面，可以看出这一笑剧得以上演，背后是各方主体性力量围绕利害关系所进行的博弈。

协调社会中各阶级的利益关系，是保障社会发展合力得以形成的根本。在阶级社会，不同阶级之间以及同一阶级内部，均会存在这样或那样的矛盾。如果对这些矛盾未加以协调或者未加以适当的协调，就难以形成有效的社会发展合力。比如，在马克思生活的年代，工人阶级与资产阶级，作为被统治阶级与统治阶级，其彼此之间存在矛盾；工人阶级与农民阶级作为被统治阶级，其彼此之间存在矛盾；资产阶级作为统治阶级，其内部存在金融资本家、商业资本家、产业资本家，各资本家之间同样存在矛盾。

不论任何社会，不管是统治阶级还是被统治阶级，抑或是统治阶级内部或被统治阶级内部，均存在一定的利益差别，体现为一定的利益格局。随着社会条件的变化，利益格局会发生一定的动荡和变化，从而打破原有的均衡。要维护一定利益格局的均衡，保障社会正常发展，就必须依据一定的社会生产力发展的需要，建立与之相适应的社会制度和社

---

① 王伟光：《利益论》，中国社会科学出版社 2010 年版，第 80—81 页。

② 刘奔：《从"活的历史"研究中掌握活的马克思主义——纪念马克思〈路易·波拿巴的雾月十八日〉发表 140 周年》，《哲学研究》1992 年第 6 期。

会体制，借以协调不同利益主体之间的利益关系。从这个意义上讲，社会制度说到底是社会利益制度，社会体制说到底是社会利益体制。社会制度和社会体制，本质上均是保障和维护利益主体的利益制度和利益体制。

在人类社会发展中，经历了五种社会形态，也即五种社会制度。原始社会的社会制度，也是一种利益制度，它维护的是以氏族为基本单位的群体利益，当时的个人利益几乎消融在群体利益之中。人类社会进入阶级社会以后，由于社会关系的复杂化和阶级矛盾的尖锐化，逐渐形成完整而复杂的社会经济、政治、文化制度。这时的社会制度，是保护占统治地位阶级利益的，是统治阶级的利益制度。这一点充分体现在政治制度的核心——国家的作用上。"因为国家是属于统治阶级的各个个人借以实现其共同利益的形式"①。

实现社会发展合力，有赖于对不同主体性力量的利益诉求予以关切并进行利益上的协调与整合。"既然在今天这个大工业和铁路的时代，国家总的说来还只是以集中的形式反映了支配着生产的阶级的经济需要，那么，在以前的时代，国家就必然更加是这样了。"因此，在阶级社会，社会制度是实现统治阶级利益的制度，它的功能是从政治、经济、思想等各个方面最大限度地维护和实现统治阶级的利益。

利益制度是实现该社会统治阶级的利益的制度。但并不是说，在阶级社会的利益制度下，被统治阶级就不能得到任何利益。在阶级社会的利益制度下，为保障社会发展合力的形成，被统治阶级都有一定的利益获取和保障。只有被统治阶级有了维持最低的生存需要的利益满足，才能生活和劳动，统治阶级才能剥夺他们的剩余劳动，才能获取利益。反过来，被统治阶级的利益只有在统治阶级需要它的时候，被统治阶级才能拿得到它的利益。②

① 《马克思恩格斯全集》第 3 卷，人民出版社 1960 年版，第 70 页。
② 王伟光：《利益论》，中国社会科学出版社 2010 年版，第 235—236 页。

马克思提醒人们要透过现象分析本质，资本家阶级之所以给工人以出卖了劳动力的自由，并不是为了工人获取真正的自由，而是为了更加肆无忌惮地剥削、奴役工人。被统治阶级在资本主义社会获得利益，从根本上讲是为资本家服务的。

利益制度并不是一成不变的。利益制度的根本性变革以社会上占统治地位的利益分配方式的改变为转移。社会上占统治地位的利益分配方式发生变化，意味着代表新的利益的阶级要从代表衰亡社会的旧的利益的阶级中夺取政权，建立新的利益制度。

在资本主义私有制社会，资本家不管其是金融资本家、商业资本家还是产业资本家，所关心的只是自己或本阶级的利益。资产阶级作为国家的统治阶级，工人阶级以及广大人民群众被奴役、受剥削、遭压迫的处境就无法得到根本性的改变，作为统治阶级的资产阶级与作为被统治阶级的工人阶级以及广大人民群众，二者之间的矛盾具有鲜明的对抗性，这种对抗性尽管在特定的历史时期可以得到不同程度的缓和，但这种对抗性无法得到根本性的消除。而无法消除这种对抗性，不同主体性力量之间交互作用所形成的合力，就难免具有有限性。

在以公有制为基础的社会主义国家，工人阶级以及广大人民群众上升为统治阶级，尽管其内部仍然存在着利益差别和利益矛盾，但却是在根本利益一致基础上的矛盾，这样的矛盾不再具有对抗的性质。[1] 协调不同主体性力量之间的矛盾，是在维护工人阶级和广大人民群众的根本的、共同的利益，由此所形成的合力从整体上来看是与社会主义发展方向相一致的，因而更具有广域性、有效性与持久性。

通过以上分析可知，利益协调是实现社会发展合力的基础性工作，开展好这一工作需要建立新的也即社会主义的利益制度，这是发挥利益历史作用的根本。

---

① 　王伟光：《利益论》，中国社会科学出版社 2010 年版，第 237—238 页。

五 实现社会发展合力的终极性旨趣：获取真正的幸福

追求幸福是不同主体性力量交互作用形成社会发展合力的终极性旨趣。然而，不同思想家在追求什么样的幸福上有着不同的见解。从古希腊柏拉图、亚里士多德的追求"德性幸福"，到中世纪奥古斯丁、阿奎那追求"信仰幸福"，从文艺复兴和宗教改革后期斯宾诺莎追求的"理性幸福"到爱尔维修追求的"感性幸福"，从康德追求的"道德幸福"到边沁、密尔追求的"功利主义幸福"，从黑格尔追求的"唯心主义幸福"再到费尔巴哈追求的"自然主义幸福"等。这些思想家对幸福的理解尽管闪耀着智慧的火花，但均呈现出一定的片面性，要么是未能摆脱宗教神秘主义束缚，要么是陷入唯心主义泥淖，要么是沉浸在物质感官主义窠臼中。[①]

追求这种带有明显片面性的幸福，并无助于社会发展合力的有效形成。马克思从关涉人的生存发展的"有意识的生命活动"出发，探讨了抽离人的存在发展的"异化状态下的不幸"，他将实现人的自由全面发展的"真正的幸福"作为形成社会发展合力的终极性旨趣，从而为探寻社会发展合力"向何处去"提供了理论参照。

（一）全部人类历史的第一个前提无疑是有生命的个人的存在

对幸福的追求是不同主体性力量交互作用形成社会发展合力的重要动因。马克思主张避免抽象地、"形而上"地谈论幸福问题，认为人既然是现实生活中的客观存在，就不能将人对幸福的追求置于主观的虚幻镜像之中。

---

① 姜旭、柴素芳：《马克思"现实的人"视域下的幸福思想探赜》，《思想教育研究》2023 年第 9 期。

马克思以"现实的人"为出发点，将人的生命存在视为获得幸福的前提。在他看来，生命是幸福的载体。"全部人类历史的第一个前提无疑是有生命的个人的存在"①。人类在原始社会阶段，其自身的主体自觉意识尚未完全成熟，交往空间也极为有限。客观条件决定了不同主体性力量交互作用的空间场域和时间范围是有限的。人满足自身的吃、穿、住、行更多地具有受动性，也即主要是依赖自然维持自身生命的延续。

不同主体性力量随着社会的发展，在"有意识的生命活动"中，不断通过劳动实践满足自身生存和发展方面的需求。可以说，"有生命的个人的存在"为满足自身需求而同其他行为体交互作用形成合力的状态，是原始社会条件下其对幸福追求的原初状态。

马克思关于"有意识的生命活动"的论断，蕴含着实现社会发展合力要满足人的生命状态，他从人作为类存在物的生命维度，为实现社会发展合力的目标旨归指明了方向。对美好生活的向往，是人作为类存在物基本且普遍的追求。而美好生活涵盖的内容极其广泛，包括经济、政治、文化、社会、生态等多个领域，蕴含人与人、人与社会以及人与自然等系列关系。美好生活的创造主体是作为类存在物的人。满足人的生命状态，需要作为类存在物的人发挥自身的主体性力量。

单个的、独立的主体性力量在满足人的生命状态上，其主体性力量是有限的。这源于单个的、独立的主体性力量在生命长度上是有限度的，在自身力量的延展上是有边界的。满足人的生命状态，绝不是仅仅满足一代人过上美好生活的生命状态，而是世世代代的人都要过上美好生活。这就既需要同时代的主体性力量交互作用汇聚起强有力的社会发展合力，还需要跨时代的主体性力量交互作用汇聚起应有的社会发展合力。

独立的、单个的主体性力量的生命长度是有限的，为此，他在有限

---

① 《马克思恩格斯文集》第 1 卷，人民出版社 2009 年版，第 519 页。

的生命历程中选择为什么而工作就显得尤为重要。马克思指出："如果我们选择了最能为人类而工作的职业，那么，重担就不能把我们压到，因为这是为大家作出的牺牲；那时我们所享受的就不是可怜的、有限的、自私的乐趣，我们的幸福将属于千百万人，我们的事业将悄然无声地存在下去。"① 由此可以看出，一个人如果选择了最能够为人类而工作的职业，那么其自身的生命状态会获得质的提升，所能享受到的乐趣将是充分且无限的。"我们的幸福将属于千百万人"是从获得幸福的人数范围界说的，而"我们的事业将悄然无声地存在下去"是从事业生命力的长度界说的。这其中均隐含着汇聚社会发展合力的思想智慧，即如果单个的、独立的主体性力量仅仅是从自身的利益出发，锚定的指针是自身的幸福和自身的完美，那么"他也许能够成为著名的学者、伟大的哲人、卓越的诗人，然而他永远不能成为完美的、真正伟大的人物"②。

在马克思看来，"人只有为同时代人的完美、为他们的幸福而工作，自己才能达到完美"③。在为同时代人的完美与幸福而工作的同时，还要具有大历史观，为跨时代人的完美与幸福而不懈奋斗。这样的工作，是在以一种特别的方式与同时代与跨时代的其他行为体交互作用，形成推动社会发展的合力。这样的人，是值得被历史肯定、为经验所赞美的。诚如马克思指出的那样"历史把那些为共同目标工作因而自己变得高尚的人称为最伟大的人物；经验赞美那些为大多人带来幸福的人是最幸福的人"④。

伟大与渺小、幸福与不幸均是相对而言的。马克思是在提示有生命的个人，该以什么样的方式存在于世。个人生命质量的高低，既与独立的个体有关，亦与人类的发展相连。不做渺小的人、追求真实的幸福，

---

① 《马克思恩格斯全集》第 1 卷，人民出版社 1995 年版，第 459 页。
② 《马克思恩格斯全集》第 1 卷，人民出版社 1995 年版，第 459 页。
③ 《马克思恩格斯全集》第 1 卷，人民出版社 1995 年版，第 459 页。
④ 《马克思恩格斯全集》第 1 卷，人民出版社 1995 年版，第 459 页。

就要为共同目标而工作、为大多数人带来幸福，而这样的人，在与其他主体性力量交互作用时，更容易汇聚起正向、有效、强大且持久的社会发展合力。

（二）在异化劳动中不是感到幸福，而是感到不幸

马克思在《1844 年经济学哲学手稿》中，对"异化劳动"展开了探讨；在《资本论》中，对"商品拜物教"进行了批判。"异化劳动"和"商品拜物教"对马克思社会发展合力理论的形成产生了极为重要的影响。劳动是人的第一需要，是人类赖以生存和发展的基础。而在资本主义生产方式下，资产阶级为了追求个体利益最大化的幸福假象，利用自身所掌控的资本优势，无情剥夺无产阶级和劳动人民的幸福果实。资产阶级为了满足自身对物质的贪欲，使人"都变成了商品"①，人的真实幸福也因此被残酷地抽离。

马克思基于无产阶级革命的立场，必然要否定异化，原因在于工人的劳动异化现象，是与他批判资本主义私有制中存在的人与人、人与物关系的异化的不合理性联系在一起的。②

不同于赫斯着眼于交换的金钱异化论，马克思在青年时期所探讨的劳动异化，是从生产过程开始的。③ 马克思设定了人的理想化的类本质劳动，这是异化之前人应该存在的本真状态。有了这把尺子，劳动异化、劳动产品异化、人的类本质（关系）的异化就纷纷出笼了。

马克思对资本主义经济运动带来的两种物化进行了区分：一种是"个人在其自然规定上的物化"，也即物质生产。马克思对此持肯定态度。在资本主义社会中"个人在一种社会规定（关系）上的物化，同

---

① 《马克思恩格斯文集》第 1 卷，人民出版社 2009 年版，第 51 页。
② 张一兵、夏凡：《人的解放》，河南人民出版社 2011 年版，第 201 页。
③ 张一兵：《回到马克思——经济学语境中的哲学话语》，江苏人民出版社 1999 年版，第 23—27 页。

时这种规定对个人来说又是外在的"①。

马克思看到了在资本主义社会，人与人的关系被颠倒为物与物的关系。这种社会关系的实质是人自己创造出来的物（关系）反过来奴役人。另一种物化，也即人类社会历史发展中出现的物役性现象，是马克思社会发展合力理论重点批判的对象。《资本论》指出，商品具有的交换价值并不是物的属性，而是一种社会关系，是劳动产品的价值关系，但它在人面前采取了物与物之间关系的虚幻形式。

陷入商品拜物教的人们，彼此之间的矛盾不断凸显，利益逐渐分化，全社会形成了以"物"为基础的依赖关系，整个社会沦为拜物教的信奉者。在此种异化状态下，人们本应享有的幸福被现实的苦难代替。马克思深刻地分析了这种"异化状态下的不幸"。在他看来，正是异化劳动造成了这种抽象的、畸形的幸福样态。②

马克思进一步指出，在资本主义社会，异化劳动损害人的幸福样态的情况是不可避免的。他分析称："诚然，在一切社会形态内，劳动产品都是使用品，但只有在资本主义社会这个特殊的历史阶段上，才把一个有用物品生产上支出的社会劳动表现为它的'对象性'属性，那就是表现为它的价值，并且把劳动产品转化为商品。"马克思说明了在货币这个作为一般等价物的特殊商品形态上，使用价值是如何颠倒地表现为价值的现象形态，社会劳动如何颠倒地表现为私人劳动的现象形态。

马克思指出，货币拜物教的谜，就是商品拜物教的谜。从商品生产者之间的物物交换发展到生产者和消费者之间的商品——货币交换，社会关系的物化和颠倒呈现出隐蔽性，变得更加神秘化了，而拜物教表现得更为明显而普遍了。马克思对资本主义社会展开批判并没有仅仅停留在货币拜物教上。他在此基础之上，展开了对商品拜物教的尖锐批判。

---

① 《马克思恩格斯全集》第46卷（上册），中共中央马克思恩格斯列宁斯大林著作编译局译，人民出版社1979年版，第176页。

② 《马克思恩格斯文集》第1卷，人民出版社2009年版，第163页。

马克思指出，资本不是物，而是一种历史性的社会关系，是资本主义生产方式的本质。

马克思发现了资本增殖的秘密在于购买了劳动力这种特殊的商品。他分析称，资本有一个唯一的生命冲动，那就是增殖价值，创造剩余价值，用它的不变部分（生产资料）来吸收可能最大量的剩余劳动的冲动。资本是死的劳动，像吸血鬼一样，必须吸收活的劳动，方才活得起来，并且，吸收得愈是多，它的活力就愈是大。他将资本主义生产特有的颠倒，总结为是死劳动和活劳动（价值和创造价值的能力）的关系的颠倒①。资本变成了"能生钱的钱"，而其中人（资本家，也即人格化的资本）与人（劳动力）之间的社会关系（剥削关系）被掩盖了。"工人养活资本家"的本质颠倒地表现为"资本家养活工人"的假象，这种不平等的交换表现为"自由平等"的假象。整个资本主义社会是一个颠倒的社会。②

身处于这种颠倒社会的工人，在异化劳动中"不是感到幸福，而是感到不幸"③。在不幸福的、冲突的社会关系下，不同主体性力量特别是资产阶级与无产阶级之间的关系越来越紧张。对劳动工人的悲惨处境，马克思表示了深切的同情。在异化劳动驱使下，工人被各种不幸福的外在力量奴役。工人因缺失劳动自由和远离创造性活动，其感受幸福和创造幸福的能力被严重弱化，仅仅成为工人生产过程的一个环节。

马克思指出，工人所遭遇的这种不幸是资产阶级"按照自己的面貌为自己创造出一个世界"④。资本家为了最大限度地榨取剩余价值，不惜以牺牲绝大多数人的生存幸福为代价。⑤ 这种畸形的、抽象的、被物化的幸福样态没有顾及绝大多数人的真正幸福，由不同主体性力量交互

---

① 《马克思恩格斯全集》第 49 卷，人民出版社 1982 年版，第 48 页。
② 张一兵、夏凡：《人的解放》，河南人民出版社 2011 年版，第 201—203 页。
③ 《马克思恩格斯文集》第 1 卷，人民出版社 2009 年版，第 163 页。
④ 《马克思恩格斯文集》第 2 卷，人民出版社 2009 年版，第 36 页。
⑤ 姜旭、柴素芳：《马克思"现实的人"视域下的幸福思想探赜》，《思想教育研究》2023 年第 9 期。

作用所形成的社会发展合力，也不可避免地呈现出历史局限性。实现正向、有效、持久且强大的社会发展合力，呼唤"真正的幸福"样态的出场。

（三）共产主义社会是人的"真正的幸福"阶段

马克思通过对资本主义社会的具体解剖，深刻揭示了共产主义取代资本主义的历史必然性。[①] 他着眼于实现人类普遍的、真正的幸福，明确指出共产主义是人类最美好的社会[②]。

共产主义作为人类社会发展史上一种崭新的社会制度，最根本的是实现每个人自由而全面的发展。每个人都实现了自由而全面的发展，这是形成正向、有效、持续且强大社会发展合力的必然要求。马克思描绘了人的"真正的幸福"阶段，也即共产主义社会的幸福样态。在共产主义社会，物质财富将极大丰富，人的精神境界得到极大提高，社会关系高度和谐。

马克思高度肯定了生产力对人的"真正的幸福"的实现所具有的基础性作用。不同主体性力量交互作用形成社会发展合力，必须建立在生产力充分发展的基础上。生产力得不到应有的发展，不同主体性力量在极端贫困的情况下是很难在真正意义上汇聚起社会发展合力的，而人的"真正的幸福"也将无从实现。

马克思基于唯物史观洞察到，贫困特别是绝对贫困问题实质上属于社会制度问题，根源在于生产资料的私有制及其相应的剥削性生产关系，而要彻底消灭私有制，有赖于社会生产力的高度发展。在马克思的视野中，人类历史归根结底是由社会生产推动并持续向前发展的。基于

---

① 中共中央宣传部理论局编：《马克思主义哲学十讲（党员干部读本）》，学习出版社2013年版，第160页。

② 中共中央宣传部理论局编：《马克思主义哲学十讲（党员干部读本）》，学习出版社2013年版，第163页。

此，实现社会发展合力，必须高度重视生产力发展的绝对必要性。"因为如果没有这种发展，那就只会有贫穷、极端贫困的普遍化；而在极端贫困的情况下，必须重新开始争取必需品的斗争，全部陈腐污浊的东西又要死灰复燃。"①

资产阶级在人类社会发展史上尽管为推动生产力发展也做出重要贡献，但受限于资本主义私有制的剥削实质，其无论如何都无法消除绝对贫困。资产阶级通过无偿占有无产阶级的剩余劳动，攫取价值增殖，实现利润的最大化，致使"工人生产的财富越多，他的生产的影响和规模越大，他就越贫穷"②。私有制以及与此相关的阶级、剥削、压迫作为人类贫困的制度性根源，正是人类生产有所发展但又不够充分的产物。③ 而在未来的共产主义社会，社会生产力得到充分发展，物质产品的极大丰富为人们获取"真正的幸福"提供了物质条件。人的"真正的幸福"的获取，必须挣脱一切让人感到不幸的枷锁，必须超越种种冒充"真正的幸福"的存在样态。④

在马克思看来，在资本主义社会，那种以代表"普遍利益"为幌子的"虚假的共同体"中，幸福只属于统治阶级范围的个人。马克思早在《神圣家族》中，就以 1789 年革命为例，探讨了现实社会中资产阶级是如何通过将自己的利益与"全人类的利益混淆起来"，来虚假地克服私人利益与共同利益的背离关系的。他从私人利益与群众利益的一致性实现问题，来探讨怎样克服现实历史中主体的普遍性与个体性背离或矛盾。⑤

---

① 《马克思恩格斯文集》第 1 卷，人民出版社 2009 年版，第 538 页。

② 《马克思恩格斯文集》第 1 卷，人民出版社 2009 年版，第 156 页。

③ 林进平、曲轩：《中国共产党消除绝对贫困的成功密码》，《光明日报》2021 年 9 月 8 日。

④ 姜旭、柴素芳：《马克思"现实的人"视域下的幸福思想探赜》，《思想教育研究》2023 年第 9 期。

⑤ 孙乃龙：《现实的主体何以可能：马克思主义哲学主体概念研究》，中国社会科学出版社 2011 年版，第 155—157 页。

对于被统治的大多数人来说，虚假的共同体完全是作为某种异己的东西而与之相对立。"现实的人"是实现社会发展合力的主体性力量。马克思以"现实的人"为根本基点，对人的以往不幸福的状态进行了深刻批判，对幸福的真正样态进行了深刻探索。[①]

在共产主义社会，由于消灭了生产资料私人占有制，消除了阶级对立和阶级差别，因而个人与共同体之间所造成的异化与对立关系也将消除。在未来社会真实的共同体也即"自由人联合体"中，生产资料的全社会所有为消灭剥削提供了基本的物质条件和坚实的经济基础。每个人在这样的联合体中不是作为特定阶级的成员，而是作为社会的个人，每个人都是自由且平等的，这为汇聚起强大的社会发展合力创造了条件、提供了可能。[②]

马克思建构出的以人的自由全面发展为核心的"真正的幸福"样态，既不是原始的"有意识的生命活动"，更不是异化状态下的异己性存在，而是彰显人的本质目的且有利于人的自由全面发展方式展开的全部现实生活。

共产主义社会是一种全新的、合乎人性的幸福社会。[③] 在这样的幸福社会中，每个主体性力量均以自觉自由且平等的状态"在场"，故而不同主体性力量交互作用能够形成正向、有效、强大且持久的社会发展合力。

通过以上分析可知，共产主义社会是人的"真正的幸福"阶段。进入这一幸福社会，是实现社会发展合力的奋斗目标。而在未来社会真实的共同体中，社会发展合力也必将更充分地得到汇聚。

---

① 姜旭、柴素芳：《马克思"现实的人"视域下的幸福思想探赜》，《思想教育研究》2023 年第 9 期。

② 中共中央宣传部理论局编：《马克思主义哲学十讲（党员干部读本）》，学习出版社2013 年版，第 166—167 页。

③ 姜旭、柴素芳：《马克思"现实的人"视域下的幸福思想探赜》，《思想教育研究》2023 年第 9 期。

第六章

马克思社会发展合力理论的现实启示

马克思社会发展合力理论不仅使我们对社会发展的客观规律性等问题获得了新的体认和新的解读，还为当下推进社会主义现代化建设提供了现实启示。我们可将之归结为"五个必须"。具体而言，实现社会发展合力，必须坚持党的领导，这是社会主义现代化建设的根本保障；实现社会发展合力，必须坚持正确方向，这是社会主义现代化建设的关键所在；实现社会发展合力，必须有效化解矛盾，这是社会主义现代化建设的现实基础；实现社会发展合力，必须满足人民利益，这是社会主义现代化建设的必然要求；实现社会发展合力，必须坚持团结奋斗，这是社会主义现代化建设的强力支撑。

一　实现社会发展合力必须坚持党的领导

政党是带有阶级性的，马克思主义政党也不例外。共产党是在无产阶级运动中产生的，正是无产阶级运动要求无产者成为一个阶级，进而组织成为政党。代表无产阶级利益的共产党，没有任何同整个无产阶级的利益不同的利益。

在马克思主义的指导下，中国共产党应运而生。中国共产党代表的是最广大人民的根本利益，始终恪守为人民谋幸福、为民族谋复兴、为人类求大同的初心和使命，这决定了以之为领导性力量，可以最大限度地汇聚起社会发展合力，这是推进社会主义现代化建设的根本保障。

（一）共产党没有同整个无产阶级的利益不同的利益

谁是实现社会发展合力的领导性力量，这是马克思社会发展合力理论所回应和解答的一个重要问题。在中国汇聚社会发展合力，必须毫不动摇地坚持中国共产党的领导，这是由我党的阶级属性、初心使命、目标任务决定的。

政党是一种客观存在的社会政治现象。在当今时代，政党几乎无所不在。[①] 从政党（party）的词根（part）来看，它代表的是某些社会成员的利益。共产党不失掉自身的政党本色，就一刻也不能忘记自身的阶级属性。关于什么阶级，列宁做过一番精当的解释，他指出："所谓阶级，就是这样一些大的集团，这些集团在历史上一定的社会生产关系中所处的地位不同，同生产资料的关系（这种关系大部分是在法律上明文规定了的）不同，在社会劳动组织中所起的作用不同，因而领得自己所支配的那份社会财富的方式和多寡也不同。"[②]

阶级是由分属于不同阵营中的"社会人"形成的人群集合体。现实的人是实现社会发展合力的主体性力量，生活于现代社会的现实的人，再怎么强调自身的个体特殊性，也没有办法否定他与同一阶级的其他成员的共性，拥有共同的社会属性和相同的社会地位。[③]

在共产党诞生以前，政党基本上都是代表少数社会成员利益的。而共产党从创立伊始，所代表的就是占人口绝大多数的无产阶级和劳动群众的利益。这里蕴含着一个需要解析的理论问题，共产党是工人阶级的

① 王长江：《政党论》，人民出版社 2009 年版，第 1 页。
② 《列宁选集》第 4 卷，人民出版社 1995 年版，第 66 页。
③ 陈培永：《什么是人民、阶级及其他——以马克思的名义》，江苏人民出版社 2018 年版，第 88 页。

先锋队，为什么作为工人阶级先锋队的共产党可以代表大部分人的利益、代表人民的整体利益？

从无产阶级自身来看，其在现代社会本身就是大多数人。① 无产阶级运动本身就是为了绝大多数人谋利益的独立的运动。"过去的一切运动都是少数人的或者为少数人谋利益的运动。无产阶级的运动是绝大多数人的、为绝大多数人谋利益的独立的运动"②。马克思和恩格斯在《共产党宣言》中旗帜鲜明地指出，"全世界无产者，联合起来！"③ 全世界无产者联合起来是为了消灭一切阶级统治，消除人类社会的阶级关系，促使每个人都成为自由而全面发展的人。

共产党体现了无产阶级的意志，无产阶级从最根本的方面来看，是劳动者阶级，是"劳动的人格化"，无产阶级代表的是人的劳动，无产阶级所要消灭的是资本对人的统治，是雇佣劳动、异化劳动，是要让劳动成为人的自主的、生命的活动。无产解决获得解放，标志着人的劳动的胜利，这是与每一个从事劳动的人息息相关的。④ 共产党集中地、自觉地表达了无产阶级的利益诉求，致力于所有社会成员获得真正的幸福，因而无产阶级的利益与人民的整体利益具有高度的一致性。

（二）共产党以马克思主义为精神旗帜

共产党之所以能，是因为始终坚持以马克思主义为灵魂和精神旗帜。关于什么是主义，从字意上讲，它指的是人们推崇的理想观点和主张。某某主义指的是以某某为最高理想和准则的思想体系。⑤ 中国人民

---

① 陈培永：《〈共产党宣言〉的新时代阐释：重解核心关键词》，中国社会科学出版社2018年版，第127—129页。

② 《马克思恩格斯文集》第2卷，人民出版社2009年版，第42页。

③ 《马克思恩格斯全集》第28卷，人民出版社2018年版，第704页。

④ 陈培永：《〈共产党宣言〉的新时代阐释：重解核心关键词》，中国社会科学出版社2018年版，第129—130页。

⑤ 杨百寅、单许昌：《定力：中国社会变革的思想基础》，北京大学出版社2018年版，第132页。

大学高放教授用 22 个字为马克思主义下了定义，马克思主义是"马克思、恩格斯创立的无产阶级和全人类解放的科学"，还可以更简明地概括为 5 个字，即"人的解放学"①。我们据此可以将马克思主义定义为以实现人的解放作为最高理想和准则的思想体系。实现人的解放，这里的"人"，不是少数人，而是最广大的人民群众。共产党以马克思主义为精神旗帜开展社会主义革命、建设、改革事业，其所造福的不是少数人，而是致力于让最广大的人民群众都过上好日子。也正是因为这个缘故，以马克思主义为精神旗帜的共产党，在实现社会发展合力方面，拥有其他政治力量所无可比拟的政治优越性。

以马克思主义为精神旗帜的共产党，将坚持马克思主义与发展马克思主义很好地统一了起来。发展马克思主义的前提是坚持马克思主义。离开了坚持的发展，实际上就是背叛。共产党人坚持马克思主义需要建立在正确理解马克思主义的基础之上。马克思曾在给好友海涅的诗中写道："我播下的是龙种，而收获的却是跳蚤。"

正确理解并科学运用马克思主义，是马克思认同的马克思主义，也就是"龙种"，而错误地理解并失当地运用马克思主义，很可能是形式上打着坚持马克思主义的旗号而实则是对马克思主义的背叛。共产党人坚持马克思主义，要以发展为动力。离开了发展的坚持会沦为本本主义、教条主义。

以马克思主义为精神旗帜的共产党，弹好了坚持马克思主义与发展马克思主义的两重奏：一方面，共产党人将马克思主义作为实现社会发展合力的思想基础、行动指南，雷打不动地坚持马克思主义；另一方面，共产党人并不因循守旧、固守传统，而是紧紧结合时代的发展变化，不断丰富与发展包括马克思社会发展合力理论在内的马克思主义思想理论体系，让理论显示出时代的特征，展现出超越时代的穿透力。把

① 高放、李景治、蒲国良：《科学社会主义的理论与实践》，中国人民大学出版社 2008年版，绪论：第 1 页。

坚持和发展统一起来的马克思主义，才是真正的马克思主义。① 共产党以真正的马克思主义为精神旗帜，注重在汇聚社会发展合力的过程中研究新情况、解决新问题，故而其能担负起引领社会发展合力形成的历史重任。

（三）中国共产党是团结带领人民攻坚克难、开拓前进最可靠的领导力量

办好中国的事情，关键在党。党政军民学、东西南北中，党是领导一切的。在中国，实现社会发展合力必须坚持中国共产党的领导。正是因为有了中国共产党坚强而有力的领导，我们的国家才能团结统一，我们的人民才能高度凝聚起来。中华民族能够实现从站起来、富起来到强起来的伟大转变，是中国共产党作为领导性力量，充分汇聚社会发展合力的结果。

习近平总书记指出："事实充分证明，中国共产党具有无比坚强的领导力、组织力、执行力，是团结带领人民攻坚克难、开拓前进最可靠的领导力量。只要我们始终不渝坚持党的领导，就一定能够战胜前进道路上的任何艰难险阻，不断满足人民对美好生活的向往！"② 正是在中国共产党的领导下，中华儿女万众一心，攻克了一个又一个难关，跋涉了一个又一个险滩，越过了一座又一座高山。

在新一轮科技革命和产业变革的推动下，中国正在加速迈入数字社会。数字社会是继农业社会、工业社会、信息社会之后一种新的社会形态。社会主义现代化建设要体现数字化发展的时代要求。"十四五"规划和2035年远景目标纲要对加快数字社会建设作出部署和安排，提出"加快数字社会建设步伐"。

随着数字社会建设步伐的加快，数字社会发展合力的形成面临新的

---

① 陈培永：《当代中国马克思主义为什么是对的》，人民出版社2018年版，第19—22页。
② 《习近平谈治国理政》第4卷，外文出版社2022年版，第133页。

困难与挑战。在数字社会，资本与数字技术"联姻"，数字——智能技术逐渐"失守"，沦为资本"圈占"的对象，资本也以数字化的形态横空出世。

当下方兴未艾的数字资本主义和资本数字化，正在将人类引向资本逻辑宰控的"新帝国"。在这个由数字和资本共同构筑的庞大帝国中，作为实现社会发展合力主体性力量的人发生"失坠"，现实的人的主体地位受到"抽象帝国"的宰制。

德国学者哈特穆特·罗萨指出，在数字技术与资本勾连的现时代，人被一种新的异己的抽象力量（数字资本逻辑）统治，人的真实的生存界域逐渐为数字资本所侵染，人的空间、物界、行动、时间、自我和社会等都发生了"新异化"。这说明，在数字社会，人的存在似乎再度陷入马克思所批判的"物役逻辑"，生活于数字社会的人正在从真实向虚拟、从实体向虚体、从独立向独异转变，[①] 这种转变给数字社会发展合力的形成带来了不小的挑战。比如说，在数字社会，反思性人工智能如若获得人的自主性能力，"世界将不仅仅属于一种主体的视域，而可能属于两种以上的主体，甚至属于非人类的新主体"[②]。这种发问在数字社会探讨发展合力的形成绝非杞人忧天。

围绕数字社会发展合力的形成，更多属于一种关于数字技术的"新存在论"发问会不断出现。在数字社会汇聚发展合力是一项伟大的事业，伟大的事业必须由伟大的政党来领导。党的十九届四中全会提出，要"完善党委领导、政府负责、民主协商、社会协同、公众参与、法治保障、科技支撑的社会治理体系"，将科技支撑列为完善社会治理体系的重要内容和基本理念。数字化可以赋能社会治理走向现代化。

在推进社会主义现代化建设过程中，坚持中国共产党的领导是根

---

① 巩永丹：《西方左翼对数字资本主义人的"新异化"的批判及其启示》，《马克思主义研究》2023 年第 1 期。

② 刘贵祥：《历史唯物主义视域中数字资本的异化及其扬弃》，《马克思主义研究》2022 年第 6 期。

本。中国共产党是团结带领人民攻坚克难、开拓前进最可靠的领导力量。关于中国共产党为什么能成为这样的领导力量？一个重要的经验就在于其始终勇于结合新的实践推动理论创新。善于用新的理论指导新的实践。

面对数字社会形成发展合力的新难题、新挑战，中国共产党既注重以马克思社会发展合力理论为指导开展实践，又注重结合实践对该理论进行创新与发展，这有助于党团结带领人民在实现社会发展合力的历史征程中继续成为攻坚克难、开拓前进的领导力量。因此，实现社会发展合力必须毫不动摇地坚持中国共产党的领导，这是社会主义现代化建设的根本保障。

二 实现社会发展合力必须坚持正确方向

方向决定道路，道路决定命运。实现社会发展合力，方向的问题至关重要。实现社会发展合力必须坚持正确方向。在以马克思主义为指导的中国共产党的带领下，实现社会发展合力所坚持的方向必然是社会主义。然而，社会主义同样有很多种。陈独秀在一次关于社会主义的演讲中总结称，"至今尚留存的，有力量的"社会主义有五派，分别是无政府主义、共产主义、国家社会主义、工团主义和"行会社会主义"（即基尔特社会主义）。他提醒国人"最要注意"的是前三派。

张东荪在《我们为什么要讲社会主义》一文中提及现有的社会主义派别，包括"工行的社会主义""多数的社会主义""无治的社会主义""国家的社会主义"。此外，还有空想社会主义、民主社会主义等。从这些探讨可以看出，人们对社会主义的认知存在模糊的一面。① 实现社会发展合力必须坚持正确的方向，而其所坚持的社会主义方向，是科学社会主义，而非其他什么主义。只有结合本国国情，坚定不移走中国

① 梅乐：《五四时期的社会主义流派》，《学习时报》2019 年 5 月 6 日第 3 版。

特色社会主义道路，才能更广泛、更充分地汇聚社会发展合力，才能更扎实地推进社会治理实现现代化，这是研究马克思社会发展合力理论带给我们的重要启示。

（一）实现社会发展合力必须坚持社会主义方向

实现社会发展合力必须走正确的发展道路。而走正确的发展道路，方向的问题至关重要。没有主义和科学理论，就等于没有方向。中国自近代以来，逐渐沦为一个积贫积弱的国家。国民内部的凝聚力不强，无力应对外来侵略与内部反动势力的夹击是重要原因。为救国救民，需要寻找一条新的道路。寻找新路而没有引路的旗帜，就可能走上一条歧途甚至是死路。

中国走社会主义道路是历史的必然选择，是中国人民的最终选择。在人类社会发展过程中，一般都遵循从低级社会形态到高级社会形态的规律，具体到单个国家和民族，每个国家和民族都有自己独特的发展道路。救亡图存、实现民族复兴，是近代后中华儿女所面临的重大历史任务。为完成这一历史任务，中国数个阶级力量先后登上历史舞台，尝试了包括走资本主义道路在内的多种方案，但这些方案无一例外都以失败而告终。

走什么样的道路可以更充分地汇聚社会发展合力，进而推动一个积贫积弱的旧中国"站起来"，历史和人民最终给出了答案。历史并不是没有给资本主义机会，中国近代史上出现过几次建立资本主义民主政治的机遇，但走资本主义道路并不会充分汇聚社会发展合力，并不能让中国"站起来"。邓小平同志指出："国民党搞了二十几年，中国还是半殖民地半封建社会，证明资本主义道路在中国是不能成功的。"[①] 在中国，走资本主义道路不能从根本上改变国家与社会的面貌，是因为资产阶级所代表的仅仅是少数有产者的利益，因而其所能团结的对象，并不

---

① 《邓小平文选》第 3 卷，人民出版社 1993 年版，第 62 页。

具有广域性与全面性。

资产阶级看重的是财富积累，而在财富积累的同时，贫困也在积累。马克思在《资本论》中认识到"在一极是财富的积累，同时在另一极，即在把自己的产品作为资本来生产的阶级方面，是贫困、劳动折磨、受奴役、无知、粗野和道德堕落的积累"①。

少数人过得越来越好，绝大多数人过得越来越差甚至活不下去，这决定了走资本主义道路尽管在某种程度上也可以汇聚社会发展合力，但这样的道路注定是不能持续的。社会主义较之于资本主义，具有无可比拟的优越性。人类社会发展最为根本的动力是生产力。社会主义在推动生产力发展上，相较于资本主义具有优势。邓小平同志指出，"社会主义的优越性归根到底要体现在它的生产力比资本主义发展更快一些、更高一些"②。

注重生产力的发展，是马克思社会发展合力理论的基本观点。社会主义因之在发展生产力上具有比较优势，其能够为人们过上美好生活创造更为丰富的物质基础，因而它能够更好地满足人民过上美好生活的利益期待，更有力地汇聚社会发展合力。

社会主义相比于资本主义的优越性，不仅体现在发展生产力上，还体现在分配原则上。社会主义社会发展生产力的最终目的在于提升人民的物质、文化、生活水平。走资本主义道路，也可以致富，但富裕起来的对象并不是绝大多数人，因而所由以汇聚的整体性力量是有限的。

邓小平同志认为，"如果走资本主义道路，可以使中国百分之几的人富裕起来，但是绝对解决不了百分之九十几的人生活富裕的问题"③。他指出，"如果按资本主义的分配方法，绝大多数人还摆脱不了贫穷落后状态，按社会主义的分配原则，就可以使全国人民普遍过上小康生

---

① 《马克思恩格斯全集》第 42 卷，人民出版社 2016 年版，第 665 页。
② 《邓小平文选》第 3 卷，人民出版社 1993 年版，第 63 页。
③ 《邓小平文选》第 3 卷，人民出版社 1993 年版，第 64 页。

活"①。从这些论述可以看出，社会主义在分配制度上是要排除那种造成"百分之几"富裕与"百分之九十几"不富裕的资本主义生产方式，② 这样的生产方式无助于充分地汇聚社会发展合力。

以按劳分配为原则的社会主义，在让全体人民过上好日子上较之于资本主义具有优越性，因而能够更充分、更广泛地汇聚起社会发展合力。因此，实现社会发展合力必须坚持社会主义方向。只有坚持社会主义方向，才能让人民过上更加幸福而美好的生活。

（二）社会主义有科学与非科学之分

实现社会发展合力必须走社会主义道路。但社会主义也有科学与非科学之分，即便是对科学的社会主义，在认识上也存在是否完全清醒的问题。陈独秀提及的"无政府主义""国家社会主义""工团主义""行会社会主义"；张东荪谈到的"工行的社会主义""无治的社会主义""国家的社会主义"等，都是非科学的社会主义。

空想社会主义也被称为"乌托邦社会主义"。作为一种批判、否定资本主义的思潮，空想社会主义是早期无产阶级意识和利益的先声，反映了早期无产阶级迫切要求改造社会、建立理想的新社会的愿望。

空想社会主义者在理论上致力于社会制度的分析，将资本主义制度视为一种"历史谬误""人世间的祸害"。他们对资本主义旧制度的辛辣批判，包含着许多击中要害的见解；对社会主义制度的描绘，闪着诸多天才的浪花。但空想社会主义者只看到了资本主义必然灭亡的经济根源；要求埋葬资本主义，却看不到埋葬资本主义的力量；憧憬取代资本主义的理想社会，却找不到通往理想社会的现实道路。这种时代的局限性说明，空想社会主义是不成熟的理论，是同当时不成熟的资本主义状况、不成熟的阶级状况相适应的。

---

① 《邓小平文选》第3卷，人民出版社1993年版，第64页。
② 李文强：《认识中国特色社会主义的三个基本点》，《学习时报》2020年6月10日。

空想社会主义"提供了启发工人觉悟的极为宝贵的材料",但不是科学的思想体系。① 习近平总书记指出:"科学社会主义和空想社会主义的一大区别,就在于它不是一成不变的教条,而是把社会主义看作一个不断完善和发展的实践过程。"② 这是说,是否教条式地认识社会主义问题,是判断其是否具有科学性的重要标准。

民主社会主义源于 19 世纪末 20 世纪初的国际工人运动和改良主义,其指导思想和理论来源是多元化的,信奉"自由、公正、团结互助"的基本价值,主张国家干预经济社会事务,建立福利国家。

民主社会主义与科学社会主义在历史与现实中存在联系乃至相似之处,两者均与国际工人运动有着密切的联系,都致力于政治民主和社会公正。但两者在指导思想、行动原则、终极目标等方面,存在根本性的区别。民主社会主义不适合中国。③

中国是一个社会主义国家,在实现社会发展合力的方向上,我们坚持的是科学社会主义而非其他什么主义。但是我们在一段时间内还没有完全搞清楚什么是社会主义,特别是没有充分认识到社会主义较之于资本主义在发展生产力上所具有的优势,没有充分认识到社会主义进入实践以后并不是一成不变的。

邓小平同志曾指出:"什么叫社会主义,什么叫马克思主义?我们过去对这个问题的认识不是完全清醒的。"④ 在他看来"如果说我们建国以后有缺点,那就是对发展生产力有某种忽略"⑤。他明确提出"马克思主义最注重发展生产力""社会主义阶段的最根本任务就是发展生产力",这就改变了过去人们以社会主义特征为依据去建设社会主义的认识。

---

① 马克思主义基本原理概论编写组:《马克思主义基本原理概论》,高等教育出版社 2020 年版,第 213—214 页。

② 《习近平谈治国理政》第 3 卷,外文出版社 2020 年版,第 123 页。

③ 禄德安:《民主社会主义不适合中国》,《当代世界社会主义问题》2007 年第 3 期。

④ 《邓小平文选》第 3 卷,人民出版社 1993 年版,第 63 页。

⑤ 《邓小平文选》第 3 卷,人民出版社 1993 年版,第 63 页。

科学社会主义理论和不同国家的实际相结合会产生不同的具体形态。对于某个社会主义国家的具体形态来说，随着生产力的发展，社会主义的具体实践也在发生变化。坚持社会主义以实现社会发展合力，必须结合社会主义具体实践的变化做出新的分析与判断。

（三）实现社会发展合力必须坚持走中国特色社会主义道路

在中国，实现社会发展合力必须坚持科学社会主义方向。2013 年，党的十八届三中全会首次提出"创新社会治理体制"的要求。更广泛、更充分地汇聚社会发展合力，是创新社会治理体制的内在要求。习近平总书记指出："坚定不移走中国特色社会主义社会治理之路，善于把党的领导和我国社会主义制度优势转化为社会治理优势，从我国实际出发，遵循治理规律，把握时代特征，加强和创新社会治理，不断完善中国特色社会主义社会治理体系，推进国家治理体系和治理能力现代化，更好解决我国社会出现的各种问题，确保社会既充满活力又和谐有序。"①

坚持什么样的方向实现社会发展合力，说到底是坚持以什么为本。资本主义社会同样重视社会发展合力的汇聚，但其所坚持的是以"物"为本，以"资本"为本。社会是由人组成的，人是社会中的人，社会是人的社会。社会主义从归根到底的意义上来讲，所坚持的是以人为本。中国特色社会主义是立足本国实际、植根本国历史，确保我们全面建成社会主义现代化强国的光明大道。

倘若将科学社会主义跌宕起伏的发展历程，比作一部气势恢宏的交响乐，那么中国特色社会主义就是这部交响乐的华彩乐章。历史和实践告诉我们，只有社会主义才能救中国，只有中国特色社会主义才能发展中国，只有结合本国具体实际坚定走好中国特色社会主义道路，才能更好、更充分地汇聚社会发展合力。

---

① 习近平：《论坚持党对一切工作的领导》，中央文献出版社 2019 年版，第 194 页。

　　针对有些别有用心者提出的中国搞的还是不是社会主义的质疑，习近平总书记旗帜鲜明地指出："中国特色社会主义，既坚持了科学社会主义基本原则，又根据时代条件赋予其鲜明的中国特色。"① 这一重要论述，坚持了科学社会主义理论逻辑和中国社会发展历史逻辑的统一，拨开了人们有关实现社会发展合力"向何处去"的思想迷雾。

　　马克思曾在不同的场合，对科学社会主义应该遵循的基本原则发表独到的见解。总结下来，主要包括以下几个方面：在生产资料公有制基础上组织生产，满足全体社会成员的需要是社会主义生产的根本目的；对社会生产进行有计划的指导和调节，实行等量劳动领取等量产品的按劳分配原则；通过无产阶级专政和社会主义高度发展最终实现向消灭阶级、消灭剥削、实现人的自由而全面发展的共产主义社会的过渡等。上述科学社会主义应该遵循的基本原则，是中国特色社会主义的"根"和"源"。习近平总书记明确指出，"中国特色社会主义是社会主义而不是其他什么主义，科学社会主义基本原则不能丢，丢了就不是社会主义。"②

　　关于科学社会主义与中国特色社会主义的内在逻辑关联，习近平总书记明确指出："在当代中国，坚持和发展中国特色社会主义，就是真正坚持社会主义。"③ 中国特色社会主义是植根于中国大地、反映中国人民意愿、适应中国和时代发展进步要求的科学社会主义。

　　在超大人口规模的发展中国家实现社会主义现代化是崇高且艰巨的，④ 而在这样的国家汇聚实现社会主义现代化的合力必然具有中国特色。习近平总书记在文化传承发展座谈会上指出："我们的社会主义为

---

　　① 《习近平著作选读》第 1 卷，人民出版社 2023 年版，第 75 页。
　　② 《习近平著作选读》第 1 卷，人民出版社 2023 年版，第 75 页。
　　③ 《习近平谈治国理政》，外文出版社 2014 年版，第 9 页。
　　④ 吴江海、江昊：《新时代坚持和发展科学社会主义的理论逻辑》，《前线》2021 年第 4 期。

什么不一样？为什么能够生机勃勃、充满活力？关键就在于中国特色。中国特色的关键就在于'两个结合'。"①

"两个结合"是习近平总书记在庆祝中国共产党成立100周年大会上提出的经典命题，也即要"坚持把马克思主义基本原理同中国具体实际相结合、同中华优秀传统文化相结合"②。马克思主义只有植根本国、本民族历史文化沃土，才能始终保持蓬勃生机和旺盛活力，指引我们走好中国特色社会主义道路，汇聚起实现社会主义现代化建设的强大合力。

中华优秀传统文化与马克思主义是相互契合的关系。"结合"的前提是彼此契合，只有相互契合才能有机结合。马克思主义基本原理同中国具体实际相结合、同中华优秀传统文化相结合的结果是互相成就。"结合"的结果是互相成就，通过深刻的"化学反应"，造就了一个有机统一的新的文化生命体。"结合"筑牢了中国特色社会主义的道路根基。特别是"第二个结合"让中国特色社会主义道路有了更加宏阔深远的历史纵深。③ 而行走在有着深厚文化根基的中国特色社会主义道路上，不同主体性力量交互作用更容易形成稳定且持久的社会发展合力。

哪里是中国特色社会主义道路所通向的彼岸，依据人类社会从低级向高级发展的规律，答案是共产主义社会。人类社会历史并不永远是一个自然历史过程。张一兵教授在《马克思历史辩证法的主体向度》一书中指出，"似自然性"是在一个非常狭小的语境中被提出的，这个语境就是在资本主义的社会历史发展过程中出现了一个非常特殊的现象，即社会历史的发展是一个"不以人类主体的意愿为转移的类似自然史的

---

① 习近平：《在文化传承发展座谈会上的讲话》，人民出版社2023年版，第7页。
② 《习近平著作选读》第2卷，人民出版社2023年版，第483页。
③ 杨子强：《中国特色的关键在于"两个结合"》，《人民日报》2023年10月26日第13版。

过程"①。与社会历史发展呈现出的此种规律相伴生的，是实现社会发展合力同样具有"似自然性"，也即实现社会发展合力并不具有必然性，并不完全以人类主体的意愿为转移。

诚如马克思分析的那样，"资产阶级的社会的症结正是在于，对生产自始就不存在有意识的社会调节。合理的东西和自然必需的东西都只是作为盲目起作用的平均数而实现的。"② 而坚定不移地走具有本国特色的社会主义道路，最终通向共产主义社会，这种"似自然性"的现象呈现并不具有必然性。

"似自然性"只不过是"现象"，它的背后实质上是"物役性"③，也即"人类主体的社会生活颠倒地表现为非主体的受自己创造出来的物化经济力量奴役的自发进程"④。

在未来的共产主义社会，这种社会发展异在为自然过程的特殊历史状态将因"物役性"的消除而淡出历史的舞台。在自然的发展过程中，物质运动是在无目的的相互作用中盲目进化的。而在人类社会历史发展中，历史社会进步是在人类主体中有目的地推进的⑤，这意味着形成社会发展合力将更加具有确定性。人类现代化的历史始于资本主义而成于共产主义，资本主义的现代化在现象呈现上具有似自然性，它注定被社会主义现代化取代，社会主义现代化是全体人民共同富裕的现代化，其坚持把实现人民对美好生活的向往作为现代化建设的出发点和落脚点，因而能最大限度地汇聚社会发展合力。因此，实现社会发展合力必须坚持正确方向，这是推进社会主义现代化建设的关键所在。

---

① 张一兵：《马克思历史辩证法的主体向度》，武汉大学出版社 2010 年版，自序：第 5 页。

② 《马克思恩格斯全集》第 32 卷，人民出版社 1998 年版，第 542 页。

③ 蒙木桂：《似自然性概念的再理解》，《河北学刊》2006 年第 1 期。

④ 张一兵：《马克思历史辩证法的主体向度》，武汉大学出版社 2010 年版，自序：第 5 页。

⑤ 张一兵：《似自然性：人类社会发展异在为自然过程的特殊历史状态》，《中州学刊》1994 年第 5 期。

三 实现社会发展合力必须有效化解矛盾

矛盾无处不在，无时不有。矛盾是事物存在的普遍规律和根本法则，是一切事物发展的内在源泉和动力。[①] 我们要运用矛盾分析的方法认识社会发展合力的形成问题，矛盾之于社会发展合力的形成不存在有没有的问题，也无所谓好与坏的问题。

在社会主义社会，实现社会发展合力要直面矛盾。即使在未来的共产主义社会，实现社会发展合力同样不能回避矛盾。在实现社会发展合力的全过程和各阶段，有矛盾并不可怕。可怕的是要么没有认识到矛盾的存在，要么认识到矛盾的存在但不够清楚，要么是认清了矛盾但未能有效化解矛盾。存在矛盾但不化解是坏事，矛盾认清了并有效化解是好事。实现社会发展合力不能否定矛盾的存在，而要善于分析矛盾并积极解决矛盾。如此，社会发展合力才能得到更为充分的汇聚。

（一）实现社会发展合力要敢于正视矛盾

承认矛盾的存在，正视存在的矛盾，是实现社会发展合力需要直面的一大问题。毛泽东同志指出："没有什么事物是不包含矛盾的，没有矛盾就没有世界。"[②] 矛盾具有普遍性，或者说是绝对性，它存在于一切领域。在这个世界上，不存在没有矛盾的事物，不存在没有矛盾的过程。只要有事物，就会有矛盾存在其中，就会有矛盾在运行。实现社会发展合力的全过程和各阶段，同样贯穿着矛盾。

矛盾之于社会发展合力的形成，可谓无处不在，无时不有。实现社会发展合力，不能否认矛盾的存在，要敢于正视存在的矛盾。在马克思

---

① 王伟光：《社会矛盾论：我国社会主义现阶段阶级、阶层和利益群体的分析》，中国社会科学出版社 2011 年版，前言：第 2 页。

② 《毛泽东选集》第 1 卷，人民出版社 1991 年版，第 305 页。

看来，矛盾起源于人的需要。没有人的需要，就不会有利益，也就不会有因利益差异甚至冲突而产生的矛盾。

人的需要是基于人的本性产生的欲望和要求，并非其客体本身。而利益，也即马克思所说的作为客观存在物的"衣食住行以及其他东西"，正是产生于物质生产过程中用以满足人的需要的对象和载体。唯心史观的产生正是由于没有看到这样的一个事实，"人们已经习惯于以他们的思维，而不是以他们的需要来解释他们的行为，这样，随着时间的推移，便产生了唯心主义世界观"①。马克思将人们"创造历史"的实践活动归因于人的需要，指出人类的"第一个历史活动就是生产满足这些需要的资料，即生产物质生活本身"②。

马克思在分析了人的本质的特定属性之后，将人的需要划分为三个层次，分别是基于人的自然属性的需要、基于人的社会属性的需要以及基于人的自由的需要。正是为了满足多层次的需要而展开的对利益的追求，激发了人的主观能动性，促使社会发展合力得以形成。马克思认为，"任何人如果不同时为了自己的某种需要和为了这种需要的器官而做事，他就什么也不能做。"③

实现社会发展合力要敢于正视矛盾，而正视矛盾就不能不分析人的现实需要。人的需要的直接对象是物质资料的生产。物质资料的生产，是人类为了生存和发展所要满足的首要的和必需的要求。人类丰富的实践活动决定了人的需求具有多样性与复杂性。"任何个人如果不是同时为了自己的某种需要和为了需要的器官而做事，他就什么也不能做"④。

需要的满足所指向的对象主要是人的具体的物质生活条件。人的社会生活各个领域的活动，基本上是围绕其自身的物质生活条件而展开的。从上层建筑的内部运动看，权力和制度运行的过程是物质利益得以

---

① 《马克思恩格斯全集》第 20 卷，人民出版社 1971 年版，第 516—517 页。
② 《马克思恩格斯全集》第 3 卷，人民出版社 1960 年版，第 31 页。
③ 《马克思恩格斯全集》第 3 卷，人民出版社 1960 年版，第 286 页。
④ 《马克思恩格斯全集》第 3 卷，人民出版社 1960 年版，第 286 页。

实现的过程。社会经济生活的变化，是不同阶层的主体性力量基于不同的生产关系和生产方式，在市场发生的一种交换关系。社会生活在文化、艺术、宗教等领域的博弈与互动，无不是由最基础的经济关系和政治关系所决定的。① 物质资料的生产是人类社会存在和发展的前提和基础。

凡物质资料的生产，无论在什么社会、在何种社会的任何发展阶段，都是社会的生产。② 同样地，生产力作为人们在生产实践中形成的改造和影响自然，以使其适合社会需要的物质力量，也是在社会生产中形成和发展的。生产方式是与生产力的发展相适应，人类社会的生产方式也经历了一系列发展阶段。生产方式，作为人们在社会生产过程中共同活动和互相交换其活动而相互结合的生产的社会组织形式，是具体而非抽象的。

在社会生产中，它是以一定的经济体制形式出现并发挥作用的。在现实的社会再生产中，生产力和生产方式互为条件、相互依存，形成一个矛盾着的有机整体。正是这一矛盾的连续不断的运动，推动人类社会生产不断发展。人类社会的生产关系，也是一个由不同性质的生产关系、不同性质生产关系内部的不同层次及其基本要素相互联系、相互作用而形成的有机整体。

生产关系从本质上说，是人类社会生产中发生的物质利益关系或经济关系。斯大林认为，"任何经济基础都有同它相适应的自己的上层建筑。封建制度的基础有自己的上层建筑，自己的政治、法律等等观点，以及同这些观点相适应的设施；资本主义的基础有自己的上层建筑；社会主义的基础也有自己的上层建筑。如果基础发生变化和被消灭，那么它的上层建筑也就会随着发生变化和被消灭。如果产生新的基础，那就

---

① 吴家庆、王毅：《马克思恩格斯的利益矛盾思想探析》，《湖南师范大学社会科学学报》2019 年第 4 期。

② 张作云：《马克思关于人类社会基本矛盾的理论及其当代意义》，《当代经济研究》2019 年第 10 期。

会随着产生同它相适应的上层建筑。"①

在斯大林看来，"上层建筑是由基础产生的，但这决不是说，上层建筑是反映基础，它是消极的、中立的，对自己基础的命运、对阶级的命运、对制度的性质漠不关心。"② 上层建筑对经济基础具有反作用。"上层建筑一出现，就成为极大的积极力量，积极促进自己基础的形成和巩固，采取一切办法帮助新制度去根除和消灭旧基础和旧阶级。"③而"基础创立上层建筑，就是要为它服务。"④

在上层建筑与经济基础的"现实关系中，尽管其他的条件——政治的和思想的——对于经济条件有很大的影响，但经济条件归根到底还是具有决定意义的，它构成一条贯穿于全部发展进程并唯一能使我们理解这个发展进程的红线。"⑤ 这就是说，上层建筑对经济基础的作用，要受到经济基础及其发展趋势的规定和制约。

上层建筑包括政治上层建筑和意识形态上层建筑。在经济基础和上层建筑之间的矛盾运动中，对经济基础起反作用的，除政治上层建筑之外，意识形态上层建筑的作用也不可忽视。毛泽东同志指出："凡是要推翻一个政权，总是要先造成舆论，总要做意识形态方面的工作。革命的阶级是这样，反革命的阶级也是这样。"⑥ 总之，经济基础决定上层建筑，上层建筑因经济基础的需要而产生；上层建筑是为经济基础而服务的，对经济基础起着巨大的反作用。

经济基础与上层建筑相互联系、相互作用，既对立又统一，这就是经济基础与上层建筑之间的矛盾及其运动。我们分析的上述矛盾，是马克思以及其他经典作家基于人类历史和社会的实践中发现并揭示出来

---

① 《斯大林选集》下，人民出版社 1979 年版，第 501—502 页。
② 《斯大林选集》下，人民出版社 1979 年版，第 501—502 页。
③ 《斯大林选集》下，人民出版社 1979 年版，第 502 页。
④ 《斯大林选集》下，人民出版社 1979 年版，第 502 页。
⑤ 《马克思恩格斯全集》第 39 卷，人民出版社 1974 年版，第 199 页。
⑥ 《建国以来毛泽东文稿》第 10 册，中央文献出版社 1996 年版，第 194 页。

的。在人类社会发展中，这些矛盾还因其所处的地位和所起作用的不同，相互联系、相互作用，构成一个具有层次性、系统性的有机整体，即矛盾体系。在这一矛盾体系中，生产力与生产方式之间的矛盾是根本矛盾，生产方式与生产关系之间的矛盾是主要矛盾，经济基础与上层建筑之间的矛盾是直接矛盾。

就矛盾运行的机制来说，物质资料的生产是矛盾产生的前提和基础，生产力与生产方式之间的矛盾是人类社会发展的根本动力，生产方式与生产关系之间的矛盾是人类社会发展核心的和基本的动力，经济基础与上层建筑之间的矛盾是人类社会发展的直接动力。正是上述矛盾以及由上述矛盾所构成的矛盾体系及其运动，推动了人类社会由低级向高级发展。① 实现社会发展合力必须敢于正视而不能否认矛盾的存在。

（二）实现社会发展合力要善于分析矛盾

实现社会发展合力是否有规律可循？答案是肯定的。马克思创立的唯物史观揭示出，生产力与生产关系矛盾运动的规律、经济基础与上层建筑矛盾运动的规律，这是人类社会发展的两个基本规律。一切历史进步都是生产力和生产关系矛盾运动的结果。在我国，实现社会发展合力必须坚持社会主义方向，社会主义的根本任务是解放和发展生产力。生产力是衡量社会发展的带有根本性的标准。② 在生产力的诸要素中，不仅包括人的要素，更包括生产工具和劳动资料。

在马克思看来，物质生产力是全部社会生活的物质前提，同生产力发展一定阶段相适应的生产关系的总和构成了经济基础。一般认为生产力包括劳动者、劳动资料、劳动对象三要素，实则还包括科学技术。马

---

① 张作云：《马克思关于人类社会基本矛盾的理论及其当代意义》，《当代经济研究》2019 年第 10 期。

② 郝思斯：《什么是新质生产力？如何理解形成新质生产力的重要意义》，《中国纪检监察报》2023 年 9 月 19 日。

克思就曾指出：“生产力中也包括科学。”[1] 生产力中任何要素的发展应用，都会引起它的变化甚至变革。如今，新的物质生产力，正在信息化、智能化等条件下形成。习近平总书记在黑龙江主持召开新时代推动东北全面振兴座谈会时强调：“积极培育新能源、新材料、先进制造、电子信息等战略性新兴产业，积极培育未来产业，加快形成新质生产力。”加快形成新质生产力，是适应我国社会主要矛盾变化而提出的新要求。

从我国社会主要矛盾的转换以及所处发展阶段来看，其本身也是由生产力的发展状况决定的。进入新时代，我国社会主要矛盾发生转化，即由人民日益增长的物质文化需求同落后的社会生产之间的矛盾转化为人民日益增长的美好生活需要同不平衡不充分的发展之间的矛盾。

经过改革开放四十余年的发展，我国社会生产力水平得到了大幅度的跃升。再谈落后的社会生产，显然已经不合时宜。我国社会生产力尽管有所发展，但还不够发达。生产力发展状况决定了我国仍处在社会主义初级阶段的基本国情并没有改变。

社会主义初级阶段的基本国情没有变，集中精力推动生产力发展的根本任务就没有变。但怎样推动生产力的发展，需要结合时代条件进行科学分析。

回顾过去，我们认识到在经济等领域的发展上，不能再一味地追求速度“快”，而要转向质量“好”。党的十九大报告提出，“我国经济已由高速增长阶段转向高质量发展阶段”[2]。党的二十大报告进一步指出：“高质量发展是全面建设社会主义国家的首要任务。”[3] 对经济发展质量“好”的追求，使得全靠要素驱动的老路难以为继，要求我们必须及早

---

① 《马克思恩格斯全集》第 31 卷，人民出版社 1998 年版，第 94 页。

② 习近平：《决胜全面建成小康社会　夺取新时代中国特色社会主义伟大胜利——在中国共产党第十九次全国代表大会上的报告》，人民出版社 2017 年版，第 30 页。

③ 习近平：《高举中国特色社会主义伟大旗帜　为全面建设社会主义现代化国家而团结奋斗——在中国共产党第二十次全国代表大会上的报告》，人民出版社 2022 年版，第 28 页。

转入创新驱动发展轨道，发挥创新驱动在生产力中的关键作用，促进生产力核心要素的变革，从而产生新质生产力。

加快形成与我国现阶段相适应的新质生产力，是社会主义现代化建设的迫切需求。相较于传统生产力，新质生产力涉及领域新、技术含量高，依靠创新驱动是重中之重。从这个意义上可以说，新质生产力是创新驱动的生产力，它区别于依靠大量资源投入、高度消耗资源的生产力发展方式，是摆脱了传统增长路径、符合高质量发展要求的生产力，[①]是数字时代更具融合性、更体现新内涵的生产力。[②]

社会发展，必然会有多种多样的矛盾。实现社会发展合力必须有效化解矛盾。但矛盾与社会发展合力的形成并不是水火不容的。社会作为一个有机体，其本身就是一个矛盾的统一体。统一体内部各要素之间必有矛盾。实现社会发展合力的过程中，矛盾是无处不在、无时不有的。在此特别需要加以指出的是，实现社会发展合力的矛盾是不能消除的，能消除的仅仅是实现社会发展合力过程中的某些具体矛盾。

具体矛盾是实现社会发展合力过程中遇到的各种各样的问题、困难或障碍。每一种具体的矛盾都是能够消除的，但是一种具体矛盾被克服，又会有新的具体矛盾出现。幻想消除制约社会发展合力形成的所有具体矛盾，也是不现实的。实现社会发展合力过程中所遇到的矛盾，是不能回避的。解决了这些矛盾，社会就取得进步。

只有承认矛盾的存在并善于对之进行分析，才能在实现社会发展合力中赢得主动。作为矛盾统一体的社会，时时处于变化之中。实现社会发展合力同样是一个动态的过程。合力是由不同分力交互作用构成的。形成合力的各分力，究竟是以进动力还是反动力的样态存在，需要结合具体的条件进行动态的分析。而对其进行分析时，同样要树立辩证思

---

① 刘文艺、黄玲：《深刻把握"新质生产力"的丰富意蕴》，《深圳特区报》2023 年 9 月 26 日。

② 胡莹：《新质生产力"新"在何处》，《深圳特区报》2023 年 10 月 11 日。

维，锤炼辩证思维能力。

矛盾具有对立统一性。形成合力的各分力也不例外。无论是作为进动力样态存在的主体性力量，还是作为反动力样态存在的主体性力量，其均有可能相互转化。正确分析并积极化解矛盾，作为反动力样态存在的主体性力量可以转化为进动力，对社会发展起到推动作用。反之，无视矛盾的存在，对之听之任之，作为进动力样态存在的主体性力量可以转化为反动力，对社会发展起到阻碍作用。这就是说，实现社会发展合力的各分力，作为进动力样态存在与作为反动力样态存在是可以相互转化的，在彼一时作为进动力样态存在的分力，在此一时会在特定条件下转化为反动力。故此，实现社会发展合力，既要敢于正视矛盾，又要坚持用动态的、发展的、辩证的眼光分析矛盾。

（三）实现社会发展合力要积极解决矛盾

实现社会发展合力，既要直面矛盾，不回避已经存在和可能存在的各种矛盾，又要对认识到的矛盾科学地加以分析。与此同时，还要妥善、积极、及时地解决矛盾。对矛盾予以承认并加以分析，属于思想范畴。倘若仅仅停留在这一范畴，不进入实践层面解决矛盾，实现社会发展合力的主体性力量，就可能由动力转化为阻力。而妥善、积极、及时地对矛盾加以解决，阻碍社会发展合力形成的主体性力量，有可能向进动力转化。

拥有积极解决矛盾的能力，要树立历史思维。所谓历史思维，就是结合时代的发展变化而客观地看待社会发展合力的形成问题。比如，在未来的共产主义社会，因私有制被扬弃，不同主体性力量交互作用得以在最大程度上汇聚起社会发展合力。扬弃私有制是通达这一目标的重要手段。然而，在面对私产和公产的问题上，不能不顾历史条件而主观地做出判断。在毛泽东同志看来，私产和公产之间有一条由此达彼的桥梁。哲学上名之曰"统一性"，或互相转化、互相渗透。

扬弃私有制是进入共产主义社会的必由之路。但在社会主义社会特别是社会主义初级阶段，不顾社会实际地消灭私有制，非但无助于汇聚社会发展合力，反而会对历史的进步凭添阻力。在现阶段，我们应特别注意保护个人的合法私有财产，避免个人的合法私有财产受到不法侵犯。现行的私有制，正是为未来的公有制准备条件。① 认为追求公有制，就要武断地消灭一切形式的私有形式，是盲目地将私有制和公有制对立起来的表现，是缺失历史思维、不顾客观实际的表现。

拥有积极解决矛盾的能力，要防患于未然。当前人类所生活的社会正变得越来越数字化。计算机运算速度的显著提升和数据量的快速增长极大地推动了人工智能的发展。② 今天，以人工智能为代表的数字技术和人类的协作比以往任何时候都更加紧密。

不同主体性力量交互作用得以突破时间与空间的界限汇聚起社会发展合力。然而，随着生成式人工智能的发展，实现社会发展合力所带来的潜在风险，有必要引起我们的高度警惕。比如在机器能否代替人类工作的问题上，就存在着诸多隐患。麦当劳前 CEO 爱德华·伦西早在2016 年就表示，如果美国政府提高最低工资标准，会导致一些公司使用机器人代替人工，从而导致更多人失业。

伦西对福克斯商业新闻网表示："如果在美国全国范围内的最低工资达到每小时 15 美元，失业潮将会随之而来。虽然难以置信，但这就是事实。花 35000 美元买一个机器臂比每小时花 15 美元雇一个人包装薯条更划算，而且更有效率。"③

在人类社会发展史上，历史重大技术的变革和发展都会对劳动力分工和市场结构产生深远影响，甚至会颠覆社会对劳动的意义和内涵的

---

① 陈培永：《思维的法则——毛泽东〈矛盾论〉如是读》，广东人民出版社 2014 年版，第 29 页。

② 方跃：《数字化领导力》，东方出版中心 2019 年版，第 34 页。

③ Frieda Klotz, "Are You Ready For Robot Colleagues?", *MIT Sloan Management Review*, Summer, 2016.

认知。

约翰·凯恩斯早在 1930 年谈到技术对失业率的影响时，就曾经预测到 2030 年前后，生产力已经达到相当水平，足以满足人类的基本生活需求，但机器人会抢走人类的工作，虽然还有很多工作需要由人来完成，但是留给人类的机会会越来越少。凯恩斯将这种现象称为"由技术引起的失业"。

机器代替人类而工作，失业的人会陷入贫困，而陷入贫困的人难免不会发生争夺生活必需品的斗争。马克思曾对这种状况进行过分析，但他分析这一问题的语境是生产力处于落后的状态下。在那时"全部陈腐污浊的东西又要死灰复燃"，形成社会发展合力的阻力将不断增大。拥有积极解决矛盾的能力，我们需要防患于未然。

拥有积极解决矛盾的能力，要扭住创新"牛鼻子"。实现社会发展合力，是人类的一种创造性实践活动。这种创造性实践活动的展开过程，随时都会面临新挑战、遇到新难题。拥有积极解决矛盾的能力，不能画地为牢、因循守旧，而应牢牢扭住牛鼻子创新，以动态的、发展的、变化的眼光认识社会发展合力的形成。

习近平总书记指出"创新是引领发展的第一动力"[1]。创新作为人类创造性实践活动的"牛鼻子"，是在一定的社会历史条件下展开的。[2]马克思认为，历史不外是各个世代的依次交替。每一代都利用以前各代遗留下来的材料、资金和生产力；由于这个缘故，每一代一方面在完全改变了的环境下继续从事所继承的活动，另一方面又通过完全改变了的活动来变更旧的环境。生产力是推动社会发展的根本动力。

汇聚社会发展合力，从归根到底的意义上来讲，要靠生产力的不断发展。新质生产力是实现能级跃升的生产力。加快形成新质生产力，正是推动我国实现高质量发展的重要工作。我国实现高质量发展，汇聚强

---

① 《习近平著作选读》第 2 卷，人民出版社 2023 年版，第 322 页。
② 刘同舫：《"创新发展理念"的哲学意蕴》，《中国社会科学报》2023 年 6 月 28 日。

大的社会发展合力是题中之义。也可以说，社会发展合力的强弱是评价发展质量高低的一个标尺。新质生产力有两个关键字特别值得我们注意，一个是"新"，另一个是"质"。新是相对于传统而言的，传统生产力在为社会发展提供动力的同时，造成了环境恶化、贫富分化、阶层固化等问题。而新质生产力有别于传统生产力之处，在于能够有效避免上述问题，推动社会发展合力的形成。质是相对于量而言的，在社会发展上，过去要解决的主要是"有没有"的问题。从无到有，必然涉及量的增长。但为了追求量的增长，而以牺牲环境为代价、以人际关系的疏离为恶果，给我们带来了不可承受之重。如今，在社会生产力已经有了巨大进步的基础上，人们更为关心"好不好"的问题。

有别于一味追求量的增长的传统生产力，新质生产力以创新为新动能，其更加注重生态环境的保护，更加注重劳动者素质的提升，更加注重科技的进步。加快形成新质生产力，有助于更好地满足人民过上美好生活的需求。而幸福感、获得感得到提升的主体性力量，其彼此之间交互作用也更容易汇聚起进行社会主义现代化建设的强大合力。因此，实现社会发展合力，必须有效化解矛盾，这是进行社会主义现代化建设的现实基础。

四　实现社会发展合力必须满足人民利益

全部人类历史的第一个前提是有生命的个人的存在。在社会历史中活动的是有生命的、活生生的现实的人。实现社会发展合力，必须高度重视现实的人的生存状况。而重视现实的人的生存状况，就不能不重视利益分析。利益是人类社会生活中的重要社会现象[①]。站在利益的角度可以透视整个人类社会，揭示社会历史之谜。[②] 进行利益分析的目的之

---

①　王伟光：《利益论》，中国社会科学出版社 2010 年版，第 3 页。

②　王伟光：《利益论》，中国社会科学出版社 2010 年版，前言：第 6 页。

一，也在于探索社会发展合力得以形成的深层次动因。列宁将利益称为
"人民生活中最敏感的神经"①。

习近平总书记在 2024 年新年贺词中指出："我们的目标很宏伟，也
很朴素，归根到底就是让老百姓过上更好的日子。"② "让老百姓过上更
好的日子"绝不是一句空话，绝不能忽视"利益"这根人民生活最敏
感的神经，为此我们必须坚持以人为本，建立起与社会主义现代化建设
相适应的利益协调机制。这样的利益协调机制，主要包括经济协调机
制、政治协调机制、法律协调机制、道德协调机制等。③ 利益协调机制
的建立与健全，有助于社会利益及体系保持大体稳定的格局，从而有助
于社会发展合力的形成。

（一）有生命的个人的存在是全部人类历史的第一个前提

历史的前提是人类社会发展的第一基础和根本条件④，也是研究社
会发展合力形成问题的第一始点和根本依据。关于历史的前提，马克思
和恩格斯在《德意志意识形态》中指出，"全部人类历史的第一个前提
无疑是有生命的个人的存在。"⑤ 历史不过是人的活动的产物。离开在
一定社会关系中从事实践活动的现实的人，也就无所谓人类历史。

"历史什么事情也没有做，它'并不拥有任何无穷的丰富性'，它
并'没有在任何战斗中作战'！创造这一切、拥有这一切并为这一切而
斗争的，不是'历史'，而正是人，现实的、活生生的人。'历史'并
不是把人当做达到自己目的的工具来利用的某种特殊的人格。历史不过

---

① 《列宁全集》第 16 卷，人民出版社 1988 年版，第 136 页。
② 习近平：《我们的目标很宏伟也很朴素，归根结底就是让全体中国人民都过上好日
子》，新华网，https：//baijiahao. baidu. com/s？id = 1719209351574640105&wfr = spider&for = pc，
2021 年 12 月 15 日。
③ 王伟光：《利益论》，中国社会科学出版社 2010 年版，第 243 页。
④ 彭高：《以人为本：论〈德意志意识形态〉的一条内在线索》，《思想政治教育研究》
2019 年第 5 期。
⑤ 《马克思恩格斯文集》第 1 卷，人民出版社 2009 年版，第 519 页。

是追求着自己目的的人的活动而已。"① 人不同于动物，动物仅仅通过自身的存在于自然界中引起变化，而人则通过自身所作出的改变来使自然界为自己的目的服务，从而支配自然界。从这个意义上来看，人类社会历史发展具有似自然性，但毕竟不同于自然史。

自然界的发展变化表现为那些无意识的、盲目的动力的相互作用。而在社会历史领域内进行活动的全是有意识的、有目的的人。在这一领域，任何事情的发生都不是没有自觉意图，没有预期目的的。在人类社会发展中，每个人的意志活动尽管发挥的作用有大小之分、正反之别，但无一例外地都对人类社会发展有所影响。具体而言，有的个体性力量在人类社会发展中所发挥的作用大，而有的个体性力量在人类社会发展中所发挥的作用小；有的个体性力量在人类社会发展中所发挥的作用是正向的，也即起推动作用，而有的个体性力量在人类社会发展中所发挥的作用是反向的，也即起阻碍作用。矛盾存在于一切事物中，贯穿于一切事物发展过程的始终。实现社会发展合力的全过程和各阶段，不仅事事存在着矛盾，而且时时存在着矛盾。

注意区分不同性质的矛盾，对于社会发展合力的形成至关重要。在刘少奇同志看来，"矛盾大体上可以分为两类：一类是在根本上敌对的不能和解的矛盾；另一类是在根本上非敌对的可以和解的矛盾。"② 实现社会发展合力必须有效化解矛盾。化解社会矛盾，有"两种相反的立场"、两种相反的"方针和政策"。

其中一种是人民的敌人，这种主体性力量站在反人民的立场上，"利用矛盾的斗争性及双方的一切弱点，进行挑拨，来推动与促进这个矛盾的斗争和破裂"③；

另一种是工人阶级和人民中的觉悟分子，这种主体性力量站在工人

① 《马克思恩格斯全集》第 2 卷，人民出版社 1957 年版，第 118—119 页。
② 《刘少奇选集》下卷，人民出版社 1985 年版，第 93 页。
③ 《刘少奇选集》下卷，人民出版社 1985 年版，第 94 页。

阶级和人民的立场上，"利用矛盾的统一性及双方的一切优点，来推动和促进这个矛盾的和解和妥协（经过适当的斗争），以达到双方团结一致，共同努力进行生产的目的"①。这种区分，对于社会发展合力的形成是有现实意义的。

化解社会矛盾，必须考虑有生命的个人的意志和愿望，也即其是站在人民的立场还是站在反人民的立场与其他主体性力量交互形成合力的。如果是站在人民的立场，要采取"仇必和而解"的方针。依循这一方针，就要兼顾实现社会发展合力各主体性力量的利益，不能采取牺牲、剥夺一方利益而满足另一方利益的做法。但是，采取"仇必和而解"的方针需要"经过适当的斗争"。这就是说，"仇必和而解"并不是没有原则的。当整体利益同局部利益、集体利益同个体利益、长远利益同当前利益存在矛盾时，后一种利益要服从前一种利益。②

如果一种主体性力量在与其他主体性力量交互作用时，其是站在反人民立场上的，则要采取"仇必仇到底"的方针。比如，针对少数破坏社会主义秩序的犯罪分子、敌视社会主义制度的反动分子，他们采用各种各样的手段破坏社会主义建设。③对这种主体性力量，则要开展坚决而彻底的斗争。

（二）实现社会发展合力必须坚持以人为本

实现社会发展合力，需要解决"以谁为本"的问题。马克思和恩格斯在《德意志意识形态》中，在确定历史的前提为现实的个人以后，就论述起现实的个人之生活过程。他们指出，一当人们开始生产自己所必需的生活资料——这一步是由他们的肉体组织所决定的，他们本身就

---

① 《刘少奇选集》下卷，人民出版社1985年版，第94页。
② 王伟光：《社会矛盾论：我国社会主义现阶段阶级、阶层和利益群体的分析》，中国社会科学出版社2011年版，第9—10页。
③ 王伟光：《社会矛盾论：我国社会主义现阶段阶级、阶层和利益群体的分析》，中国社会科学出版社2011年版，再版前言：第3页。

开始把自己和动物区别开来。①"人们为了能够'创造历史',应该有生活的可能性。但是为了生活,首先就需要吃喝住穿以及其他一些东西。因此第一个历史活动就是生产满足这些需要的资料,即生产物质生活本身。"②

实现社会发展合力的主体性力量,是"有血有肉""从事实际活动"的人。实现社会发展合力必须满足人民的利益。在马克思看来,"'思想'一旦离开'利益',就一定会使自己出丑"③。满足人民对利益的追求,对于社会发展合力的形成而言具有"天然必然性"。"以人为本"要求将实现人民群众的根本利益看作推动社会发展合力形成工作的出发点和落脚点。④

以人为本与社会发展合力的形成存在着极为紧密的逻辑关联。一个国家是否能够真正地做到以人为本,是社会发展合力能否形成以及在多大程度上形成社会发展合力的根本。从终极性的价值旨趣来看,实现社会发展合力在于促使主体性力量获得真正的幸福。

在人民民主专政的社会主义国家建立以前,不同主体性力量交互作用也能形成社会发展合力。但囿于领导性力量代表的是少数人的利益,汇聚社会发展合力的价值指向是为占统治地位的利益群体服务的,因而这种整体性力量不可避免地具有有限性。

在人民民主专政的社会主义国家,人民是国家的主人。中国共产党是代表人民的根本利益执政的。这决定了在中国共产党的带领下,广大人民群众在根本利益一致的基础上,具有充分汇聚社会发展合力的基础和条件。实现社会发展合力在坚持党的领导与坚持以人为本上是高度统一的。只有坚定不移地坚持中国共产党的领导,在实践层面才能真正地

---

① 《马克思恩格斯文集》第 1 卷,人民出版社 2009 年版,第 519 页。
② 《马克思恩格斯文集》第 1 卷,人民出版社 2009 年版,第 531 页。
③ 《马克思恩格斯文集》第 1 卷,人民出版社 2009 年版,第 286 页。
④ 谭吉华、蔡洁:《马克思人本观对"以人为本"的四重规定的解读》,《湖南师范大学社会科学学报》,2016 年第 5 期。

做到以人为本，才能最大限度地汇聚起社会发展合力。

实现社会发展合力必须坚持以人为本，是针对以物为本或以资本为本而言的。资本是规定现代社会本质性的那一度。这就是说，现代社会之为现代社会，资本在其中起了极为重要的作用。社会主义国家强调以人为本，资本主义国家同样没有不强调以人为本。但社会主义国家强调以人为本与资本主义国家强调以人为本是不一样的，前者是在最为根本的意义上申明该问题的。

资本主义国家较之于社会主义国家，从归根到底的意义上来讲，其是以资本为本的，实现社会发展合力的价值旨归在于最大化地榨取劳动人民的剩余价值。

开展社会主义现代化建设，不能绕开"资本"这一规定现代社会之为现代社会的本质性的那一度。但是在社会主义社会，资本仅仅是被利用、被节制的对象，实现社会发展合力的价值追求在于促进人的发展，而非仅仅为了获得利润的最大化。在我国，实现社会发展合力一刻也不能离开中国共产党的领导，一刻也不能背离以人为本的核心立场。

(三) 建立与社会主义现代化建设相适应的利益协调机制

实现社会发展合力需要以人为本，而怎样以最广大人民的根本利益为本，是需要进一步探讨的问题。在社会主义乃至未来的共产主义社会，不同主体性力量同样存在这样或那样的利益差别。协调、处理不好各种利益关系，会有碍于社会发展合力的形成。为此，就需要建立起一种机制来协调人民的利益矛盾。利益协调机制是一种综合的作用机制，它主要包括以下几个方面的内容：

一是经济协调。利益矛盾主要是经济的、物质的利益矛盾。经济协调是协调利益矛盾的主要手段。正因如此，经济机制协调是利益协调的基本机制。该机制的建立首先在于发挥社会经济制度和经济体制的作用，以协调好利益关系。所谓"利益关系"，也就是社会内部利益主体之间在生产资料和生活资料方面的利益分配关系。①

　　一种经济制度和体制只要适合社会生产力的发展，就能协调好社会的各种利益关系，就可以从生产资料和生活资料的分配等方面协调好各方面的利益，从而有利于社会发展合力的形成。同时，我们还可以运用经济法规、经济政策、经济管理等各种经济手段，协调处理好不同利益主体之间的利益矛盾和利益关系，进而推动社会发展合力的形成。

　　二是政治协调。对于实现社会发展合力而言，经济协调的作用要受到政治协调的影响和制约。原因在于政治是经济的集中体现，它反映了经济关系中各主体性力量的根本利益。政治协调主要是利用国家的职能、政治制度以及各类政治手段进行协调。

　　国家及其政治制度是缓和利益冲突的"调节器"。运用国家及政治手段来协调利益矛盾，是维持一定社会秩序以形成强大社会发展合力的有效手段。比如古希腊历史上的梭伦改革，就是一次政治改革，通过这次改革所建立起的新的国家政治制度，协调了工商业奴隶主和贵族奴隶主、贵族奴隶主和平民的利益矛盾。这样的改革是为了维护奴隶主阶级的共同利益、长远利益。

　　在人民民主专政的社会主义国家建立前，这种政治协调无不是为了维护少数剥削者利益服务的。在存在阶级对立的社会中，由于存在着根本利益的对立，不仅剥削阶级与被剥削阶级之间存在着矛盾，剥削阶级内部的矛盾也具有对立性。因此，利益矛盾的协调只能是暂时的。经过一段缓和期后，各利益集团的利益关系又会呈现紧张的状态，利益矛盾尖锐到一定程度会导致利益冲突。② 在阶级对立的社会，无法从根本上摆脱利益的对立和冲突，社会发展合力的形成也难免具有偶然性与非持久性。在人民民主专政的社会主义国家，人民是国家的真正主人，阶级对立已经不存在。利用国家的职能、政治制度及其各类政治手段协调利

---

　　① 王伟光：《利益论》，中国社会科学出版社 2010 年版，第 243—244 页。
　　② 王伟光：《利益论》，中国社会科学出版社 2010 年版，第 244—248 页。

益矛盾进而汇聚社会发展合力，因此具有有效性与持久性。为确保社会发展合力得以更好的汇聚，需要人们拥护社会主义制度，坚定制度自信；坚定不移走好社会主义道路，坚定道路自信。

三是法律协调。法律与政治存在着紧密的联系。任何社会的政治都不能离开法律而独立自处。法律的实质是维护统治阶级的共同意志，其是统治阶级推行和实施政治措施的工具。任何社会形态的利益制度，无不是以一定的法律形式表现出来。只有通过法律形式才能使一定利益制度固定下来。法律制度对不同主体性力量之间所建立的利益关系，发挥着极为重要的协调作用。

实现社会发展合力的主体性力量，是极为复杂而繁多的，不仅有阶级、阶层这些大的利益主体，还有小的利益以群体以及利益个体，它们无不有着自身的特殊利益，它们之间存在这样或那样的纷繁交织的利益关系。这些利益关系受到政治调整的影响，但其毕竟不能完全通过政治或国家政权就加以调整。

面对多元的、多层次的利益主体及利益关系，需要建立多样的协调机制，这样才能更充分地汇聚社会发展合力。法律作为一种社会规范，不仅可以直接作为一种政治手段，协调阶级、阶层之间的利益关系，而且能够超出政治范围，协调人们在社会生活各领域的利益关系。社会主义国家的法律起着确认和协调人民内部不同利益主体之间利益关系的职能。社会主义国家的法律不同于剥削阶级国家的法律，其是以工人阶级为领导的全体人民共同意志的反映，是阶级性和人民性的统一。

在社会主义国家，人民之间已经没有根本利益的对立，而是形成了具有一定利益差别的共同利益的共同体。社会主义法律真正体现了整个社会的利益。[①] 因此，社会主义法律能够真正地协调全体人民的利益关系，能够最大限度地汇聚社会发展合力。正因为如此，实现社会发展力，要坚决捍卫和维护社会主义法律的尊严，不断完善社会主义法律，

---

① 王伟光：《利益论》，中国社会科学出版社 2010 年版，第 248—252 页。

切实做到法律面前人人平等。

四是道德协调。现实的人是实现社会发展合力的主体性力量。现实的人，作为社会性的人，无论是作为个体还是作为群体，其一言一行，无不与他人或群体发生一定的利益关系。当他们的言行不触及法律规范时，法律是无法对之利益关系发挥协调作用的。

实现社会发展合力，仅仅建立法律协调机制是不够的，还要尽可能促使人们的言行符合社会发展合力形成的要求，纳入一定的秩序之中，以协调好不同主体性力量之间的利益关系，也即需要比法律更具有广泛性的社会规范，这就呼唤道德协调机制的建立并发挥作用。

马克思将道德作为一种意识形态，认为其是对社会物质生活过程中人们的利益关系的一种体现与反映。人类社会自形成以来，就有特定的需要和利益，也就存在着相应的利益协调机制，而一开始的协调主要就是道德协调。只有当人类进入利益尖锐对立的社会时，政治、法律协调才更为重要。

在原始社会，由于氏族成员之间不存在根本利益冲突，因而常年积累下来的道德习惯、风俗通过议事会足以解决和处理氏族社会内一切可能发生的矛盾，进而汇聚起一定的社会发展合力。

随着私有制的产生，传统的道德习俗已经无法解决不同利益主体提出来的要求，无法解决进行剥削的富人和被剥削的穷人之间的利益矛盾。新的解决利益矛盾的机制和制度应运而生，这就是国家及其政治、法律协调机制。私有制的产生造成根本对立的利益和激烈的利益冲突，传统的道德习俗的利益协调机制作用有所减弱，但在一定范围内还发挥着作用。

在资本主义社会，个人主义、利己主义成为最基本的道德原则。金钱万能成为资产阶级的道德规范。在私有制社会，道德作为法律的"补充剂"和政治的"加强剂"，虽然具有协调社会利益关系的"微调器"作用，但主要维护的是统治阶级的利益，不可能真正协调根本对立的利益关系。只有消灭了私有制，个人利益和社会利益真正统一起来，集体主义的道德原则和社会主义的道德规范才能协调全体人民的利益关系。

我国的领导阶级是工人阶级，工人阶级的道德是目前人类社会最高尚的道德，集体主义是工人阶级道德基本原则。在这个基本原则的指导下，工人阶级继承和发扬了劳动人民的一切优良道德传统，形成了大公无私、团结互助、公正诚实等高尚的道德品质。社会主义道德机制作为思想上层建筑的重要组成部分，对于社会主义现代化建设所发挥的作用是极为重要的。

无论是经济协调、政治协调、法律协调还是道德协调，在私有制社会，其作为利益协调的重要方式，最终目的均在于维护统治阶级的根本利益，无法摆脱残酷的利益冲突和利益争夺，因而无法充分地汇聚起社会发展合力。

在社会主义社会，利益的根本对立被消灭，利益协调不再是为了维护统治阶级的私利，而是为了全体人民的根本利益。因而协调各主体性力量的利益关系和利益矛盾，可以极大地调动最广大人民汇聚社会发展合力以进行社会主义现代化建设的积极性与主动性。因此，满足人民利益是社会主义现代化建设的必然要求。

五　实现社会发展合力必须坚持团结奋斗

获取真正的幸福，是实现社会发展合力的终极性旨趣。在马克思的女儿问父亲的 20 个问题中，有一个涉及如何理解幸福，马克思简明扼要地指出，对幸福的理解——斗争；对不幸的理解——屈服。获取真正的幸福，不是等来的，不是靠来的，不是要来的，而是通过不屈的斗争，一步一步奋斗出来的。

在习近平总书记看来，"奋斗本身就是一种幸福。只有奋斗的人生才称得上幸福的人生。"① 2023 年 12 月 21 日至 22 日，中共中央政治局召开学习贯彻习近平新时代中国特色社会主义思想主题教育专题民主生活会，习近平总书记在会上强调，"团结奋斗是党领导人民创造历史伟业的必由之路"②。这一重要论述深刻阐释了过去我们为什么能够汇聚起推动社会发展的磅礴伟力，未来怎样才能继续汇聚新的、更为强大的社会发展合力。

习近平总书记于 2024 年 2 月 8 日在春节团拜会上，勉励全国人民振奋龙马精神，以龙腾虎跃、鱼跃龙门的干劲闯劲，开拓创新、拼搏奉献，共同书写中国式现代化建设新篇章。力量生于团结，幸福源自奋斗。实现社会发展合力必须坚持团结奋斗，团结奋斗为社会主义现代化提供强力支撑。

（一）实现社会发展合力必须精诚团结

在马克思的经典文献中，"全世界无产者联合起来"是最为振聋发聩的宣告。③ 伴随着这一庄严宣告的，是对实现社会发展合力"向何处去"的深刻思考。"代替那存在着阶级和阶级对立的资产阶级旧社会的，将是这样一个联合体，在那里，每个人的自由发展是一切人的自由发展的条件"④。实现人的自由全面发展，也即获取真正的幸福，是实现社会发展合力的终极性旨趣。

在我国，实现社会发展合力，必须坚持中国共产党的领导。中国共产党作为无产阶级政党，是由无产阶级的先进分子组成的，是"最坚决的、始终起决定作用的部分"⑤。中国共产党是实现社会发展合力的领导性力量。在具有先进性、纯洁性和人民性的中国共产党的领导下，建

---

① 《习近平讲党史故事》，人民出版社 2021 年版，第 202 页。
② 《习近平著作选读》第 1 卷，人民出版社 2023 年版，第 57 页。
③ 卞绍斌：《社会团结与人类未来：马克思实践观点的新视界》，《江苏行政学院学报》2023 年第 2 期。
④ 《马克思恩格斯全集》第 39 卷，人民出版社 1974 年版，第 189 页。
⑤ 《马克思恩格斯全集》第 28 卷，人民出版社 2018 年版，第 431 页。

设社会主义现代化的各方力量能"完全联合起来，组织起来"①。

中国共产党作为无产阶级政党，除了具有无产阶级与先进生产力和先进生产关系相联系、受过一定政治教育等先进性之外，在实践上具有无与伦比的坚决性和革命性。② 在理论上"他们胜过其余无产阶级群众的地方在于他们了解无产阶级运动的条件、进程和一般结果"。③ 无产阶级政党在理论上和实践上的先进性，决定了以之为领导性力量，社会发展合力可以最大限度地被凝聚起来。无产阶级政党深知"一盘散沙的工人一事无成，联合起来的工人无所不能"④。

实现社会发展合力必须重视思想上的团结统一。从历史经验来看，团结统一是党的生命，是党的力量所在。思想上的团结统一是党的团结统一最深厚、最持久、最可靠的保证。从现实的工人斗争实践来看，缺乏共同思想基础的无产阶级政党，会出现思想混乱，甚至被其他思潮摆弄。从马克思和恩格斯所考察的 19 世纪下半叶英国工人政党的形成来看，正是由于其摆脱了种种传统的偏见，最后有可能在共同的基础上团结起来。⑤ 统一思想具有凝聚力量的作用。恩格斯在给罗马尼亚社会党人的信中，对该问题发表了自己的看法。他指出："使我非常满意的是，我可以深信，贵国的社会党人在自己的纲领中接受了我的已故的朋友卡尔·马克思所创立的理论的基本原则，这个理论已经成功地把欧美绝大多数社会主义者团结在统一的战士队伍中。"⑥

马克思主义是科学真理，中国化时代化的马克思主义是马克思主义中国化时代化的理论成果。实现社会发展合力要重视思想上的团结统一，而重视思想上的团结统一就要自觉以马克思主义为指导思想，以马

---

① 《马克思恩格斯全集》第 10 卷，人民出版社 1998 年版，第 744 页。

② 吴艳东、吕翠萍：《中国共产党人团结奋斗精神的基本内涵与弘扬路径》，《西南大学学报》（社会科学版）2024 年第 2 期。

③ 《马克思恩格斯文集》第 2 卷，人民出版社 2009 年版，第 44 页。

④ 《列宁全集》第 24 卷，人民出版社 2017 年版，第 205 页。

⑤ 《马克思恩格斯文集》第 1 卷，人民出版社 2009 年版，第 379 页。

⑥ 《马克思恩格斯全集》第 37 卷，人民出版社 1971 年版，第 4 页。

克思主义中国化时代化的理论成果，特别是最新的理论成果——习近平新时代中国特色社会主义思想为精神纽带和共同基础。

实现社会发展合力必须重视行动上的团结统一。马克思和恩格斯在《共产党宣言》中，充分论述了不同主体性力量在行动上保持团结统一对于实现社会发展合力的重要性。《共产党宣言》指出："共产党人不是同其他工人政党相对立的特殊政党。他们没有任何同整个无产阶级的利益不同的利益。"① 这阐明了共产党人具有无私的品格，不同主体性力量交互作用可以在其领导下，在行动上实现团结统一。

《共产党宣言》在阐述党的使命时强调，共产党人的最近目的是："使无产阶级形成为阶级，推翻资产阶级的统治，由无产阶级夺取政权。"② 这内在地决定了无产阶级和劳动人民可以在行动上团结一致以开展革命斗争，因为无产阶级力量的壮大在于"不仅人数增加了，而且结合成更大的集体"③。

无产阶级结合成更大的集体不是一个自发的过程，需要无产阶级自己的政党来领导发动，将工人团结起来，从而"组织成为阶级"，一个"人数众多的、紧密团结的、强大的无产阶级"④。质言之，实现社会发展合力必须重视行动上的团结统一，而要促使不同主体性力量实现团结统一，必须坚持共产党的领导。

马克思在谈到国际工人协会这一国际联合组织时指出："本协会创立的目的，是为了组织追求共同目标即追求工人阶级的互助、发展和彻底解放的各国工人的共同行动。"⑤ 在此可以看出，马克思尤为看重不同主体性力量交互作用所采取的共同行动。他在反思巴黎公社革命为什么未能成功时，将"团结不够""协作不足"归结为重要原因。

---

① 《马克思恩格斯文集》第 2 卷，人民出版社 2009 年版，第 44 页。
② 《马克思恩格斯文集》第 2 卷，人民出版社 2009 年版，第 44 页。
③ 《马克思恩格斯文集》第 2 卷，人民出版社 2009 年版，第 40 页。
④ 《马克思恩格斯文集》第 2 卷，人民出版社 2009 年版，第 26 页。
⑤ 《马克思恩格斯全集》第 44 卷，人民出版社 1982 年版，第 573 页。

马克思指出，"在国际成为一个团结的组织以前，它还不能使运动普遍开展起来，不能使运动在各地同时发生，它的努力不会产生很大的成效。讲演人举出巴黎公社的例子。它为什么遭到了失败？因为它是孤立的。如果在巴黎发生起义的同时，在柏林、维也纳和其他国家的首都也爆发革命，那么成功的希望就大一些。"① 国际工人协会尽管在巴黎公社革命爆发之时已成立多年，但由于协会内部存在各种非马克思主义甚至反马克思主义的流派，也即成员们在思想上不统一，因而并没有发展成为铁板一块、行动一致的组织，无法为革命提供有力的支撑。②

理论上的"知好"并不等同于行动中的"行好"③。对实现社会发展合力问题的思考再深入、认识再深刻，却不付诸行动，抑或在行动上不能协调一致，同样无助于社会发展合力的形成。

实现社会发展合力除了重视思想上的团结统一，还要重视行动上的团结统一。思想上团结统一的最终指向是产生改造客观世界的现实效果④，正所谓"一步实际行动比一打纲领更重要"⑤。不同主体性力量交互作用所形成的社会发展合力，有没有推进社会主义现代化建设，在多大程度上推进了社会主义现代化建设，这是衡量行动效果的标尺。获取真正的幸福，也即实现人的自由而全面发展，是实现社会发展合力的终极性旨趣。人们可以在共同的奋斗目标指引下采取共同行动。

（二）实现社会发展合力必须矢志奋斗

获取真正的幸福，是实现社会发展合力的终极性旨趣。幸福不是既定的存在，而是奋斗的结果。马克思作为现代实践哲学的奠基者，将实

---

① 《马克思恩格斯全集》第 44 卷，人民出版社 1982 年版，第 714 页。
② 刘明明：《马克思恩格斯关于无产阶级政党团结统一的思想及其时代价值》，《马克思主义研究》2023 年第 8 期。
③ 王邵军：《马克思劳动幸福观的哲学阐释》，《哲学研究》2021 年第 12 期。
④ 刘明明：《马克思恩格斯关于无产阶级政党团结统一的思想及其时代价值》，《马克思主义研究》2023 年第 8 期。
⑤ 《马克思恩格斯文集》第 3 卷，人民出版社 2009 年版，第 426 页。

践看作人的存在方式，认为最好的幸福就在劳动之中。①

习近平总书记在会见中国少年先锋队第七次全国代表大会全体代表时指出："幸福不是毛毛雨，幸福不是免费午餐，幸福不会从天而降。人世间的一切成就、一切幸福都源于劳动和创造。"② 幸福不会不费吹灰之力降落在人们身边的，幸福的生活需要靠辛勤的劳动来创造。"劳动是人类的本质活动，劳动光荣、创造伟大是对人类文明进步规律的重要诠释。'民生在勤，勤则不匮。'中华民族是勤于劳动、善于创造的民族。正是因为劳动创造，我们拥有了历史的辉煌；也正是因为劳动创造，我们拥有了今天的成就。"③

劳动有积极与消极之分。积极的劳动实践就是奋斗。在习近平总书记看来，"中国人民自古就明白，世界上没有坐享其成的好事，要幸福就要奋斗。"④ 这就是说，关于"幸福都是奋斗出来的"，这是一个中国人民古已知晓的道理。为追求什么样的幸福而奋斗才能更充分地汇聚起社会发展合力，这是身处于新时代的我们，需要认真加以思考的问题。

为追求物质与精神相统一的幸福而奋斗，有助于更充分、更广泛地汇聚社会发展合力。享有幸福生活从来就不是空中楼阁，其必须以丰富的物质生活为基础。物质需要的满足之于人的生存而言具有必要性。基本的物质需要如若得不到应有的满足，人的生存将面临威胁，这意味着奋斗的前提性条件可能会缺失。然而，基本的物质需要虽然是必需的，但不是人们所追求的真正幸福的全部。

进行社会主义现代化建设的行为体倘若仅将奋斗的目标单纯聚焦在个体性物质欲望的满足上，是无助于社会发展合力形成的。这是因为人的个体性欲望是无限的，而社会资源是有限的。进行社会主义现代化建设，不能以有限的社会资源去满足无限的个体性欲望。舍此，将拉大不

① 王邵军：《马克思劳动幸福观的哲学阐释》，《哲学研究》2021 年第 12 期。
② 《论党的青年工作》，中央文献出版社 2022 年版，第 103 页。
③ 《习近平谈治国理政》第 3 卷，外文出版社 2020 年版，第 140 页。
④ 《习近平讲故事（第二辑）》，人民出版社 2022 年版，第 178 页。

同主体性力量交互作用形成合力的张力。

区分哪些是必要的欲望、哪些是不必要的欲望，之于社会发展合力的形成而言具有重要性。苏格拉底曾对此进行思考，他将必要的欲望分为与生俱来的，不可避免、不能缺少的欲望；以及满足后对我们有益的欲望。而将不必要的欲望视为那些妨碍灵魂获得智慧、培养节制德行的欲望。

进行社会主义现代化建设，需要承认并尊重不同主体性力量必要的欲望，而对不必要的欲望适当地加以节制。

快乐和幸福有关联，但并不完全等同。马克思在博士学位论文的写作中，对伊壁鸠鲁尤为推崇。伊壁鸠鲁提倡快乐哲学，他曾专门区分了三种不同的快乐：一种是自然的和必需的快乐；另一种是自然的但不是必需的快乐；还有一种是既不是自然的又不是必需的快乐。[1]

自然的和必需的快乐比如说食欲、睡眠欲，这种快乐的满足是获得幸福的基础。然而，自然的但不是必需的以及既不是自然的又不是必需的快乐，尽管可以引起人的感官刺激，促使人获得短暂的快乐，却无法让人享有长久的幸福。

伊壁鸠鲁在比较了各种快乐的得失以后提出，静态快乐要高于动态快乐。他格外看重人的精神上的宁静。寻求人的精神上的宁静，也是享有长久幸福的不二法门。

获得真正的幸福，是实现社会发展合力的终极性旨趣。而其所追求的绝不是即时的、短暂的、消费性的快乐，而是长久甚至永恒的幸福。物质消耗了不会再生，而精神却可以恒久屹立。真正的幸福，不仅仅是物质层面的，还是精神层面的。较之于为追求物质富足而奋斗，为追求人的精神充盈而奋斗之于社会发展合力的形成同样重要。追求物质幸福与追求精神幸福是并行不悖、相互促进、相互转化的，为追求二者的统一而奋斗有助于更充分地汇聚社会发展合力。

---

[1]　刘小播：《幸福的底层逻辑》，广东人民出版社 2022 年版，第 48 页。

　　为追求个人当前与集体长远相统筹的幸福而奋斗，有助于更充分、更广泛地汇聚社会发展合力。为追求什么样的幸福目标而奋斗，关系到社会发展合力能否形成以及形成的状况。现实的人是实现社会发展合力的主体性力量。然而，现实的人具体的利益诉求是存在差异性的，其对幸福的理解也不尽相同。有助于推动社会发展合力实现的幸福目标，是超越个体性私利，着眼集体发展的长远性目标。倘若人人皆为实现个体功利性目标而奋斗，全无共同体意识，纵使独立的个体性力量具有再强的能力、再过硬的素质，也无助于社会发展合力的形成。

　　没有共同体意识的个体性力量交互作用只能是"一盘散沙"。我们不能为了追求个人眼前的、一时的功利性目标，而无视集体宏阔、崇高的远景目标。只有将个人当前的幸福置于集体长远的幸福之下，所开展的奋斗追求才能站得更高、看得更远。在这里需要特别加以强调的是，突显为追求集体的、长远的幸福而奋斗，并不是完全不顾及个人眼前、当下的幸福，而是说当两者发生矛盾时，个人当下的功利性目标要让位于集体崇高的长远性目标。追求集体崇高的长远性目标，绝不意味着必然要牺牲个人功利性的目标。为尽可能充分而广泛地汇聚社会发展合力，我们要将个体的、当前的幸福与集体的、长远的幸福结合起来，为我国的社会主义现代化建设事业而不懈奋斗。

　　为追求大我与小我相融贯的幸福而奋斗，有助于更充分、更广泛地汇聚社会发展合力。为追求谁的利益而奋斗，事关社会发展合力形成的广度与强度。习近平总书记指出："世界上最大的幸福莫过于为人民幸福而奋斗。"① 这里的人民，既有中国人民，也有世界其他国家的人民。为小我的幸福而奋斗，尽管也能从中体验到幸福感，但这种幸福感是有限的、短暂的。而为大我的幸福而奋斗，人们所由收获的，是无限的、持久的幸福感。

　　马克思早在 17 岁时，就提出人们要以人类幸福和自身完美作为选

---

① 《习近平谈治国理政》第 4 卷，外文出版社 2022 年版，第 554 页。

择职业的指针，并且强调人类幸福是我们自身完美的依据，因此他力图使自己的幸福"属于千百万人"①。马克思终生致力于谋求人类大我的现实幸福。为人类大我而奋斗者，是精神上最为富足的人。

以习近平同志为核心的党中央，提出构建人类命运共同体，这为人类的未来发展指明了方向。2023 年 9 月 26 日，国务院新闻办公室发布《携手构建人类命运共同体：中国的倡议与行动》白皮书，面向海内外全面系统阐释这一重要理论的深刻内涵和中国推动构建人类命运共同体的积极行动。白皮书提道，"构建人类命运共同体，就是每个民族、每个国家、每个人的前途命运都紧紧联系在一起，应该风雨同舟，荣辱与共，努力把我们生于斯、长于斯的星球建成一个和睦的大家庭"。

大家庭是由若干个家庭成员共同组成的，每个家庭成员的命运都是休戚与共的。这一全球治理理念"既关乎人类的前途，也攸关每一个体的命运"。白皮书提到，"站在何去何从的十字路口，人类面临两种截然不同的取向：一种是重拾冷战思维，挑动分裂对立，制造集团对抗；另一种是从人类共同福祉出发，致力于团结合作，倡导开放共赢，践行平等尊重。两种取向、两种选择的博弈和较量，将深刻影响人类和地球的未来。"②

冷战思维从实质上来看，是国际社会的保守势力妄图建立单极世界，推行霸权主义所推行的一种意识与观念。秉持这种思维模式的国家用争霸史、挑战史来看待其他国家的发展，将其他国家的发展视作对自己的挑战。这种旨在遏制、挤压其他国家在国际社会生存空间的思维模式，只会妨碍人类社会发展合力的形成。而构建人类命运共同体，旨在为追求人类大我与个体小我相融贯的幸福而奋斗，其致力于团结合作，倡导开放共赢，践行平等尊重，因而能更为广泛、更加充

---

① 《马克思恩格斯全集》第 1 卷，人民出版社 1995 年版，第 463—464 页。
② 中华人民共和国国务院新闻办公室：《携手构建人类命运共同体：中国的倡议与行动》，人民出版社 2023 年版，第 3—11 页。

分地汇聚社会发展合力。

（三）团结奋斗是实现社会发展合力的必由之路

党的二十大报告是党团结带领全国各族人民夺取中国特色社会主义新胜利的政治宣言和行动纲领。在这份纲领性文献中，提出了"五个必由之路"①，其中之一就是"团结奋斗是中国人民创造历史伟业的必由之路"。报告强调，"不断巩固全国各族人民大团结，加强海内外中华儿女大团结，形成同心共圆中国梦的强大合力。"② 团结奋斗在实现社会发展合力的全过程和各阶段具有极端重要性，它为我国社会主义现代化建设以及民族复兴伟业的实现提供强有力的支撑。怎样走好这条实现社会发展合力的必由之路，马克思社会发展合力理论给我们提供了诸多现实启示。

一是团结奋斗是实现社会发展合力的必由之路，走好这条道路需要妥善处理好独立自主与团结统一之间的关系。独立自主与团结统一在实现社会发展合力过程中存在对立统一的关系：一方面，二者是存在差别的，甚至存在一定的张力。实现社会发展合力，在客观上要求不同主体性力量要存异求同。以不同主体性力量都能达成共识的价值理念、奋斗目标等为纽带达成统一，这意味着个人的独立自主性会受到一定程度的限制。如果每一个主体性力量只考虑自身的利益，则难以高度团结在一起。

二者的对立性还表现在，从实现社会发展合力的现实需要来看，独立自主的阶位要低于团结统一。人民在无产阶级政党的领导下精诚团结在一起，是战胜一切反动力量的不二选择。

---

① "五个必由之路"指的是：坚持党的全面领导是坚持和发展中国特色社会主义的必由之路，中国特色社会主义是实现中华民族伟大复兴的必由之路，团结奋斗是中国人民创造历史伟业的必由之路，贯彻新发展理念是新时代我国发展壮大的必由之路，全面从严治党是党永葆生机活力、走好新的赶考之路的必由之路。

② 习近平：《高举中国特色社会主义伟大旗帜　为全面建设社会主义现代化国家而团结奋斗——在中国共产党第二十次全国代表大会上的报告》，人民出版社2022年版，第70页。

实现社会发展合力的动力因子，既存在进动力，也存在反动力。以反动力样态存在的动力因子，其彼此之间内部会存在这样或那样的矛盾，但不同反动力因子交互作用同样可以精诚团结在一起。另外，认识一种动力因子是进动力还是反动力，应该以动态的、历史的眼光加以分析。比如资产阶级是资本的人格化化身，既有文明的面相，更有野蛮的面相。资产阶级在同封建势力作斗争时，是以进动力样态存在的动力因子。而在对无产阶级进行剥削、压迫上，则是以反动力样态存在的动力因子。从表面上来看，资产阶级内部可能会因个人主义、市场竞争等原因相互敌视，很难实现团结统一，但延展历史可以看出，纵使其内部存在各种各样的矛盾，但无论是在同封建势力的斗争还是对无产阶级的剥削、压迫上，资产阶级均是高度团结的。

《共产党宣言》呼吁全世界无产者联合起来，指出"共产党人到处都努力争取全世界民主政党之间的团结和协调"①。各国共产党是独立自主的，但要团结成一块坚硬的钢铁，同资产阶级进行坚决而彻底的斗争，必须遵守相应的国际性原则。无产阶级政党的主要活动范围是民族国家，但不能被狭隘的民族主义所蒙蔽，而要注重与其他国家工人和政党的团结。

另一方面，二者又是统一的。团结统一以独立自主为前提。独立自主是实现社会发展合力的各分力得以存在的依据和标志，一种主体性力量倘若失去独立性与自主性，也就意味着自身的主体性被消解，而一种主体性被消解的分力同其他分力交互作用，纵使保持了团结统一，也仅仅是徒有其表。

实现社会发展合力的主体性力量在与其他分力交互作用时，不仅需要保持自身的主体性，还要在团结统一中通过交流互鉴加强自身建设，进一步提高自身独立性与自主性。

构建人类命运共同体，是我党为治理全球乱象开出的中国药方。而

---

① 《马克思恩格斯文集》第 2 卷，人民出版社 2009 年版，第 66 页。

人类命运共同体的实质性构建，离不开各种有力量的组织的推动。如果各种组织本身软弱涣散，纵使其同其他组织交互作用联合在了一起，能够产生的影响力也是有限的。我党作为人类命运共同体的首倡者，需要不断加强自身的建设，勇于进行自我革命。独立自主是构建人类命运共同体的各主体性力量必须坚持的基本原则。不同主体性力量坚持独立自主与其彼此之间交互作用团结共建人类命运共同体是并行不悖的。

二是团结奋斗是实现社会发展合力的必由之路，走好这条道路必须维护党中央权威。在我国，实现社会发展合力必须坚持中国共产党的领导。习近平总书记在参加党的二十大广西代表团讨论时强调，要"牢牢把握团结奋斗的时代要求。全党全国各族人民要在党的旗帜下团结成'一块坚硬的钢铁'，心往一处想、劲往一处使，推动中华民族伟大复兴号巨轮乘风破浪、扬帆远航"①。

中国共产党是一个拥有极强组织性与纪律性的政党，中央和地方各级组织之间的协调一致，维护党中央权威与保证全党令行禁止，既是团结统一的重要表现，也是团结统一的客观要求。马克思在谈到国际工人协会和各国支部的关系时就从二者统一的角度指出："国际工人协会所确定的行动一致，通过各国支部的各种机关报刊所进行的思想交流，以及在全协会代表大会上所进行的直接讨论，也将逐步为整个工人运动创造出共同的理论纲领。"②

从维护党的团结统一来讲，无产阶级政党只有发挥每个党员和基层党组织的积极性，将之与维护中央权威有机统一起来，才能充分释放党的活力，才能真正建设一个强大的无产阶级政党。党的团结统一在客观上要求必须发挥党中央统揽全局、协调各方的权威。③ 马克思和恩格斯

① 《习近平在参加党的二十大广西代表团讨论时强调：心往一处想劲往一处使推动中华民族伟大复兴号巨轮乘风破浪扬帆远航》，《人民日报》2022年10月18日第1版。

② 《马克思恩格斯全集》第32卷，人民出版社1975年版，第255页。

③ 刘明明：《马克思恩格斯关于无产阶级政党团结统一的思想及其时代价值》，《马克思主义研究》2023年第8期。

在《共产主义者同盟中央委员会告同盟书》中指出："个别的区部和支部开始放松了，甚至渐渐地中止了自己同中央委员会的联系。结果，当德国民主派，即小资产阶级的党派日益组织起来的时候，工人的政党却丧失了自己唯一巩固的支柱，至多也只是在某些地方为了当地的目的还保存着组织的形式，因此在一般的运动中就落到了完全受小资产阶级民主派控制和领导的地位。"[1] 在马克思和恩格斯看来，正是因为中央委员会的权威被削弱，组织的统一性被打破，导致了党组织的涣散、战斗力的丧失。

马克思曾对无政府主义者巴枯宁"反对一切权威"的观点进行了深刻地批判。在马克思看来，由于资本主义工业化生产导致了人类交往形式的普遍发展，促使物质财富的极大增加，而以现代工业生产为前提的联合活动，不可避免地导致了以服从为前提和以思想意志的统一为形式的权威的在场。[2]"联合活动就是组织起来，而没有权威能够组织起来吗？"[3] 巴枯宁并没有理解权威在人类历史中存在的必然性和必要性，更没有理解其在联合活动也即形成社会发展合力中的不可或缺性。

团结奋斗是实现社会发展合力的必由之路。只有始终维护党中央权威，才能切实走好这条道路。习近平总书记指出："马克思的思想理论源于那个时代又超越了那个时代，既是那个时代精神的精华又是整个人类精神的精华。"[4] 坚持和发展马克思社会发展合力理论，必须坚持和加强党中央集中统一领导，坚决维护以习近平同志为核心的党中央、全党的核心地位以及党中央权威，深入推进新时代党的建设新的伟大工程。

---

[1] 《马克思恩格斯文集》第 2 卷，人民出版社 2009 年版，第 188—189 页。

[2] 袁银传、张晓惠：《马克思恩格斯无产阶级政党权威思想及其当代价值》，《马克思主义理论学科研究》2023 年第 4 期。

[3] 《马克思恩格斯文集》第 3 卷，人民出版社 2009 年版，第 335 页。

[4] 习近平：《在纪念马克思诞辰 200 周年大会上的讲话》，人民出版社 2018 年版，第 7 页。

参考文献

《马克思恩格斯全集》第 1 卷，人民出版社 1956 年版。

《马克思恩格斯全集》第 10 卷，人民出版社 1998 年版。

《马克思恩格斯全集》第 13 卷，人民出版社 1998 年版。

《马克思恩格斯全集》第 16 卷，人民出版社 2016 年版。

《马克思恩格斯全集》第 20 卷，人民出版社 1971 年版。

《马克思恩格斯全集》第 21 卷，人民出版社 1965 年版。

《马克思恩格斯全集》第 22 卷，人民出版社 1965 年版。

《马克思恩格斯全集》第 23 卷，人民出版社 1972 年版。

《马克思恩格斯全集》第 25 卷，人民出版社 2001 年版。

《马克思恩格斯全集》第 26 卷，人民出版社 1973 年版。

《马克思恩格斯全集》第 27 卷，人民出版社 1972 年版。

《马克思恩格斯全集》第 28 卷，人民出版社 2018 年版。

《马克思恩格斯全集》第 29 卷，人民出版社 1972 年版。

《马克思恩格斯全集》第 2 卷，人民出版社 2005 年版。

《马克思恩格斯全集》第 30 卷，人民出版社 1995 年版。

《马克思恩格斯全集》第 31 卷，人民出版社 1998 年版。

《马克思恩格斯全集》第 32 卷，人民出版社 1998 年版。

《马克思恩格斯全集》第 33 卷，人民出版社 2004 年版。

《马克思恩格斯全集》第 37 卷，人民出版社 1971 年版。

《马克思恩格斯全集》第 39 卷，人民出版社 1974 年版。

《马克思恩格斯全集》第 3 卷，人民出版社 2002 年版。

《马克思恩格斯全集》第 40 卷，人民出版社 1995 年版。

《马克思恩格斯全集》第 42 卷，人民出版社 1979 年版。

《马克思恩格斯全集》第 43 卷，人民出版社 1982 年版。

《马克思恩格斯全集》第 44 卷，人民出版社 1982 年版。

《马克思恩格斯全集》第 45 卷，人民出版社 1985 年版。

《马克思恩格斯全集》第 46 卷，人民出版社 2003 年版。

《马克思恩格斯全集》第 49 卷，人民出版社 1982 年版。

《马克思恩格斯全集》第 4 卷，人民出版社 1958 年版。

《马克思恩格斯全集》第 50 卷，人民出版社 2016 年版。

《马克思恩格斯全集》第 6 卷，人民出版社 1961 年版。

《马克思恩格斯全集》第 8 卷，人民出版社 1961 年版。

《马克思恩格斯文集》第 10 卷，人民出版社 2009 年版。

《马克思恩格斯文集》第 1 卷，人民出版社 2009 年版。

《马克思恩格斯文集》第 2 卷，人民出版社 2009 年版。

《马克思恩格斯文集》第 3 卷，人民出版社 2009 年版。

《马克思恩格斯文集》第 4 卷，人民出版社 2009 年版。

《马克思恩格斯文集》第 5 卷，人民出版社 2009 年版。

《马克思恩格斯文集》第 7 卷，人民出版社 2009 年版。

《马克思恩格斯文集》第 8 卷，人民出版社 2009 年版。

《马克思恩格斯文集》第 9 卷，人民出版社 2009 年版。

《列宁全集》第 1 卷，人民出版社 2013 年版。

《列宁全集》第 24 卷，人民出版社 2017 年版。

《列宁全集》第 26 卷，人民出版社 1988 年版。

《列宁选集》第 4 卷，人民出版社 1995 年版。

《建国以来毛泽东文稿》（第 10 册），中央文献出版社 1996 年版。

《毛泽东选集》第 1 卷，人民出版社 1991 年版。

《邓小平文选》第 3 卷，人民出版社 1993 年版。

《十八大以来重要文献选编》（上），中央文献出版社 2014 年版。

《习近平谈治国理政》第 1 卷，外文出版社 2018 年版。

《习近平谈治国理政》第 3 卷，外文出版社 2020 年版。

《习近平谈治国理政》第 4 卷，外文出版社 2022 年版。

《习近平著作选读》第 1 卷，人民出版社 2023 年版。

《习近平著作选读》第 2 卷，人民出版社 2023 年版。

北京大学哲学系编：《人道主义和异化问题研究》，北京大学出版社
　　1985 年版。

邴正：《马克思主义文化哲学》，吉林人民出版社 2007 年版。

陈培永：《〈共产党宣言〉的新时代阐释：重解核心关键词》，中国社会
　　科学出版社 2018 年版。

陈培永：《当代中国马克思主义为什么是对的》，人民出版社 2018 年版。

陈培永：《什么是人民、阶级及其他：以马克思的名义》，江苏人民出版
　　社 2018 年版。

陈培永：《思维的法则——毛泽东〈矛盾论〉如是读》，广东人民出版
　　社 2014 年版。

陈培永：《资本的秘密——马克思〈资本论〉（第一卷）如是读》，广东
　　人民出版社 2014 年版。

陈先达：《哲学与社会》，商务印书馆 2023 年版。

陈先达、靳辉明：《马克思早期思想研究》，中国人民大学出版社 2016
　　年版。

陈先达等：《被肢解的马克思》，中国人民大学出版社 2016 年版。

崔友平：《工人阶级的圣经——〈资本论〉新读》，红旗出版社 2020
　　年版。

邓卓明：《新时代引领社会思潮合力研究》，中国社会科学出版社 2021
年版。

方跃：《数字化领导力》，东方出版中心 2019 年版。

高放、李景治、蒲国良：《科学社会主义的理论与实践》，中国人民大
学出版社 2008 年版。

高峰：《社会治理秩序研究——面向当代中国社会治理实践的社会秩序
理论构建》，人民出版社 2020 年版。

高清海：《高清海哲学文存》，吉林人民出版社 1997 年版。

高清海、胡海波、贺来：《人的"类生命"与"类哲学"——走向未来
的当代哲学精神》，吉林人民出版社 1998 年版。

高清海、孙利天：《马克思与我们同行》，中国社会科学出版社 2003
年版。

高文苗：《马克思恩格斯德育观及其实践研究》，人民出版社 2022 年版。

顾海良：《马克思与世界》，中国人民大学出版社 2018 年版。

顾海良：《马克思与我们》，中国人民大学出版社 2018 年版。

韩毓海：《马克思的事业：从布鲁塞尔到北京》，中国人民大学出版社
2018 年版。

郝立新、臧峰宇：《马克思主义发展史》第 1 卷，人民出版社 2018 年版。

侯少文：《学懂弄通基本理论》，中共中央党校出版社 2018 年版。

靳辉明：《思想巨人马克思》，中国社会科学出版社 2018 年版。

李韬、李睿深、冯贺霞、王佳：《数字转型与治理变革》，北京师范大学
出版社 2023 年版。

李维意：《马克思世界交往理论研究》，人民出版社 2021 年版。

李伟民：《数字资本论》，知识产权出版社 2023 年版。

梁上上：《利益协调论》第三版，北京大学出版社 2021 年版。

廖理：《马克思恩格斯经典名言品读》，辽宁人民出版社 2014 年版。

列宁：《哲学笔记》，林利等校译，中共中央党校出版社 1990 年版。

刘明海、费多益、高新民：《西方心灵哲学新发展研究》，科学出版社
　　2024 年版。

刘社欣：《思想政治教育合力研究》，人民出版社 2013 年版。

刘同舫：《马克思人类解放思想论》，人民出版社 2022 年版。

栾文莲：《交往与市场——马克思交往理论研究》，社会科学文献出版
　　社 2000 年版。

骆郁廷：《精神动力论》，武汉大学出版社 2003 年版。

马克思主义基本原理概论编写组：《马克思主义基本原理概论》，高等
　　教育出版社 2020 年版。

梅乐：《五四时期的社会主义流派》，《学习时报》2019 年 5 月 6 日第
　　3 版。

牟长春、郑恩江主编：《商业企业现代管理与升级》，吉林大学出版社
　　1988 年版。

牛小侠：《马克思实践哲学的伦理向度研究》，人民出版社 2022 年版。

彭劲松：《新时代马克思哲学研究》，人民出版社 2023 年版。

齐艳红、张保伟：《创造社会治理的新格局》，人民出版社 2022 年版。

石云霞：《高校思想政治理论课建设史研究》，武汉大学出版社 2006
　　年版。

苏育生主编，王若岭等编写：《中华妙语大辞典》，陕西人民教育出版
　　社 1990 年版。

孙来斌等：《实现中华民族伟大复兴中国梦的基本问题研究》，人民出
　　版社 2021 年版。

孙乃龙：《现实的主体何以可能：马克思主义哲学主体概念研究》，中
　　国社会科学出版社 2011 年版。

孙乃龙：《现实的主体何以可能——马克思主义哲学主体概念研究》，
　　中国社会科学出版社 2011 年版。

孙正聿：《为历史服务的哲学》，中央编译出版社 2018 年版。

汪锦军:《合作治理:政府与社会良性互动的生成机制》,商务印书馆 2023 年版。

汪子嵩、范明生、陈村富、姚介厚:《希腊哲学史(修订本)》第 1 卷,人民出版社 2014 年版。

王长江:《政党论》,人民出版社 2009 年版。

王东:《马克思主义哲学综合创新论——王东哲学创新论集》,武汉大学出版社 2010 年版。

王芳等:《网络社会治理》,商务印书馆 2021 年版。

王峰明:《马克思的历史决定论——基于〈资本论〉及其手稿的阐释》,北京师范大学出版社 2022 年版。

王贵贤、田毅松:《〈1844 年经济学哲学手稿〉导读》,中国民主法治出版社 2012 年版。

王海稳、马晓媚等:《数字资本主义建构逻辑的批判与超越》,人民出版社 2023 年版。

王南湜:《追寻哲学的精神:走向实践哲学之路》,北京师范大学出版社 2006 年版。

王伟光:《利益论》,中国社会科学出版社 2010 年版。

王伟光:《社会矛盾论:我国社会主义现阶段阶级、阶层和利益群体的分析》,中国社会科学出版社 2011 年版。

王宗军:《第三次合力效应》,华中科技大学出版社 2022 年版。

吴晓明:《黑格尔的哲学遗产》,商务印书馆 2020 年版。

吴晓明:《论中国学术的自我主张》,复旦大学出版社 2016 年版。

吴晓明:《马克思早期思想的逻辑发展》,上海人民出版社 2022 年版。

习近平:《高举中国特色社会主义伟大旗帜 为全面建设社会主义现代化国家而团结奋斗——在中国共产党第二十次全国代表大会上的报告》,人民出版社 2022 年版。

习近平:《决胜全面建成小康社会 夺取新时代中国特色社会主义伟大

胜利——在中国共产党第十九次全国代表大会上的报告》，人民出版社 2017 年版。

习近平：《在纪念马克思诞辰 200 周年大会上的讲话》，人民出版社 2018 年版。

习近平：《在庆祝中国共产党成立 100 周年大会上的讲话》，人民出版社 2021 年版。

习近平：《在文化传承发展座谈会上的讲话》，人民出版社 2023 年版。

夏莹：《青年马克思是怎样炼成的》，人民出版社 2018 年版。

夏莹：《为什么出发？——马克思和他的时代》，人民出版社 2023 年版。

夏甄陶：《人是什么》，商务印书馆 2000 年版。

现代汉语辞海编委会：《现代汉语辞海》，山西教育出版社 2002 年版。

谢暇龄：《康德对本体论的扬弃——从宇宙本体论到理性本体论的转折》，华东师范大学出版社 2014 年版。

熊文：《马克思的实践辩证法思想研究》，中国社会科学出版社 2013 年版。

许俊达、唐莉：《马克思主义经典文本解读新编》，安徽大学出版社 2010 年版。

许庆朴等：《马克思恩格斯学说与中国现实》，人民出版社 2007 年版。

燕连福：《马克思主义诞生的标记——〈共产党宣言〉新读》，红旗出版社 2020 年版。

燕连福：《批判中的新构——〈哲学的贫困〉新读》，红旗出版社 2022 年版。

杨百寅、单许昌：《定力：中国社会变革的思想基础》，北京大学出版社 2018 年版。

杨筱刚：《马克思主义："硬核"及其剥取——当代社会主义的自我意识》，人民出版社 2006 年版。

杨子强：《中国特色的关键在于"两个结合"》，《人民日报》2023 年

10 月 26 日第 13 版。

杨祖陶：《德国古典哲学的逻辑进程》，人民出版社 2016 年版。

余培源、吴晓明：《马克思主义哲学经典文本导读》上卷，高等教育出版社 2005 年版。

余源培：《马克思主义哲学的理论与历史》，复旦大学出版社 2000 年版。

余源培：《马克思主义哲学的理论与历史》，复旦大学出版社 2000 年版。

张峰：《马克思恩格斯的海权理论与海洋强国建设》，上海人民出版社 2018 年版。

张峰：《马克思恩格斯的海权理论与海洋强国建设》，上海人民出版社 2018 年版。

张晓萌：《马克思与青年》，中国人民大学出版社 2020 年版。

张彦：《"历史之谜"解答的开启之作——〈1844 年经济学哲学手稿〉新读》，红旗出版社 2020 年版。

张一兵：《回到马克思：经济学语境中的哲学话语》，江苏人民出版社 2014 年版。

张一兵：《马克思历史辩证法的主体向度》，武汉大学出版社 2010 年版。

张一兵、夏凡：《人的解放》，河南人民出版社 2011 年版。

赵坤：《马克思"个人与共同体的关系"思想研究》，人民出版社 2022 年版。

郑敬斌：《历史唯物主义的真正出场与当代在场——〈德意志意识形态〉新读》，红旗出版社 2020 年版。

郑敬斌：《论战中新世界观的萌发——〈神圣家族〉新读》，红旗出版社 2022 年版。

郑忆石：《社会发展动力论：从马克思到西方马克思主义》，重庆出版社 2012 年版。

中共中央宣传部理论局编：《马克思主义哲学十讲（党员干部读本）》，学习出版社 2013 年版。

中华人民共和国国务院新闻办公室：《携手构建人类命运共同体：中国的倡议与行动》，人民出版社 2023 年版。

周国平：《西方哲学史讲义》下，深圳出版社 2023 年版。

朱传棨：《恩格斯哲学思想研究论稿》，人民出版社 2012 年版。

庄福龄：《简明马克思主义史》，人民出版社 2004 年版。

庄福龄、冯景源、顾海良：《马克思主义史》，人民出版社 1996 年版。

《康德著作全集》第 4 卷，李秋零主编，中国人民大学出版社 2013 年版。

［德］费希特：《费希特著作选集》卷 2，梁志学主编，商务印书馆 1994 年版。

《费尔巴哈哲学著作选集》上卷，荣震华等译，商务印书馆 1984 年版。

［德］弗·梅林：《马克思传》，人民出版社 1972 年版。

［德］汉斯·约阿西姆·施杜里希：《世界哲学史》（第 17 版），吕叔君译，广西师范大学出版社 2017 年版。

［德］黑格尔：《法哲学原理》，范扬、张企泰译，商务印书馆 1961 年版。

［德］黑格尔：《精神现象学》上卷，商务印书馆 1979 年版。

［德］黑格尔：《逻辑学》下卷，杨一之译，商务印书馆 1976 年版。

［德］卡尔·洛维特：《从黑格尔到尼采》，李秋零译，生活·读书·新知三联书店 2006 年版。

［德］康德：《历史理性批判文集》，何兆武译，商务印书馆 2005 年版。

［德］马丁·海德格尔、［德］英格特劳德·古兰特：《黑格尔的精神现象学》，赵卫国译，南京大学出版社 2018 年版。

［德］马克思：《1844 年经济学哲学手稿》，人民出版社 2000 年版。

［德］马克思：《路易·波拿巴的雾月十八日》，人民出版社 2018 年版。

［德］马克思：《资本论》（第 3 卷），人民出版社 2004 年版。

［德］马克思：《资本论》（第一卷），中共中央马克思、恩格斯、列宁、斯大林著作编译局译，人民出版社 2004 年版。

［德］马克思、恩格斯：《费尔巴哈》，人民出版社 1988 年版。

［德］马克斯·韦伯：《社会学的基本概念》，胡景北译，上海人民出版社 2020 年版。

［德］伊林·费彻尔：《马克思与马克思主义》，赵玉兰译，北京师范大学出版社 2018 年版。

［法］奥古斯特·科尔纽：《马克思的思想起源》，王瑾译，中国人民大学出版社 1987 年版。

［法］路易·阿尔都塞：《保卫马克思》，顾良译，商务印书馆 2010 年版。

［法］蒲鲁东：《贫困的哲学》上卷，余叔通、王雪华译，商务印书馆 2010 年版。

［法］蒲鲁东：《贫困的哲学》下卷，余叔通、王雪华译，商务印书馆 2010 年版。

［法］让-保罗·萨特：《辩证理性批判》（上），林骧华等译，安徽文艺出版社 1998 年版。

［法］让-保罗·萨特：《存在主义是一种人道主义》，周煦良、汤永宽译，上海译文出版社 1988 年版。

［法］托马斯·皮凯蒂：《21 世纪资本论》，巴曙松等译，中信出版社 2014 年版。

［法］亚尔培·马迪厄：《法国革命史》，杨人楩译，商务印书馆 1973 年版。

［美］大卫·哈维：《马克思与〈资本论〉》，周大昕译，中信出版集团 2018 年版。

［美］丹尼尔·M. 海布伦：《幸福》，肖舒译，译林出版社 2023 年版。

［美］劳伦斯·克拉德：《马克思的民族学笔记》，法相岩译，《马列主义研究资料》人民出版社 1985 年第 1 辑。

［美］尼古拉·尼葛洛庞帝：《数字化生存》，胡泳、范海燕译，电子工业出版社 2017 年版。

［美］乔恩·埃尔斯特：《理解马克思》，何怀远译，中国人民大学出版

社 2016 年版。

［美］维塞尔：《马克思与浪漫派的反讽》，陈开华译，华东师范大学出版社 2008 年版。

［日］柄谷行人：《跨越性批判——康德与马克思》，赵京华译，中央编译出版社 2011 年版。

［日］的场昭弘：《〈资本论〉轻松读》，王琰、张琰龙、江涛译，浙江人民出版社 2022 年版。

［日］望月清司：《马克思历史理论的研究》，韩立新译，北京师范大学出版社 2009 年版。

［斯洛文尼亚］斯拉沃热·齐泽克：《意识形态的崇高客体》（第二版），季广茂译，中央编译出版社 2017 年版。

［苏］伊·列·安德烈也夫：《马克思的最后手稿：历史和现实》，杜章智译，《马列主义研究资料》人民出版社 1985 年第 1 辑。

［以］阿维纳瑞：《黑格尔的现代国家理论》，朱学平、王兴赛译，知识产权出版社 2016 年版。

［意大利］薄伽丘：《十日谈》，方平、王科译，上海译文出版社 1980 年版。

［英］安东尼·吉登斯、菲利普·萨顿：《社会学基本概念》（第三版），王修晓译，北京大学出版社 2023 年版。

［英］戴维·麦克莱伦：《马克思传》，王珍译，中国人民大学出版社 2016 年版。

［英］戴维·麦克莱伦：《马克思以后的马克思主义》，李智译，中国人民大学出版社 2017 年版。

［英］莫里斯·布洛克：《马克思主义与人类学》，冯利等译，华夏出版社 1988 年版。

［英］史蒂文森：《媒介的转型：全球化、道德和伦理》，顾宜凡等译，北京大学出版社 2006 年版。

［澳大利亚］罗兰·玻尔：《马克思、恩格斯与宗教》，李华译，《陕西师范大学学报》（哲学社会科学版）2013 年第 2 期。

卞绍斌：《社会团结与人类未来：马克思实践观点的新视界》，《江苏行政学院学报》2023 年第 2 期。

曹胜亮、胡江华：《马克思社会治理思想及其当代意义》，《江西社会科学》2019 年第 6 期。

陈华森、鄢英：《解决"三农问题"对我国和谐社会构建的意义——基于马克思恩格斯社会发展"合力"思想的理论分析》，《农业考古》2010 年第 3 期。

陈玲玲：《马克思晚年的人类学转向》，《北京社会科学》1999 年第 2 期。

陈倩：《新时代思想政治教育提升社会治理效能的三维向度》，《学校党建与思想教育》2023 年第 19 期。

陈婷：《马克思与蒲鲁东的思想交往史——基于反贫困理论的视角》，《理论月刊》2023 年第 10 期。

陈学明：《马克思早期法哲学观及法律思想初探》，《中国社会科学》1983 年第 1 期。

邓晶艳、代金平：《论〈路易·波拿巴的雾月十八日〉的历史合力思想》，《西南石油大学学报》（社会科学版）2019 年第 3 期。

段虹：《马克思〈人类学笔记〉与唯物史观的升华》，《马克思主义研究》2021 年第 1 期。

费力群：《马克思世界市场理论的全球化思想及其当代价值》，《经济纵横》2010 年第 7 期。

高健、秦龙：《论马克思社会治理思想的主要特征》，《内蒙古社会科学》（汉文版）2015 年第 3 期。

龚宏龄：《历史合力论在民主政治中的方法论价值》，《求索》2011 年第 10 期。

巩永丹：《西方左翼对数字资本主义人的"新异化"的批判及其启示》，

《马克思主义研究》2023 年第 1 期。

韩立新：《从国家到市民社会——〈论犹太人问题〉和〈黑格尔法哲学批判导言〉研究》，《河北学刊》2016 年第 5 期。

韩喜平、杨羽川：《对马克思主义理论学科高质量发展的思考》，《学术界》2023 年第 11 期。

韩志伟、陈洁彤：《恩格斯"历史合力论"的原初语境及其批判意蕴——兼驳阿尔都塞对恩格斯"历史合力论"的误读》，《理论探讨》2023 年第 2 期。

侯才：《有关"异化"概念的几点辨析》，《哲学研究》2001 年第 10 期。

侯惠勤：《努力把唯物辩证法运用于解读马克思》，《南京大学学报》2004 年第 3 期。

侯衍社：《关于恩格斯社会发展的合力思想及其启示》，《烟台大学学报》（哲学社会科学版）2001 年第 1 期。

胡键：《马克思宗教批判的逻辑演进》，《华东师范大学学报》（哲学社会科学版）2018 年第 3 期。

贾丽民：《反思达致真理：马克思〈资本论〉的思维方式意涵》，《学习与实践》2013 年第 4 期。

姜旭、柴素芳：《马克思"现实的人"视域下的幸福思想探赜》，《思想教育研究》2023 年第 9 期。

焦佩锋：《"貌合"与"神离"：马克思与费尔巴哈关于人的学说的差异性》，《理论视野》2013 年第 6 期。

雷勇：《费尔巴哈在何种意义肯定了人的社会性？——对费尔巴哈人本主义一个重要问题的重新审视》，《世界哲学》2012 年第 5 期。

雷勇、陈锦宣：《论马克思对费尔巴哈"类本质"思想的扬弃》，《学术研究》2018 年第 7 期。

李红岩：《历史合力论再检视》，《史学理论研究》2018 年第 2 期。

李军时：《马克思对康德历史哲学三重矛盾之解决》，《教学与研究》

2023 年第 11 期。

李庆钧：《人的本质：从费尔巴哈到马克思》，《学术界》2005 年第 5 期。

李学智：《"合力"非动力论：恩格斯"合力"说再认识》，《清华大学学报》（哲学社会科学版）2022 年第 4 期。

林进平、曲轩：《中国共产党消除绝对贫困的成功密码》，《光明日报》2021 年 9 月 8 日。

林良盛：《实践观视阈下思想政治教育有效性研究》，《广西社会科学》2016 年第 10 期。

刘奔：《从"活的历史"研究中掌握活的马克思主义——纪念马克思〈路易·波拿巴的雾月十八日〉发表 140 周年》，《哲学研究》1992 年第 6 期。

刘贵祥：《历史唯物主义视域中数字资本的异化及其扬弃》，《马克思主义研究》2022 年第 6 期。

刘宏宇：《〈评普鲁士最近的书报检查令〉考证研究——马克思首篇政论文的历史背景及思想观念分析》，《国际新闻界》2011 年第 9 期。

刘明明：《马克思恩格斯关于无产阶级政党团结统一的思想及其时代价值》，《马克思主义研究》2023 年第 8 期。

刘同舫、陈晓斌：《哲学的命运与无产阶级的救赎——马克思〈《黑格尔法哲学批判》导言〉释义》，《广东社会科学》2013 年第 6 期。

刘歆立：《恩格斯"合力"思想被误解误用例析》，《现代哲学》2021 年第 5 期。

卢杨：《"人的类本质"与"人的现实本质"的统一——对马克思关于人的本质理论的再认识》，《华东理工大学学报》（社会科学版）2003 年第 3 期。

禄德安：《民主社会主义不适合中国》，《当代世界社会主义问题》2007 年第 3 期。

梅荣政：《用唯物史观生动描述和精辟分析重大历史事件的科学典

范——马克思：〈路易·波拿巴的雾月十八日〉（节选）研读》，《思想理论教育导刊》2011 年第 3 期。

蒙木桂：《似自然性概念的再理解》，《河北学刊》2006 年第 1 期。

倪志安：《马克思主义哲学的矛盾分析方法》，《西南大学学报》（社会科学版）2008 年第 3 期。

倪志安、侯继迎：《论马克思的实践唯物论》，《西南师范大学学报》（人文社会科学版）2006 年第 1 期。

彭高：《以人为本：论〈德意志意识形态〉的一条内在线索》，《思想政治教育研究》2019 年第 5 期。

沈顺福：《Humanism：人文主义还是人道主义》，《学术界》2018 年第 10 期。

宋素琴、黄静波：《恩格斯历史合力论的特征及意义》，《湘潭大学学报》（哲学社会科学版）1998 年第 5 期。

苏咏喜：《历史合力论的方法论原则和现实价值》，《中南民族大学学报》（人文社会科学版）2017 年第 3 期。

孙力：《主要矛盾分析方法是中国共产党的理论创新》，《毛泽东邓小平理论研究》2017 年第 12 期。

孙铁骑：《哲学的意义追问》，《长白学刊》2014 年第 4 期。

孙熙国、张莉：《马克思晚年"人类学笔记"的理论主题》，《北京大学学报》（哲学社会科学版）2017 年第 5 期。

谭吉华、蔡洁：《马克思人本观对"以人为本"的四重规定的解读》，《湖南师范大学社会科学学报》2016 年第 5 期。

田鹏颖、沈鋆星：《恩格斯历史合力论的思想精髓与当代阐释》，《思想教育研究》2023 年第 5 期。

王超：《历史合力论视阈下西藏筑牢中华民族共同体有意识的现实进路》，《西藏大学学报》（社会科学版）2023 年第 2 期。

王南湜：《历史合力论新探》，《南开学报》1995 年第 3 期。

王浦劬：《国家治理、政府治理和社会治理的含义及其相互关系》，《国家行政学院学报》2014 年第 3 期。

王若水：《"异化"这个译名》，《学术界》2000 年第 3 期。

王邵军：《马克思劳动幸福观的哲学阐释》，《哲学研究》2021 年第 12 期。

王时中：《自由无须理由——再论马克思对黑格尔哲学的"颠倒"》，《天津社会科学》2017 年第 6 期。

王喜珍：《历史角度：人道主义》，《青海社会科学》1995 年第 3 期。

温权：《青年马克思宗教批判的社会哲学意蕴》，《世界宗教研究》2022 年第 3 期。

吴家庆、王毅：《马克思恩格斯的利益矛盾思想探析》，《湖南师范大学社会科学学报》2019 年第 4 期。

吴江海、江昊：《新时代坚持和发展科学社会主义的理论逻辑》，《前线》2021 年第 4 期。

吴艳东、吕翠萍：《中国共产党人团结奋斗精神的基本内涵与弘扬路径》，《西南大学学报》（社会科学版）2024 年第 2 期。

徐国旺、唐解云：《对马克思首篇时政论文〈评普鲁士最近的书报检查令〉的一种解读》，《思想政治教育研究》2022 年第 2 期。

杨雨帆：《无产阶级究竟是马克思"发明"还是"发现"的？——对〈黑格尔法哲学批判导言〉无产阶级理论的辨析》，《天府新论》2023 年第 3 期。

姚单华：《隐喻的深度：对恩格斯"历史合力论"的多维审视，《宁夏党校学报》2009 年第 4 期。

叶泽雄、李雯：《反思与展望：走向恩格斯历史合力论思想的深处》，《湖南社会科学》2022 年第 6 期。

叶泽雄、鄢然：《历史合力论视域中的"两种决定"作用及其关系问题》，《江海学刊》2022 年第 4 期。

叶泽雄、赵鹏：《再论恩格斯历史合力论思想及其当代意义》，《江汉论坛》2019 年第 9 期。

袁银传、张晓惠：《马克思恩格斯无产阶级政党权威思想及其当代价值》，《马克思主义理论学科研究》2023 年第 4 期。

曾永成：《人的本质：从费尔巴哈到马克思》，《现代哲学》2004 年第 2 期。

张光明、俞风：《一元论唯物史观还是"因素论"?》，《哲学研究》2016 年第 12 期。

张昆仑：《资本主义基本矛盾新探——基于对马克思两段论述的阐释》，《河北经贸大学学报》2012 年第 4 期。

张荣洁、邱耕田：《历史合力论视阈中的社会发展》，《上海师范大学学报》（哲学社会科学版）2017 年第 2 期。

张维久、江山：《论类概念的逻辑合理性——从费尔巴哈到马克思》，《吉林大学社会科学学报》1997 年第 3 期。

张文显：《中国式国家治理新形态》，《治理研究》2023 年第 1 期。

张严、孔扬：《马克思如何把"思想的内涵逻辑"改造为"历史的内涵逻辑"——论马克思对德国哲学的批判继承》，《湖湘论坛》2015 年第 3 期。

张一兵：《似自然性：人类社会发展异在为自然过程的特殊历史状态》，《中州学刊》1994 年第 5 期。

张作云：《马克思关于人类社会基本矛盾的理论及其当代意义》，《当代经济研究》2019 年第 10 期。

赵玉兰：《论马克思对市民社会与政治国家关系的认识——以 MEGA2 为基础》，《北京大学学报》（哲学社会科学版）2015 年第 6 期。

郑元凯：《历史合力论：逻辑与澄明》，《中共福建省委党校（福建行政学院）学报》2020 年第 5 期。

种鹃：《恩格斯历史合力论蕴含的无神论思想》，《科学与无神论》2021

年第 2 期。

周银珍：《"历史合力论"与"人类命运共同体"构建研究》，《广西民族研究》2020 年第 3 期。

朱志勇：《历史合力与社会和谐》，《社会科学战线》2006 年第 5 期。

左亚文、李栋：《论恩格斯晚年历史合力论的根本问题》，《马克思主义理论学科研究》2022 年第 4 期。

《习近平在参加党的二十大广西代表团讨论时强调：心往一处想劲往一处使推动中华民族伟大复兴号巨轮乘风破浪扬帆远航》，《人民日报》2022 年 10 月 18 日第 1 版。

顾梦婷：《马克思阶级分析理论的当代形态》，《中国社会科学报》2021 年 11 月 1 日。

郝思斯：《什么是新质生产力？如何理解形成新质生产力的重要意义》，《中国纪检监察报》2023 年 9 月 19 日。

候志水：《马克思社会交往理论的当代阐释》，博士学位论文，吉林大学，2006 年。

胡莹：《新质生产力"新"在何处》，《深圳特区报》2023 年 10 月 11 日。

黄杜、刘灵：《〈黑格尔法哲学批判〉导言中的阶级概念》，《中国社会科学报》2023 年 11 月 6 日。

李双套：《马克思主义如何理解"矛盾"》，《学习时报》2022 年 6 月 13 日第 2 版。

李文强：《认识中国特色社会主义的三个基本点》，《学习时报》2020 年 6 月 10 日。

刘同舫：《"创新发展理念"的哲学意蕴》，《中国社会科学报》2023 年 6 月 28 日。

刘文艺、黄玲：《深刻把握"新质生产力"的丰富意蕴》，《深圳特区报》2023 年 9 月 26 日。

牛子牛:《马克思思想发展中的〈德意志意识形态〉》,《中国社会科学报》2022 年 8 月 11 日。

习近平:《在哲学社会科学工作座谈会上的讲话》,《人民日报》2016 年 5 月 19 日。

Comparative Costs of Higher Education for International Students 2004, IDP Education Australia, September, 2004.

Frieda Klotz, "Are You Ready For Robot Colleagues?", *MIT Sloan Management Review*, Summer, 2016.

Hincker, Francois, les, *Devant l'impot sous l'Ancien Régime*, Paris: Flammarion, 1971: 11.

Lapin, N. I., *Der junge Marx*, Berlin: Dietz Verlag, 1974.

Mandeville, *The Fable of the Bees: or Private Vices*, Publick Benefits, Vol. 1, Clarendon Press, 1924.

Steger, Manfred B. and Carver, Terrell, eds, *Engels after Marx*, University Park, PA: Pennsylvania State University, 1999.

The Cambridge Dictionary of Philosophy, *second edition*, General Editor, Robert Audi, Cambridge, New York, Melbourne, Madrid, Cape Town, Singapore, So Paulo: Cambridge University Press, 1995.